독학사 2·4단계
영어영문학과
19세기 영미소설

시대에듀

INTRO
머리말

학위를 얻는 데 시간과 장소는 더 이상 제약이 되지 않습니다. 대입 전형을 거치지 않아도 '학점은행제'를 통해 학사학위를 취득할 수 있기 때문입니다. 그중 독학학위제도는 고등학교 졸업자이거나 이와 동등 이상의 학력을 가지고 있는 사람들에게 효율적인 학점 인정 및 학사학위 취득의 기회를 줍니다.

학습을 통한 개인의 자아실현 도구이자 자신의 실력을 인정받을 수 있는 스펙인 독학사는 짧은 기간 안에 학사학위를 취득할 수 있는 지름길로써 많은 수험생들의 선택을 받고 있습니다.

이 책은 독학사 시험을 준비하는 수험생들이 단기간에 효과적인 학습을 할 수 있도록 다음과 같이 구성하였습니다.

01 단원 개요
핵심이론을 학습하기에 앞서 각 단원에서 파악해야 할 중점과 학습목표를 정리하여 수록하였습니다.

02 핵심이론
시험에 출제될 수 있는 내용을 '핵심이론'으로 수록하였으며, 이론 안의 '더 알아두기' 등을 통해 내용 이해에 부족함이 없도록 하였습니다. (2025년 시험부터 적용되는 개정 평가영역 반영)

03 실전예상문제
해당 출제영역에 맞는 핵심포인트를 분석하여 구성한 '실전예상문제'를 수록하였습니다.

04 최종모의고사
최신 출제유형을 반영한 '최종모의고사(2회분)'를 통해 자신의 실력을 점검해 볼 수 있도록 하였습니다.

05 주관식 문제
4단계 시험을 대비할 수 있도록 '주관식 문제'를 수록하였습니다.

19세기 영미소설은 우리가 주변에서 익히 보고 들어 왔던 대표적인 영미소설들이 주로 해당됩니다. 당대의 경제적·정치적·사회적 변화의 과정과 다양한 반응 등이 내용을 이루고 있으며, 19세기는 소설의 시대라고 할 만큼 19세기에 성취한 소설 장르의 결실은 매우 특별하다고 볼 수 있습니다. 19세기 영미소설에 대한 내용 전개의 피상적인 지식의 습득에 머물기보다는 작가별로 다양하고 독창적인 특성과 등장인물들에 대한 묘사, 소설의 전개가 당대의 사회적 변화를 얼마나 반영하고 있는지에 대한 심도 있는 분석이 필요합니다.

편저자 드림

BDES

독학학위제 소개

독학학위제란?

「독학에 의한 학위취득에 관한 법률」에 의거하여 국가에서 시행하는 시험에 합격한 사람에게 학사학위를 수여하는 제도

- 고등학교 졸업 이상의 학력을 가진 사람이면 누구나 응시 가능
- 대학교를 다니지 않아도 스스로 공부해서 학위취득 가능
- 일과 학습의 병행이 가능하여 시간과 비용 최소화
- 언제, 어디서나 학습이 가능한 평생학습시대의 자아실현을 위한 제도
- 학위취득시험은 4개의 과정(교양, 전공기초, 전공심화, 학위취득 종합시험)으로 이루어져 있으며, 각 과정별 시험을 모두 거쳐 학위취득 종합시험에 합격하면 학사학위 취득

독학학위제 전공 분야 (11개 전공)

국어국문학, 영어영문학, 심리학, 경영학, 컴퓨터공학, 간호학

법학, 행정학, 가정학, 유아교육학, 정보통신학

※ 유아교육학 및 정보통신학 전공 : 3, 4과정만 개설
  (정보통신학의 경우 3과정은 2025년까지, 4과정은 2026년까지만 응시 가능하며, 이후 폐지)
※ 간호학 전공 : 4과정만 개설
※ 중어중문학, 수학, 농학 전공 : 폐지 전공으로, 기존에 해당 전공 학적 보유자에 한하여 2025년까지 응시 가능

※ 시대에듀는 현재 4개 학과(심리학과, 경영학과, 컴퓨터공학과, 간호학과) 개설 완료
※ 2개 학과(국어국문학과, 영어영문학과) 개설 진행 중

INFORMATION

독학학위제 시험안내

과정별 응시자격

단계	과정	응시자격	과정(과목) 시험 면제 요건
1	교양	고등학교 졸업 이상 학력 소지자	• 대학(교)에서 각 학년 수료 및 일정 학점 취득 • 학점은행제 일정 학점 인정 • 국가기술자격법에 따른 자격 취득 • 교육부령에 따른 각종 시험 합격 • 면제지정기관 이수 등
2	전공기초		
3	전공심화		
4	학위취득	• 1~3과정 합격 및 면제 • 대학에서 동일 전공으로 3년 이상 수료 (3년제의 경우 졸업) 또는 105학점 이상 취득 • 학점은행제 동일 전공 105학점 이상 인정 (전공 28학점 포함) • 외국에서 15년 이상의 학교교육과정 수료	없음(반드시 응시)

응시방법 및 응시료

- 접수방법 : 온라인으로만 가능
- 제출서류 : 응시자격 증빙서류 등 자세한 내용은 홈페이지 참조
- 응시료 : 20,700원

독학학위제 시험 범위

- 시험 과목별 평가영역 범위에서 대학 전공자에게 요구되는 수준으로 출제
- 독학학위제 홈페이지(bdes.nile.or.kr) ➔ 학습정보 ➔ 과목별 평가영역에서 확인

문항 수 및 배점

과정	일반 과목			예외 과목		
	객관식	주관식	합계	객관식	주관식	합계
교양, 전공기초 (1~2과정)	40문항×2.5점 =100점	–	40문항 100점	25문항×4점 =100점	–	25문항 100점
전공심화, 학위취득 (3~4과정)	24문항×2.5점 =60점	4문항×10점 =40점	28문항 100점	15문항×4점 =60점	5문항×8점 =40점	20문항 100점

※ 2017년도부터 교양과정 인정시험 및 전공기초과정 인정시험은 객관식 문항으로만 출제

합격 기준

- **1~3과정(교양, 전공기초, 전공심화) 시험**

단계	과정	합격 기준	유의 사항
1	교양	매 과목 60점 이상 득점을 합격으로 하고, 과목 합격 인정(합격 여부만 결정)	5과목 합격
2	전공기초		6과목 이상 합격
3	전공심화		

- **4과정(학위취득) 시험** : 총점 합격제 또는 과목별 합격제 선택

구분	합격 기준	유의 사항
총점 합격제	• 총점(600점)의 60% 이상 득점(360점) • 과목 낙제 없음	• 6과목 모두 신규 응시 • 기존 합격 과목 불인정
과목별 합격제	매 과목 100점 만점으로 하여 전 과목(교양 2, 전공 4) 60점 이상 득점	• 기존 합격 과목 재응시 불가 • 1과목이라도 60점 미만 득점하면 불합격

시험 일정

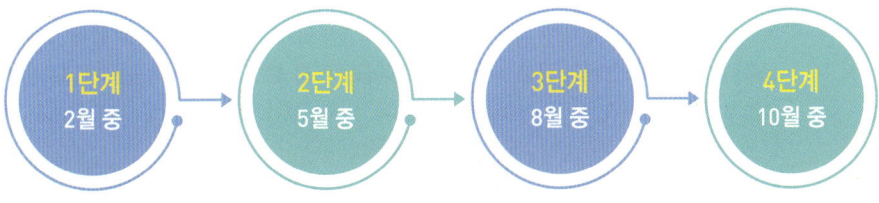

- **영어영문학과 2단계 시험 과목 및 시간표**

구분(교시별)	시간	시험 과목명
1교시	09:00~10:40(100분)	영어학개론, 영국문학개관
2교시	11:10~12:50(100분)	중급영어, 19세기 영미소설
중식 12:50~13:40(50분)		
3교시	14:00~15:40(100분)	영미희곡Ⅰ, 영어음성학
4교시	16:10~17:50(100분)	영문법, 19세기 영미시

※ 시험 일정 및 세부사항은 반드시 독학학위제 홈페이지(bdes.nile.or.kr)를 통해 확인하시기 바랍니다.
※ 시대에듀에서 개설된 과목은 빨간색으로 표시하였습니다.

STUDY PLAN

독학학위제 단계별 학습법

1단계 | 평가영역에 기반을 둔 이론 공부!

독학학위제에서 발표한 평가영역에 기반을 두어 효율적으로 이론을 공부해야 합니다. 각 장별로 정리된 '핵심이론'을 통해 핵심적인 개념을 파악합니다. 모든 내용을 다 암기하는 것이 아니라, 포괄적으로 이해한 후 핵심내용을 파악하여 이 부분을 확실히 알고 넘어가야 합니다.

2단계 | 시험 경향 및 문제 유형 파악!

독학사 시험 문제는 지금까지 출제된 유형에서 크게 벗어나지 않는 범위에서 비슷한 유형으로 줄곧 출제되고 있습니다. 본서에 수록된 이론을 충실히 학습한 후 '실전예상문제'를 풀어 보면서 문제의 유형과 출제의도를 파악하는 데 집중하도록 합니다. 교재에 수록된 문제는 시험 유형의 가장 핵심적인 부분이 반영된 문항들이므로 실제 시험에서 어떠한 유형이 출제되는지에 대한 감을 잡을 수 있을 것입니다.

3단계 | '실전예상문제'를 통한 효과적인 대비!

독학사 시험 문제는 비슷한 유형들이 반복되어 출제되므로, 다양한 문제를 풀어 보는 것이 필수적입니다. 각 단원의 끝에 수록된 '실전예상문제'를 통해 단원별 내용을 제대로 학습하였는지 꼼꼼하게 확인하고, 실력을 점검합니다. 이때 부족한 부분은 따로 체크해 두고, 복습할 때 중점적으로 공부하는 것도 좋은 학습 전략입니다.

4단계 | 복습을 통한 학습 마무리!

이론 공부를 하면서, 혹은 문제를 풀어 보면서 헷갈리고 이해하기 어려운 부분은 따로 체크해 두는 것이 좋습니다. 중요 개념은 반복학습을 통해 놓치지 않고 확실하게 익히고 넘어가야 합니다. 마무리 단계에서는 '최종모의고사'를 통해 실전연습을 할 수 있도록 합니다.

Bachelor's Degree
Examination for
Self-Education

COMMENT
합격수기

" 저는 학사편입 제도를 이용하기 위해 2~4단계를 순차로 응시했고 한 번에 합격했습니다.
아슬아슬한 점수라서 부끄럽지만 독학사는 자료가 부족해서 부족하나마 후기를 쓰는 것이 도움이 될까 하여
제 합격전략을 정리하여 알려드립니다.

#1. 교재와 전공서적을 가까이에!

학사학위 취득은 본래 4년을 기본으로 합니다. 독학사는 이를 1년으로 단축하는 것을 목표로 하는 시험이라 실제 시험도 변별력을 높이는 몇 문제를 제외한다면 기본이 되는 중요한 이론 위주로 출제됩니다. 시대에듀의 독학사 시리즈 역시 이에 맞추어 중요한 내용이 일목요연하게 압축·정리되어 있습니다. 빠르게 훑어보기 좋지만 내가 목표로 한 전공에 대해 자세히 알고 싶다면 전공서적과 함께 공부하는 것이 좋습니다. 교재와 전공서적을 함께 보면서 교재에 전공서적 내용을 정리하여 단권화하면 시험이 임박했을 때 교재 한 권으로도 자신 있게 시험을 치를 수 있습니다.

#2. 시간확인은 필수!

쉬운 문제는 금방 넘어가지만 지문이 길거나 어렵고 헷갈리는 문제도 있고, OMR 카드에 마킹까지 해야 하니 실제로 주어진 시간은 더 짧습니다. 앞부분에 어려운 문제가 있다고 해서 시간을 많이 허비하면 쉽게 풀 수 있는 뒷부분 문제들을 놓칠 수 있습니다. 문제 푸는 속도가 느려지면 집중력도 떨어집니다. 그래서 어차피 배점은 같으니 아는 문제를 최대한 많이 맞히는 것을 목표로 했습니다.
① 어려운 문제는 빠르게 넘기면서 문제를 끝까지 다 풀고 ② 확실한 답부터 우선 마킹한 후 ③ 다시 시험지로 돌아가 건너뛴 문제들을 다시 풀었습니다. 확실히 시간을 재고 문제를 많이 풀어 봐야 실전에 도움이 되는 것 같습니다.

#3. 문제풀이의 반복!

여느 시험과 마찬가지로 문제는 많이 풀어 볼수록 좋습니다. 이론을 공부한 후 예상문제를 풀다 보니 부족한 부분이 어딘지 확인할 수 있었고, 공부한 이론이 시험에 어떤 식으로 출제될지 예상할 수 있었습니다. 그렇게 부족한 부분을 보충해 가며 문제유형을 파악하면 이론을 복습할 때도 어떤 부분을 중점적으로 암기해야 할지 알 수 있습니다. 이론 공부가 어느 정도 마무리되었을 때 시계를 준비하고 모의고사를 풀었습니다. 실제 시험시간을 생각하면서 예행연습을 하니 시험 당일에는 덜 긴장할 수 있었습니다.

학위취득을 위해 오늘도 열심히 학습하시는 수험생 여러분에게도 합격의 영광이 있으시길 기원하면서 이만 줄입니다. "

www.sdedu.co.kr

PREVIEW

이 책의 구성과 특징

01 단원 개요

핵심이론을 학습하기에 앞서 각 단원에서 파악해야 할 중점과 학습목표를 확인해 보세요.

02 핵심이론

평가영역을 바탕으로 꼼꼼하게 정리된 '핵심이론'을 통해 꼭 알아야 하는 내용을 명확히 파악해 보세요.

Bachelor's Degree
Examination for
Self-Education

03 실전예상문제

'핵심이론'에서 공부한 내용을 바탕으로 '실전예상문제'를 풀어 보면서 문제를 해결하는 능력을 길러 보세요.

04 최종모의고사

'최종모의고사'를 실제 시험처럼 시간을 정해 놓고 풀어 보면서 최종점검을 해 보세요.

05 주관식 문제

출제유형을 분석하여 반영한 '주관식 문제'로 4단계 시험도 대비해 보세요.

CONTENTS
목차

핵심이론 + 실전예상문제

제1편 19세기 영국소설

- 제1장 19세기 영국소설과 빅토리아조 문학의 개관 · · · · · · · · · · · · 003
- 제2장 Jane Austen—*Pride and Prejudice* · · · · · · · · · · · · 006
- 제3장 Charlotte Brontë—*Jane Eyre* · · · · · · · · · · · · 022
- 제4장 Charles Dickens—*Great Expectations* · · · · · · · · · · · · 038
- 제5장 George Eliot—*Middlemarch* · · · · · · · · · · · · 060
- 제6장 Thomas Hardy—*Tess of the d'Urbervilles* · · · · · · · · · · · · 079
- 제7장 Lewis Carroll—*Alice's Adventures in Wonderland* · · · · · · 098
- 실전예상문제 · · · · · · · · · · · · 118

제2편 19세기 미국소설

- 제1장 19세기 미국소설의 개관 · · · · · · · · · · · · 143
- 제2장 Edgar Allan Poe—"The Cask of Amontillado" · · · · · · · · 147
- 제3장 Nathaniel Hawthorne—*The Scarlet Letter* · · · · · · · · · · 158
- 제4장 Herman Melville—*Billy Budd, Sailor* · · · · · · · · · · · · 176
- 제5장 Mark Twain—*The Adventures of Huckleberry Finn* · · · · 191
- 제6장 Henry James—*The Portrait of a Lady* · · · · · · · · · · · · 207
- 제7장 Kate Chopin—*The Awakening* · · · · · · · · · · · · 230
- 실전예상문제 · · · · · · · · · · · · 247

최종모의고사

최종모의고사 제1회 · 265

최종모의고사 제2회 · 276

최종모의고사 제1회 정답 및 해설 · 287

최종모의고사 제2회 정답 및 해설 · 292

부록

4단계 대비 주관식 문제 · 299

당신이 저지를 수 있는 가장 큰 실수는 실수를 할까 두려워하는 것이다.

– 앨버트 하버드 –

제 1 편

19세기 영국소설

제1장	19세기 영국소설과 빅토리아조 문학의 개관
제2장	Jane Austen - *Pride and Prejudice*
제3장	Charlotte Brontë - *Jane Eyre*
제4장	Charles Dickens - *Great Expectations*
제5장	George Eliot - *Middlemarch*
제6장	Thomas Hardy - *Tess of the d'Urbervilles*
제7장	Lewis Carroll - *Alice's Adventures in Wonderland*
실전예상문제	

훌륭한 가정만한 학교가 없고, 덕이 있는 부모만한 스승은 없다.

– 마하트마 간디 –

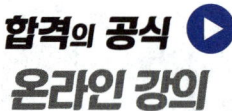

보다 깊이 있는 학습을 원하는 수험생들을 위한
시대에듀의 동영상 강의가 준비되어 있습니다.

www.sdedu.co.kr → 회원가입(로그인) → 강의 살펴보기

제1장 19세기 영국소설과 빅토리아조 문학의 개관

제1절 19세기 영국소설

영문학사에서 소설(novel)은 18세기 초에 등장하여 풍자소설(satire), 감상주의 소설(sentimental novel), 고딕 로맨스(Gothic romance) 등과 같은 다양한 형식적 실험을 거치면서 19세기 영국 리얼리즘이라 불리는 전성기를 맞이한다. 영문학사에서 19세기는 낭만주의 시기(19세기 초엽)와 빅토리아 여왕 시기로 나뉜다. 낭만주의 시기가 '시의 시대'로 불린다면, 빅토리아 여왕 시기는 '소설의 시대'로 불린다. Daniel Defoe, Samuel Richardson, Henry Fielding 등으로부터 시작된 영국소설은 Jane Austen과 Walter Scott의 심화와 확대 과정을 거쳐, Brontë 자매와 Charles Dickens, William Makepeace Thackeray, George Eliot, Thomas Hardy 등에 이르러 전성기를 맞이한다.

이 시기의 영국소설은 '리얼리즘 소설'로 대표된다. 영어 Realism은 '사실주의'로 번역되는데, 사실주의는 당대의 현실을 있는 그대로 세밀하고 정확하게 재현한다는 의미이다. 19세기 영국소설의 리얼리즘은 현실에 대한 단순한 묘사와 복제를 넘어서 '현실에 대한 올바른 인식'이 소설 속에 담겨 있다.

19세기 영국소설의 리얼리즘을 논하기에 앞서 19세기 초의 전환기적 작가인 Sir Walter Scott과 Jane Austen의 작품 세계를 살펴볼 필요가 있다.

1 월터 스콧(Sir Walter Scott, 1771~1832)

Walter Scott은 영국소설사의 역사소설(historical novel) 장르에서 큰 위상을 차지하고 있는 작가이다. 그의 작품은 중세부터 근세에 이르는 시대를 배경으로 하고 있다. 특히 그는 소설의 배경을 자신의 고향인 스코틀랜드(Scotland)로 많이 삼았다. Scott은 1814년 『웨이벌리』(*Waverley*)를 시작으로 소설의 창작을 열었는데, 이 작품의 제목을 인용하여 그의 역사소설은 Waverley Novels로 지칭된다. 『미드 로시안의 심장』(*The Heart of Mid-Lothian*, 1818), 『아이반호』(*Ivanhoe*, 1819) 등이 그의 대표작이며, 그는 18세기의 스코틀랜드 지역을 배경으로 중세의 분위기를 사실적으로 표현하였다. Scott은 당대에 상당한 인기를 누렸고, 유럽 전역에서도 인기 작가로서 많은 독자층을 확보하였다.

2 제인 오스틴(Jane Austen, 1775~1817)

Jane Austen은 당대의 프랑스혁명이나 낭만주의 문학사조의 기간에 해당하는 작가이나, 자신의 작품에 이와 같은 시대적 분위기를 반영하지 않았다. 그녀가 소설에서 표현한 가치와 정서는 오히려 18세기의 이성주의와 합리주의에 더 가깝다. Austen의 작품 경향을 본다면 그녀는 18세기와 19세기 전환기의 작가라고 할 수 있다.

19세기 이전까지의 영국소설, 즉 Daniel Defoe의 자전적 서술이나 Samuel Richardson의 편지 양식, Henry Fielding의 피카레스크(picaresque)적 요소, 그리고 Laurence Sterne의 형식적 실험 등은 새로운 장르가 나타날 때 발견할 수 있는 자의식의 다양한 표현으로 볼 수 있다. 그러나 Austen의 소설이 갖는 중요한 의미는 위에서 언급한 새로운 장르의 기발함과 생소함에 머물지 않고 소설의 일정한 형식적 틀을 구축한다는 점이다. 특히 Austen의 소설은 정교한 플롯 설정, 인물의 심리묘사와 대화의 적절한 균형, 전형적이면서도 개성이 강한 인물의 창조, 사실주의적인 현실 묘사와 인식 등의 특징을 보인다. 이러한 점은 이전의 소설들과는 명백히 다르며, 이후 소설 양식의 발전에 있어 하나의 모델을 제시하고 있다는 평가를 받는다.

제2절 빅토리아 시대 소설(1832~1900)

1 빅토리아 시대 문학의 특징

(1) 당대의 경제적·정치적·사회적 변화에 대한 사실적인 묘사와 현실에 대한 인물의 반응과 태도가 두드러진다.

(2) 빅토리아 시대를 '소설의 시대'라고 할 정도로 소설의 문학적 성취가 크다.

2 대표 작가

(1) **찰스 디킨스(Charles Dickens, 1812~1870)**

Charles Dickens는 빅토리아 시대의 산업혁명으로 인한 사회 변화를 가장 생생하고 포괄적으로 그려낸 작가이다. 1837년 *The Pickwick Papers*로 첫 작품을 발표한 이래 14년간 14권의 장편소설을 발표하며 빅토리아 시대 전기의 대표적인 소설가로 평가받는다. 그의 소설은 세습 귀족과 고급 관리를 비롯하여 빈민, 부랑자, 고아에 이르기까지 다양한 계층과 직업의 인물들을 재현하면서 당대 사회의 총체적 모습을 그린다. 그가 당대의 다른 작가들과 구분되는 점은 그의 소설이 상당한 대중적 성공을 얻었다는 점이다. 특히 멜로드라마적인 해피엔딩, 우연한 사건 설정, 에피소드적인 구성 등은 그의 작품에서 종종 등장하는 장치이자, 대중의 관심을 끄는 부분이었다.

(2) **윌리엄 메이크피스 새커리(William Makepeace Thackeray, 1811~1863)**

William Makepeace Thackeray는 주로 중산층의 인물을 작품에 등장시키며 사회제도가 인간성을 파괴하는 것임을 드러낸 작가이다. 비평가들은 Thackeray야말로 인생의 진면목을 그린 리얼리즘의 세계를 작품에 재현했다고 평한다. 결혼 후 그는 아내의 우울증과 많은 부양가족으로 인해 고생했지만, 역경을 딛고 대작가로 성장하였다. 그의 대표작 『허영의 시장』(Vanity Fair, 1848)의 제목은 영국 기독교 문학의 고전인 John Bunyan의 The Pilgrim's Progress(1678)에서 따온 것이다.

(3) 샬롯 브론테(Charlotte Brontë, 1816~1855)

Emily Brontë의 언니인 Charlotte Brontë는 그녀의 소설 Jane Eyre(1847)에서 주인공 Jane을 통하여 중간 계층의 여성이 감내해야 했던 고민과 역경을 생생하게 표현한다. 자신의 자서전적인 요소를 내포하면서도 그것을 예술적으로 잘 승화시킨 작품이다. 당대의 여성은 마땅한 결혼 상대를 찾지 못하거나 경제활동을 위해 직업을 구하려면 (가정)교사 자리를 찾거나 그렇지 못하면 독신인 채로 어렵게 살아가는 수밖에 없었다. 중간계층 여성의 직업과 일에 대한 현실적인 모습을 반영한 이 작품은 '집안의 천사'(the angel in the house)라는 말로 여성의 역할에 한계를 정하던 빅토리아 사회의 가부장적인 가치관에 대한 도전이 담겨 있다.

(4) 에밀리 브론테(Emily Brontë, 1818~1848)

Emily Brontë의 『폭풍의 언덕』(Wuthering Heights, 1847)은 Catherine과 Heathcliff의 운명적인 사랑을 그린 비극이다. 폭풍이 소용돌이치는 음산한 언덕에서 야생마와 같이 뛰놀던 소년과 소녀의 모습이 그려지면서 Catherine을 향한 Heathcliff의 사랑과 집착에 상당한 낭만성이 부여되어 있다. Wuthering Heights를 떠난 지 3년 만에 신사가 되어 돌아온 Heathcliff가 악마의 화신이 된 것처럼 끈질기게 Catherine의 오빠 Hindley와 Catherine의 남편 Edgar를 망가뜨리는 복수의 과정은 Catherine을 향한 Heathcliff의 사랑에 대한 이미지를 강하게 그린다. 이러한 로맨스적 분위기는 이 작품의 중요한 특징이다. 이 점에서 이 소설은 고딕소설과 낭만주의의 흔적을 지닌다고 볼 수 있다.

그러나 이 소설의 낭만적 요소와는 대조적으로 작품의 주요 줄거리를 구성하고 있는 Heathcliff의 복수는 당대의 복잡한 상속법 규정을 이용하고 있다는 점에서 작가의 현실에 대한 지식의 수준이 높았음을 알 수 있다. 즉, Wuthering Heights는 현실에 단단히 뿌리내린 작품이기도 하다.

이 작품의 서술 구조, 즉 이중 화자를 이용하고 있는 점 또한 이 소설이 지닌 특이한 이야기에 대해 신뢰성과 현실성을 부여하는 적합한 장치이다. Lockwood는 작품의 1차 화자로, 도시를 떠나 시골에 온 이방인이다. Earnshaw 가(家)의 하녀[나중에는 Linton 가(家)의 하녀]인 Nelly Dean에게서 두 집안과 Heathcliff 사이에 얽힌 이야기를 듣고, 이것을 독자들에게 다시 전달한다. 이 과정에서 1차 화자와 이 소설의 주요 인물들과 오랫동안 함께해 온 2차 화자인 Nelly Dean의 진술이 소설의 강렬하고 기이한 이야기의 어조 및 분위기를 한 단계 완화시켜 독자가 수용할 여지를 제공한다.

소설 속 이야기의 중심에는 언덕 위에 있는 저택 Wuthering Heights와 두 주인공 Catherine, Heathcliff가 그 저택에서 함께 보낸 유년 시절이 있다. 신분의 계층 차이가 있는 두 인물이 거실에서 함께 어울릴 수 있었고, 폭풍이 소용돌이치던 언덕을 마구 뛰어놀았던 유년 시절의 경험은 당대의 역사적 배경에서 큰 의미를 지닌다. Mr. Earnshaw가 살아온 Wuthering Heights는 중세 이후 꾸준히 이어져 온 자작농(yeoman)의 전통과 연결되어 있으며, Thrushcross Grange는 그것보다 조금 더 세련된 지주 계층인 젠트리(gentry)를 대표하는 것으로 이해되기 때문이다. 작품의 시대적 배경인 1770년 이후의 30년은 산업혁명이 고조되었던 시기였고, 이러한 점에서 Emily가 설정한 소설의 배경은 사회의 변화와 계층 간의 갈등 구조를 반영한다.[1]

---

[1] 김보원·윤미선 공저, 『영국소설의 이해』, 한국방송통신대학교출판문화원

제 2 장 | Jane Austen
– Pride and Prejudice

│단원 개요│

*Pride and Prejudice*에서 Elizabeth의 결혼이 비록 신분상승적인 결혼이긴 하지만, 그 과정에는 Elizabeth와 Darcy가 동등하게 다루어진 흔적이 있다. 두 사람의 결혼은 서로의 단점을 극복하고 상대의 본질적인 자질에 대한 확실한 이해와 존중에 기초한 결혼이라고 해석할 수 있다. 또한 Elizabeth가 성장하는 인물이라는 사실이 중요하다. 18세기 소설은 남성을 주인공으로 하여 주인공의 정신적·육체적 성장 과정을 그린 것이 대부분이었다. 그러나 Jane Austen의 소설에서는 변화하고 발전된 여성이 등장한다.

│출제 경향 및 수험 대책│

이 소설은 사랑과 결혼이 주요 플롯(Plot)이지만 작가가 결혼을 낭만적으로 그리기보다는 현실에 대한 날카로운 인식을 바탕으로 당대 사회를 비판하고 있음을 염두에 두어야 한다. 또한 다양한 등장인물들의 결혼 과정을 그리고 있는데, 각 인물들의 이름과 그들의 특징 및 성격을 묻는 문제들에 대한 대비가 요구된다.

제1절 작가의 생애

제인 오스틴(Jane Austen, 1775~1817)은 영국 남부 햄프셔(Hampshire) 주의 스티븐턴(Steventon)에서 국교회 신부의 6남 2녀 중 일곱째이자 둘째 딸로 태어났다. Austen은 언니 Cassandra와 함께 부친의 사제관과 남자 형제의 집에 살면서 독신으로 일생을 보냈다. 독신 여성이 쓴 작품의 대부분이 결혼에 관한 이야기라는 점은 많은 연구자들의 흥미를 끌기도 하였다. 전기 자료에 의하면 Austen은 여러 번 결혼의 기회가 있었으나 집안의 반대나 본인의 거절 등으로 무산되었다. 이러한 일련의 과정 속에서 결혼을 둘러싼 사회제도와 계층적 갈등, 좋은 결혼의 의미 등에 대한 진지한 고민이 있었을 것으로 보인다. 11세까지 3년간 기숙학교를 다녔지만, 11세 이후에는 집에서 교육을 받으며 피아노 치는 법과 이탈리아어, 프랑스어 등의 외국어를 익혔고, 역사를 배웠다. 그리고 문학에도 관심이 많아 William Shakespeare와 John Milton 외에도 18세기의 소설가, 수필가 및 시인들에 대한 깊은 지식을 얻게 되었다.

Austen은 출생 이후부터 25년간을 아버지의 사제관에서 살았지만, 1801년 아버지의 목사직 퇴임 후 부모, 언니와 함께 바스(Bath)로 이사했다. 1805년에 아버지가 돌아가신 이후 3년간 사우샘프턴(Southampton)에서 생활하다가 어머니, 언니와 함께 오빠 Edward Knight 소유의 햄프셔 주 초턴(Chawton)의 작은 시골집으로 가 정착했다. Austen은 두 살 위의 언니인 Cassandra와 서로 헌신적이고 우애가 깊었다고 한다. Austen이 Cassandra에게 보낸 편지에서 오늘날 우리가 알고 있는 Austen의 생애의 많은 부분들을 파악할 수 있다. 1816년 그녀의 건강이 악화되기 시작하였고, 1817년에 치료를 위해 언니 Cassandra와 함께 윈체스터(Winchester)로 갔다. 1817년 7월 18일 그녀는 41세로 생을 마감하였고, 윈체스터 사원에 묻혔다.

제2절 작품 세계

1 작품 세계 중요

(1) 형식적 완결성

Austen은 정교하게 짜인 플롯, 생생하게 창조된 인물, 재치 있고 발랄한 대화, 적절한 아이러니와 풍자 등을 통해 형식적 완결성을 보여준다. 그녀의 문체는 18세기 중엽 문예 전성기의 시인과 산문 작가들의 문체에 훨씬 가깝다. 특히 서술에만 의존하지 않고 생생한 대화를 통해 인물들의 성격을 선명하게 드러내는 작가의 솜씨로 인해 그녀의 작품 속 인물들은 현재까지도 낯설거나 어색하지 않다. Austen의 작품은 신고전주의와 낭만주의 사이에 있다.

(2) 소설 양식 발전의 모델

Austen의 소설은 정교한 플롯 설정, 인물의 심리묘사와 대화의 적절한 균형, 전형적이면서도 개성이 강한 인물의 창조, 사실주의적인 현실 묘사와 인식 등의 특징을 보인다. 이러한 점은 Austen이 당대의 특정한 어떤 유파의 작가군에 속하지 않고, 그녀만의 독창적인 작품을 그려낸 작가임을 보여준다. Austsn의 작품은 이전의 소설들과는 명백하게 다르며, 이후 소설 양식의 발전에 있어 하나의 모델을 제시하고 있다.[1]

2 Jane Austen 소설의 특징

(1) 지역소설, 풍속소설(novel of manners)의 요소 반영

Austen이 영국 시골의 예절과 습관들을 정확하고 세세하게 묘사했다는 점은 풍속소설과 연결된다. 또한 그녀는 자신이 속한 젠트리(Gentry) 계급의 전형적인 인물들을 등장시키면서 사실적인 묘사에 집중하였다.

---

[1] 김보원·윤미선 공저, 『영국소설의 이해』, 한국방송통신대학교출판문화원

> **더 알아두기**
>
> **고딕소설과 젠트리(Gentry) 계급**
>
> - **고딕소설**
>
>   Horace Walpole(1717~1797)의 *The Castle of Otranto*에 의해 영국에 소개된 고딕소설은 여성 작가들에 의해 발전되었다. 대중들로부터 인기는 얻었으나, 감상적인 면을 자극하거나 결론을 이끌기 위해 부자연스러운 상황을 연출하여 종종 비판을 받기도 하였다. 소설 속의 여주인공들은 공포와 두려움을 경험하는 역할을 하였다. 고딕소설은 중세 시대를 배경으로 하여 외딴 수도원이나 오래된 성과 폐허를 등장시켰다. 대부분의 줄거리는 매우 비현실적이고 환상적이었으며, 작가들은 독자들이 흥분과 공포를 느끼게 하고자 노력하였다. Austen은 *Northanger Abbey*를 통해 고딕소설의 관례적 틀을 풍자하고 조롱했다.
>
> - **젠트리(Gentry) 계급**
>
>   젠트리 계급은 영국에서 자영농과 귀족 사이에 존재하는 중산계급으로서 귀족은 아니지만 정치인, 관료, 판사 등의 학력·재력·권력을 갖춘 상류층을 말한다. 이들과 관련된 어휘는 '상류층' 혹은 '고급적'이라는 의미와 연관된다. 젠트리는 16세기 이후 귀족계급의 붕괴의 결과로 발생하였고, 지배적인 지위를 확립했으며, 그 패권은 20세기 초에까지 이르렀다.

(2) 중류층 주인공

① 당시는 귀족과 중상류층, 상업에 종사하는 사람들 사이의 경계선이 희미해지던 시기였으며, Austen 소설의 중심인물들이 속한 계급은 대부분 중류층이었다.

② 출신, 돈, 토지에 의하여 계급이 분명해지는 사회상을 보여준다. Austen 작품에서도 주요 인물들은 가족과 사회의 틀 안에서 전통적인 삶의 양식을 선택한다.

(3) 여성 의식 **중요**

① 보수적인 사회에서도 진보적인 여성 의식을 지닌 인물을 등장시킨다. 여주인공이 자신보다 신분이 높거나 재산이 많은 남성과 결혼하는 구성으로 작품을 전개하면서 결혼과 경제적 능력의 관계를 보여준다. 이러한 구성은 여성의 사회 진출이나 능력 발휘에 있어서 한계를 보여줌과 동시에 결혼 이외에는 대안이 없는 당시의 사회 현실에 대한 비판으로도 볼 수 있다.

② 여성의 성장 과정을 묘사한다. 어리석고 이기적인 사람들 사이에서도 도덕성과 성실성을 지닌 여주인공이 등장한다. 이들은 일련의 좌절과 갈등, 실수를 겪지만 성숙한 인물로 성장하는 과정을 거쳐 사회의 믿음직한 구성원이 된다.

(4) 사회에 대한 비판

당시 영국 사회의 많은 결점들(가령 위선, 물질만능주의, 허례허식 등)에 대한 강한 비판을 담고 있다.

3 Jane Austen 작품의 공통 주제

(1) 세대 간의 갈등

소설 속에서 부모나 부모를 대신하는 인물들은 대체적으로 자녀의 성장에 영향을 별로 미치지 못하거나 해로운 영향을 미치는 인물로 묘사된다. 하지만 이러한 문제에도 불구하고 주인공들이 연장자들의 방해와 갈등을 극복하고 성숙한 인물로 성장하는 과정을 그리며, 자아와 사회의 조화를 이루는 결론으로 이끈다.

(2) 개인의 사적인 삶과 공적인 삶의 조화

Austen은 개인의 사적인 삶과 공적인 삶의 일치를 중요시했기 때문에 소설 속 장소와 인물들의 관계가 일치하도록 구성하였다. Austen의 작품에서 인물의 도덕성과 인격은 그 인물이 소유한 저택이나 토지의 여부로 묘사된다. 즉, 작가가 표현한 저택이나 토지는 그것을 소유한 인물의 능력과 운명을 관련지어 보여준다. 예를 들어, 훌륭한 도덕성과 인격을 갖춘 인물은 자신의 저택과 토지를 지켜 내지만, 그렇지 않은 인물은 자신이 소유했던 것을 잃는다. 작가는 이러한 소설 전개를 통하여 개인의 삶과 공적인 삶에 대한 조화와 이상적인 사회를 피력한다.[2]

(3) 등장인물들의 태도와 사회적인 행동의 표현 방식

Austen의 소설에서 사회는 좋은 예법을 지키고 필요한 사회적 의식을 잘 수행하는 개인의 능력을 통해 유지된다. 인물들의 내적 도덕성과 올바른 사회적 예절의 외적 준수가 결합되면 전체적인 인간관계가 향상되고, 이로써 더 나은 사회가 된다고 보고 있다.[3]

(4) 결혼

① Austen의 대부분의 소설은 주인공의 행복한 결혼으로 끝난다. Austen의 소설에서 점잖은 가문의 여인은 오직 결혼을 통해서만 사회에서의 올바른 위치와 역할을 얻을 수 있었다.
② 결혼을 통해 지적이며 책임감 있는 두 개인의 결합으로 이루어지는 사회는 이전보다 도덕적으로 더 건전하고 좋은 세상이 될 것이라고 보고 있다. 이러한 궁극적 목표를 위해 각 개인은 자각의 과정과 자신의 잘못을 수정하는 여러 단계를 거쳐 성숙한 인격체가 된다.
③ 한편 이상적인 결합과 대조되는 전혀 다른 종류의 결혼 생활이 제시되기도 한다. Austen이 소설 곳곳에 부정적인 결혼의 예시들을 둔 것은 결혼에 대한 작가의 상반된 견해를 나타내는 것처럼 보이기도 하지만, 훌륭한 지성과 도덕성을 지닌 남녀가 결혼할 때 그들의 합쳐진 에너지와 지성으로 더 나은 사회로 나아간다는 긍정적인 결말의 의도와도 연결된다.

---

[2] 근대영미소설학회, 『19세기 영국 소설 강의』, 신아사
[3] 근대영미소설학회, 『19세기 영국 소설 강의』, 신아사

4 주요 작품

(1) *Sense and Sensibility*(1811)

(2) *Pride and Prejudice*(1813)

(3) *Mansfield Park*(1814)

(4) *Emma*(1816)

(5) *Northanger Abbey*(1818)

(6) *Persuasion*(1818)

제3절 *Pride and Prejudice*의 줄거리

Mrs. Bennet은 Hertfordshire 주의 작은 마을에 Charles Bingley가 Netherfield Park로 이사 온다는 소식을 듣는다. 그녀는 혼기에 찬 자신의 딸들을 Bingley에게 소개시키려고 남편을 설득하여 Netherfield로 간다. 무도회에서 Bingley의 친구 Darcy는 자신의 춤추자는 제안을 거절한 Elizabeth에 대하여 좋지 않게 말하고 그것을 Elizabeth가 듣게 되면서 이 둘은 서로 나쁜 첫인상을 가진다. Jane은 Bingley의 동생인 Caroline Bingley의 초대를 받아 Netherfield에 가게 되는데 심한 감기가 걸려 며칠간 집으로 돌아갈 수 없게 된다. 걱정이 된 동생 Elizabeth는 Jane이 있는 Netherfield로 간다.

Darcy는 무도회에서 좋지 않게 보았던 Elizabeth가 사실은 굉장히 매력적인 여성임을 느끼고 그녀에게 호감을 가진다. Bingley와 Jane은 서로 사랑하게 되고, Mrs. Bennet은 Bingley가 Jane에게 청혼할 것이라고 확신하며 이 사실을 떠들고 다니면서 Darcy와 Caroline에게 좋지 않은 인상을 준다. Jane의 다른 동생들인 Kitty와 Lydia는 어리석고 허영심이 많은데, 이들은 장교들을 보기 위해 항상 Meryton에 놀러가고, 또 다른 동생 Mary는 똑똑한 척하며 나서기를 좋아한다.

한편 Elizabeth는 Wickham이라는 잘생긴 군인을 만나고 그에게 호감을 느낀다. 그런데 그때 우연히 마주친 Darcy와 Wickham이 서로 좋지 않은 관계인 것을 목격한다. 이에 Wickham은 Darcy가 자신의 경제적 권리를 빼앗아, 자신을 가난하게 살게 한다고 말한다. 이 말에 Elizabeth는 Darcy에 대해 더욱더 안 좋은 편견을 가지게 된다.

그 당시의 법에 따라 Bennet 가(家)의 딸들은 아버지의 유산을 상속받을 수 없고, 유산은 먼 친척인 Collins에게 상속된다. 그는 속물근성이 강한 목사이며, Bennet 가(家)의 딸들 중에서 자신의 신붓감을 찾는 것이 목적인 인물이다. 그는 Elizabeth에게 청혼하지만, Elizabeth는 그의 청혼을 거절한다. 결국 Collins는 Elizabeth의 친구인 Charlotte에게 청혼하고, 그녀는 그의 청혼을 받아들인다. 이에 Elizabeth는 자신의 친구 Charlotte이 허영심 있는 속물인 Collins와 결혼한다고 하자 염려한다. 하지만 Charlotte은 노처녀로 남기보다 빨리 안정된 가정을 이루고 싶어 한다.

어느 날, Elizabeth는 Charlotte의 집으로 놀러간다. 여기서 Darcy의 이모인 Lady Catherine de Bourgh의 집에 우연히 모두 같이 초대받는데, 그곳에서 그녀는 Darcy와 그의 친지 한 사람을 만난다. Lady Catherine은 오만하고 자기주장이 센 인물로, Elizabeth는 그녀에게 공손하지만 단호한 태도로 반대 의견도 얘기하면서 바르게 행동한다. 어느 날 Elizabeth는 Darcy의 친지와 함께 산책하던 중, Darcy가 Jane과 Bingley의 사랑을 깨뜨려 버린 것을 알게 된다. 이를 알고 화가 난 Elizabeth는 Lady Catherine의 초대도 거절하고 혼자 집에 온다. 그런데 놀랍게도 Darcy가 그녀를 찾아와 불쑥 청혼을 한다. 그의 청혼은 진심이었지만 Elizabeth는 오만한 그가 그녀의 가족을 무시했다고 여기며 그의 청혼을 거절한다. 그녀는 Jane과 Bingley의 일, Wickham의 일을 이야기하며 무슨 일이 있어도 그의 청혼을 받아들이지 않는다고 말한다. 이에 Darcy는 실망하며 떠나지만 다음 날 아침 Elizabeth를 다시 찾아와 편지를 건넨다. 그 편지에는 Elizabeth의 말에 대한 그의 설명이 적혀 있었다. 먼저 Jane과 Bingley의 일은 동생들, Mrs. Bennet의 어리석음과 집안의 차이, 그리고 Jane이 Bingley에게 큰 애정을 가지고 있지 않은 것 같은 점 등으로 반대했다는 것이었다. 다음으로 Wickham의 일은 그가 자신에게서 이미 많은 돈을 받았으며, 그가 자신의 여동생 Georgiana에게 접근해 같이 도주하려고 하여 하마터면 동생을 잃을 뻔했다는 설명이었다. 이 편지를 읽은 Elizabeth는 마음이 크게 흔들린다.

Elizabeth는 집으로 돌아가고, 막내 Lydia는 친구의 초대로 며칠 놀러가기로 한다. Kitty는 그런 동생을 부러워하고, Elizabeth는 이모와 같이 Darcy의 고향인 Derbyshire로 여행을 간다. Elizabeth는 Darcy의 저택인 Pemberley에 가지 않겠다고 마음을 먹지만, 궁금하기도 하고 Darcy가 집에 없다는 사실에 Pemberley를 구경하러 간다. 굉장히 아름다운 저택인 Pemberley에서 그 집의 하인은 Darcy에 대해 많은 칭찬을 한다. 그러자 Elizabeth는 Darcy가 자신이 생각했던 것만큼 나쁜 사람은 아니라고 생각한다. 그녀가 Pemberley를 막 떠나려고 할 때 Darcy를 마주치게 되는데, 그녀에게 아주 상냥하고 친절하게 대하는 Darcy를 보며 Elizabeth는 그가 달라졌다고 느낀다.

한편 Jane으로부터 온 편지에서 Elizabeth는 Lydia가 Wickham과 도망갔다는 것을 알게 되고 걱정과 충격에 휩싸이는데, 이러한 상황에서 Darcy가 그녀를 위로해 준다. 얼마 후 Lydia의 또 다른 소식을 알게 되는데, Lydia와 Wickham이 결혼했고 북부 지역에서 산다는 것이었다. 또한 Darcy가 Wickham을 설득하여 Lydia와 결혼하게 하고 그 비용도 지불했다는 것을 알게 된다. Darcy의 과묵함과 진정성을 알게 된 Elizabeth는 그에 대한 마음이 점점 커지고 있음을 느낀다.

Bingley가 Netherfield로 돌아와 Jane에게 청혼하기 위해 Bennet 가(家)를 방문하고, Jane은 그의 청혼을 기쁘게 받아들인다. Lady Catherine이 Elizabeth에게 찾아와서 Darcy와 약혼했다는 소문이 사실인지를 묻는데, Elizabeth는 아직 Darcy와 약혼한 건 아니지만 약혼하지 않겠다고는 못 한다고 말한다. 이 말을 들은 Darcy는 Elizabeth가 자신에게 마음이 있다는 것을 알아채고 그녀를 찾아가 청혼한다. Elizabeth는 그의 청혼을 받아들이고, Darcy는 Mr. Bennet에게 결혼 승낙을 받는다. Elizabeth는 Pemberley에서 살게 되고, Bingley는 그곳과 가까운 곳에 집을 마련하여 살게 된다.

제4절 작품의 주제

1 경제 면에서의 결혼

소설은 당시 여성들이 처한 경제적 현실과 결혼의 역할을 보여준다. 결혼은 단지 개인적인 선택이 아니라 생존과 안정, 특히 여성의 경제적 위치를 보장하기 위한 수단으로 여겨지기도 했다. 즉, 결혼을 통한 재정적 문제 해결의 모습을 보여준다. 이러한 의미를 가장 잘 나타내는 인물은 Charlotte이다. 그녀는 철저히 경제적인 이유로 Collins와 결혼한다.

2 오만과 편견 (중요)

Elizabeth는 처음 Darcy를 보게 된 순간 그에 대해 갖게 된 편견과 오만하다는 첫인상을 버리고 그의 진면목을 알게 된다. Darcy 역시 자신보다 낮은 신분의 Elizabeth에 대해 가졌던 편견과 오만함을 극복하면서 두 주인공은 결혼하게 된다.

3 개인과 공동체의 조화

한 개인이 사회적 관습을 따르면서 사회(공동체)와 조화를 이루는 모습을 보여준다.

4 다양한 인간관계

부부 관계, 형제자매 관계, 친구 관계 등과 같은 다양한 인간관계의 모습을 보여준다.

5 결혼 상대의 선택

결혼 상대의 선택은 특히 결혼 전에 두 사람이 극복해야 하는 난점에 관한 것이다. Elizabeth와 Darcy는 서로에게 알맞은 결혼 상대가 되기 위해서는 그들 자신이 가진 오만과 편견을 이해하고 극복해야 한다.
Austen은 결혼을 광범위하게 다루고 있다. 즉, 한 개인의 도덕적인 자질과 그가 하는 결혼의 종류 간의 연관성을 가장 분명하게 표현한다. 예를 들어, 성공적인 결혼을 하는 사람은 성숙하며 책임감이 깊은 개인이자 사회의 원만한 구성원이다. 조화로운 결혼을 통한 개인과 사회의 융합은 작품 내에서 결혼의 여러 가지 본보기를 통해 보여준다.[4]

---

4) 근대영미소설학회, 『19세기 영국 소설 강의』, 신아사

> **더 알아두기**
>
> ***Pride and Prejudice* 속 다양한 결혼의 예**
>
> (1) 베넷 부부(the Bennets) : 실패한 결혼의 예
> (2) 가디너스 부부(the Gardiners) : 성공한 결혼의 예
> (3) Lydia와 Wickham : 성급한 열정으로 이루어진 결혼의 예
> (4) Charlotte과 Collins : 경제적 현실에 의한 결혼의 예
> (5) Jane과 Bingley : 비슷한 성격에 의한 결혼의 예
> (6) Elizabeth와 Darcy : 대조적 성격으로 서로 보완해 주는 결혼의 예 → 책임감 깊고 성숙한 개인의 결합

제5절 등장인물

1 Elizabeth Bennet

작품의 여주인공으로, Bennet 가(家)의 둘째 딸이다. 강한 자아와 가치관을 지녔으며, 다른 자매들보다 정확한 판단력과 지성을 가지고 있다. 그러나 이러한 그녀의 성격이 Darcy에 대한 편견을 불러일으키고, 이로 인해 서로 오해의 과정을 겪기도 한다.

2 Fitzwilliam Darcy

작품의 남주인공으로, 과묵한 태도로 인해 오히려 사람들에게 오만하다는 첫인상을 주기도 한다. 하지만 그는 진중하고 사려 깊으며 신사적인 성격을 가졌다. Darcy는 자신의 부유함을 이용하고자 다가오는 속물적인 사람들과는 달리 자신보다 신분이 낮음에도 자신에게 당당히 맞서는 Elizabeth에게 매력을 느낀다. 그는 Elizabeth의 이러한 모습에 그녀의 진실함을 알게 되면서 그녀와 결혼한다.

3 Charles Bingley

Darcy의 친구이자 부유한 신사이다. 그는 사교적이고 낙천적인 성격을 가졌다. Elizabeth의 언니인 Jane과 결혼한다.

4 Mr. Bennet

Bennet 가(家)의 아버지이다.

5 Mrs. Bennet

Bennet 가(家)의 어머니이다. 자신의 딸들을 부유한 남성에게 시집보내려는 목표를 가지고 있으며, 성격이 호들 갑스럽다.

6 Jane Bennet

Bennet 가(家)의 장녀이자 Elizabeth의 언니로, 매우 미인이라고 묘사된다. Charles Bingley와 결혼한다.

7 Mary Bennet

Bennet 가(家)의 셋째 딸로, 언니들과 비교 당하는 열등감을 메우려고 독서와 음악 공부에 매진한다. 자신의 박식함을 남들에게 알리고자 하는 지적 허영심이 강하다.

8 Catherine (Kitty) Bennet

Bennet 가(家)의 넷째 딸로, 막내 Lydia처럼 무분별하고 무절제한 성격을 지녔다.

9 Lydia Bennet

Bennet 가(家)의 다섯째 딸이자 막내이다. 발랄한 성격에 급한 면도 있다. 성급한 판단으로 George Wickham과 결혼한다.

10 George Wickham

Darcy의 아버지 Mr. Darcy의 대자(代子)로, 어릴 적 Darcy와 함께 자란 인물이다. 작품에서 잘생긴 군인으로 묘사된다. 그는 Darcy의 여동생 Georgiana의 재산을 얻고자 그녀와 도망치려고 한 적이 있다. 그 외에도 경제적인 욕심으로 Mary King에게 청혼하려 한다.

11 Caroline Bingley(Miss Bingley)

Charles Bingley의 여동생이다. 그녀는 Darcy와 결혼하여 신분 상승을 하려고 하지만 Darcy가 Elizabeth에게 청혼하면서 그녀의 의도는 이루어지지 않는다. 그녀는 자신보다 낮은 신분인 Elizabeth를 무시하는 태도를 취하는 인물이다.

12 Lady Catherine de Bourgh

Darcy의 이모이다. 그녀는 재산이 많은 귀족 출신으로, 권위적인 태도를 취하고 스스로에 대한 우월감이 크며, 다른 사람의 삶에 참견하기를 좋아한다. 자신의 딸 Anne de Bourgh를 Darcy와 결혼시키고 싶어 한다. 그러나 Darcy가 Elizabeth와 결혼하려 하자 심하게 반대한다.

제6절 작품의 구조와 시점

1 구조(Plot)

(1) 주요 구조

작품은 시간 순서에 따라 구성되고 전개된다. 사건들이 소설 전체에 흐르며 주요 플롯과 세 개의 부차적인 플롯이 상호 보완 작용을 하고 있다. 주요 플롯은 Darcy의 오만함(pride)과 Elizabeth의 편견(prejudice) 사이의 갈등이다.

(2) 세 개의 부차적인 구조

① Bingley가 Jane에게 끌리는 것과 Darcy가 둘의 관계에 개입하는 것
② Wickham과 Darcy 가족 간의 얽힘과 갈등 관계
③ Charlotte과 Collins의 결혼

2 시점(Point of View)

이 작품은 3인칭 전지적 작가 시점이다. 그러나 작품 중간중간에 누구의 말인지가 불분명하게 서술되는 생각이나 서술자의 의견도 포함되어 있어 구분이 모호한 부분도 있다. 등장인물들의 사고 과정과 감정을 탐색할 때는 작가의 주관적 생각이 개입되어 있다.

제7절 작품의 기법

자유 간접 화법(Free Indirect Discourse)을 사용하고 있다. 그리고 작중인물과 가까우면서도 거리를 두고, 직접적이면서도 객관적인 서술을 하고 있다. 작중인물의 감정에 지나치게 몰입하지 않고, 독자와 인물 간의 거리를 조절한다. 서술자는 서술 대상과 거리를 유지한 채 감정 분출이 억제된 내용을 절제된 형식 속에서 담고 있다. 이러한 Austen의 소설의 특징은 18세기 초 신고전주의의 특징을 보여주기도 한다.
Elizabeth의 감정에 대한 서술은 주로 직접적인 서술과 묘사를 사용하나, Darcy의 감정과 생각은 그의 말이나 편지를 통해서 추측하게 한다.

> **더 알아두기**
>
> **자유 간접 화법(Free Indirect Discourse)**
> 인물의 생각이나 말이 서술자의 말과 겹쳐져 이중적 목소리로 서술되는 화법이다. 이로 인해 인물의 말인지 서술자의 말인지 분간하기 어려운 경우가 있다.

제8절 *Pride and Prejudice*의 일부

Chapter 1

It is a truth universally acknowledged, that a single man in possession of a good fortune, must be in want of a wife.[5]

However little known the feelings or views of such a man may be on his first entering a neighbourhood, this truth is so well fixed in the minds of the surrounding families, that he is considered as the rightful property of some one or other of their daughters.

"My dear Mr. Bennet",[6] said his lady to him one day, "have you heard that Netherfield Park[7] is let[8] at last?"

Mr. Bennet replied that he had not.

"But it is", returned she; "for Mrs. Long has just been here, and she told me all about it."

Mr. Bennet made no answer.

"Do not you want to know who has taken it?" cried his wife impatiently.

"You want to tell me, and I have no objection to hearing it."

This was invitation enough.[9]

"Why, my dear, you must know, Mrs. Long says that Netherfield is taken by a young man of large fortune from the north of England; that he came down on Monday in a chaise and four[10] to see the place, and was so much delighted with it that he agreed with Mr. Morris immediately; that he is to take possession before Michaelmas,[11] and some of his servants are to be in the house by the end of next week."

"What is his name?"

"Bingley."

"Is he married or single?"

"Oh! Single, my dear, to be sure! A single man of large fortune; four or five thousand a year. What a fine thing for our girls!"

"How so? How can it affect them?"

"My dear Mr. Bennet", replied his wife, "how can you be so tiresome! You must know that I am thinking of his marrying one of them."

---

5) It is ~ a wife. : '상당한 재산이 있는 독신 남자에게 아내가 필요하다는 것은 보편적으로 인정되는 진리이다.' 이 도입부는 영문학에서 아이러니의 사례로 자주 인용되는 유명한 대목이다. 먼저 이 의미는 보편적인 진리가 아니기도 한데, 이 소설에서 재산이 있는 남자와 결혼하려는 여성 인물들이 등장하기 때문이다.
6) Mr. Bennet : 이 당시에는 부부간에도 격식을 차려 이름 앞에 Mr.와 Mrs.를 붙여서 불렀다.
7) Netherfield Park : 공원의 의미가 아니다. 초지와 정원이 딸린 귀족 혹은 젠트리 계층의 저택을 가리키는 고유명사이다.
8) is let : 세 들어올 사람이 생기다
9) This was invitation enough. (for her to speak) : 이것은 어서 말해 달라는 것과 마찬가지였다.
10) a chaise and four : 사두마차. 네 마리의 말이 끄는 마차
11) Michaelmas : (기독교에서) 성 미카엘 축일(9월 29일)

"Is that his design in settling here?"

"Design! Nonsense, how can you talk so! But it is very likely that he may fall in love with one of them, and therefore you must visit him as soon as he comes."

"I see no occasion for that. You and the girls may go, or you may send them by themselves, which perhaps will be still better, for as you are as handsome as any of them, Mr. Bingley might like you the best of the party."[12]

"My dear, you flatter me. I certainly have had my share of beauty, but I do not pretend to be anything extraordinary now. When a woman has five grown-up daughters, she ought to give over[13] thinking of her own beauty."

"In such cases, a woman has not often much beauty to think of."

"But, my dear, you must indeed go and see Mr. Bingley when he comes into the neighbourhood."

"It is more than I engage for,[14] I assure you."

"But consider your daughters. Only think what an establishment[15] it would be for one of them. Sir William and Lady Lucas are determined to go, merely on that account, for in general, you know, they visit no newcomers. Indeed you must go, for it will be impossible for us to visit him if you do not."

"You are over-scrupulous,[16] surely. I dare say Mr. Bingley will be very glad to see you; and I will send a few lines by you to assure him of my hearty consent to his marrying whichever he chooses of the girls; though I must throw in a good word for my little Lizzy."

"I desire you will do no such thing. Lizzy is not a bit better than the others; and I am sure she is not half so handsome as Jane, nor half so good humoured as Lydia. But you are always giving her the preference."

"They have none of them much to recommend them", replied he; "they are all silly and ignorant like other girls; but Lizzy[17] has something more of quickness than her sisters."

"Mr. Bennet, how can you abuse your own children in such a way? You take delight in vexing me. You have no compassion on my poor nerves."[18]

"You mistake me, my dear. I have a high respect for your nerves. They are my old friends. I have heard you mention them with consideration these twenty years at least."

"Ah! you do not know what I suffer."

"But I hope you will get over it, and live to see many young men of four thousand a year come into the neighbourhood."

"It will be no use to us, if twenty such should come, since you will not visit them."

---

12) the party : 일행
13) give over : 단념하다
14) It is more than I engage for : 난 그걸 약속 못 해요
15) an establishment : 결혼해서 자리 잡는 것
16) over-scrupulous : 과하게 까다로운
17) Lizzy : Elizabeth의 또 다른 명칭
18) poor nerves : 약한 신경

"Depend upon it,[19] my dear, that when there are twenty, I will visit them all."

Mr. Bennet was so odd a mixture of quick parts,[20] sarcastic humour, reserve, and caprice, that the experience of three-and-twenty years had been insufficient to make his wife understand his character. Her mind was less difficult to develop. She was a woman of mean understanding,[21] little information, and uncertain temper.[22] When she was discontented, she fancied herself nervous. The business of her life was to get her daughters married; its solace was visiting and news.

Chapter 2

Mr. Bennet was among the earliest of those who waited on[23] Mr. Bingley. He had always intended to visit him, though to the last always assuring his wife that he should not go; and till the evening after the visit was paid she had no knowledge of it. It was then disclosed in the following manner. Observing his second daughter employed in trimming a hat, he suddenly addressed her with:

"I hope Mr. Bingley will like it, Lizzy."

"We are not in a way to know[24] what Mr. Bingley likes", said her mother resentfully, "since we are not to visit."

"But you forget, mamma", said Elizabeth, that we shall meet him at the assemblies, and that Mrs. Long has promised to introduce him."

"I do not believe Mrs. Long will do any such thing. She has two nieces of her own. She is a selfish, hypocritical woman, and I have no opinion of her."

"No more have I", said Mr. Bennet; "and I am glad to find that you do not depend on her serving you."[25]

Mrs. Bennet deigned not to make any reply, but, unable to contain herself, began scolding one of her daughters.

"Don't keep coughing so, Kitty, for Heaven's sake! Have a little compassion on my nerves. You tear them to pieces."

"Kitty has no discretion in her coughs", said her father; "she times them ill."[26]

"I do not cough for my own amusement," replied Kitty fretfully.[27] "When is your next ball to be, Lizzy?"

"To-morrow fortnight."[28]

---

19) Depend upon it : 틀림없어! 염려 마!
20) quick parts : 두뇌 회전이 빠름
21) mean understanding : 이해력이 부족한
22) uncertain temper : 변덕스러운 성격의
23) waited on : 방문했다
24) We are not in a way to know : 우리는 알 수가 없다
25) serving you : Mrs. Long이 Mr. Bingley에게 소개해 주는 수고
26) times them ill : 기침의 타이밍이 나빴다(them = cough)
27) fretfully : 짜증을 내며
28) fortnight : 2주 후

"Aye, so it is," cried her mother, "and Mrs. Long does not come back till the day before; so it will be impossible for her to introduce him, for she will not know him herself."

"Then, my dear, you may have the advantage of your friend, and introduce Mr. Bingley to her."

"Impossible, Mr. Bennet, impossible, when I am not acquainted with him myself; how can you be so teasing?"

"I honour your circumspection.[29] A fortnight's acquaintance is certainly very little. One cannot know what a man really is by the end of a fortnight. But if we do not venture somebody else will;[30] and after all, Mrs. Long and her nieces must stand their chance; and, therefore, as she will think it an act of kindness, if you decline the office,[31] I will take it on myself."

The girls stared at their father. Mrs. Bennet said only, "Nonsense, nonsense!"

"What can be the meaning of that emphatic exclamation?" cried he. "Do you consider the forms of introduction, and the stress that is laid on them[32] as nonsense? I cannot quite agree with you there. What say you, Mary? For you are a young lady of deep reflection, I know, and read great books and make extracts."

Mary wished to say something very sensible, but knew not how.[33]

"While Mary is adjusting her idea, he continued, "let us return to Mr. Bingley."

"I am sick of Mr. Bingley," cried his wife.

"I am sorry to hear that; but why did not you tell me so before? If I had known as much this morning, I certainly would not have called on him. It is very unlucky; but as I have actually paid the visit, we cannot escape the acquaintance now."

The astonishment of the ladies was just what he wished; that[34] of Mrs. Bennet perhaps surpassing the rest; though, when the first tumult of joy was over, she began to declare that it was what she had expected all the while.[35]

"How good it was in you, my dear Mr. Bennet! But I knew I should persuade you at last. I was sure you loved your girls too well to neglect such an acquaintance. Well, how pleased I am! and it is such a good joke, too, that you should have gone this morning and never said a word about it till now."

"Now, Kitty, you may cough as much as you choose," said Mr. Bennet; and, as he spoke, he left the room, fatigued with the raptures[36] of his wife.

"What an excellent father you have, girls!" said she, when the door was shut. "I do not know how you will ever make him amends for his kindness; or me, either, for that matter. At our time of life it[37] is not so

---

29) circumspection : 신중함
30) somebody else will : somebody else will (venture to introduce Mr. Bingly)
31) the office : 소개하는 역할
32) the stress that is laid on them : 소개하는 형식을 중시하는 것
33) knew not how : did not know how to
34) that : The astonishment
35) it was what she had expected all the while : 베넷씨가 빙리씨를 찾아갈 것이라고 줄곧 기대해 왔다
36) rapture : 환희
37) it : 날마다 새로운 사람을 만나는 것

pleasant, I can tell you, to be making new acquaintances every day; but for your sakes, we would do anything. Lydia, my love, though you are the youngest, I dare say Mr. Bingley will dance with you at the next ball."

"Oh!" said Lydia stoutly, "I am not afraid; for though I am the youngest, I'm the tallest."

The rest of the evening was spent in conjecturing[38] how soon he would return Mr. Bennet's visit, and determining when they should ask him to dinner.

---

38) conjecturing : 추측하는 것

제 3 장 | Charlotte Brontë - *Jane Eyre*

│단원 개요│

Charlotte Brontë의 *Jane Eyre*는 전통적인 계급사회이자 가부장제 사회인 19세기 영국의 빅토리아 시대를 배경으로 한다. 가정의 영역에서 희생과 헌신이 요구되던 당대의 여성상에서 벗어나 당대의 성적·계급적 억압과 차별에 분노하며, 여주인공 Jane을 통해 전통과 인습에 반항하고 자신의 삶을 스스로 개척해 나가는 독립적인 여성의 모습을 그린 작품이다.

│출제 경향 및 수험 대책│

Jane은 사회적 억압 속에서도 당당한 면모를 드러내며, 강인한 정신과 이성적 판단으로 정체성을 잃지 않고 자신의 자아를 지켜낸다. 당대의 순종적이고 헌신적인 여성상과는 대조적인 인물인 Jane이 시대에 앞선 여성의 이미지로 활약하는 작품인 만큼, Jane의 성장 과정에서 장애물로 등장하는 사건이나 갈등의 구조, 등장하는 인물 및 내용 전개에 대한 이해가 중요하다. 작가는 *Jane Eyre*를 통해 새로운 삶의 가능성을 고찰하고자 하였다.

제1절 작가의 생애

샬롯 브론테(Charlotte Brontë, 1816~1855)는 길지 않은 생을 살았지만 영국소설의 큰 부분을 차지할 뿐 아니라 20세기 후반에 새롭게 재발견된 작가이다. 그녀의 아버지는 가난한 영국 국교회 목사였고, 어머니는 1남 5녀를 낳은 후 쇠약해져 Charlotte이 5세 때 암으로 사망하였다. 그녀의 아버지가 교구 목사로 있던 하워스(Haworth)는 영국 북부의 요크셔 지방으로, 황량하고 쓸쓸한 지역이었다. 1831년 로우 헤드 학교(Roe Head School)에 입학한 Charlotte은 1832년에 공부를 마치고 집에 갈 때, 이 학교의 선생이 되어 달라는 제안을 받는다. 그러나 그녀는 이 제안을 거절하고 집에 와서 여동생 Emily와 Anne에게 그림, 독서, 바느질 등을 가르치며 지냈다. 이후 Charlotte은 로우 헤드 학교의 교사 생활을 위해 집에서 떠나야만 했는데 그 후 몇몇 집에서 가정교사를 하기도 했다. 이 기간 동안 그녀는 괴로움이 컸다고 전해진다. 그녀가 학교 선생이나 가정교사에 대한 일의 의미를 못 찾고 고민하는 동안 그녀는 하워스에 자신의 학교를 설립할 생각을 하고, 1841년에 Charlotte은 여동생 Emily와 함께 브뤼셀로 떠난다. 그곳에서 문화적 충격을 받기도 하였지만, 다양한 나라와 문화에 대한 인식을 넓혔고, 교육에 대한 영감도 받았다. 1842년 브뤼셀을 떠나 집으로 돌아온 후 고향에서 학교를 열려고 하였으나 학생이 없어 실패하였고, 그녀는 좌절감에 빠졌다. 그러나 1845년 가을에 Emily가 쓴 시를 읽으면서 Charlotte은 새로운 방향을 찾게 된다. Emily가 쓴 시에서 나타난 활력과 진실함, 열정과 음악성을 보고 놀랐고, 또 다른 여동생 Anne 역시 시를 쓰고 있었다. 이들은 여성 작가라는 이유로 불평등을 겪고 싶지 않았기 때문에 가명을 사용하여 시집을 출판하기로 하였다. 1846년 Brontë 자매는 『커러, 엘리스, 그리고 액턴 벨의 시』(*Poems by Currer, Ellis, and Acton Bell*)라는 제목으로 시집을 출판하였다. 1847년 Charlotte은 『제인 에어』(*Jane Eyre*)를 필명인 '커러 벨'이라는 이름으로 출판하였다. 이 소설은 출판되자마자 훌륭한 작품이라고 평가받았으며, 대중적으로 인기도 높았다. 그러나 이후 Charlotte의 삶은 소설을 계속 쓸 수 있는 상황이 안 되었다. 그녀의 남동생과 여동생 Emily가 같은 해인 1848년에 죽었고, Anne도 그다음 해에 죽었다. 이런 어려움 속에서도 Charlotte은 1849년에 『셜리』(*Shirley*)를 완성하였다. Charlotte이 건강이 좋지 않은 상황에서 아버지도 병세가 악화되었고, 외로움과 우울감 속에서 1853년 『빌레트』(*Villette*)를 출판하였다. 1852년에 하워스의 부목사였던 Nicholls가 Charlotte에게 청혼을 하였고, 이 둘은 1854년에 결혼하였다. 그해 겨울에 남편과 산책하다가 감기에 걸린 후 그녀의 건강은 급속히 악화되었고, 이듬해 1855년 3월에 생을 마감하게 되었다. 그녀가 마지막으로 쓰고 있었던 소설 『에마』(*Emma*)는 미완성 유고로 그녀의 사후 1860년에 출판되었다.

제2절 작품 세계

1 작품 세계

(1) Charlotte의 소설들은 대부분 작가 자신의 자서전적 요소를 담고 있으며, 그것을 예술적으로 잘 승화하고 있다. 여성 화자를 주인공으로 한 자서전적인 1인칭 소설로 구성하면서 작가는 여성 주인공의 내면으로 깊이 들어간다. 힘들고 고통스러운 삶의 과정을 통해 통찰력과 심리적·도덕적인 성장의 이야기를 풍부한 감수성과 상상력으로 풀어 나간다.

(2) 1960년대는 Charlotte의 평가에 있어서 큰 전환점이 된 시기이다. 여성해방운동에 힘입어 여성 문학에 대한 관점이 크게 변화하면서 그녀에 대한 새로운 평가가 이루어졌다. Adrienne Rich는 경제적으로 힘이 없는 여성이 전통적으로 겪는 고난과 유혹 속에서 대안적인 인물인 '제인'을 제시하였고, Sandra Gilbert와 Susan Gubar는 로체스터의 부인인 버사가 페미니즘의 핵심적인 부분임을 드러내고자 그들의 책 제목을 『다락방의 미친 여자』(*The Madwoman in the Attic*)로 정하였다.

(3) Charlotte의 작품 세계는 다양한 비평 이론들, 특히 문학작품이 역사적·사회적 산물임을 인식하고 문학작품에 나타난 계급의 문제, 인종의 문제, 성의 문제에 관심을 갖는 다양한 비평가들에 의하여 그 가치가 새롭게 탐색되고 있다.

2 주요 작품

(1) *Jane Eyre*(1847)

(2) *Shirley*(1849)

(3) *Villette*(1853)

(4) *The Professor*(1857, 사후 출간)

제3절　*Jane Eyre*의 줄거리

어릴 때 고아가 된 Jane은 삼촌의 가족과 살게 되는데, 삼촌의 죽음 이후 숙모인 Mrs. Reed와 외사촌들로부터 학대를 받으며 자란다. Jane은 어느 날 자신을 심하게 때리는 사촌 오빠의 학대에 참다못해 사촌 오빠에게 반격을 하지만 그 대가로 혹독한 벌을 받는다. 결국 Jane은 Mr. Brocklehurst 목사가 운영하는 로우드 학교(Lowood School)라는 자선 학교로 쫓겨나다시피 가게 된다. 이곳은 엄격하고 잔인한 교육 방식으로도 유명했고, 추위와 굶주림이 만연한 열악한 환경이었다. 어려운 환경 속에서도 Jane은 Helen이란 친구를 통해 처음 인내와 믿음을 알게 되었고, 자애롭고 용감한 Miss Temple 선생님을 만나 위로를 받으며 성장한다. 학교 내에서 전염병이 돌자 영양실조 상태의 학생들 다수가 죽고, 의지하던 친구인 Helen도 학교에서 전염병에 걸려 사망한다. 이 일을 계기로 학교 환경이 대폭 개선되고, Jane은 성실하게 공부하여 이 학교에서 교사로 일하게 된다.

로우드 학교에 입학한 지 8년 후, 교사로 일하고 있던 Jane은 더 넓은 경험을 해 보고 싶다는 바람으로 가정교사 광고를 냈고, Rochester 가문의 손필드(Thornfield) 저택에서 한 여자아이 Adèle의 가정교사로 채용된다. Jane은 거만한 Rochester와 대화하면서 서로의 지성과 감성에 끌리게 된다.

그러던 어느 날 Jane은 병든 외숙모가 죽기 전 할 말이 있다는 전갈을 받고, 로우드 학교에 입학한 이후 처음으로 외숙모의 집에 간다. 그녀를 심하게 괴롭혔던 외사촌 오빠는 빚으로 자살했고, 집안은 엉망이었다. Jane은 어린 시절 그들에게 당했던 학대에 대한 분노를 접어 두고, 처음으로 외숙모와 외사촌 언니들을 냉정하게 바라보며 증오를 버리고 동정심을 느낀다. 외숙모는 Jane을 양녀 삼아 재산을 상속해 주려고 하니 Jane의 소재를 알려 달라고 했던 Jane의 큰아버지의 편지를 3년간 숨기고 있었고, 이 편지를 Jane에게 내준 뒤 죽는다.

한편 Rochester에 대한 Jane의 사랑은 점점 깊어져 간다. Jane은 Rochester의 재산을 목적으로 그와 결혼하려는 Ingram 양을 보면서, Rochester와 어울리지 않는 자신의 신분적 차이와 초라한 외모에 절망한다. 하지만 결국 Rochester와 Jane은 서로에 대한 사랑을 고백하고 결혼을 약속한다. 그러나 결혼식 전날 밤 Jane은 유령 같은 여자가 자신의 베일을 찢는 것을 목격하고 공포와 불안감을 느끼며, 결혼식 중 미친 아내의 존재를 알게 된 Jane은 충격을 받는다. Rochester는 돈을 위해 아무런 애정 없이 서인도제도의 여성 Bertha와 결혼했었고, 그녀의 집안은 정신 병력이 있었다. 집안의 유전으로 인하여 Bertha는 완전히 미쳐 버린 후 저택 안에 갇혀 있던 상황이었다. Jane이 Rochester의 집에 가정교사로 들어온 지 얼마 되지 않았을 때 Rochester 침실에 불을 지른 이도 바로 Bertha였다.

Jane은 그동안 감추어 왔던 Rochester의 비밀을 알고 연민과 슬픔을 느끼지만, 함께 있어 달라는 Rochester의 부탁을 듣고 난 후 그의 정부로 남을 수는 없다며 그의 요청을 거절한다. 이후 자신이 손필드에 계속 머물러서는 안 된다고 결정하고 밤에 몰래 그 집을 나간다. 정처 없이 무작정 손필드에서 나온 Jane은 길거리에서 헤매다 지쳐 쓰러진다. 그녀는 자신의 짐 가방도 잃어버리고 무일푼으로 비참하게 지내다 어느 집 앞에서 기절하여 쓰러지게 된다. 그리고 다행히도 Jane은 그 집의 주인인 St. John Rivers의 도움을 받아 회복하게 된다. Jane은 St. John 목사와 그의 여동생들의 도움으로 그 집(무어 하우스)에서 몸을 회복한다. 1년 정도를 그곳에서 보내는데, 그동안 Jane의 백부가 그녀에게 2만 파운드의 유산을 남긴 것과 무어 하우스의 가족들이 자신의 친척이라는 것도 알게 된다. 이성적이고 도덕성이 강한 John은 인도로 선교 활동을 떠나기 전, 비록 Jane을 사랑하지는 않지만 선교사의 아내로서 적합한 그녀의 성품을 높이 여긴다며 자신과 결혼해서 인도로 가자고 한다. Jane은 선교 활동에 대한 끌림에도 불구하고 애정 없는 결혼은 할 수 없다며 John의 청혼을 거절한다. John은 신앙심과 선교 활동의 봉사를 강조하며 Jane에게 여러 번 결혼을 제안하고, Jane 역시 고민을 하던 중에 별안간 Jane을 부르는 Rochester의 목소리를 듣고는 손필드로 간다.

Jane이 손필드에 도착해 보니 손필드가 폐허로 남아 있음을 알게 된다. 손필드는 Rochester의 부인 Bertha가 불을 질러 완전히 불타 버린 상태였다. Bertha는 옥상에서 몸을 던져 죽었으며, Rochester는 이 화재로 인해 상당한 재산을 잃고 장님과 한 팔을 잃은 장애인이 되었다. Rochester와 결혼할 것을 스스로 맹세한 Jane은 그를 떠나지 않고, 이 둘은 조용히 결혼식을 올린다.

제4절 작품의 주제 중요

(1) 열악한 환경의 한 여성이 독립적 자아 확립에 대한 열망을 품고, 물질주의적·성차별적·가부장적 사회의 가치관에 저항하며, **자유롭고 독립적인 한 인간으로 성장하는 과정을** 담고 있다.

(2) 여성에 관한 인습적이고 인공적인 이미지에 대한 저항의 한 방식으로 어린 여자아이(인습이나 제약에 의해 성장하고 가치관이 형성되기 전)를 창조하여, 그 아이가 자신에게 할당된 인습적 역할에 저항하며 겪는 고통을 적나라하게 보여준다.

(3) 여성 간의 경쟁에 일종의 반기를 드는 하나의 방법으로 여성 간의 우정이 심도 있게 다루어진다. 게이츠헤드(외숙모의 학대를 당하던 곳)에서 Bessie, 로우드 학교에서 Helen과 Miss Temple 선생님, 마쉬앤드에서 Diana and Mary Rivers와의 우정은 Jane이 자신감을 상실하거나 자신을 포기하려는 위기에 처할 때 Jane이 버티게 하는 힘을 준다.

(4) 작가는 Jane과 Rochester가 평등하게 만나게 하기 위해 Jane이 유산을 상속받게 해서 사회적·경제적으로 평등하게 만들고, Rochester의 부인인 Bertha를 죽게 하며, Rochester를 불구로 만든다. Jane은 스스로 Rochester와 완전한 화합을 이루었다고 말한다. 이 둘의 관계는 Rochester가 Jane을 의지하는 것처럼 보이지만, 그 이면을 보면 Jane이 현실적으로 이상화된 아내와 어머니가 된 것이다. 이러한 결말은 당대의 성 이데올로기의 재생산으로 볼 수 있다. 이 작품에서 게이츠헤드의 반항적 고아인 Jane은 로우드 학교에서 성장하고, 손필드 저택에서 사랑과 좌절을 겪으며, 무어 하우스에서 갈등과 극복을 이어 나가는 인물로 창조된다. 작가는 Jane을 통해 여성의 고뇌를 생생히 표현하면서 그녀의 반항을 설득적으로 전개시킨다. 이 작품은 빅토리아 사회가 강요하는 **여성다움이 자연스럽고 보편적인 것이 아니라 사회에 의하여 만들어진 것임을** 시사하고, 당대의 성 이데올로기를 넘어서는 주체적 여성을 구현했다는 데 그 의미가 크다.

제5절 등장인물

1 Chapter 1

(1) Jane Eyre

어릴 때 고아가 되어 외삼촌 집에 맡겨져 구박과 홀대를 받으며 지낸다. 로우드 자선 학교에서 훌륭한 여성으로 성장하여 Rochester의 저택에 가정교사로 들어간다.

(2) Mrs. Reed(Sarah Reed)

Jane의 외숙모이다. 어린 Jane을 구박하며 홀대한다.

(3) John Reed

Mrs. Reed의 아들이다. Jane을 때리고 욕하는 인물이다. 성인이 되어서 방탕한 생활과 도박으로 재산을 탕진하고 자살한다.

2 Chapter 3~5

(1) Mr. Brocklehurst

목사로, 로우드 자선 학교의 재건립을 운영하는 인물이자 회계 감독이다.

(2) Miss Maria Temple

Jane이 다니는 로우드 자선 학교의 교사이다. 학생들에게 친절하며, Jane에게 희망을 주고, Jane이 잘 성장하도록 도와준다.

(3) Miss Scatcherd

로우드 학교의 선생님이다. 성미가 급하고 Helen을 미워한다.

(4) Helen Burns

Jane이 로우드 학교에서 만난 친구로, 책 읽기를 좋아하고 선량하며 마음이 깨끗한 소녀이다. Jane이 힘들 때마다 위로와 격려를 해 준 친구이지만, 폐결핵으로 13세의 나이에 일찍 죽는다.

3 Chapter 11~12

(1) Adèle Varens
Jane이 손필드에서 가르치는 여자아이이다. Rochester가 예전에 알고 지내 온 프랑스 오페라 가수의 딸인데, 가수가 죽은 후 Rochester가 데려와 기른다. 공부하기는 싫어해도 밝고 명랑한 성격이다.

(2) Grace Poole
손필드의 하녀이다. Bertha를 보호하기 때문에 급여를 제일 많이 받는다. 그림스비 정신병원 직원이었다.

(3) Edward Fairfax Rochester
손필드 저택의 주인으로, 우울한 눈빛과 고집스러운 성품을 가졌다. 가정교사로 온 Jane을 사랑하게 된다. Jane과 결혼하려 했으나 숨겨 둔 비밀(자신의 아내인 Bertha의 존재)이 밝혀져 결혼을 못 하게 되고 좌절한다. 이후 떠나간 Jane을 기다리다 아내인 Bertha가 손필드 저택에 불을 질러, Bertha를 불에서 구하려다 한쪽 팔을 잃고 실명을 하게 된다. 그러나 Jane과 다시 만난 후 치료를 통해 한쪽 눈의 시력을 되찾고, Jane과 행복한 삶을 살게 된다.

(4) Mrs. Alice Fairfax
손필드 저택의 가정부이다.

4 Chapter 17~21

(1) Blanche Ingram
굉장한 미인으로, Rochester의 마음에 들기 위해 노력한다. 거만하고 재물 욕심이 많아서 Rochester의 재산을 목적으로 약혼을 하지만 Rochester가 약혼을 취소한다.

(2) Richard Mason
Rochester의 처남이자 Bertha의 동생으로, 서인도제도에서 왔다.

5 Chapter 26~32

(1) Bertha Antoinetta Mason

Rochester의 부인으로, 자메이카 출신이다. 정신병이 심해져 격리되어 있었으며, 손필드 저택에서 Jane이 종종 들었던 이상한 웃음소리의 주인공이다. 나중에 Rochester와 결혼하게 된 Jane의 웨딩 베일을 찢기도 했다. 손필드에 불을 지르고 추락사한다.

(2) St. John Rivers

29세로, 시골 모턴 교구의 목사이며, Jane의 사촌이다. Jane에게 청혼하나 거절당하고, 인도로 선교 활동을 하고자 떠난다.

(3) Diana and Mary Rivers

St. John Rivers 목사의 여동생들이다. 손필드에서 나와 쓰러진 Jane을 잘 돌봐 준다.

제6절 작품의 구조와 시점

1 구조

*Jane Eyre*는 모두 38개의 챕터로 구성되어 있다. 19세기 출판 당시에는 '1장부터 15장', '16장부터 27장', '28장부터 38장' 총 3권이었다.

여주인공 Jane이 외롭고 불행한 유년 시절을 보냈던 게이츠헤드(Gateshead), 사회화 과정을 통해 자아 정체성을 갖게 된 로우드(Lowood), 두 남자와의 관계에서 정체성 갈등을 겪으며 자아를 지키기 위해 고군분투하는 손필드(Thornfield)와 무어 하우스(Moor House), 사랑하는 남자와 동등한 입장에서 결혼하고 자아의 확립을 이루는 펀딘(Ferndean)까지의 여정을 통해 그녀는 계급적 억압에 반항하며 스스로 자신의 삶을 개척한다.

2 시점

1인칭 시점의 소설로, 화자 Jane의 심리적인 감정 표현이 잘 드러난다.

3 배경

조지 3세(George Ⅲ, 1760~1820 재위) 시대 후반 영국의 북부 지역이다.

제7절 작품의 기법

장식적인 형용사나 부사의 사용이 없는 평이한 문장과 단어로 소박한 문체를 보여준다. 그러나 독창적이고 박력 있는 문체, 실제 삶과 닮아 있는 등장인물들의 성격묘사도 보여주면서 정서적 공감을 불러일으킨다.

> **더 알아두기**
>
> ***Jane Eyre*에서 '붉은 방'(red-room)의 의미**
>
> 고아가 된 Jane은 Reed 부인의 가족과 함께 게이츠헤드(Gateshead)에서 지낸다. Reed 부인은 Jane의 외숙모다. 그러나 Reed 부인과 그녀의 자식들은 Jane을 못살게 굴며 친절하게 대하지 않는다. 특히 Reed 부인의 장남 John은 Reed 부인 다음으로 Jane을 많이 괴롭히는 인물이다. 어느 날, John이 Jane에게 시비를 걸다가 그녀를 향해 책을 던진다. John이 던진 책에 맞은 Jane은 넘어지고, 그녀의 머리에 약간의 상처가 생긴다. 이에 인내심이 폭발한 Jane은 John에게 욕설을 퍼붓는다. John은 다친 Jane에게 달려들고, Jane은 John의 공격을 막아 보려고 한다. 둘이 몸싸움하는 소리를 듣고 달려온 Reed 부인은 Jane이 먼저 John을 공격했다고 생각한다. 죄를 뒤집어쓴 Jane은 '붉은 방'에 갇히는 벌을 받는다.
>
> '붉은 방'은 게이츠헤드에 찾아온 손님이 묵는 곳으로 사용하고 있지만, 예전에는 죽은 Jane의 외삼촌이 쓰던 방이었다. 이 방에서 Jane의 외삼촌은 숨을 거두었다. '붉은 방'의 음산한 분위기에 익숙하지 않은 Jane은 방에 외삼촌의 영혼이 있다고 생각한다. 시간이 지날수록 방 내부는 점점 어두워지고, Jane은 방에서 무시무시한 망령이 나올까봐 두려워한다.
>
> Jane이 '붉은 방'에 갇힌 것은 저항에 대한 처벌로 볼 수 있으며, 사회에서 허용되지 않은 일을 했을 때 개인에게 가해지는 사회적 제약을 상징하기도 한다. Jane은 이 무서운 방에서 자신에 대해 객관적으로 돌아보고, 무관심과 냉대를 실감하면서 자아의 힘을 길러 더 강해져야 한다고 느끼게 된다. '붉은 방'은 축소된 억압 사회로서 태어나면서부터 정해진 계급과 성별을 극복하는 것이 어렵다는 것을 나타낸다.

제8절 *Jane Eyre*의 일부

Chapter I

There was no possibility of taking a walk that day. We had been wandering, indeed, in the leafless shrubbery[1] an hour in the morning; but since dinner (Mrs. Reed, when there was no company, dined early) the cold winter wind had brought with it clouds so sombre,[2] and a rain so penetrating, that further out-door exercise was now out of the question.

I was glad of it: I never liked long walks, especially on chilly afternoons: dreadful to me was the coming home in the raw twilight, with nipped fingers and toes, and a heart saddened by the chidings[3] of Bessie, the nurse, and humbled by the consciousness of my physical inferiority to Eliza, John, and Georgiana Reed.

The said Eliza, John, and Georgiana were now clustered round their mama in the drawing-room: she lay reclined on a sofa by the fire-side, and with her darlings about her (for the time neither quarrelling nor crying) looked perfectly happy. Me, she had dispensed from joining the group; saying, "She regretted to be under the necessity of keeping me at a distance; but that until she heard from Bessie, and could discover by her own observation that I was endeavouring in good earnest to acquire a more sociable and child-like disposition, a more attractive and sprightly manner, — something lighter, franker, more natural as it were — she really must exclude me from privileges intended only for contented, happy, little children."

"What does Bessie say I have done?" I asked.

"Jane, I don't like cavillers[4] or questioners: besides, there is something truly forbidding in a child taking up her elders in that manner. Be seated somewhere; and until you can speak pleasantly, remain silent."

A small breakfast-room adjoined the drawing-room: I slipped in there. It contained a bookcase: I soon possessed myself of a volume, taking care that it should be one stored with pictures. I mounted into the window-seat: gathering up my feet, I sat cross-legged, like a Turk; and, having drawn the red moreen[5] curtain nearly close, I was shrined in double retirement.

Folds of scarlet drapery shut in my view to the right hand; to the left were the clear panes of glass, protecting, but not separating me from the drear November day. At intervals, while turning over the leaves of my book, I studied the aspect of that winter afternoon. Afar it offered a pale blank of mist and cloud; near, a scene of wet lawn and storm-beat shrub, with ceaseless rain sweeping away wildly before a long and lamentable blast.

I returned to my book — Bewick's History of British Birds: the letter-press thereof I cared little for,

---

1) leafless shrubbery : 잎 하나 없는 숲길
2) sombre : 어두침침한
3) chiding : 꾸짖음, 비난
4) caviller : 트집(쟁이)
5) moreen : 모린(모직 또는 면모 교직의 튼튼한 천으로, 커튼 따위에 씀)

generally speaking; and yet there were certain introductory pages that, child as I was, I could not pass quite as a blank. They were those which treat of the haunts of sea-fowl;[6] of "the solitary rocks and promontories" by them only inhabited; of the coast of Norway, studded with isles from its southern extremity, the Lindeness, or Naze, to the North Cape —

"Where the Northern Ocean, in vast whirls,
Boils round the naked, melancholy isles
Of farthest Thule; and the Atlantic surge
Pours in among the stormy Hebrides."

Nor could I pass unnoticed the suggestion of the bleak shores of Lapland, Siberia, Spitzbergen, Nova Zembla, Iceland, Greenland, with "the vast sweep of the Arctic Zone, and those forlorn[7] regions of dreary space, — that reservoir of frost and snow, where firm fields of ice, the accumulation of centuries of winters, glazed in Alpine heights above heights, surround the pole, and concentre the multiplied rigors of extreme cold." Of these death-white realms I formed an idea of my own; shadowy, like all the half-comprehended notions that float dim through children's brains, but strangely impressive. The words in these introductory pages connected themselves with the succeeding vignettes, and gave significance to the rock standing up alone in a sea of billow and spray; to the broken boat stranded on a desolate coast; to the cold and ghastly moon glancing through bars of cloud at a wreck just sinking.

I cannot tell what sentiment haunted the quite solitary churchyard with its inscribed headstone; its gate, its two trees, its low horizon, girdled by a broken wall,[8] and its newly-risen crescent, attesting the hour of eventide.

The two ships becalmed on a torpid[9] sea, I believed to be marine phantoms.

The fiend pinning down the thief's pack behind him, I passed over quickly: it was an object of terror.

So was the black, horned thing seated aloof on a rock, surveying a distant crowd surrounding a gallows.

Each picture told a story; mysterious often to my undeveloped understanding and imperfect feelings, yet ever profoundly interesting: as interesting as the tales Bessie sometimes narrated on winter evenings, when she chanced to be in good humour; and when, having brought her ironing-table to the nursery hearth, she allowed us to sit about it, and while she got up Mrs. Reed's lace frills, and crimped her night-cap borders, fed our eager attention with passages of love and adventure taken from old fairy tales and other ballads; or (as at a later period I discovered) from the pages of Pamela, and Henry, Earl of Moreland.

With Bewick on my knee, I was then happy: happy at least in my way. I feared nothing but interruption, and that came too soon. The breakfast room-door opened.

---

6) sea-fowl : 바닷새
7) forlorn : 버려진, 쓸모없는
8) girdled by a broken wall : 부서진 벽에 둘러싸여
9) torpid : 활기 없는, 둔한, 무감각한

"Boh! Madam Mope!" cried the voice of John Reed; then he paused: he found the room apparently empty.

"Where the dickens is she?" he continued. "Lizzy! Georgy!" (calling to his sisters) "Joan is not here: tell mama she is run out into the rain — bad animal!"

"It is well I drew the curtain," thought I; and I wished fervently he might not discover my hiding-place: nor would John Reed have found it out himself; he was not quick either of vision or conception: but Eliza just put her head in at the door and said at once: —

"She is in the window-seat, to be sure, Jack."

And I came out immediately; for I trembled at the idea of being dragged forth by the said Jack.

"What do you want?" I asked, with awkward diffidence.[10]

"Say, 'what do you want, Master Reed;'" was the answer. "I want you to come here;" and seating himself in an arm-chair, he intimated by a gesture that I was to approach and stand before him.

John Reed was a schoolboy of fourteen years old: four years older than I, for I was but ten: large and stout for his age, with a dingy and unwholesome skin; thick lineaments[11] in a spacious visage, heavy limbs and large extremities. He gorged himself habitually at table, which made him bilious,[12] and gave him a dim and bleared eye and flabby cheeks. He ought now to have been at school; but his mama had taken him home for a month or two, "on account of his delicate health." Mr. Miles, the master, affirmed that he would do very well if he had fewer cakes and sweetmeats sent him from home; but the mother's heart turned from an opinion so harsh, and inclined rather to the more refined idea that John's sallowness was owing to over-application and, perhaps, to pining after home.

John had not much affection for his mother and sisters, and an antipathy to me. He bullied and punished me: not two or three times in the week, nor once or twice in the day, but continually: every nerve I had feared him, and every morsel of flesh on my bones shrank when he came near. There were moments when I was bewildered by the terror he inspired; because I had no appeal whatever against either his menaces or his inflictions:[13] the servants did not like to offend their young master by taking my part against him, and Mrs. Reed was blind and deaf on the subject: she never saw him strike or heard him abuse me; though he did both now and then in her very presence: more frequently however behind her back.

Habitually obedient to John, I came up to his chair: he spent some three minutes in thrusting out his tongue at me as far as he could without damaging the roots: I knew he would soon strike, and while dreading the blow, I mused on the disgusting and ugly appearance of him who would presently deal it. I wonder if he read that notion in my face; for, all at once, without speaking, he struck suddenly and strongly. I tottered, and on regaining my equilibrium retired back a step or two from his chair.

"That is for your impudence in answering mama a while since," said he, "and for your sneaking way of getting behind curtains, and for the look you had in your eyes two minutes since, you rat!"

---

10) with awkward diffidence : 어색한 망설임으로
11) lineament : 외모, 윤곽
12) bilious : 성마른, 까다로운
13) either his menaces or his inflictions : 그의 위협이든 또는 그가 주는 고통이든

Accustomed to John Reed's abuse, I never had an idea of replying to it; my care was how to endure the blow which would certainly follow the insult.

"What were you doing behind the curtain?" he asked.

"I was reading."

"Show the book."

I returned to the window and fetched it thence.

"You have no business to take our books: you are a dependent, mama says; you have no money; your father left you none; you ought to beg, and not to live here with gentlemen's children like us, and eat the same meals we do, and wear clothes at our mama's expense. Now, I'll teach you to rummage my bookshelves: for they are mine; all the house belongs to me, or will do in a few years. Go and stand by the door, out of the way of the mirror and the windows."

I did so, not at first aware what was his intention; but when I saw him lift and poise the book and stand in act to hurl it, I instinctively started aside with a cry of alarm: not soon enough, however; the volume was flung, it hit me, and I fell, striking my head against the door and cutting it. The cut bled, the pain was sharp: my terror had passed its climax; other feelings succeeded.

"Wicked and cruel boy!" I said. "You are like a murderer — you are like a slave-driver[14] — you are like the Roman emperors!"

I had read Goldsmith's History of Rome, and had formed my opinion of Nero, Caligula,[15] etc. Also I had drawn parallels in silence, which I never thought thus to have declared aloud.

"What! what!" he cried. "Did she say that to me? Did you hear her, Eliza and Georgiana? Won't I tell mama? But first —"

He ran headlong at me; I felt him grasp my hair and my shoulder: he had closed with a desperate thing. I really saw in him a tyrant: a murderer. I felt a drop or two of blood from my head trickle down my neck, and was sensible of somewhat pungent suffering: these sensations, for the time predominated over fear, and I received him in frantic sort. I don't very well know what I did with my hands, but he called me "Rat! rat!" and bellowed[16] out aloud. Aid was near him: Eliza and Georgiana had run for Mrs. Reed, who was gone up stairs; she now came upon the scene, followed by Bessie and her maid Abbot. We were parted: I heard the words: —

"Dear! dear! What a fury to fly at Master John!"

"Did ever anybody see such a picture of passion!"

Then Mrs. Reed subjoined: —

"Take her away to the red-room, and lock her in there." Four hands were immediately laid upon me, and I was borne up stairs.

---

14) slave-driver : 노예 감독(감시)자, 무자비한 주인(고용주), 학생에게 엄한 교사
15) Caligula : 칼리굴라(로마 황제 Gaius Caesar의 별명으로, 잔인함과 낭비로 미움 받아 암살됨)
16) bellow : (소가) 큰 소리로 울다, 짖다, 노호하다, 큰소리치다(at)

Chapter XXXVIII
CONCLUSION

Reader, I married him. A quiet wedding we had: he and I, the parson and clerk, were alone present. When we got back from church, I went into the kitchen of the manor-house,[17] where Mary was cooking the dinner and John cleaning the knives, and I said: —

"Mary, I have been married to Mr. Rochester this morning." The housekeeper and her husband were both of that decent phlegmatic[18] order of people, to whom one may at any time safely communicate a remarkable piece of news without incurring the danger[19] of having one's ears pierced by some shrill ejaculation, and subsequently stunned by a torrent of wordy wonderment. Mary did look up, and she did stare at me: the ladle with which she was basting a pair of chickens roasting at the fire, did for some three minutes hang suspended in air; and for the same space of time John's knives also had rest from the polishing process: but Mary, bending again over the roast, said only: —

"Have you, miss? Well, for sure!"

A short time after she pursued: "I seed you go out with the master, but I didn't know you were gone to church to be wed;" and she basted away.[20] John, when I turned to him, was grinning from ear to ear.

"I telled Mary how it would be," he said: "I knew what Mr. Edward" (John was an old servant, and had known his master when he was the cadet of the house, therefore, he often gave him his Christian name) — "I knew what Mr. Edward would do; and I was certain he would not wait long neither: and he's done right, for aught I know. I wish you joy, miss!" and he politely pulled his forelock.

"Thank you, John. Mr. Rochester told me to give you and Mary this." I put into his hand a five-pound note. Without waiting to hear more, I left the kitchen. In passing the door of that sanctum some time after, I caught the words: —

"She'll happen do better for him nor ony o' t' grand ladies." And again, "If she ben't one o' th' handsomest, she's noan faâl and varry good-natured; and i' his een she's fair beautiful, anybody may see that."

I wrote to Moor-House and to Cambridge immediately, to say what I had done: fully explaining also why I had thus acted. Diana and Mary approved the step unreservedly. Diana announced that she would just give me time to get over the honeymoon, and then she would come and see me.

"She had better not wait till then, Jane," said Mr. Rochester, when I read her letter to him; "if she does, she will be too late, for our honeymoon will shine our life-long: its beams will only fade over your grave or mine."

How St. John received the news, I don't know; he never answered the letter in which I communicated it: yet six months after, he wrote to me; without, however, mentioning Mr. Rochester's name, or alluding to my

---

17) manor-house : 저택
18) decent phlegmatic : 점잖고 침착한
19) without incurring the danger : 위험에 빠지지 않고
20) basted away : 양념을 발랐다

marriage.[21] His letter was then calm; and, though very serious, kind. He has maintained a regular, though not frequent correspondence ever since: he hopes I am happy, and trusts I am not of those who live without God in the world, and only mind earthly things.

You have not quite forgotten little Adèle, have you, reader? I had not; I soon asked and obtained leave of Mr. Rochester, to go and see her at the school where he had placed her. Her frantic joy at beholding me again moved me much. She looked pale and thin: she said she was not happy. I found the rules of the establishment were too strict, its course of study too severe, for a child of her age: I took her home with me. I meant to become her governess once more; but I soon found this impracticable:[22] my time and cares were now required by another — my husband needed them all. So I sought out a school conducted on a more indulgent[23] system; and near enough to permit of my visiting her often, and bringing her home sometimes. I took care she should never want for anything that could contribute to her comfort: she soon settled in her new abode,[24] became very happy there, and made fair progress in her studies. As she grew up, a sound, English education corrected in a great measure her French defects; and when she left school, I found in her a pleasing and obliging companion: docile, good-tempered and well-principled. By her grateful attention to me and mine, she has long since well repaid any little kindness I ever had it in my power to offer her.

My tale draws to its close: one word respecting my experience of married life, and one brief glance at the fortunes of those whose names have most frequently recurred in this narrative, and I have done.

I have now been married ten years. I know what it is to live entirely for and with what I love best on earth. I hold myself supremely blest[25] — blest beyond what language can express; because I am my husband's life as fully as he is mine. No woman was ever nearer to her mate than I am: ever more absolutely bone of his bone, and flesh of his flesh. I know no weariness[26] of my Edward's society: he knows none of mine, any more than we each do of the pulsation of the heart that beats in our separate bosoms; consequently, we are ever together. To be together is for us to be at once as free as in solitude, as gay as in company. We talk, I believe, all day long: to talk to each other is but a more animated and an audible thinking. All my confidence is bestowed on him; all his confidence is devoted to me: we are precisely suited in character; perfect concord is the result.

Mr. Rochester continued blind the first two years of our union: perhaps it was that circumstance that drew us so very near — that knit us so very close; for I was then his vision, as I am still his right hand. Literally, I was (what he often called me) the apple of his eye. He saw nature — he saw books through me; and never did I weary of gazing for his behalf, and of putting into words the effect of field, tree, town, river, cloud, sunbeam — of the landscape before us; of the weather round us — and impressing by sound on his ear what

---

21) alluding to my marriage : 나의 결혼을 넌지시 비추면서
22) I soon found this impracticable : 나는 곧 이것이 불가능함을 알았다
23) indulgent : 눈감아 주는, 관대한
24) she soon settled in her new abode : 그녀는 곧 새로운 거주지에 정착했다
25) blest : bless의 과거 · 과거분사
26) weariness : 싫증

light could no longer stamp on his eye. Never did I weary of reading to him;[27] never did I weary of conducting him where he wished to go: of doing for him what he wished to be done. And there was a pleasure in my services, most full, most exquisite, even though sad — because he claimed these services without painful shame or damping humiliation. He loved me so truly, that he knew no reluctance in profiting by my attendance: he felt I loved him so fondly, that to yield that attendance was to indulge my sweetest wishes.

One morning at the end of the two years, as I was writing a letter to his dictation,[28] he came and bent over me, and said — "Jane, have you a glittering ornament round your neck?"

I had a gold watch-chain: I answered, "Yes."

"And have you a pale blue dress on?"

I had. He informed me then, that for some time he had fancied the obscurity clouding one eye was becoming less dense;[29] and that now he was sure of it.

He and I went up to London. He had the advice of an eminent oculist;[30] and he eventually recovered the sight of that one eye. He cannot now see very distinctly: he cannot read or write much; but he can find his way without being led by the hand: the sky is no longer a blank to him — the earth no longer a void. When his first-born was put into his arms, he could see that the boy had inherited his own eyes, as they once were — large, brilliant, and black. On that occasion, he again, with a full heart, acknowledged that God had tempered judgment with mercy.

My Edward and I, then, are happy: and the more so, because those we most love are happy likewise. Diana and Mary Rivers are both married: alternately, once every year, they come to see us, and we go to see them. Diana's husband is a captain in the navy: a gallant officer, and a good man. Mary's is a clergyman: a college friend of her brother's; and, from his attainments and principles, worthy of the connection. Both Captain Fitzjames and Mr. Wharton love their wives, and are loved by them.

As to St. John Rivers, he left England: he went to India. He entered on the path he had marked for himself; he pursues it still. A more resolute, indefatigable[31] pioneer never wrought amidst rocks and dangers. Firm, faithful, and devoted; full of energy, and zeal, and truth, he labours for his race: he clears their painful way to improvement; he hews down like a giant the prejudices of creed and caste that encumber it. He may be stern; he may be exacting; he may be ambitious yet: but his is the sternness of the warrior. Great-heart, who guards his pilgrim-convoy from the onslaught of Apollyon. His is the exaction of the apostle, who speaks but for Christ, when he says — "Whosoever will come after me, let him deny himself, and take up his cross and follow me." His is the ambition of the high master-spirit, which aims to fill a place in the first rank of those who are redeemed from the earth — who stand without fault before the throne of God; who share the last mighty victories of the lamb; who are called, and chosen, and faithful.

---

27) Never did I weary of reading to him : 그에게 책을 읽어 주는 것에 지치지 않았다
28) I was writing a letter to his dictation : 그가 불러 주는 대로 편지를 쓸 때
29) he had fancied the obscurity clouding one eye was becoming less dense : 그는 불분명하고 뿌옇게 보이는 한쪽 눈이 조금은 볼 수 있기를 바랐다
30) eminent oculist : 유명한 안과 의사
31) indefatigable : 지칠 줄 모르는, 끈기 있는

St. John is unmarried: he never will marry now. Himself has hitherto[32] sufficed to the toil; and the toil draws near its close: his glorious sun hastens to its setting. The last letter I received from him, drew from my eyes human tears, and yet filled my heart with Divine joy: he anticipated his sure reward, his incorruptible crown. I know that a stranger's hand will write to me next, to say that the good and faithful servant has been called at length into the joy of his Lord. And why weep for this? No fear of death will darken St. John's last hour: his mind will be unclouded; his heart will be undaunted; his hope will be sure; his faith steadfast. His own words are a pledge of this: —

"My Master," he says, "has forewarned me. Daily he announces more distinctly, —'Surely I come quickly;' and hourly I more eagerly respond, — 'Amen; even so come, Lord Jesus!'"

---

32) hitherto : 지금까지(는), 지금까지로 봐서는 (아직)

제 4 장 | Charles Dickens
– Great Expectations

| 단원 개요 |

Charles Dickens는 당대 리얼리즘 소설의 가장 뛰어난 성취와 결합되어 있다. *Great Expectations*와 같은 작품들을 통해 강한 개성을 지닌 다양한 계층의 인물들, 전형적인 악한들 및 천사와 같은 주인공들, 유머와 당대 사회의 신랄한 묘사, 범죄물과 미스터리가 얽힌 복잡한 플롯으로 독자들의 흥미를 지속적으로 이끈 작가이다. Dickens는 당대 사회에 대한 근본적인 비판을 제기함으로써 단순한 관찰자의 수준에서 벗어나 적극적인 참여자의 태도도 보여준다.

| 출제 경향 및 수험 대책 |

Great Expectations 속 예민하고 자의식이 강한 Pip이 일련의 복잡한 사건들을 거치면서 순진한 소년에서 속물로, 그리고 다시 진정한 신사로 거듭나는 과정을 통해 작가가 보여주고자 하는 진정한 신사의 모습을 파악할 필요가 있다. 소설에서 등장하는 여러 형태의 신사들을 마주하면서 당대 사회에서 통용되는 신사와 Dickens가 제시하는 당대의 신사의 이념을 뒤집는 과정을 파악해야 한다.

제1절　작가의 생애

빅토리아 시대는 산업혁명으로 인한 사회 변화가 가장 두드러진 시기였고, 찰스 디킨스(Charles Dickens, 1812~1870)는 당대의 변화를 가장 생생하고 포괄적으로 그린 작가이다. Dickens는 빈민층과 사회적 약자들에게 관심을 기울이고 자신의 작품에 주요 인물로 등장시킨 작가이다. 그는 8남매 중 장남으로 유년 시절에는 그런대로 생활의 큰 어려움이 없었으나, 그의 아버지가 런던으로 전보 발령을 받은 후 가세가 기울기 시작했고, 아버지가 빚에 몰려 채무자 감옥에 갇히게 되자 장남인 Dickens는 학교를 그만두고 구두 공장에 취직하여 돈을 벌며 생활을 이어 갔다. 아버지의 빚을 갚고 아버지가 감옥을 나온 후 Dickens는 다시 학교를 다니게 되었다. 그는 15세 무렵에 다시 생업 전선에 나오게 되는데, 먼저 법률 사무소에서 자잘한 심부름을 하는 일을 시작한다. 그리고 그는 속기술을 익혀서 고등 민법 재판소에서 벌어지는 소송사건을 취재하는 기자로 발전하였다. 무명의 속기 기자로 일하던 Dickens는 근면함과 성실함을 가지고 노력하여 의회 출입 기자까지 되면서 의회와 선거 유세장을 취재하였다. 그런 과정에서 법원과 의회에 대한 불신과 거부감, 정치판의 실상을 가까이서 본 Dickens의 경험은 그가 작가가 되는 데 있어 중요한 계기가 되었다.

1833년 그는 잡지에 단편을 투고하여 채택된 데 힘입어 계속해서 단편소설 등을 여러 잡지에 발표하였고, 1836년 이들을 모은 스케치(Sketches)를 가명 'Boz'로 출판하였다. 그리고 장편소설 『피크윅 문서』(*The Pickwick Papers*, 1836)는 Pickwick이라는 은퇴한 런던 사업가가 뒤늦게 세상 구경도 하고 인생을 즐기며 돌아다니던 중에 겪는 각종 모험을 다룬 소설이다. 이 작품의 성공에 힘입은 그는 이 무렵 Catherine Hogarth라는 인쇄업자의 딸과 결혼하였다. 다음 작품인 『올리버 트위스트』(*Oliver Twist*, 1838)도 베스트셀러가 되면서 Dickens의 작가적 지위가 확립되었다.

이후 영국과 미국의 각계각층 독자들의 호응에 보답하여 *Nicholas Nickleby*(1839), *The Old Curiosity Shop*(1841), "A Christmas Carol"(1843) 등과 같은 중·장편소설을 연이어 발표하였다. 그는 서민들의 생활상과 그들의 애환을 생생하게 묘사하고, 동시에 세상의 부당함과 모순을 과감하게 지적하면서도 유머를 가미하여 당대의 사회적 문제를 비판해서 상당한 인기를 얻었다. 1850년에 완결한 자전적인 작품 *David Copperfield*를 쓸 무렵부터 그의 작품의 분위기와 특징의 변화가 두드러진다. 다음 작품 *Bleak House*(1853)가 그의 후기 작품 세계를 보여주는 좋은 예이다. 이전의 작품이 주인공 한 개인의 성장과 경험을 중심으로 사회의 다양한 모습을 보여주는 사회소설의 경향이 강했다면, 그의 후기 작품에서는 개인의 삶이 해결 불가능한 사회체제의 벽에 가로막혀 Dickens 특유의 유머보다는 무력감과 좌절감이 전면에 흐르게 되었다. 그러나 그는 지속적으로 창작 활동을 하였는데 공장 파업을 다룬 *Hard Times*(1854), 어두운 사회소설인 *Little Dorrit*(1857), 프랑스혁명을 다룬 *A Tale of Two Cities*(1859), 자전적인 경향이 강한 *Great Expectations*(1861) 등의 장편 외에도 많은 단편과 수필을 썼다. Dickens는 소설 집필 외에도 잡지사의 경영과 편집, 자선사업 참여, 연극 상연, 자작 공개 낭독, 세계여행 등을 하며 활발한 활동을 하였다. 그러나 그는 1870년에 추리소설풍의 수수께끼로 가득 찬 *The Mystery of Edwin Drood*를 미완성으로 남긴 채 세상을 떠났다.

제2절 작품 세계

1 작품 세계 중요

(1) 사회에 대한 비판과 고발

Dickens는 빈민층과 사회적 약자들에게 관심을 기울였고, 이들을 작품의 주요 인물로 등장시켰다. 그의 소설에는 하층민들의 비참한 생활상, 각종 권력의 남용과 왜곡, 횡포와 비인간화 등에 대한 비판과 고발이 담겨 있다.

(2) 개인주의적 온정주의

Dickens는 사회의 전반적인 개혁과 체제의 변화보다는 양심과 도덕적 각성을 강조하는 온건한 대안을 제시한다. 그는 사회적 갈등과 투쟁이 요구되는 문제를 개인의 도덕적 선의의 문제로 환원한다.

(3) 영국의 중산층

영국의 중산층은 산업혁명의 시작과 함께 새롭게 등장한 계층으로, 19세기 영국 사회에서 사회적 계층 이동에 큰 역할을 하였다. 그러나 19세기 중반에 이르러 이들 중산층은 당대 사회의 주류를 이루면서 비판과 풍자의 대상이 된다. Dickens는 자신의 소설에서 중산층의 부상과 변모 과정에서 발생하는 다양한 인물들의 탐욕과 위선, 부정과 배신, 허위의식 등을 통해 **당대의 영국 사회를 생생하게 표현**한다.

(4) 인물 구성의 다양성

Dickens의 소설은 중산층 인물들이 중심이 되긴 하지만, 세습 귀족과 고위 관리를 비롯하여 빈민 부랑자, 고아에 이르기까지 다양한 계층, 다양한 직업의 인물들을 작품 속에 등장시키면서 **당대 사회의 총체적 모습**을 보여준다.

(5) 대중적 성공

Dickens는 대중적 성공을 누린 작가이다. 소설은 재미있어야 한다는 그의 생각이 이와 같은 성공의 배경이기도 하며, 그는 분할 출판 방식을 효과적으로 사용한 작가이다. 소설의 3~4장을 묶어서 한 달에 한 번씩 연재하는 방식은 독자들의 반응을 민감하게 확인하면서 집필을 할 수 있게 하였다.

2 주요 작품

(1) *The Posthumous Papers of the Pickwick Club*(*The Pickwick Papers*)(1836)

(2) *Oliver Twist*(1838)

(3) "*A Christmas Carol*"(1843)

(4) *David Copperfield*(1850)

(5) *Bleak House*(1853)

(6) *Hard Times*(1854)

(7) *Little Dorrit*(1857)

(8) *A Tale of Two Cities*(1859)

(9) *Great Expectations*(1861)

제3절 | *Great Expectations*의 줄거리

주인공 Pip은 시골 대장간의 대장장이인 매형과 누나와 함께 사는 가난한 소년이다. 그는 부모가 없는 고아로, 누나의 손에 의해 길러진다. Pip은 대장장이인 매형 Joe 밑에서 견습공을 하며 함께 산다. 매형 Joe는 온화한 성격의 소유자이고, 그의 누나는 폭력을 일삼는 거친 성격을 가졌다.

어느 날 Pip이 돌아가신 부모님의 묘지 앞에서 울고 있을 때 두 명의 탈옥수를 만난다. 이들은 사기꾼 Compeyson과 Magwitch였다. Pip은 그들로부터 협박을 받아 그들에게 음식을 주고 사슬을 끊을 수 있는 도구를 대장간에서 훔쳐다 주었다. 결국 Compeyson과 Magwitch는 다시 잡히지만 탈옥수 Magwitch는 자신을 도와준 Pip이 곤경에 처하지 않도록 자신이 먹을 것을 훔쳤다고 말한다. 외딴 마을에서 살기 때문에 다른 사회를 전혀 접할 수 없었던 Pip에게 이 사건은 그의 인생에서 외부인과의 최초의 접촉이었다.

한편 Pip이 사는 마을의 부자인 Miss Havisham은 그 동네의 은둔자로, 수십 년 동안 그녀를 본 사람은 아무도 없었다. 그녀는 자기의 어린 양녀와 놀아 줄 소년을 찾던 중 Pip을 그 상대로 선택한다. 그녀는 햇빛을 피하고 바깥 세계와 완전히 차단된 생활을 하고 있으며, 방 안의 공기는 곰팡내가 날 정도였다. 또한 결혼식 날에 신랑으로부터 배신당한 과거로 인해 언제나 신부의 드레스를 입고 지낸다. Miss Havisham의 양녀인 아름다운 Estella에게 Pip은 한눈에 반하지만, 그녀는 Pip의 기대와는 달리 그를 무시한다. 이런 그녀의 태도를 통해 Pip은 자기가 비천한 노동자에 지나지 않는다는 것을 알게 된다. 자기 자신에 대해서뿐만 아니라 자신의 집과 직업, 그리고 자신을 지금까지 돌보아 준 친절한 매부에게까지 불만과 혐오를 품게 된다.

몇 년 후 청년이 된 Pip은 매형 Joe와 함께 간 술집에서 변호사 Jaggers를 만난다. 그는 Pip이 막대한 양의 유산을 물려받을 것이며, 이것을 위해 런던에서 신사 교육을 받아야 한다고 한다. 누군가 Pip의 후견인이 되어 신분 상승을 현실로 만들어 준다는 것이다. 꿈만 같은 현실에 Pip은 후견인의 정체에 대해 막연하게 Miss Havisham일 것으로 생각하고 Jaggers를 따라 런던에 도착한다.

런던에 도착한 Pip은 돈이 생기자 허영을 부리며 속물적인 인간이 되어 가고, 매형이 그를 찾아와도 반갑게 맞이하지 않는다. Pip은 런던에서의 생활에서 단 한 번도 행복한 시간을 갖지 못하지만, 여전히 Estella의 주위를 맴돌며 그녀와 평생 함께 지낼 것이라는 환상에 사로잡혀 있다. Estella는 매력적인 여성이지만 그녀도 Pip과 마찬가지로 비천하고 형편없는 집안 출신이다. 그녀의 아버지는 Pip이 늪지대에서 만났던 죄수이며, 어머니는 집안의 가정부였다. 더군다나 Estella 자신도 신경쇠약에 걸린 여인의 손에서 어린 시절을 보냈다. Pip은 그런 Estella를 위해 '신사가 되고 싶다고 한다. 그러나 Estella는 어리석은 신사들이 모이는 '숲속의 방울새' 그룹 중에서도 가장 둔한 인물인 Drummle과 결혼한다.

한편 Pip에게 막대한 유산을 물려준 사람은 Miss Havisham이 아니라 Pip이 어릴 때 늪지대에서 도와주었던 죄수임이 밝혀진다. 바로 그 죄수가 Pip을 매부의 대장간에서 끄집어내어 허망한 희망의 사회에서 살도록 해 놓은 장본인이다. 그는 자신이 Pip을 신사로 만들어 놓았다고 자랑한다. 그러나 Pip은 죄수 Magwitch가 바라는 것과 같은 신사가 되지는 못한다. Magwitch는 자신이 만든 신사를 보고 싶은 갈망 때문에 갖은 고생 끝에 Pip을 찾아오지만 Pip은 그가 싫게만 느껴진다. 단지 고통받는 사람에 대한 동정의 감정만을 느낄 뿐이다. Magwitch를 몰래 탈출시키려는 시도는 실패로 끝나고, Magwitch는 심한 상처를 입고 다시 체포된다. 상처 입은 죄수의 침대 옆에서 Pip은 비로소 진정한 신사의 모습을 갖추기 시작한다. Magwitch는 유죄판결을 받고 사형을 선고받았으나, 사형 집행이 되기 전에 죽는다. 또한 그의 중죄로 인하여 전 재산이 국가에 몰수당한다. Pip이 물려받기로 되어 있던 유산은 흔적도 없이 사라지고 오히려 Pip은 큰 빚을 지고 만다. 또한 그동안 아무런 노력도 없이 그저 시간을 보낸 탓으로 특별한 기술이나 직업도 없는 형편이 되고 만다.

Pip이 오랜 방황 끝에 고향으로 돌아왔을 때, 매형 Joe가 누나가 죽은 후 재혼한 Biddy와 낳은 아이의 이름을 자신의 이름과 같은 Pip으로 지은 것을 알게 된다. 그는 자신에 대한 매형 Joe와 Biddy의 사랑을 여실히 알게 된다. Pip은 매형에게서 위대하고 진실한 인간의 모습을 보게 된다. Pip은 몇 년 동안 외국에서 Herbert Pocket과 무역업을 하다가 영국으로 돌아온다. 자신에게 용서를 구한 Miss Havisham은 세상을 떠나고, 폐허가 된 Satis House의 정원에서 Pip은 Estella를 만난다. Estella의 남편 Drummle은 좋지 않은 남편이었고 그가 죽자 Estella의 냉담함은 없어졌다. Pip과 Estella는 서로 손을 잡는다. 그리고 Pip은 Estella와 영원히 함께할 것이라고 생각한다.

제4절 작품의 주제

1 기대와 환상

이 소설에서 주로 다루는 기대와 환상은 시골 하층민인 주인공 Pip이 런던에 가서 신사가 되어 멋지게 살고 싶은 기대와 욕심, 그리고 그의 욕심을 일으키는 인물인 Estella에 대한 Pip의 짝사랑이다. Pip은 뜻밖의 돈이 생겨 그가 꿈꾸던 환상인 런던에 가서 멋지게 사는 꿈을 실현할 수 있게 된다. 그러나 이 작품에서 Dickens는 Pip이 환상에서 깨어나야 함을 강조한다. Pip이 받은 돈에는 범죄와 음모가 짙게 깔려 있는데, Dickens는 그 진실을 들추어내고 Pip의 양심과 도덕성을 일깨운다.

2 유산(돈)의 역할

돈은 이 작품에서 미묘한 의미를 지닌다. 돈은 Herbert Pocket을 돕고 Pip이 감옥에 가지 않도록 해 주기도 하지만, 위험성도 담고 있다. 또한 돈은 가난했던 Pip이 런던으로 가서 신사 수업을 받는 데 도움이 되기도 하지만, 그를 속물로 만들기도 한다. Pip을 신사로 만드는 돈은 Magwitch가 신대륙(호주)에서 불법으로 취득한 돈이기도 하다. Pip은 속물이 될 수 있었지만, 어린 시절 대장장이인 매형 Joe의 집에서 살 때부터 이어져 온 성실함과 진실함을 버린 것은 아니다. Pip이 Magwitch로부터 약속을 지킨 것에 대한 보답으로 받은 돈은 결국 Pip을 '신사'답게 변하게 한 후 사라지므로 Pip이 여생을 속물로서 살지 않게 한다. 그의 진실함은 Magwitch가 위기에 처했을 때 보인다. Pip이 유산으로 받은 돈이 모두 사라지고 신사로서의 삶을 포기해야 하는 상황에서도 그는 의리를 저버리지 않는 진정성을 보여주기 때문이다. Dickens는 돈이라는 주제를 통해 진정한 신사는 재산이 아닌 인간적인 신의를 지키고 타인에 대한 믿음을 지키며 성실하게 사는 모습을 통해 이룰 수 있는 것임을 보여주고 있다.

3 물질만능주의 비판

이 소설은 당시에 만연했던 **물질만능주의를** 고발하고 있다. 가난한 소년 Pip은 막대한 유산을 상속받아서 하류계급에서 상류계급으로 자신의 신분을 상승시키고 싶은 욕망을 갖게 되나, 자신이 받은 '막대한 유산'의 출처를 알게 된 후 신사가 되려는 자신의 욕망과 돈에 대한 허망함을 느낀다. 결국 Pip은 자신에게 참된 신사의 의미를 일깨워 준 매형 Joe가 자신에게 베푼 애정이 '위대한 유산'임을 깨닫는다.

4 노동의 가치

Pip의 매형인 Joe처럼 성실히 노력하며 살아가는 대가로 얻은 돈은 결코 비난의 대상이 아니다. 그러나 한순간에 물려받는 유산은 쉽게 없어질 수 있다. 결국 Pip은 타인으로부터 받은 유산이 아닌 자신이 성실하게 일하며 번 돈으로 살아간다.

5 가족 관계

이 소설은 고아와 양자, 보호인의 관계로 구성된 전개를 보이면서 부모와 자식, 즉 혈육 간의 실패한 관계를 표현한다. 고아인 Pip은 폭력적 성향을 가진 누나 Mrs. Joe에 의해 양육되나, 매형 Joe의 애정 속에서 자라고, 뒤늦게 자신이 받은 사랑의 가치를 깨닫는다. 그리고 고아였던 Estella는 남성에 대한 복수의 수단으로써 Miss Havisham의 양녀로 양육되나, 진정한 사랑을 배우게 되고, 범죄자인 Magwitch가 자신의 친부임을 알게 된다.

6 인간의 유대 관계

*Great Expectations*의 많은 등장인물들이 인간관계에서 소외된 모습을 보인다. 예컨대 Miss Havisham은 자신의 결혼식이 무효가 된 이후 외부인들과 전혀 접촉하지 않고, 자신의 양녀인 Estella를 이용하여 남성들에게 복수하려고 한다. 그리고 Pip은 다양한 인물과 관계를 맺으며 성장하고, **돈의 관계보다 사랑의 관계가 더 중요하다**는 것을 알게 된다.

7 신사의 본질

이 소설에서 두드러지는 주제이다. 빅토리아 사회에서 신사가 된다는 것은 무엇인가 하는 문제이다. 빅토리아 사회의 신사란 귀족적인 이상(귀족 출신)과 부르주아적 이상(부유함)이 결합된 것으로, 일정한 수입과 더불어 교양과 용기·절제·이타심·책임감 등의 덕목이 요구됐다. 그러나 이 소설에서 묘사되는 신사는 이러한 덕목과 무관하게 이미 존재하는 엘리트 집단에 일원으로 받아들여지는 것에 따라 결정됨을 보여준다. 이러한 모습을 보여주는 당대의 현실은 신사의 개념이 폐쇄적이고 체제 수호적인 성격임을 드러낸다. 또한 신사가 비신사적인 행동을 한다고 해서 자신의 지위를 박탈당할 일도 없다는 것은 신사가 지녀야 할 진정한 덕목이 무너지는 현실을 여실히 보여주는 부분이다. 이 소설에서 주인공 Pip은 노동계급 출신임에도 더 훌륭한 신사가 될 자질이 있음을 보여준다. 이는 작가가 생각하는 신사가 재력이나 교육만으로 가능한 것이 아님을 나타낸다. 작가는 진정한 신사란 물질적인 풍요, 인위적인 교육, 대외적으로 나타나는 태도로부터 형성되기보다는 **인간에게 따뜻한 사랑을 가질 때 비로소 완성됨**을 보여주며, Pip의 매형인 대장장이 Joe가 이상적인 신사임을 시사한다.

제5절 등장인물

1 Pip

작품 속 화자이자 주인공이다. Pip은 작가의 목소리를 대변하는 인물이다. 영국의 남동쪽에 있는 켄트 지방에서 누나와 매형에 의해 길러지고 있는 어린 고아 소년이다. 미성숙한 과거의 자신을 인정하고 자신의 부끄러운 행동과 생각들을 고백하며 성숙한 인격을 형성해 나간다. Pip은 가난한 고아로서 아름다운 Estella를 사랑하고, 그녀와 함께하기 위해 신분 상승을 꿈꾼다. 어느 날, 자신이 누군가로부터 상당한 액수의 유산을 상속받을 것을 알게 되자 부모와도 같은 매형 Joe를 촌뜨기라며 무시하고 허영과 가식으로 가득 찬 신사가 된다. 그러나 Pip은 자신에게 유산을 상속한 인물이 예상했던 Miss Havisham이 아니라 탈옥수 Magwitch임을 알게 되자, 재산 상속자로서의 삶과 환상을 접는다. 또한 매형인 Joe의 진실한 사랑을 깨닫고 다시 이전의 순수성을 되찾는다. 유년 시절의 Pip은 누나의 강압적인 성격으로 인해 불행한 날들을 보냈고, Miss Havisham의 유산을 상속받아 신분 상승을 이루겠다는 야망이 있었으나 그 유산은 범죄자의 돈이었으며, Estella를 사랑하다가 좌절을 겪기도 한다. 하지만 Pip은 이러한 고민과 좌절, 정신적 방황을 겪으면서 점점 사람들에 대한 진실함과 애정의 깊이를 깨닫게 된다.

2 Joe Gargery

Pip의 매형으로, Joe는 도덕과 양심의 중심적 이미지를 제시하는 인물이다. 그는 천성이 선량한 대장장이로, 그의 내면에는 진정한 '신사'의 모습인 온화함이 있다. 그는 Pip의 보호자인데, Pip이 자신을 촌스럽다고 여기며 멀리하고 떠난 후에도 Pip이 런던에서 Magwitch와 Estella, 빚과 열병으로 인해 고생하며 인생의 고비에 있었을 때, 그를 보살피고 빚을 갚아 준다. Joe는 Pip에게 위대하고 진실한 인간의 모습을 보여주고, 비로소 Pip은 Joe로부터 참된 인간의 '위대한 유산'을 물려받는다.

3 Abel Magwitch

탈옥수이다. 범죄자인 그는 작품 초반에 감옥에서 탈출하여 공동묘지에 있는 Pip을 공포에 떨게 하고 Pip에게 위협적인 존재로 다가온다. 또한 그는 인간의 악한 심성을 상징한다. 어두컴컴하고 폭우가 내리는 밤에 등장해서 동물에 비유되기도 하지만, 선량한 면도 있어서 다시 체포되었을 때 Pip을 보호하기 위해 거짓말을 하기도 한다. Pip의 친절은 그에게 깊은 인상을 남겼고, 그 후 그는 돈을 벌어서 Pip을 더 높은 사회계층으로 올려놓기 위해 자신의 재산을 준다. 그는 변호사 Jaggers를 통해 런던에서 Pip이 교육받고 호화로운 생활을 할 자금을 대면서 Pip의 비밀 후원자가 된다. 탈출을 하려다가 잡힌 감옥 안에서 마지막으로 Pip의 모습을 보며 평온한 마음으로 숨을 거둔다. 자신의 정체를 숨기기 위하여 Provice라는 가명도 쓴다. Molly와 사실혼 관계에서 Estella를 낳은 Estella의 친아버지이기도 하다.

4 Miss Havisham

Pip의 마을 근처에 있는 Satis House라는 저택에 사는 부유하고 괴팍한 노파이다. 종종 미친 듯이 보이며, 그녀는 자신의 오래되고 빛바랜 웨딩드레스를 입고 집 주위를 돌아다닌다. 또한 그녀는 썩어 가는 음식으로 파티를 하거나, 멈추어 있는 시계들로 자신을 둘러싸기도 한다. 그녀는 젊었을 때 결혼식 당일 아침 당대 최고의 사기꾼 Compeyson에게 사기 결혼을 당했다. 그 사건 이후 그녀는 세상과 담을 쌓고 평생 결혼 예복을 입으며 남성을 저주하고 복수하려 한다. 자신의 양녀인 Estella를 야비하고 어리석은 Bentley Drummle과 결혼하도록 유도하고, Estella를 진심으로 사랑하는 Pip에게 마음의 상처를 준다. Pip은 심적 고통을 겪지만, Pip이 자신의 불행을 그녀 탓으로 여기지 않는 모습에 Miss Havisham은 감동받는다. 그녀는 Pip에게 자신이 유산을 상속한 중 여자인 척한 것에 양심의 가책을 느끼고 후회의 눈물을 흘리며 Pip에게 용서를 구한다.

5 Estella

Miss Havisham의 양녀로, 남성에게 상처를 주는 냉담한 여성으로 양육된다. Pip이 사회적으로 비천한 신분임을 알고 Pip에게 여왕처럼 군림하며, 그에게 수치감을 준다. 하지만 그녀의 아름다움에 끌린 Pip은 그녀에게 지속적으로 진실한 사랑을 표현한다. 한편 그녀는 Miss Havisham의 계획에 따라 야비하고 어리석은 Bentley Drumrnle과 결혼한다. 그러나 그녀의 결혼 생활은 실패하고, 결국 그녀는 Pip의 순수한 사랑을 받아들여 다시는 헤어지지 않을 것을 다짐하며 Pip과 연인이 된다.

6 Herbert Pocket

Pip과 나이가 비슷한 또래의 청년으로, Pip과 서로 인생의 협력자가 되는 인물이다. Miss Havisham의 조카로서 Havisham의 저택인 Satis House에서 Pip과 우연히 싸우기도 한다. 막대한 유산을 받고 신분 상승을 한 Pip과 런던에서 우연히 재회하고, 이후 이 둘은 친한 친구가 된다.

7 Mrs. Gargery(Mrs. Joe)

Pip의 누나이다. 그녀는 동생 Pip과 남편 Joe에게 애정도 없고 포악하며, 강압적인 성격을 가지고 있다. 그녀의 이런 성격은 Pip의 성장 과정에 정서적으로나 환경적으로 나쁜 영향을 주게 되고 Pip의 성격을 왜곡시킨다.

8 Biddy

Pip의 어린 시절 그에게 공부를 가르쳐 준 학교 친구이다. 평범하고, 친절하며, 도덕적인 성격을 가졌다. Mrs. Joe가 다쳤을 때 Joe의 집안일을 도와주었다. Mrs. Joe가 죽은 이후 Joe와 결혼한다. 작품에서 Biddy는 Estella의 반대적 측면을 표현하는 인물이다.

9 Compeyson

Miss Havisham과의 결혼식 당일에 신부인 Miss Havisham을 배반하고 나타나지 않은 인물이다. 좋은 교육을 받은 인물이지만 천성이 야비하고 악한 사기꾼이다. Magwitch를 죽이려고 하다가 오히려 자신이 결투 끝에 죽는다.

10 Dolge Orlick

Joe의 대장간 조수였으나 훗날 Miss Havisham 저택의 문지기가 된다. 사악한 모습으로만 나타나는 전형적인 악인이다. Mrs. Joe를 공격했고, Pip을 죽이려고도 했다.

11 Bentley Drummle

귀족 집안 출신으로 건방지고, 다혈질이며, 사교성이 없는 인물이다. Estella와 결혼하지만 그녀에게 관심도 애정도 전혀 없다. 자신이 때린 말과 관련된 승마 사고로 죽는다.

12 Mr. Jaggers

Miss Havisham의 변호사이자, 형사 전문 변호사이다. 특히 탈옥수 Magwitch의 증여 재산을 익명으로 Pip에게 전달하는 임무를 맡고 있다. 런던에서 가장 유명한 형사 변호사 중 한 명인 Jaggers는 악랄한 범죄자들과 협력하고, 심지어 범죄자들은 그를 두려워한다. 그러나 작품에서 Jaggers는 종종 Pip을 돌보는 것처럼 보이고, Miss Havisham이 고아가 된 Estella를 입양하도록 돕는다. Jaggers에게서는 강한 비누 향이 나는데, 그는 범죄자가 자신을 오염시키는 것을 막기 위해 심리적·강박적으로 손을 씻는다.

13 Wemmick

Jaggers 변호사 사무실의 서기이자, Pip의 친구이다. 직장에서 그는 딱딱하고 냉소적이지만 집에서는 쾌활한 모습도 보인다. Pip의 친구로서 Pip이 하는 일에는 몸을 아끼지 않는 적극적인 모습을 나타낸다.

14 Startop

Pip, Bentley Drummle과 함께 Matthew Pocket으로부터 가르침을 받는 학생 중 한 명이다. Startop은 부드럽고 세심한 성격을 가졌다.

15 Uncle Pumblechook

Pip과 Miss Havisham의 첫 만남을 주도하는 인물로, Joe의 친척이다. 그는 고물상의 주인으로서 돈에 집착하는 모습을 보인다. 그리고 Pip이 신사가 되는 것에 있어 자신이 Pip의 첫 후원자라고 주장한다.

16 Molly

Mr. Jaggers의 가정부로, Magwitch와 사실혼 관계에서 Estella를 낳는다.

제6절 작품의 구조와 시점

1 구조

총 3부(Volume)의 구성이다.

3부(Volume)	내용
Volume I (Chapter 1~19)	Pip의 유년 시절 내용이다. 소년의 관점에서 서술되기 때문에 환상과 비논리적인 부분들이 혼재돼 있다.
Volume II (Chapter 20~39)	런던에서 생활하는 Pip의 청년 시절 내용이다. 그의 변화 과정이 중심 내용이고, 사회적 풍자와 경제적 문제 등이 나타난다.
Volume III (Chapter 40~59)	Pip은 일을 하며 사회의 적극적인 참여자가 된다. 추리소설과 같은 장면이 많이 등장한다.

2 시점

*Great Expectations*는 1인칭 시점의 소설로, 주인공이자 화자인 Pip이 훗날 성숙한 자아의 관점에서 과거에 잘못된 환상을 꿈꾸었던 젊은 시절을 반성하며 회고하는 형식이다. 주목할 점은 *Great Expectations*에는 Dickens의 또 다른 1인칭 소설인 *David Copperfield*에서 보이는 서술자의 자기 연민이나 근거 없는 편견 따위가 거의 없다는 것이다. 화자는 자신의 옛 환상을 되살리며 강한 그리움을 느끼지만, 그 진상을 객관적으로 비판하며 현실을 인정하는 성숙함을 보여준다. 화자인 Pip은 과거 사춘기 시절의 자신을 '그'라고 언급하면서 자신의 어린 시절을 비판적인 눈으로 돌아보고 있다. Pip이 직접 보지 못한 부분은 Biddy를 통해 표현되는데, 35장의 Mrs. Joe의 죽음, 그리고 42장의 Magwich의 행동 등이 이에 해당된다.

제7절 작품의 기법

1 문체와 어조

서술 기법이 다양하게 변모하고 있는 작품이다. 과장법, 풍자, 중후한 어조와 비극적이고 엄숙한 어조 등이 많이 쓰인다. 주간 연재소설답게 개성이 강한 인물들과 흥미로운 사건들이 적절히 배치된 작품이다.

2 Satis House의 상징

대저택 Satis House의 수양딸인 Estella를 만나게 되면서 Pip은 신분 상승을 꿈꾸며 신사가 되리라 다짐한다. Satis House는 '만족의 집'이라는 뜻인데, 이곳은 Pip에게 자신의 본래 모습에 대한 깊은 불만을 심어 주고, 고향인 대장장이 매형의 집에서 사는 것을 형벌로 느끼도록 만든다. Satis House는 Pip에게 현실에 대한 불만을 일으키고 환상의 세계로 가려는 마음을 부추기는 장소이다.

제8절 *Great Expectations*의 일부

Chapter 39

I was three-and-twenty years of age. Not another word had I heard to enlighten me on the subject of my expectations, and my twenty-third birthday was a week gone. We had left Barnard's Inn more than a year, and lived in the Temple. Our chambers were in Garden court, down by the river.

Mr. Pocket and I had for some time parted company[1] as to our original relations, though we continued on the best terms. Notwithstanding my inability to settle to anything — which I hope arose out of the restless and incomplete tenure[2] on which I held my means — I had a taste for reading, and read regularly so many hours a day. That matter of Herbert's was still progressing, and everything with me was as I have brought it down[3] to the close of the last preceding chapter.

Business had taken Herbert on a journey to Marseilles. I was alone, and had a dull sense of being alone. Dispirited and anxious, long hoping that tomorrow or next week would clear my way, and long disappointed, I sadly missed the cheerful face and ready response of my friend.

---

1) part company : ~와 갈라지다. 뜻을 달리 하다
2) tenure : (부동산, 지위, 직분 등의) 보유권
3) bring it down : (기록, 이야기 등을) ~까지 계속하다

It was wretched weather; stormy and wet, stormy and wet; and mud, mud, mud, deep in all the streets. Day after day, a vast heavy veil had been driving over London from the East, and it drove still, as if in the East there were an eternity of cloud and wind. So furious had been the gusts[4] that high buildings in town had had the lead[5] stripped off their roofs; and in the country, trees had been torn up, and sails of windmills carried away; and gloomy accounts[6] had come in from the coast of shipwreck and death. Violent blasts of rain[7] had accompanied these rages of wind, and the day just closed[8] as I sat down to read had been the worst of all.

Alterations have been made in that part of the Temple since that time, and it has not now so lonely a character as it had then, nor is it so exposed to the river. We lived at the top of the last house, and the wind rushing up the river shook the house that night, like discharges of cannon,[9] or breakings of a sea. When the rain came with it and dashed against the windows, I thought, raising my eyes to them as they rocked, that I might have fancied myself in a storm-beaten lighthouse. Occasionally, the smoke came rolling down the chimney as though it could not bear to go out into such a night; and when I set the doors open and looked down the staircase, the staircase lamps were blown out;[10] and when I shaded my face with my hands and looked through the black windows (opening them ever so little was out of the question in the teeth of[11] such wind and rain), I saw that the lamps in the court were blown out, and that the lamps on the bridges and the shore were shuddering, and that the coal fires in barges on the river were being carried away before the wind like red-hot splashes[12] in the rain.

I read with my watch upon the table, purposing to close my book at eleven o'clock. As I shut it, Saint Paul's, and all the many church-clocks in the City — some leading, some accompanying, some following — struck that hour. The sound was curiously flawed by the wind; and I was listening, and thinking how the wind assailed and tore it, when I heard a footstep on the stair.

What nervous folly made me start, and awfully connect it with the footstep of my dead sister, matters not. It was past in a moment, and I listened again, and heard the footstep stumble in coming on. Remembering then, that the staircase lights were blown out, I took up my reading-lamp and went out to the stair-head.[13] Whoever was below had stopped on seeing my lamp, for all was quiet.

"There is some one down there, is there not?" I called out, looking down.

"Yes," said a voice from the darkness beneath.

"What floor do you want?"

"The top. Mr. Pip."

---

4) gust : 세찬 바람, 돌풍
5) the lead : (지붕을 일 때 쓰는) 함석
6) gloomy accounts : 우울한 소문
7) Violent blasts of rain : 맹렬한 폭우
8) the day just closed : 이제 막 저문 하루
9) discharges of cannon : 대포의 발포
10) blow out : (불을) 끄다, (불이) 꺼지다
11) in the teeth of : ~에도 불구하고, ~에 대항하여
12) splash : 물방울
13) the stair-head : 계단의 꼭대기

"That is my name — There is nothing the matter?"

"Nothing the matter," returned the voice. And the man came on.

I stood with my lamp held out over the stair-rail, and he came slowly within its light. It was a shaded lamp,[14] to shine upon a book, and its circle of light was very contracted; so that he was in it for a mere instant, and then out of it. In the instant, I had seen a face that was strange to me, looking up with an incomprehensible air of being touched and pleased by the sight of me.

Moving the lamp as the man moved, I made out that he was substantially[15] dressed, but roughly, like a voyager by sea. That he had long iron-grey[16] hair. That his age was about sixty. That he was a muscular man, strong on his legs, and that he was browned and hardened by exposure to weather. As he ascended the last stair or two, and the light of my lamp included us both, I saw, with a stupid kind of amazement, that he was holding out both his hands to me.

"Pray what is your business?" I asked him.

"My business?" he repeated, pausing. "Ah! Yes. I will explain my business, by your leave."

"Do you wish to come in?"

"Yes," he replied, "I wish to come in, Master."

I had asked him the question inhospitably enough,[17] for I resented the sort of bright and gratified recognition that still shone in his face. I resented it, because it seemed to imply that he expected me to respond to it. But, I took him into the room I had just left, and, having set the lamp on the table, asked him as civilly as I could, to explain himself.

He looked about him with the strangest air — an air of wondering pleasure, as if he had some part in the things he admired — and he pulled off a rough outer coat, and his hat. Then, I saw that his head was furrowed and bald, and that the long iron-grey hair grew only on its sides. But I saw nothing that in the least explained him. On the contrary, I saw him next moment once more holding out both his hands to me.

"What do you mean?" said I, half suspecting him to be mad.

He stopped in his looking at me, and slowly rubbed his right hand over his head. "It's disapinting[18] to a man," he said, in a coarse broken voice, "arter[19] having looked for'ard[20] so distant, and come so fur;[21] but you're not to blame for that — neither on us is to blame for that. I'll speak in half a minute. Give me half a minute, please."

He sat down on a chair that stood before the fire, and covered his forehead with his large brown veinous[22]

---

14) a shaded lamp : 갓을 씌워놓은 전등
15) substantially : 상당히, 든든히, 충분히
16) iron-grey : 철회색(약간 녹색을 띠고 있는 광택 있는 회색)
17) inhospitably enough : 굉장히 무뚝뚝하게
18) disapinting : disappointing
19) arter : after
20) look for'ard : look forward(기대하다)
21) fur : far
22) veinous : 힘줄이 튀어나온

hands. I looked at him attentively then, and recoiled[23] a little from him; but I did not know him.

"There's no one nigh,"[24] said he, looking over his shoulder; "is there?"

"Why do you, a stranger coming into my rooms at this time of the night, ask that question?" said I.

"You're a games[25] one," he returned, shaking his head at me with a deliberate affection, at once most unintelligible and most exasperating; "I'm glad you've grow'd[26] up, a game one! But don't catch hold of[27] me. You'd be sorry[28] arterwards[29] to have done it."

I relinquished[30] the intention he had detected, for I knew him! Even yet, I could not recall a single feature, but I knew him! If[31] the wind and the rain had driven away the intervening years,[32] had scattered all the intervening objects, had swept us to the churchyard where we first stood face to face on such different levels, I could not have known my convict more distinctly than I knew him now as he sat in the chair before the fire. No need to take a file from his pocket and show it to me; no need to take the handkerchief from his neck and twist it round his head; no need to hug himself with both his arms, and take a shivering turn across the room, looking back at me for recognition. I knew him before he gave me one of those aids, though, a moment before, I had not been conscious of remotely[33] suspecting his identity.

He came back to where I stood, and again held out both his hands. Not knowing what to do for, in my astonishment I had lost my self-possession[34] — I reluctantly gave him my hands. He grasped them heartily, raised them to his lips, kissed them, and still held them.

"You acted noble, my boy," said he. "Noble, Pip! And I have never forgot it!"

At a change in his manner as if he were even going to embrace me, I laid a hand upon his breast and put him away.

"Stay!" said I. "Keep off! If you are grateful to me for what I did when I was a little child, I hope you have shown your gratitude by mending[35] your way of life. If you have come here to thank me, it was not necessary. Still, however you have found me out, there must be something good in the feeling that has brought you here, and I will not repulse[36] you; but surely you must understand that — I —"

My attention was so attracted by the singularity of his fixed look at me that the words died away on my

---

23) recoil : 뒷걸음질하다, 움찔하다, 주춤하다
24) nigh : [고어] near
25) game : 용기 있는
26) grow'd : grown
27) catch hold of : 파악하다, 이해하다
28) be sorry (for) : 후회하다
29) arterwards : afterwards
30) relinquish : 포기하다
31) If : Even if
32) the intervening years : Pip은 7살로 추정되므로 이 기간은 약 16년이다. 이 작품의 서술 시점은 Pip이 Magwitch를 만난 때로부터 11년 후인 Pip이 34세인 시점으로 되어 있다.
33) remotely : 미미하게, 어렴풋이
34) self-possession : 냉정, 침착
35) by mending : 고치며
36) repulse : 거절하다

tongue.

"You was a saying," he observed,[37] when we had confronted one another in silence "that surely I must understand. What, surely must I understand?"

"That I cannot wish to renew that chance intercourse[38] with you of long ago, under these different circumstances. I am glad to believe you have repented and recovered yourself. I am glad to tell you so. I am glad that, thinking I deserve to be thanked, you have come to thank me. But our ways are different ways, none the less. You are wet, and you look weary. Will you drink something before you go?"

He had replaced his neckerchief loosely, and had stood, keenly observant of me, biting a long end of it.[39] "I think," he answered, still with the end at his mouth and still observant of me, "that I will drink (I thank you) afore[40] I go."

There was a tray ready on a side-table. I brought it to the table near the fire, and asked him what he would have? He touched one of the bottles without looking at it or speaking, and I made him some hot rum-and-water.[41] I tried to keep my hand steady while I did so, but his look at me as he leaned back in his chair with the long draggled[42] end of his neckerchief between his teeth — evidently forgotten — made my hand very difficult to master. When at last I put the glass to him, I saw with amazement that his eyes were full of tears.

Up to this time I had remained standing, not to disguise that I wished him gone. But I was softened[43] by the softened aspect of the man, and felt a touch of reproach.[44] "I hope," said I, hurriedly putting something into a glass for myself, and drawing a chair to the table, "that you will not think I spoke harshly to you just now. I had no intention of doing it, and I am sorry for it if I did. I wish you well, and happy!"

As I put my glass to my lips, he glanced with surprise at the end of his neckerchief, dropping from his mouth when he opened it, and stretched out his hand. I gave him mine, and then he drank, and drew his sleeve across his eyes and forehead.

"How are you living?" I asked him.

"I've been a sheep-farmer, stock-breeder,[45] other trades[46] besides, away in the New World," said he, "many a thousand mile of stormy water off from this."

"I hope you have done well?"

"I've done wonderfully well. There's others went out alonger me as has done well too, but no man has done nigh as well as me. I'm famous for it."

"I am glad to hear it."

---

37) observe : 말하다
38) that chance intercourse : 그 우연한 교제
39) it : his neckerchief
40) afore : [고어] before
41) rum-and-water : 물을 탄 럼주
42) draggled : 질질 끌린, 더러운
43) soften : 누그러지다, 누그러뜨리다
44) a touch of reproach : 자책감
45) stock-breeder : 목축업자 *stock : 가축(livestock)
46) trades : 직업(occupations)

"I hope to hear you say so, my dear boy."

Without stopping to try to understand those words or the tone in which they were spoken, I turned off to a point that had just come into my mind.

"Have you ever seen a messenger you once sent to me," I inquired, "since he undertook that trust?"

"Never set eyes upon him. I warn't likely to it."

"He came faithfully, and he brought me the two one-pound notes. I was a poor boy then, as you know, and to a poor boy they were a little fortune. But, like you, I have done well since, and you must let me pay them back. You can put them to some other poor boy's use." I took out my purse.

He watched me as I laid my purse upon the table and opened it, and he watched me as I separated two one-pound notes from its contents. They were clean and new, and I spread them out and handed them over to him. Still watching me, he laid them one upon the other, folded them long-wise,[47] gave them a twist, set fire to them at the lamp, and dropped the ashes into the tray.

"May I make so bold,"[48] he said then, with a smile that was like a frown, and with a frown that was like a smile, "as ask you how you have done well, since you and me was out on them lone shivering marshes?"[49]

"How?"

"Ah!"

He emptied his glass, got up, and stood at the side of the fire, with his heavy brown hand on the mantelshelf.[50] He put a foot up to the bars, to dry and warm it, and the wet boot began to steam; but, he neither looked at it, nor at the fire, but steadily looked at me. It was only now that I began to tremble.

When my lips had parted, and had shaped some words that were without sound, I forced myself to tell him (though I could not do it distinctly), that I had been chosen to succeed to some property.

"Might a mere warmint ask what property?" said he.

I faltered,[51] "I don't know."

"Might a mere warmint ask whose property?" said he.

I faltered again, "I don't know."

"Could I make a guess, I wonder," said the Convict, "at your income since you come of age! As to the first figure now. Five?"

With my heart beating like a heavy hammer of disordered action, I rose out of my chair, and stood with my hand upon the back of it, looking wildly at him.

"Concerning a guardian," he went on. "There ought to have been some guardian, or such-like, whiles you was a minor. Some lawyer, maybe. As to the first letter of that lawyer's name now. Would it be J?"

All the truth of my position came flashing on me, and its disappointments, dangers, disgraces,

---

47) long-wise : lengthwise(세로로, 길게)
48) make so bold : make bold to(감히 ~하다)
49) them lone shivering marshes : the lone shivering marshes(춥고 오싹한 습지)
50) the mantelshelf : 벽난로 선반
51) falter : (목소리가) 흔들리다, 머뭇거리다

consequences of all kinds, rushed in such a multitude that I was borne down by them and had to struggle for every breath I drew.

"Put it,"[52] he resumed, "as the employer of that lawyer whose name begun with a J, and might be Jaggers — put it as he had come over sea to Portsmouth, and had landed there, and had wanted to come on to you. 'However, you have found me out,' you says just now. Well! However, did I find you out? Why, I wrote from Portsmouth to a person in London for particulars of your address. That person's name? Why, Wemmick."

I could not have spoken one word, though it had been to save my life. I stood, with a hand on the chair-back and a hand on my breast, where I seemed to be suffocating — I stood so, looking wildly at him, until I grasped at the chair, when the room began to surge and turn. He caught me, drew me to the sofa, put me up against the cushions, and bent on one knee before me: bringing the face that I now well remembered, and that I shuddered at, very near to mine.

"Yes, Pip, dear boy, I've made a gentleman on you! It's me wot has done it! I swore that time, sure as ever I earned a guinea, that guinea should go to you. I swore arterwards, sure as ever I spec'lated[53] and got rich, you should get rich. I lived rough, that you should live smooth; I worked hard that you should be above work. What odds, dear boy? Do I tell it, fur you to feel a obligation? Not a bit. I tell it, fur you to know as that there hunted dunghill dog wot you kep life in got his head so high that he could make a gentleman — and, Pip, you're him!"

The abhorrence in which I held the man, the dread I had of him, the repugnance with which I shrank from him, could not have been exceeded if[54] he had been some terrible beast.

"Look'ee here,[55] Pip. I'm your second father. You're my son — more to me nor[56] any son. I've put away[57] money, only for you to spend. When I was a hired-out[58] shepherd in a solitary hut, not seeing no faces but faces of sheep till I half forgot wot men's and women's faces wos like, I see yourn.[59] I drops my knife many a time in that hut when I was a eating my dinner or my supper, and I says, 'Here's the boy again, a-looking at me whiles I eats and drinks!' I see you there a many times, as plain as ever I see you on them misty marshes. 'Lord strike me dead!' I says each time — and I goes out in the open air to say it under the open heavens — 'but wot, if I gets liberty and money, I'll make that boy a gentleman!' And I done it. Why, look at you, dear boy! Look at these here lodgings o'yourn,[60] fit for a lord! A lord? Ah! You shall show money with lords for wagers, and beat' em!"

In his heat and triumph, and in his knowledge that I had been nearly fainting, he did not remark on my

---

52) Put it : 이렇게 이야기하죠
53) spec'late : speculate(추측하다, 투기하다)
54) if : even if
55) Look'ee here : Look thee here = Look you here(이봐, 조심해.)
56) nor : [방언] than
57) put away : save
58) hired-out : hired(고용된)
59) yourn : [방언] yours, your face
60) lodgings o'yourn : lodgings of yours(너의 거처)

reception of all this. It was the one grain of relief I had.[61]

"Look'ee here!" he went on, taking my watch out of my pocket, and turning towards him a ring on my finger, while I recoiled from his touch as if he had been a snake, "a gold 'un and a beauty: that's a gentleman's, I hope! A diamond all set round with rubies; that's a gentleman's, I hope! Look at your linen;[62] fine and beautiful! Look at your clothes; better ain't to be got! And your books too," turning his eyes round the room, "mounting up, on their shelves, by hundreds! And you read 'em; don't you? I see you'd been a reading of 'em when I come in. Ha, ha, ha! You shall read 'em to me, dear boy! And if they're in foreign languages wot I don't understand, I shall be just as proud as if I did."

Again he took both my hands and put them to his lips, while my blood ran cold within me.

"Don't you mind talking, Pip," said he, after again drawing his sleeve over his eyes and forehead, as the click came in his throat which I well remembered — and he was all the more horrible to me that he was so much in earnest; "you can't do better nor keep quiet, dear boy. You ain't looked slowly forward to this as I have; you wosn't prepared for this, as I wos. But didn't you never think it might be me?"

"O no, no, no," I returned, "Never, never!"

"Well, you see it wos me, and single-handed.[63] Never a soul in it but my own self and Mr. Jaggers."

"Was there no one else?" I asked.

"No," said he, with a glance of surprise: "who else should there be? And, dear boy, how good looking you have growed! There's bright eyes somewheres — eh? Isn't there bright eyes somewheres, wot you love the thoughts on?"

O Estella, Estella!

"They shall be yourn, dear boy, if money can buy 'em. Not that a gentleman like you, so well set up as you, can't win 'em off of his own game; but money shall back[64] you! Let me finish wot I was a- telling you, dear boy. From that there hut and that there hiring-out, I got money left me by my master (which died, and had been the same as me, and got my liberty and went for myself. In every single thing I went for, I went for you. 'Lord strike a blight upon it,' I says, wotever it was I went for, 'if it ain't for him!' It all prospered wonderful. As I giv' you to understand[65] just now, I'm famous for it. It was the money left me, and the gains of the first few year wot I sent home to Mr Jaggers — all for you — when he first come arter you, agreeable to my letter."[66]

O, that he had never come! That he had left me at the forge — far from contented, yet, by comparison happy!

"And then, dear boy, it was a recompense[67] to me, look'ee here, to know in secret that I was making a

---

61) It was the one grain of relief I had : 그것이 나에게 한 가닥의 위안이 되었다
62) linen : 리넨
63) single-handed : 혼자 힘으로
64) back : 돕다
65) giv' you to understand : give somebody to understand(~에게 ~을 알리다)
66) agreeable to my letter : 내 편지에 따라
67) recompense : 보상

gentleman. The blood horses[68] of them colonists might fling up the dust over me as I was walking; what do I say? I says to myself, 'I'm making a better gentleman nor ever you'll be!' When one of 'em says to another, 'He was a convict, a few year ago, and is a ignorant common[69] fellow now, for all he's lucky,' what do I say? I says to myself, 'If I ain't a gentleman, nor yet ain't got no learning, I'm the owner of such.[70] All on you[71] owns stock and land; which on you owns a brought-up London gentleman?' This was I kep myself a-going. And this way I held steady afore my mind that I would for certain come one day and see my boy, and make myself known to him, on his own ground."

He laid his hand on my shoulder. I shuddered at the thought that for anything I knew,[72] his hand might be stained with blood.

"It warn't easy, Pip, for me to leave them parts,[73] nor yet it warn't safe. But I held to it, and the harder it was, the stronger I held, for I was determined, and my mind firm made up. At last I done it. Dear boy, I done it!"

I tried to collect my thoughts, but I was stunned. Throughout, I had seemed to myself to attend more to the wind and the rain than to him; even now, I could not separate his voice from those voices,[74] though those were loud and his was silent.

"Where will you put me?" he asked, presently. "I must be put somewheres, dear boy."

"To sleep?" said I.

"Yes. And to sleep long and sound,"[75] he answered; "for I've been sea-tossed and sea-washed, months and months."

"My friend and companion," said I, rising from the sofa, "is absent; you must have[76] his room."

"He won't come back to-morrow; will he?"

"No," said I, answering almost mechanically, in spite of my utmost efforts; "not tomorrow."

"Because, look'ee here, dear boy," he said, dropping his voice, and laying a long finger[77] on my breast in an impressive manner, "caution is necessary."

"How do you mean? Caution?"

"By G —, it's Death!"

"What's death?"

"I was sent for life. It's death to come back. There's been overmuch coming back of late years, and I should

---

68) The blood horses : 순종의 말
69) common : 비천한, 품위 없는
70) such : such a gentleman
71) All on you : All of you
72) for anything I knew : 내가 아는 바로는
73) them parts : the parts, the districts(그 지방, 그곳)
74) those voices : those voices of the wind and the rain
75) sound : 깊이 잠든
76) have : 사용하다
77) a long finger : 가운뎃손가락

of a certainty[78] be hanged if took."

Nothing was needed but this; the wretched man, after loading wretched me with his gold and silver chains for years, had risked his life to come to me, and I held it there in my keeping! If I had loved him instead of abhorring him; if I had been attracted to him by the strongest admiration and affection, instead of shrinking from him with the strongest repugnance, it could have been no worse. On the contrary, it would have been better, for his preservation[79] would then have naturally and tenderly addressed my heart.

My first care was to close the shutters, so that no light might be seen from without, and then to close and make fast the doors. While I did so, he stood at the table drinking rum and eating biscuit; and when I saw him thus engaged, I saw my convict on the marshes at his meal again. It almost seemed to me as if he must stoop down presently, to file at his leg.

When I had gone into Herbert's room, and had shut off any other communication between it and the staircase than through the room in which our conversation had been held, I asked him if he would go to bed? He said yes, but asked me for some of my "gentleman's linen" to put on in the morning. I brought it out, and laid it ready for him, and my blood again ran cold when he again took me by both hands to give me good night.

I got away from him, without knowing how I did it, and mended the fire in the room where we had been together, and sat down by it, afraid to go to bed. For an hour or more, I remained too stunned to think; and it was not until I began to think, that I began fully to know how wrecked I was, and how the ship in which I had sailed was gone to pieces.

Miss Havisham's intentions towards me, all a mere dream; Estella not designed for me; I only suffered in Satis House as a convenience, a sting for the greedy relations, a model with a mechanical heart to practise on when no other practice was at hand; those were the first smarts I had. But, sharpest and deepest pain of all — it was for the convict, guilty of I knew not what crimes, and liable to be taken out of those rooms where I sat thinking, and hanged at the Old Bailey door, that I had deserted Joe.

I would not have gone back to Joe now, I would not have gone back to Biddy now, for any consideration: simply, I suppose, because my sense of my own worthless conduct to them was greater than every consideration. No wisdom on earth could have given me the comfort that I should have derived from their simplicity and fidelity; but I could never, never, undo what I had done.

In every rage of wind and rush of rain, I heard pursuers. Twice, I could have sworn there was a knocking and whispering at the outer door. With these fears upon me, I began either to imagine or recall that I had had mysterious warnings of this man's approach. That, for weeks gone by, I had passed faces in the streets which I had thought like his. That, these likenesses had grown more numerous, as he, coming over the sea, had drawn nearer. That, his wicked spirit had somehow sent these messengers to mine, and that now on this stormy night he was as good as his word, and with me.

---

78) of a certainty : 틀림없이, 분명히
79) his preservation : 그를 보호하는 일

Crowding up with these reflections came the reflection that I had seen him with my childish eyes to be a desperately violent man; that I had heard that other convict reiterate that he had tried to murder him; that I had seen him down in the ditch tearing and fighting like a wild beast. Out of such remembrances I brought into the light of the fire, a half-formed terror that it might not be safe to be shut up there with him in the dead of the wild solitary night. This dilated until it filled the room, and impelled me to take a candle and go in and look at my dreadful burden.

He had rolled a handkerchief round his head, and his face was set and lowering in his sleep. But he was asleep, and quietly too, though he had a pistol lying on the pillow. Assured of this, I softly removed the key to the outside of his door, and turned it on him before I again sat down by the fire. Gradually I slipped from the chair and lay on the floor. When I awoke, without having parted in my sleep with the perception of my wretchedness, the clocks of the Eastward churches were striking five, the candles were wasted out, the fire was dead, and the wind and rain intensified the thick black darkness.

THIS IS THE END OF THE SECOND STAGE OF PIP'S EXPECTATIONS.

제5장 | George Eliot - *Middlemarch*

| 단원 개요 |

*Middlemarch*의 배경은 미들마치 지방 및 그 주변 사회를 중심으로 1차 선거법 개정안이 통과되기 직전인 1830년대의 과도기적 세계이다. "지방 생활의 연구"(A Study of Provincial Life)라는 부제가 암시하듯이 지방 생활을 그리는 이 작품은 사회의 중상류층을 구성하는 등장인물들의 삶과 선거법 개정, 국회의원 선거, 토지개혁 등과 같은 정치사회의 변화를 겪는 미들마치 사회의 움직임을 유기적으로 표현한 작품으로, George Eliot의 가장 원숙한 작품으로 알려져 있다.

| 출제 경향 및 수험 대책 |

작품 속 Dorothea와 Casaubon의 결혼 생활에 대한 작가의 묘사는 여성에게 부과된 사회적 제약에 대한 암묵적 항의이자, 당대 성차별적 사회의 모습을 드러낸다. 작가는 Dorothea의 재혼을 긍정적인 대안으로 제시하지만, Finale(종국)에서 Dorothea의 삶을 희생으로 표현하거나 그녀에게 다른 탈출구가 있어야 했다는 것을 보여준다. Will과의 재혼에 대한 작가의 함축적인 인식 및 균열된 입장은 여성 문제를 더욱 깊이 있게 제시하는 부분이다. 작가의 충실한 고찰 및 묘사가 기대보다 선명한 주장을 드러내지 않더라도 문제에 대한 근원적인 성찰을 하게 하는 부분이므로 이 부분에 대한 작가의 고민을 살펴볼 필요가 있다.

제1절 작가의 생애

조지 엘리엇(George Eliot, 1819~1880)의 본명은 Mary Ann Evans이며, 필명으로 George Eliot을 사용하였다. 남성 작가의 이름을 필명으로 쓴 것은 여성 작가에 대한 당대의 편견이 강했기 때문으로 추정된다. 목수였다가 저택 관리인이 된 아버지를 따라 어린 시절에 농촌 생활을 하였고, 이때의 경험이 농촌을 배경으로 한 소설 창작의 중요한 자산이 되었다. 그녀는 초등학교에서 기숙사 생활을 하면서 교육을 받았고, 중학교 시절에는 이탈리아어와 프랑스어를 배웠다. 학교 선생님인 Maria Lewis의 영향으로 Eliot의 청교도에 대한 열정도 커져 갔다. 그녀가 17세이던 1836년에 어머니가 돌아가시고, 1841년에 그녀와 그녀의 아버지는 코번트리(Conventry)로 이사를 갔다. 그녀는 그곳에서 급진 사상을 전파시키던 Charles Bray와 그의 매부인 Charles Christian Hennell을 만나 새로운 종교적·정치적 이념과 과학적 사고를 접하게 되었다. 그리고 Eliot은 Hennell의 저서 *An Inquiry Concerning the Origin of Christianity*(1838)를 읽고, 그동안 그녀가 회의감을 가졌던 극단적이고 편협한 종교적 신념을 깨고, 불가지론적인(agnostic) 경향을 띠게 되었다. 1852년에는 대표적인 진보적 잡지인 *Westminster Review*의 부편집인 자리에 올라 당대 지성계의 핵심 인물로 활약하였다. 그녀는 *The Leader*의 편집인이었던 George Henry Lewes와 정식 결혼 없이 동거를 시작하여 런던 사회에 물의를 일으켰는데, Lewes가 자유연애주의자였던 아내와 법적으로 혼인 관계였기 때문에 Eliot과 결혼이 불가능했다. 이 일로 그녀는 거의 사회에서 추방되다시피 하였고, 그녀가 겪었던 사회에서의 고립과 소외는 역설적으로 그녀의 작품 창작의 기회가 되었다. Eliot은 사생활에 대한 소문과 작품에 담긴 관념적인 특징 때문에 대중적인 인기를 누리지는 못하였다. 그러나 진보적인 지식자층 사이에서는 영국 고유의 리얼리즘을 보여준 작가로 인정받았다. Lewes가 죽자 그녀는 슬픔에 빠져 더 이상 글을 쓰지 않았다. Eliot은 그 후 1880년에 그녀의 재산을 관리하던 은행가인 21세 연하의 John Cross와 정식으로 결혼했으나, 같은 해 12월에 사망하였다.

제2절 작품 세계

1 작품 세계

(1) 프랑스의 사실주의 소설과 형식 및 정신 면에서 차별화되는 **영국 고유의 사실주의를 보여주는 작가**이다.

(2) 20세기 초에 이르러 사회를 통한 인간의 내면적 성숙에 대한 통찰이 두드러진다. Eliot은 개인의 문제가 얼마나 사회와 밀착되어 있고 개인이 겪는 슬픔과 고통, 성공과 실패가 사회 전체의 변화와 얼마나 긴밀히 연결되어 있는지를 날카롭게 인식한 작가이다. 영국소설에서 개인과 사회의 문제를 본격적인 주제로 등장시킨 작가이다.

(3) 전통적인 **영국의 농촌공동체 생활**을 주로 다루었으며, 그 속에서 살아가는 소박한 인물들의 심리를 사실주의적으로 심도 있게 묘사하였다.

(4) 정치적·사회적인 문제를 심리적·도덕적인 문제로 치환하는 경향이 있어서 정치사회 문제를 도덕화한다는 비판을 받기도 하였다.

2 주요 작품

(1) *Adam Bede*(1859)

3권으로 이루어진 Eliot의 첫 장편소설로서 깊은 인간적인 동정과 엄격한 도덕적 판단이 결합된 내용으로 구성된 작품이다. Eliot 특유의 시골 배경으로 전개되며, 사실주의 작품이다.

(2) *The Mill on the Floss*(1860)

가상의 작은 마을 근처 플로스 강변의 물방앗간을 배경으로 작품이 전개된다.

(3) *Silas Marner: The Weaver of Raveloe*(1861)

고향에서 친구에게 배신당한 주인공이 신(God)과 인간에 대한 믿음을 잃고 고독하게 혼자 살던 중, 우연히 다가온 Eppie라는 여자아이를 키우게 되고, 그 아이를 통하여 다시 인간에 대한 사랑을 되찾게 되는 이야기를 그린 작품이다.

(4) *Middlemarch*(1871~1872)

Middlemarch라는 지역에 사는 여러 계층의 사람들, 즉 상점 주인, 노동자, 농부, 제조업자, 목수 등 평범한 사람들의 일상을 유머(humour)와 애수(pathos)를 이용하여 사실적으로 묘사한 작품이다.

제3절 　Middlemarch의 줄거리

　Dorothea는 똑똑하고 신앙심이 깊은 젊은 여성이다. 그녀는 여동생 Celia와 함께 팁톤 그레인지(Tipton Grange)에 있는 미혼의 삼촌 Mr. Brooke의 보살핌 아래 살고 있다. Dorothea에게 구애하고 있는 Sir James Chettam은 45세의 미혼의 신학자인 Casaubon과 함께 팁톤으로 저녁을 먹으러 온다. Casaubon은 종교의 역사와 신화의 연구로 수십 년을 보낸 학자이다. Dorothea는 학문적 고집과 자존심이 강한 그에게 호감을 갖는다. 그녀는 그가 자신에게 청혼할 것이라고 기대하고, 그의 일생 연구인 '모든 신화의 열쇠'에 대한 연구를 완성하도록 도와줌으로써 그녀의 지적 열망을 이룰 수 있을 것으로 상상한다.

　Mr. Brooke은 Dorothea에게 Casaubon이 결혼에 관심이 있다고 말하는데, 그 후 얼마 되지 않아 Casaubon은 Dorothea에게 딱딱하고 어색한 편지로 청혼한다. Dorothea는 너무 기뻐서 울음을 터뜨린다. 이에 Sir James Chettam은 Dorothea의 결정에 충격을 받고 상처를 받지만 Casaubon과 결혼하는 그녀를 걱정한다. Dorothea는 Casaubon과 결혼을 결정한 후에도 Sir James Chettam과 서로 친구로서 우정을 나누며 만난다. Dorothea가 Casaubon과 결혼 전에 Casaubon의 로윅 매너(Lowick Manor)의 집을 방문하는 동안 Dorothea, Celia, Brooke, 그리고 Casaubon은 스케치북을 들고 있는 Casaubon의 조카 Will Ladislaw와 마주친다. 결혼식 전에 팁톤에서 저녁 파티가 열리는데, 참석자 중에는 미들마치(Middlemarch)로 막 이사 온 야심 찬 젊은 의사인 Lydgate도 있었다. 그는 미들마치에서 가장 아름다운 젊은 여성으로 알려진 Rosamond Vincy의 매력에 빠진다. Rosamond의 오빠 Fred는 게으르고 무책임하며 오만한 젊은이로, 병들고 미움은 받아도 매우 부유한 삼촌 Mr. Featherstone의 땅을 물려받기를 기대하고 있다. Fred는 그가 어렸을 때부터 알고 지내던 Mary Garth와 사랑에 빠지고, Rosamond는 Lydgate와 결혼함으로써 그녀가 부와 지위를 얻을 수 있다고 확신한다.

　Bulstrode는 출신이 잘 알려지지 않은 새로운 인물이자 복음주의자로, 부유한 은행가이다. 그는 미들마치의 '뉴 병원'(New Hospital)에 자금을 대 주고, Lydgate에게 병원장을 해 달라고 부탁한다. Lydgate가 파리에 살았을 때, 그는 남편을 죽인 Laure라는 여배우와 사랑에 빠진 적이 있었다. 그 사건은 Lydgate가 여성에 대해 합리적이고 이성적인 태도를 유지하게 만들었다. 그는 Rosamond에게 매우 매료되었지만, 그의 직업에 집중할 시간이 필요했기 때문에 5년간 결혼을 계획하지 않는다.

　Dorothea는 신혼여행으로 로마 바티칸에 있는 동안, Will과 독일 화가인 그의 친구 Adolf Naumann을 알게 된다. Dorothea는 신혼여행이 전혀 즐겁지 않은데, 특히 그녀는 자신을 향한 Casaubon의 행동과 학자로서의 일을 돕지 못하게 하는 그의 거부에 실망한다. Casaubon이 바티칸 도서관에서 일하는 동안, Will은 그녀의 아파트로 그녀를 만나러 온다. Casaubon이 그것을 알게 되었고, Casaubon은 Dorothea와 Will이 단둘이 만나는 것을 원치 않는다. Will은 다시 혼자 Dorothea에게 방문하고, Casaubon이 연구하는 '모든 신화의 열쇠'는 Casaubon이 독일어를 읽을 수 없고 새로운 학문의 변화와 발전을 모르기 때문에 실패할 수밖에 없음을 알려준다.

　한편 Fred는 빚 때문에 괴로워하고, 동시에 대학 시험에서 떨어져 더욱 낙심한다. 그는 Caleb에게 돈을 마련할 수 없다고 고백한다. Fred는 병에 걸려 열이 나고 의사인 Wrench는 그를 돌보았지만, Fred의 상태는 더 나빠지기만 한다. Rosamond는 Lydgate가 지나가는 것을 보고 그를 불러 Fred의 상태를 알린다. Lydgate는 Wrench가 Fred에게 잘못된 약을 준 것을 알게 되고, Fred를 장티푸스로 진단한다. Mrs. Vincy는 다행히 Lydgate가 Fred의 목숨을 구했다고 떠들어 댄다.

　Dorothea는 신혼여행에서 Celia와 Sir James Chettam이 약혼했다는 소식을 듣고, 병약한 Casaubon은 Lydgate

의 진료를 받고 심장 질환을 앓고 있음을 알게 된다. 그리고 Lydgate는 Rosamond를 사랑한다는 것을 깨닫고 청혼한다. 한편 Mr. Featherstone의 죽음이 다가오자, 그의 친척들은 그의 집 주변으로 모여들어 재산의 상속을 바란다. Mary는 Mr. Featherstone의 간병인으로 일하고 있는데, 어느 날 Mr. Featherstone이 한밤중에 일어나서 그의 유언장 중 하나를 태워 달라고 부탁한다. 그러나 Mary는 이러한 행동은 사람들이 그녀를 의심하게 만들 것을 알고 거절한다. Mr. Featherstone은 200파운드를 그녀에게 주면서 계속 부탁하지만 그녀는 단호히 거절한다. 그리고 얼마 지나지 않아 Mr. Featherstone은 사망한다. Mr. Featherstone의 유언장을 읽을 때, 그의 모든 돈과 땅이 그 지역에서 누구도 본 적 없는 그의 사생아 Joshua Rigg에게 돌아갈 것이라 밝혀지고, 이에 친척들은 화를 낸다.

선거제 개혁의 가능성이 커지면서 영국은 정치적 격동에 휩싸인다. Brooke은 지역 진보 신문인 파이오니어(Pioneer)를 사서 Will을 편집장으로 고용한다. Dorothea에 대한 Will의 애착이 점점 의심스러워진 Casaubon은 Will이 편집장이 되는 것을 막으려고 하지만, 결국 Will은 편집장이 된다. 그동안 Fred는 마침내 대학 시험에 합격하고 졸업 후 돌아왔지만 교구의 목사가 되려 하지 않는다.

신혼여행에서 막 돌아온 Lydgate는 Dorothea와 의료 개혁에 대해 논의하는데, Dorothea는 '뉴 병원'에 1년에 200파운드를 주기로 약속한다. 이러한 약속에도 불구하고 Lydgate는 미들마치 대부분의 사람들의 반대에 계속 직면한다. Will과 Lydgate는 친구가 되고, Will은 Rosamond와 Lydgate의 집에서 자주 시간을 보낸다.

건강이 계속해서 악화되던 Casaubon은 Dorothea에게 자신이 죽은 후 자신의 부탁을 들어달라고 얘기한다. 그의 부탁은 '모든 신화의 열쇠'에 대한 연구를 끝내 달라는 것인데, Dorothea는 망설인다. 고민 끝에 결국 그녀는 Casaubon의 부탁을 승낙하기로 결심하고 그에게 자신의 대답을 전하러 갔지만 이미 그가 죽은 것을 발견한다. Brooke과 Sir James Chettam은 Dorothea가 Will과 결혼하면 그녀의 모든 재산을 잃게 한다는 Casaubon의 유언장 내용을 알게 되고, Celia는 Dorothea에게 이 내용을 알려준다. 이 일을 계기로 Dorothea는 처음으로 자신이 Will에게 이성의 감정을 가지고 있음을 생각한다.

Casaubon이 죽은 후 Dorothea는 Celia와 그녀의 아기와 함께 프레시트에서 살지만, 그녀는 자신의 삶에 점점 지루함을 느낀다. 그리고 Will은 그녀를 방문해서 미들마치를 떠난다고 말한다. 한편 Fred는 철도에 반대하는 농장 노동자들로부터 공격을 받은 Caleb과 그의 조수 Tom의 변호를 돕고, Caleb은 Fred에게 견습생으로 일할 것을 제안하는데, Mr. Vincy는 Fred의 교육이 결국 돈 낭비였다며 Fred의 삶의 방식에 안타까워한다.

Rosamond는 Lydgate가 주의를 주었음에도 고집을 부리며 승마를 하다가 유산을 하고, 그녀와 Lydgate가 진 빚을 갚기 위해 은그릇을 팔아야 하는 상황이 되자 화를 낸다. Rosamond는 Will에게 Casaubon이 유언장에서 Dorothea와 Will이 결혼하는 것을 금지했다고 이야기한다. Will은 Dorothea와 작별하려 하고, Dorothea는 자신이 Will을 사랑한다는 것을 깨닫지만 Will은 미들마치를 떠난다. Lydgate는 이제 빚이 1,000파운드가 되어 집을 Ned Plymdale에게 매각하려고 하지만, Rosamond는 비밀리에 매각을 중단한다. 절망한 Lydgate는 Bulstrode에게 돈을 부탁하지만 Bulstrode는 이를 거부하고, Lydgate에게 파산 신청을 하라고 조언하며, '뉴 병원'을 운영하는 것에서 물러나라고 말한다. 그러나 마음을 바꾼 Bulstrode는 Lydgate에게 필요한 1,000파운드를 준다.

Dorothea는 Lydgate에게 1,000파운드의 수표를 써서 그가 더 이상 Bulstrode에게 빚지지 않게 한다. Dorothea는 Will과 Rosamond가 서로 손을 잡은 채 Rosamond가 울고 있는 모습을 보고, Will과 Rosamond가 사랑하고 있다고 오해한다. 나중에 Dorothea는 Rosamond와 대화하면서 자신이 보았던 것에 대한 오해를 푼다. Will과

Dorothea는 처음에는 Casaubon의 유언장 때문에 결혼할 수 없다고 확신했지만, 마침내 서로의 감정을 인정한다. Dorothea는 주변 친척이나 가족 대부분이 Will과의 결혼을 반대하는 것에도 불구하고, 그녀는 그와 결혼할 것이며 자신의 재산을 포기할 것이라고 말한다. Fred와 Mary는 결혼하고 행복한 삶을 함께한다. Rosamond와 Lydgate의 결혼 생활은 여전히 불행하고, Lydgate는 50세의 나이에 죽어가면서 자신의 삶이 실패했다고 생각한다. Dorothea는 Will의 아내이자 아이들의 어머니가 되어 런던에 사는 것으로 소설은 끝난다.

제4절 작품의 주제 중요

1 결혼의 불완전성

이 소설 대부분의 등장인물은 의무보다는 사랑을 위해 결혼하지만, 결혼은 여전히 부정적이고 낭만적이지 않은 것으로 묘사된다. 결혼이 이 작품의 주요 관심사이지만, 당대의 많은 소설들과 달리 결혼이 행복의 궁극적 원천으로 전개되지 않는다. 이것을 보여주는 대표적인 예는 Dorothea와 Lydgate의 결혼이다. Dorothea의 결혼은 결혼에 대한 환상 때문에 실패하는 반면, Lydgate의 결혼은 배우자와 소통할 수 없기 때문에 실패한다. 또한 Bulstrode 부부의 결혼 생활도 위기에 직면하고, Fred와 Mary도 그들의 결혼 생활 유지에 많은 어려움을 겪는다. 완벽하고 동화적인 결말에 이르지 못한 결혼 생활을 보여주면서, 이 작품은 결혼을 낭만적인 것으로 묘사하는 당대의 일반적인 분위기에 비판적 시각을 제시한다.

2 사회적 기대의 가혹함

이 작품은 사람들의 행동에 따라 그들이 속한 지역공동체가 그들을 어떻게 판단하는지에 대한 연관성을 다루고 있다. 한 개인이 사회공동체의 기대에 부응하지 못할 때, 그들은 종종 비난을 받는다. 예컨대 Fred는 가족의 뜻을 거부하고 성직자가 되지 않기로 선택하면서 매우 낙담한다. 또한 Rosamond는 부유함과 고상함에 대한 사회적 기준에 부응하려는 욕구로 인하여 스스로 몰락을 자초한다.

3 새로운 종류의 영웅적 행위

작가가 서문에 영웅적 행위에 대한 소설이라고 밝혔는데, 영웅적 행위는 더 이상 서사적이고 웅장한 행위가 아니다. 새로운 종류의 영웅적 행위를 할 기회를 작가는 모든 사람에게 열어 놓는다. Garth 집안사람들, Will, Dorothea로 대표되는 인물들의 개인적 성실함, 동료애 등으로 웅장한 규모의 영웅이 아닌 새로운 영웅의 모습을 보여준다.

4 Dorothea와 Lydgate의 결혼 생활 실패에 대한 차이점

이 두 인물은 지적인 포부와 그것을 이룰 만한 능력을 지녔지만, 자신의 꿈을 실현하기에 부적합한 배우자를 선택하면서 각기 꿈의 실현에 실패한다. 이 두 인물의 좌절은 이상적인 꿈의 좌절이라는 면에서는 공통점을 지니지만, 그 원인은 차이가 있다. Dorothea의 경우 여성 교육 기회의 결여와 사회적 제약이 실패의 원인이라면, Lydgate의 경우 잘못된 여성관, 즉 그의 개인적 결함이 실패의 원인이다.

(1) Dorothea의 결혼 생활 실패

그녀의 결혼 생활 실패의 원인은 당대 상류계급 여성의 보편적인 상황 및 한계에서 찾을 수 있다. 무조건적인 복종을 원하는 남편의 억압적이고 권위적인 태도에 대한 분노와 이 분노를 억제하려는 노력 사이의 끝없는 갈등이 이들의 결혼 생활의 모습이다. 그녀는 남편을 살해하고 싶은 욕구를 느낄 만큼 남편에 대한 강한 증오를 품는다. 그리고 이 분노를 억제하는 상황에서 그녀의 남편은 죽는다. Dorothea는 독립심과 재산, 사회적 지위 등 여성으로서 당대에 지닐 수 있는 모든 것을 가졌음에도 불구하고 그녀는 의욕 없는 편안함에서 벗어나려 애를 쓴다. Will과 재혼하고 자선사업을 돕는 후원자가 되지만 여전히 특별히 할 일이 없는 상황은 동일하다. 그 결과 재혼 후에도 그녀는 권태롭고 무료한 귀부인에서 벗어나 몰두할 만한 가치 있는 일을 갈망할 뿐이다.

(2) Lydgate의 결혼 생활 실패

약자와 고통받는 사람에게 친절한 그의 성품은 의사라는 직업에는 적합하지만, 그의 결혼에는 그리 좋지 않은 영향을 미친다. 원래 그는 장래의 포부 때문에 5년 동안 결혼을 하지 않을 것이라고 결심했었다. 그러나 Rosamond와 급작스럽게 결혼한 것은 울고 있는 그녀의 모습에 마음이 약해지고, 아름다운 여성에 대한 잘못된 기대감을 가지고 있었기 때문이다. 즉, 그가 개인적으로 가지고 있던 잘못된 여성관이 그의 결혼 생활을 실패로 이끈다.

제5절　등장인물

1　Dorothea Brooke

두 딸 중 장녀로, 삼촌인 Mr. Brooke 밑에서 자랐다. 그녀는 미모와 재산을 갖췄을 뿐 아니라 좋은 가문 출신으로 상류계급의 신붓감이다. 그녀는 여성으로서 사회 개혁을 돕고자 하는 마음이 강하다. 그러므로 당시의 여성 교육이나 결혼 후 자선 활동, 순종을 강요하는 종교 서적 읽기나 자수와 같은 일에는 만족하지 못한다. 그녀가 바라는 남편의 역할은 정신적 지도자이자 스승의 역할이라고 여기며, 27세 연상의 목사이자 학자인 Casaubon과 결혼한다. 그러나 결혼 후 자신의 기대가 환상임을 알게 되고, 남편에 대한 실망만을 느낀다.

2　Celia Brooke

Dorothea의 여동생으로, Dorothea보다 더 차분하다. 관습에 도전하지는 않지만, 사람들과의 관계나 미들마치 사회에서 분별 있고 지각력이 매우 뛰어나다. 그녀는 친절하면서도 예민한 Sir James Chettam과 결혼한다.

3　Mr. Brooke

Dorothea와 Celia의 후견인이자 삼촌으로, 두 자매를 보살핀다. 그는 의지가 강한 인물로 묘사되며, 구식이기는 하지만 여성들이 해야 할 일과 하지 말아야 할 일에 대해 분명한 생각을 가지고 있다.

4　Edward Casaubon

감정이나 사랑을 느낄 수 없는 고지식한 늙은 학자이며, Dorothea의 중년 남편이다. 그는 자신의 삶에서 학문에만 몰두하면서 진정한 삶의 성취나 의욕을 잃은 인물이다. 그는 또한 질투와 불안에 빠지기 쉬운 성격이며, 이로 인해 자신의 젊은 아내 Dorothea에게 큰 부담을 준다. 자신감의 결여로 인해 남들의 평가에 민감하며, 이러한 성격 탓에 제한된 부분에서만 자신의 일을 도와주고, 위안과 안정을 주는 순종적인 아내를 원한다.

5 Sir James Chettam

소설의 초반에 Dorothea에게 사랑의 마음을 품지만 Dorothea가 Casaubon과 약혼하면서 그녀를 포기한다. Chettam은 친절한 성품으로 시골 사람들의 삶을 개선하기 위한 Dorothea의 계획을 열심히 듣고, 그녀의 계획을 현실로 만들기 위한 행동을 취한다. 이 소설에 나오는 대부분의 남성들과는 달리, 그는 여자들이 약하고, 장식적이며, 가정의 일에 충실해야 한다는 생각에 동의하지 않는다. 이러한 그의 가치관은 Celia와의 결혼 생활을 행복하게 만들고, Dorothea와의 우정을 돈독하게 한다.

6 Mr. Cadwallader

교구 목사이며, Sir James Chettam의 친구이자 조언자이다.

7 Mrs. Cadwallader

Mr. Cadwallader의 부인으로, 다른 사람들의 일에 대해서 지나친 관심을 보이는 인물이다.

8 Will Ladislaw

Casaubon이 그다지 좋아하지 않는 Casaubon의 어린 사촌이다. Casaubon보다 사회적·경제적인 지위가 낮다. 친절하고 매우 똑똑한 인물이다.

9 Dr. Tertius Lydgate

좋은 집안에서 성장했고 넓은 사회적 인맥을 가진 약 30세의 젊은 남성이다. 열정적으로 혁신적인 의술을 펼쳐 미들마치와 세상에 봉사하려는 높은 이상을 지녔지만 좌절한다. 미들마치의 의사이며, Rosamond와 결혼한다. Rosamond와의 결혼은 완벽한 결합이라고 생각했지만 오히려 재앙이었다. 또한 그는 의사로서 주목할 만한 논문은 쓰지 못하며, 미들마치를 떠나 돈을 버는 세속적인 의사로 성공하지만 스스로는 실패한 인생이라고 여긴다.

10 Rosamond Vincy

사교적이고 예의가 바르지만, 허영심이 많은 여성이다. 미들마치 사회의 넘싱들은 미모와 매너, 약간의 프랑스어 구사 능력과 피아노 치기, 화장술 등을 갖춘 그녀를 이상적인 여성으로 여긴다. 그러나 Rosamond는 결혼을 신분 상승의 기회로만 여기며, 준남작의 조카로서 귀족 가문 출신인 Lydgate에게 자주 접근한다. 결국 그와 결혼하지만 값비싼 소유물과 가구를 남편보다 더 소중히 여긴다. 결혼 후 큰 도시에서의 사치스러운 생활을 기대한다. 의사인 남편의 말을 무시하고 승마를 하다가 아이를 유산하고, 자신과 집안의 치장에 돈을 쓰면서 빚을 지기도 한다. 결혼 전에는 자신의 고집과 이기심을 감추고 살았지만, 결혼 후에는 도덕성이 결여된 이기심으로 남편인 Lydgate에게 파괴적인 영향을 미친다.

11 Mr. Vincy

Rosamond와 Fred의 아버지로, 미들마치의 시장이다. 그의 가족은 지역사회에서 상류층으로, 천을 다루는 사업을 하면서 경제적 부를 얻는다. Mr. Vincy는 매우 경제적이고 열심히 일하지만, 그의 다른 가족들은 그렇지 않다.

12 Mrs. Vincy

Mr. Vincy의 아내로, 허영심이 있다.

13 Fred Vincy

Vincy 부부의 아들인 Fred는 낭비가 심하고 매우 무책임한 젊은이로 묘사되지만, 소설의 끝부분에서는 개선된 모습을 보인다. 그는 Mary를 사랑하는 인물이다.

14 Mary Garth

Garth 가의 장녀인 Mary는 지적인 소녀이며, 상냥하고 독립적인 인물이다. 그녀는 Fred가 성장할 수 있도록 돕는 인물이다.

15 Caleb Garth

Mary의 아버지로, 부동산을 관리하고 부동산에 대한 개선과 건설 프로젝트를 하는 근면한 인물이다. 항상 정직하고 사람들에게 잘 대해 주는 인물이다.

16 Mrs. Garth

Caleb Garth의 부인으로, 자녀에게 책임감과 정직함을 강조한다.

17 Mr. Featherstone

스톤 코트의 소유주이자 매우 부유한 인물로, 자신의 재산을 다른 사람들에 대한 위협의 수단으로 사용하는 노인이다. 그는 자신의 재산을 사생아인 Rigg에게 남긴다.

18 Joshua Rigg

Mr. Featherstone의 사생아로, Mr. Featherstone의 사업과 회계 문제를 처리한다. 무뚝뚝하며, 사교적이지는 않지만 그의 아버지만큼 비열하지는 않다.

제6절 작품의 구조와 시점

1 구조 중요

Dorothea, Lydgate, Bulstrode, Mary를 중심으로 전개되는 네 개의 이야기가 거미줄처럼 서로 평형과 교차를 이루며 복잡하게 얽혀 있다. 즉, 이 네 개의 이야기가 균형과 조화를 이루며 하나의 유기체로 구성된 작품이다.

2 시점

3인칭 전지적 작가 시점이다. 화자가 모든 것을 알고 있으며, 등장인물이 각각 무엇을 하고, 말하고, 느끼는지에 대해 독자에게 알려주는 방식이다.

제7절 작품의 기법

1 문체

당대 영국 농촌 사회의 현실을 반영한 작품으로, 강건하면서도 섬세한 문체로 전개되었다. 그리고 Eliot은 구체적이고 정확한 묘사를 통해 독자들이 당시 사회의 현실을 생생히 느낄 수 있도록 하였으나, 추상적이고 철학적인 개념이나 어휘도 종종 사용하였다.

2 상징

(1) Rosamond의 목걸이

Lydgate는 Rosamond의 미모에 매혹되는 인물로, 그녀가 떨어뜨린 목걸이를 주워 그녀에게 주는 장면은 그가 그녀에게 얽혀서 족쇄가 되는 사슬을 연상시키는 것으로, 이들의 결혼 생활을 상징한다.

(2) 뉴 병원(New Hospital)

의료 수준을 높이기 위해 Bulstrode와 의료원장인 Lydgate가 병원을 설립하고 연구를 진행하면서 언젠가는 병원 부속 의과대학도 설립하려고 계획한다. 그러나 이 병원은 지역 주민들의 저항으로 발전에 어려움을 겪는다. 미들마치의 의사 중 아무도 그곳에서 일하지 않고, 이후에는 기존의 의무실에 부속되고 만다. 이 병원은 개혁에 대해 회의적이고 진보가 어렵다는 것을 상징한다.

(3) 모든 신화의 열쇠

Casaubon이 수십 년간 헌신한 연구의 명칭이 바로 '모든 신화의 열쇠'이다. 이 제목은 원대한 야심을 드러내지만 소설이 전개될수록 이 연구는 그다지 중요하지 않다는 것이 드러난다. '모든 신화의 열쇠'는 시대에 뒤떨어진 실현되지 않은 야망의 실패를 상징한다. 또한 Casaubon의 자신감과 연결하여 자기 망상의 위험성을 나타내기도 한다.

제8절 *Middlemarch*의 일부

PRELUDE.

Who that cares much to know the history of man, and how the mysterious mixture behaves under the varying experiments of Time, has not dwelt, at least briefly, on the life of Saint Theresa,[1] has not smiled with some gentleness at the thought of the little girl walking forth one morning hand-in-hand with her still smaller brother, to go and seek martyrdom[2] in the country of the Moors? Out they toddled from rugged Avila,[3] wide-eyed and helpless-looking as two fawns[4], but with human hearts, already beating to a national idea; until domestic reality met them in the shape of uncles, and turned them back from their great resolve. That child-pilgrimage was a fit beginning. Theresa's passionate, ideal nature demanded an epic life:[5] what were many-volumed romances of chivalry and the social conquests of a brilliant girl to her? Her flame quickly burned up that light fuel; and, fed from within, soared after some illimitable satisfaction, some object which would never justify weariness, which would reconcile self-despair with the rapturous[6] consciousness of life beyond self. She found her epos[7] in the reform of a religious order.

That Spanish woman who lived three hundred years ago, was certainly not the last of her kind. Many Theresas have been born who found for themselves no epic life wherein there was a constant unfolding of far-resonant action; perhaps only a life of mistakes, the offspring of a certain spiritual grandeur ill-matched with the meanness of opportunity; perhaps a tragic failure which found no sacred poet and sank unwept into oblivion.[8] With dim lights and tangled circumstance they tried to shape their thought and deed in noble agreement; but after all, to common eyes their struggles seemed mere inconsistency and formlessness; for these later-born Theresas were helped by no coherent social faith and order which could perform the function of knowledge for the ardently willing soul. Their ardor[9] alternated between a vague ideal and the common yearning of womanhood; so that the one was disapproved as extravagance, and the other condemned as a lapse.[10]

Some have felt that these blundering lives are due to the inconvenient indefiniteness with which the Supreme Power has fashioned the natures of women: if there were one level of feminine incompetence as strict as the ability to count three and no more, the social lot of women might be treated with scientific

---

1) Dorothea의 포부는 "서곡"(Prelude)에서 순교와 봉사의 '서사시적 삶'을 동경한 테레사 수녀와 비교된다.
2) martyrdom : 순교, 순교자적 고통
3) rugged Avila : 울퉁불퉁한 아빌라 지역(스페인 중부의 도시)
4) fawn : 새끼 사슴
5) epic life : 서사적인 삶
6) rapturous : 기뻐 날뛰는, 미칠 듯이 기뻐하는, 열광적인
7) epos : 초기의 원시적 구전(口傳) 서사시, 서사시
8) sank unwept into oblivion : 눈물 없이 망각되었다
9) ardor : 열정, 열의, 열성
10) so that the one was disapproved as extravagance, and the other condemned as a lapse : 그래서 한 사람은 방종하다는 비난을 받았고, 다른 한 사람은 일탈이라고 여겨졌다

certitude. Meanwhile the indefiniteness remains, and the limits of variation are really much wider than any one would imagine from the sameness of women's coiffure and the favorite love-stories in prose and verse. Here and there a cygnet is reared uneasily among the ducklings in the brown pond, and never finds the living stream in fellowship with its own oary-footed kind.[11] Here and there is born a Saint Theresa, foundress of nothing,[12] whose loving heart-beats and sobs after an unattained goodness tremble off and are dispersed among hindrances, instead of centring in some long-recognizable deed.

BOOK I.
MISS BROOKE.
CHAPTER I.

"Since I can do no good because a woman, Reach constantly at something that is near it." — The Maid's Tragedy: BEAUMONT AND FLETCHER.[13]

Miss Brooke had that kind of beauty which seems to be thrown into relief by poor dress. Her hand and wrist were so finely formed that she could wear sleeves not less bare of style than those in which the Blessed Virgin appeared to Italian painters; and her profile as well as her stature and bearing seemed to gain the more dignity from her plain garments,[14] which by the side of provincial fashion gave her the impressiveness of a fine quotation from the Bible, — or from one of our elder poets, — in a paragraph of today's newspaper. She was usually spoken of as being remarkably clever, but with the addition that her sister Celia had more common-sense. Nevertheless, Celia wore scarcely more trimmings;[15] and it was only to close observers that her dress differed from her sister's, and had a shade of coquetry[16] in its arrangements; for Miss Brooke's plain dressing was due to mixed conditions, in most of which her sister shared. The pride of being ladies had something to do with it: the Brooke connections, though not exactly aristocratic, were unquestionably "good:" if you inquired backward for a generation or two, you would not find any yard-measuring or parcel-tying[17] forefathers — anything lower than an admiral or a clergyman; and there was even an ancestor discernible as a Puritan gentleman who served under Cromwell, but afterwards conformed, and managed to come out of all political troubles as the proprietor of a respectable family estate. Young women of such birth, living in a quiet country-house, and attending a village church hardly larger than a parlor, naturally regarded

---

11) Here and ~ oary-footed kind : 여기저기 새끼 오리들이 사는 누런 연못에 새끼 백조가 거북하게 자라고, 그 새끼 백조는 자신과 같은 물갈퀴를 가진 부류와 더불어 살아갈 물줄기를 찾지 못한다
12) foundress of nothing : 어떤 것도 창시하지 못했고
13) "난 여자라서 좋은 일을 할 수 없으니 그 가까이에 이르려고 늘 애를 씁니다." —「처녀의 비극」, 보몬트와 플레처
14) plain garments : 수수한 옷차림
15) Celia wore scarcely more trimmings : Celia가 장식이 많은 옷을 입는 것이 아니었다
16) coquetry : 교태
17) yard-measuring or parcel-tying : 측량을 하거나 꾸러미를 포장하는 비천한 일

frippery as the ambition of a huckster's daughter. Then there was well-bred economy, which in those days made show in dress the first item to be deducted from, when any margin was required for expenses more distinctive of rank. Such reasons would have been enough to account for plain dress, quite apart from religious feeling; but in Miss Brooke's case, religion alone would have determined it; and Celia mildly acquiesced in all her sister's sentiments, only infusing them with that common-sense which is able to accept momentous doctrines without any eccentric agitation. Dorothea knew many passages of Pascal's Pensees[18] and of Jeremy Taylor by heart; and to her the destinies of mankind, seen by the light of Christianity, made the solicitudes of feminine fashion appear an occupation for Bedlam. She could not reconcile the anxieties of a spiritual life involving eternal consequences, with a keen interest in gimp and artificial protrusions of drapery.[19] Her mind was theoretic, and yearned by its nature after some lofty conception of the world which might frankly include the parish of Tipton and her own rule of conduct there; she was enamoured of intensity and greatness, and rash in embracing whatever seemed to her to have those aspects; likely to seek martyrdom, to make retractations, and then to incur martyrdom after all in a quarter where she had not sought it. Certainly such elements in the character of a marriageable girl tended to interfere with her lot, and hinder it from being decided according to custom, by good looks, vanity, and merely canine affection. With all this, she, the elder of the sisters, was not yet twenty, and they had both been educated, since they were about twelve years old and had lost their parents, on plans at once narrow and promiscuous, first in an English family and afterwards in a Swiss family at Lausanne,[20] their bachelor uncle and guardian trying in this way to remedy the disadvantages of their orphaned condition.

It was hardly a year since they had come to live at Tipton Grange with their uncle, a man nearly sixty, of acquiescent temper, miscellaneous opinions, and uncertain vote. He had travelled in his younger years, and was held in this part of the county to have contracted a too rambling habit of mind. Mr. Brooke's conclusions were as difficult to predict as the weather: it was only safe to say that he would act with benevolent intentions, and that he would spend as little money as possible in carrying them out. For the most glutinously indefinite minds enclose some hard grains of habit; and a man has been seen lax about all his own interests except the retention of his snuff-box, concerning which he was watchful, suspicious, and greedy of clutch.

In Mr. Brooke the hereditary strain of Puritan energy was clearly in abeyance;[21] but in his niece Dorothea it glowed alike through faults and virtues, turning sometimes into impatience of her uncle's talk or his way of "letting things be" on his estate, and making her long all the more for the time when she would be of age and have some command of money for generous schemes. She was regarded as an heiress; for not only had the sisters seven hundred a-year each from their parents, but if Dorothea married and had a son, that son would inherit Mr. Brooke's estate, presumably worth about three thousand a-year — a rental which seemed wealth to provincial families, still discussing Mr. Peel's late conduct on the Catholic question, innocent of future

---

18) Pascal's Pensees : 파스칼의 『팡세』
19) a keen interest in gimp and artificial protrusions of drapery : 소매가 짧은 블라우스나 볼록 튀어나온 주름에 대한 각별한 관심
20) a Swiss family at Lausanne : 스위스 로잔의 어느 가정
21) the hereditary strain of Puritan energy was clearly in abeyance : 청교도의 활력적 기질이 일시적으로 중단되었지만

gold-fields, and of that gorgeous plutocracy which has so nobly exalted the necessities of genteel life.

And how should Dorothea not marry? — a girl so handsome and with such prospects? Nothing could hinder it but her love of extremes, and her insistence on regulating life according to notions which might cause a wary[22] man to hesitate before he made her an offer, or even might lead her at last to refuse all offers. A young lady of some birth and fortune, who knelt suddenly down on a brick floor by the side of a sick laborer and prayed fervidly as if she thought herself living in the time of the Apostles — who had strange whims of fasting like a Papist, and of sitting up at night to read old theological books! Such a wife might awaken you some fine morning with a new scheme for the application of her income which would interfere with political economy and the keeping of saddle-horses: a man would naturally think twice before he risked himself in such fellowship. Women were expected to have weak opinions;[23] but the great safeguard of society and of domestic life was, that opinions were not acted on. Sane people did what their neighbors did, so that if any lunatics were at large, one might know and avoid them.

The rural opinion about the new young ladies, even among the cottagers, was generally in favor of Celia, as being so amiable and innocent-looking, while Miss Brooke's large eyes seemed, like her religion, too unusual and striking. Poor Dorothea! compared with her, the innocent-looking Celia was knowing and worldly-wise; so much subtler is a human mind than the outside tissues which make a sort of blazonry or clock-face for it.

Yet those who approached Dorothea, though prejudiced against her by this alarming hearsay,[24] found that she had a charm unaccountably reconcilable with it. Most men thought her bewitching when she was on horseback. She loved the fresh air and the various aspects of the country, and when her eyes and cheeks glowed with mingled pleasure she looked very little like a devotee. Riding was an indulgence which she allowed herself in spite of conscientious qualms;[25] she felt that she enjoyed it in a pagan sensuous way, and always looked forward to renouncing it.

She was open, ardent, and not in the least self-admiring; indeed, it was pretty to see how her imagination adorned her sister Celia with attractions altogether superior to her own, and if any gentleman appeared to come to the Grange from some other motive than that of seeing Mr. Brooke, she concluded that he must be in love with Celia: Sir James Chettam, for example, whom she constantly considered from Celia's point of view, inwardly debating whether it would be good for Celia to accept him. That he should be regarded as a suitor to herself would have seemed to her a ridiculous irrelevance.[26] Dorothea, with all her eagerness to know the truths of life, retained very childlike ideas about marriage.[27] She felt sure that she would have accepted the judicious Hooker, if she had been born in time to save him from that wretched mistake he made in

---

22) wary : 주의 깊은, 신중한
23) Women were expected to have weak opinions : 여자들의 의견은 설득력이 없다고 여겨진다
24) hearsay : 소문, 풍문
25) conscientious qualms : 양심적 가책
26) irrelevance : 부적절
27) Dorothea, with all her eagerness to know the truths of life, retained very childlike ideas about marriage : Dorothea는 인생의 진실을 알기 원했지만, 결혼에 대해서는 극히 어린 아이 같은 생각을 갖고 있었다

matrimony;[28] or John Milton when his blindness had come on; or any of the other great men whose odd habits it would have been glorious piety to endure; but an amiable handsome baronet, who said "Exactly" to her remarks even when she expressed uncertainty, — how could he affect her as a lover? The really delightful marriage must be that where your husband was a sort of father, and could teach you even Hebrew, if you wished it.[29]

These peculiarities of Dorothea's character caused Mr. Brooke to be all the more blamed in neighboring families for not securing some middle-aged lady as guide and companion to his nieces. But he himself dreaded so much the sort of superior woman likely to be available for such a position, that he allowed himself to be dissuaded by Dorothea's objections, and was in this case brave enough to defy the world — that is to say, Mrs. Cadwallader the Rector's wife, and the small group of gentry with whom he visited in the northeast corner of Loamshire. So Miss Brooke presided in her uncle's household, and did not at all dislike her new authority, with the homage that belonged to it.

Sir James Chettam was going to dine at the Grange to-day with another gentleman whom the girls had never seen, and about whom Dorothea felt some venerating expectation. This was the Reverend Edward Casaubon, noted in the county as a man of profound learning, understood for many years to be engaged on a great work concerning religious history; also as a man of wealth enough to give lustre to his piety,[30] and having views of his own which were to be more clearly ascertained on the publication of his book. His very name carried an impressiveness hardly to be measured without a precise chronology of scholarship.

Early in the day Dorothea had returned from the infant school which she had set going in the village, and was taking her usual place in the pretty sitting-room which divided the bedrooms of the sisters, bent on finishing a plan for some buildings (a kind of work which she delighted in), when Celia, who had been watching her with a hesitating desire to propose something, said —

"Dorothea, dear, if you don't mind — if you are not very busy — suppose we looked at mamma's jewels to-day, and divided them? It is exactly six months to-day since uncle gave them to you, and you have not looked at them yet."

Celia's face had the shadow of a pouting expression[31] in it, the full presence of the pout being kept back by an habitual awe of Dorothea and principle; two associated facts which might show a mysterious electricity if you touched them incautiously. To her relief, Dorothea's eyes were full of laughter as she looked up.

"What a wonderful little almanac[32] you are, Celia! Is it six calendar or six lunar months?"

"It is the last day of September now, and it was the first of April when uncle gave them to you. You know, he said that he had forgotten them till then. I believe you have never thought of them since you locked them

---

28) matrimony : 결혼, 결혼식
29) The really delightful marriage must be that where your husband was a sort of father, and could teach you even Hebrew, if you wished it : 진실로 기쁜 결혼은 아버지 같은 남편이 아내가 원한다면 히브리어도 가르쳐 줄 수 있는 것이어야 한다
30) also as a man of wealth enough to give lustre to his piety : 또한 그의 신앙심에 광채를 더할 만큼 재산이 많았고
31) pouting expression : 토라진 표정
32) almanac : 달력

up in the cabinet here."

"Well, dear, we should never wear them, you know." Dorothea spoke in a full cordial tone,[33] half caressing, half explanatory. She had her pencil in her hand, and was making tiny side-plans on a margin.

Celia colored, and looked very grave. "I think, dear, we are wanting in respect to mamma's memory, to put them by and take no notice of them. And," she added, after hesitating a little, with a rising sob of mortification, "necklaces are quite usual now; and Madame Poincon, who was stricter in some things even than you are, used to wear ornaments. And Christians generally — surely there are women in heaven now who wore jewels." Celia was conscious of some mental strength when she really applied herself to argument.

"You would like to wear them?" exclaimed Dorothea, an air of astonished discovery animating her whole person with a dramatic action which she had caught from that very Madame Poincon who wore the ornaments. "Of course, then, let us have them out. Why did you not tell me before? But the keys, the keys!" She pressed her hands against the sides of her head and seemed to despair of her memory.

"They are here," said Celia, with whom this explanation had been long meditated and prearranged.[34]

"Pray open the large drawer of the cabinet and get out the jewel-box."

The casket[35] was soon open before them, and the various jewels spread out, making a bright parterre on the table. It was no great collection, but a few of the ornaments were really of remarkable beauty, the finest that was obvious at first being a necklace of purple amethysts[36] set in exquisite gold work, and a pearl cross with five brilliants in it. Dorothea immediately took up the necklace and fastened it round her sister's neck, where it fitted almost as closely as a bracelet; but the circle suited the Henrietta-Maria style of Celia's head and neck, and she could see that it did, in the pier-glass opposite.

"There, Celia! you can wear that with your Indian muslin. But this cross you must wear with your dark dresses."

Celia was trying not to smile with pleasure. "O Dodo, you must keep the cross yourself."

"No, no, dear, no," said Dorothea, putting up her hand with careless deprecation.[37]

"Yes, indeed you must; it would suit you — in your black dress, now," said Celia, insistingly. "You might wear that."

"Not for the world, not for the world. A cross is the last thing I would wear as a trinket."[38] Dorothea shuddered slightly.

"Then you will think it wicked in me to wear it," said Celia, uneasily.

"No, dear, no," said Dorothea, stroking her sister's cheek. "Souls have complexions too: what will suit one will not suit another."

---

33) cordial tone : 따뜻한 어조
34) this explanation had been long meditated and prearranged : 이 말을 오래 궁리하고 준비했다
35) casket : 보석함
36) amethyst : 자수정
37) deprecation : 반대, 비하
38) trinket : 장신구

"But you might like to keep it for mamma's sake."

"No, I have other things of mamma's — her sandal-wood box which I am so fond of — plenty of things. In fact, they are all yours, dear. We need discuss them no longer. There — take away your property."

Celia felt a little hurt. There was a strong assumption of superiority in this Puritanic toleration, hardly less trying to the blond flesh of an unenthusiastic sister than a Puritanic persecution.

"But how can I wear ornaments if you, who are the elder sister, will never wear them?"

"Nay, Celia, that is too much to ask, that I should wear trinkets to keep you in countenance. If I were to put on such a necklace as that, I should feel as if I had been pirouetting.[39] The world would go round with me, and I should not know how to walk."

Celia had unclasped the necklace and drawn it off. "It would be a little tight for your neck; something to lie down and hang would suit you better," she said, with some satisfaction. The complete unfitness of the necklace from all points of view for Dorothea, made Celia happier in taking it. She was opening some ring-boxes, which disclosed a fine emerald with diamonds, and just then the sun passing beyond a cloud sent a bright gleam over the table.

"How very beautiful these gems are!" said Dorothea, under a new current of feeling, as sudden as the gleam. "It is strange how deeply colors seem to penetrate one, like scent. I suppose that is the reason why gems are used as spiritual emblems in the Revelation of St. John. They look like fragments of heaven. I think that emerald is more beautiful than any of them."

"And there is a bracelet to match it," said Celia. "We did not notice this at first."

"They are lovely," said Dorothea, slipping the ring and bracelet on her finely turned finger and wrist, and holding them towards the window on a level with her eyes. All the while her thought was trying to justify her delight in the colors by merging them in her mystic religious joy.

"You would like those, Dorothea," said Celia, rather falteringly, beginning to think with wonder that her sister showed some weakness, and also that emeralds would suit her own complexion even better than purple amethysts. "You must keep that ring and bracelet — if nothing else. But see, these agates are very pretty and quiet."

"Yes! I will keep these — this ring and bracelet," said Dorothea. Then, letting her hand fall on the table, she said in another tone — "Yet what miserable men find such things, and work at them, and sell them!" She paused again, and Celia thought that her sister was going to renounce the ornaments, as in consistency she ought to do.

"Yes, dear, I will keep these," said Dorothea, decidedly. "But take all the rest away, and the casket."

She took up her pencil without removing the jewels, and still looking at them. She thought of often having them by her, to feed her eye at these little fountains of pure color.

"Shall you wear them in company?" said Celia, who was watching her with real curiosity as to what she

---

39) If I were to put on such a necklace as that, I should feel as if I had been pirouetting : 내가 만약 그 목걸이를 걸면 나는 발끝으로 뱅뱅 도는 느낌일 거야

would do.

Dorothea glanced quickly at her sister. Across all her imaginative adornment of those whom she loved, there darted now and then a keen discernment, which was not without a scorching quality. If Miss Brooke ever attained perfect meekness, it would not be for lack of inward fire.

"Perhaps," she said, rather haughtily. "I cannot tell to what level I may sink."[40]

Celia blushed, and was unhappy: she saw that she had offended her sister, and dared not say even anything pretty about the gift of the ornaments which she put back into the box and carried away. Dorothea too was unhappy, as she went on with her plan-drawing, questioning the purity of her own feeling and speech in the scene which had ended with that little explosion.

Celia's consciousness told her that she had not been at all in the wrong: it was quite natural and justifiable that she should have asked that question, and she repeated to herself that Dorothea was inconsistent: either she should have taken her full share of the jewels, or, after what she had said, she should have renounced them altogether.

"I am sure — at least, I trust," thought Celia, "that the wearing of a necklace will not interfere with my prayers. And I do not see that I should be bound by Dorothea's opinions now we are going into society, though of course she herself ought to be bound by them. But Dorothea is not always consistent."

Thus Celia, mutely bending over her tapestry, until she heard her sister calling her.

"Here, Kitty, come and look at my plan; I shall think I am a great architect, if I have not got incompatible stairs and fireplaces."

As Celia bent over the paper, Dorothea put her cheek against her sister's arm caressingly. Celia understood the action. Dorothea saw that she had been in the wrong, and Celia pardoned her. Since they could remember, there had been a mixture of criticism and awe in the attitude of Celia's mind towards her elder sister. The younger had always worn a yoke; but is there any yoked creature without its private opinions?

---

40) I cannot tell to what level I may sink : 내가 어느 수준까지 떨어질지 나도 모르니까

제6장 Thomas Hardy – *Tess of the d'Urbervilles*

단원 개요

*Tess of the d'Urbervilles*는 비극적 힘과 도덕적 진지함을 지닌 위대한 소설이라는 평도 받았으나 주로 공격의 대상이 되었다. 즉, 순결을 잃은 여성을 옹호하며 주인공으로 다루었기 때문에 저급하며 사악한 소설로 평가받았다. 이 소설은 남성 중심 이데올로기에 대한 Thomas Hardy의 정면 도전이다. Tess의 사랑과 좌절의 과정은 성 이데올로기가 얼마나 부당한 것인가를 보여준다.

출제 경향 및 수험 대책

Thomas Hardy의 작품을 제대로 읽기 위해서는 19세기 말 영국 남부의 도싯(Dorset) 지방의 특징을 살펴볼 필요가 있다. Hardy는 영구불변한 전원풍의 농촌을 다룬 것이 아니라 19세기 중반에서 말기에 이르기까지 영국 남부 농촌의 삶의 변화 과정을 실감나게 다루고 있기 때문이다. 그의 소설은 한정된 배경에도 불구하고 인간의 삶을 지배하는 거대한 욕망의 구도와 당대의 핵심적 변화를 담기 때문에 리얼리즘 소설의 관점에서 분석해야 한다.

제1절 작가의 생애

소설가이자 시인인 토머스 하디(Thomas Hardy, 1840~1928)는 영국 남부의 도싯(Dorset)주 도체스터(Dorchester)에서 건축업자인 아버지와 라틴어와 프랑스의 로망스에 관심 많은 어머니 사이에서 4남매 중 장남으로 태어났다. 그의 소설은 영국 농촌 소설의 한 정점을 이룬다. 그는 농촌공동체의 풍습과 전통에 뿌리박은 작가로, 당시 농촌의 변화를 소설에서 생생히 그려낸다. George Eliot의 소설에서도 농촌 소설의 분위기를 느낄 수 있지만, Hardy는 농촌 노동자를 소설에 등장시키면서 이들의 삶을 실제 생활 그대로 그리며 하층민을 당당한 주인공으로 등장시킨 작가이다. Hardy의 대부분의 작품은 그의 고향 도싯(Dorset)과 작품에서 웨섹스(Wessex)로 나타나는 그 주변 지역을 배경으로 하고 있다.

Hardy는 도체스터의 학교에서 학업에 충실히 임했지만 그가 16세 때는 대학 교육을 받을 형편이 안 되어 대학을 포기하고 건축가 도제가 되었다. 그는 교회 건축을 공부하며 소설 창작을 시작하였다. Hardy는 22세 때 건축가인 Arthur Blomfield의 조수가 되었으며, 이때부터 전원생활을 동경하는 시(詩)를 집필하기 시작하였다. 이 시기에 그는 William Shakespeare의 작품과 오페라, 연극에 흥미를 가졌고 Charles Darwin, Herbert Spencer, J. S. Mill 등의 작품을 읽으면서 자신의 고유한 문학 특색인 숙명론(fatalism)을 키워 나갔다.

1867년에 Hardy는 건강이 나빠져 고향으로 돌아가게 되었다. 그는 자신이 집필했던 원고들이 매번 출판사에서 거절당하자 낙심에 빠져 집필 활동을 그만두려고도 하였다. 그는 1927년 12월에 늑막염을 앓게 되고, 이듬해인 1928년 1월에 사망하였다. 그의 장례에 관해 그의 가족들과 친구들은 그가 Stinsford에 있는 그의 첫 번째 부인 Emma의 옆자리에 묻히길 바랐지만, 그의 유언 집행자는 그가 웨스트민스터 사원에 있는 Poets' Corner에 묻히길 원하였다. 그래서 그의 심장(heart)은 Emma 옆에 묻히게 되었고, 그의 유골은 Poets' Corner에 있는 Charles Dickens의 무덤 옆에 묻히게 되었다.

제2절 작품 세계

1 작품 세계

(1) 웨섹스 소설(Wessex Novels) 중요

Hardy의 고향인 영국의 도싯(Dorset) 지역은 잉글랜드의 남서부에 있는 주이다. 그가 자신의 소설 속에서 묘사한 가상의 웨섹스에 위치한 많은 장소들은 소설 속에서 남웨섹스(South Wessex)라는 이름으로 나오는 도싯에 있다. Hardy는 *Tess of the d'Urbervilles*를 비롯한 대표작의 배경을 대부분 자신의 고향으로 설정하였다. 그는 소설 속에서 이 고장을 옛날 이 지역에 세워졌던 앵글로색슨 왕조의 이름을 따서 Wessex라고 칭하였고, 그의 대표작들은 '웨섹스 소설'(Wessex Novels)로 불린다.

(2) 농촌 소설

Hardy의 소설은 영국의 낙후된 농촌을 적나라하게 묘사하고 있다. 그는 당시 영국 농촌의 풍습과 전통에 익숙한 성장 과정을 겪었고, 당대의 산업혁명과 같은 급격한 사회의 변화 속에서 농촌의 몰락과 붕괴의 변화 과정을 자신의 소설에 생생하게 그리고자 하였다. 그는 작품에 **하층계급의 빈곤한 농업 노동자**를 등장시켰고, 이들의 삶을 실제 생활 그대로 그리는 것은 Hardy의 소설이 처음이다. 평민층의 인물이 문학작품의 주인공으로 등장하는 것은 영국소설사에서 매우 의미 있는 변화이다.

(3) 내재 의지(Immanent Will) 중요

우주는 인간의 욕구나 의지와 무관하게 움직인다는 것이다. Hardy의 작품에서 나타나는 내재 의지는 인간의 삶에서 빈번히 일어나는 우연이라 할 수 있다. 우연은 인간이 예측할 수 없고 통제할 수 없는 사건이다. 그의 작품에서 보면, 이러한 우연은 인간의 의도와 희망을 좌절시키는 것으로 보인다. 예를 들어, *Tess of the d'Urbervilles*에서 Tess가 Angel과 결혼하기 전날 자신의 과거에 대해 쓴 편지를 문 아래로 밀어 넣지만, 우연히도 그 편지는 양탄자 밑으로 들어가 버리고 Angel은 Tess의 편지를 못 본 채 결혼을 한다. Hardy는 이러한 거대한 운명적 힘(Immanent Will)에 의하여 숙명적으로 희생당하는 인간의 내용을 다루고 있다.

(4) Hardy의 '인간'

① 고독하고 무력한 인간

Hardy는 작품에서 마치 황량한 대지 위에 홀로 서 있는 인물을 그리면서 인간의 고독과 무력감을 표현한다. Hardy는 인간은 우주와 대자연 속에서 하찮은 존재이며 자신의 의지 및 선택과는 무관하게 살아갈 수밖에 없다는 인간의 한계를 보여준다. Hardy의 작품 속 주인공들은 자신의 삶에서 좌절과 파멸을 겪으며 고통을 받는다. 이들의 고통과 좌절은 사회적 관습이나 제도에서 비롯됨을 드러내면서, 약자가 희생되는 자연법칙이나 우주를 지배하는 거대한 힘인 내재 의지만큼 인간의 행복을 가로막고 있다고 본다.

② 자연주의적 소설

Hardy는 자신의 작품 속 주인공들을 사회와 주변 환경, 그리고 거스를 수 없는 운명의 힘에 의해 희생당하는 인물로 묘사한다. 주인공들이 겪는 좌절과 실패는 비극적 인상과 절망적 분위기를 준다. 그의 소설에서 묘사된 이러한 분위기는 당대의 빅토리아조가 세기말에서 20세기로 넘어가는 혼란의 시대였다는 것과, 기존 사회와 새로운 변화의 분위기 간 일어나는 갈등의 반영이라 할 수 있다.

(5) 리얼리즘 소설

① 농촌 리얼리즘(Rural Realism)

Hardy는 19세기 중엽 영국 남부 도싯(Dorset) 지방의 상황을 주변의 자연환경과 유기적으로 결합하여 인물들을 재현하였다. Hardy의 소설이 농촌 현실을 무대로 당대의 사회적 상황을 예리하게 포착하여 형상화시켰다는 점에서 Hardy는 농촌 리얼리즘의 새로운 경지를 개척한 작가이다.

② 당대 사회와 제도에 대한 폭로

Hardy는 빅토리아조 당대의 사회와 제도에 대해 과격하고 통렬하게 비판한 작가이다. 그는 힘을 휘두르는 계급의식을 여실히 폭로하였고, 이러한 사회제도의 잔인성으로 희생되는 개인의 존엄성과 고귀함, 파괴되어 가는 개인의 삶에 대한 비극 등을 고발하였다.

(6) 본질적인 문제에 대한 주목

Hardy는 인간의 삶과 행위에 있어서 가장 근원적이고 본질적인 문제에 주목한다. 지식이나 교양, 세련됨과 같은 면에 주목하기보다는 인간의 가장 기본적인 삶의 모습을 작품에 담으면서 모호하거나 애매한 인상이 아닌 강렬하고 뚜렷한 인상을 남겼다. 농촌 노동자로서 소박한 욕구만을 지닌 주인공을 선택하여 인간과 자신의 운명 간의 싸움을 강렬한 형태로 제시한다.

2 주요 작품

(1) *Far from the Madding Crowd*(1874)

(2) *The Return of the Native*(1878)

(3) *The Mayor of Casterbridge : The Life and Death of a Man of Character*(1886)

(4) *The Woodlanders*(1887)

(5) *Wessex Tales*(1888) – 단편집

(6) *Tess of the d'Urbervilles : A Pure Woman Faithfully Presented*(1891)

(7) *Jude the Obscure*(1895)

이 외에도 많은 시와 희곡 및 단편을 남겼다.

제3절 *Tess of the d'Urbervilles*의 줄거리

John Durbeyfield는 자신이 사실 고대 귀족 가문인 d'Urbervilles의 후손이라는 사실을 알게 되자, 가난한 자신의 현실 속에서 의기양양해진다. John Durbeyfield의 딸 Tess는 봄의 축제에서 maypole을 추며 돌면서 Angel과 서로 호감의 시선을 주고받지만, Tess의 아버지 John이 술에 취해서 소란을 피우는 상황에 창피한 나머지 집에 가게 된다.

아버지 John과 어머니 Joan은 어려운 형편으로 고민하다가 어여쁜 장녀인 Tess를 부를 축적한 d'Urberville 가(家)와 친해지길 바라면서 그곳에 보낸다. 그러나 Durbeyfield 가(家)와 d'Urberville 가(家)는 전혀 관계가 없다. 왜냐하면 부유한 d'Urberville 가(家)는 돈을 주고 가문의 족보를 샀기 때문이다. Tess는 그곳에서 Alec d'Urberville의 권유로 그 저택의 새들을 돌보게 된다. 그러던 중 Tess는 어느 날 밤 Chase 숲에서 Alec에게 겁탈을 당하고, 임신하여 아기를 낳게 된다. 아기의 이름을 Sorrow라고 지어 주고, 그녀 스스로 아기에게 세례를 주지만 아기는 곧 죽고 만다.

아기가 죽은 지 일 년 정도 후에 Tess는 Talbothays 낙농장에서 젖소의 우유 짜는 일을 시작한다. 그녀는 그곳에서 우유를 함께 짜는 여성들인 Marian, Izz, Retty와 친해지며 행복한 날들을 보낸다. Tess는 Talbothays 낙농장에서 예전 봄 축제 May Day dance에서 마주쳤던 Angel과 다시 만나게 되고, 이 둘은 서로 사랑하게 된다. Angel은 그녀에게 청혼을 하고 그녀 역시 기꺼이 그의 청혼을 받아들이지만, 그녀는 과거 Alec과의 일과 아이의 출산에 대해 숨기는 것에 양심의 가책을 느낀다. 이에 Tess는 자신의 과거를 고백하기로 결심하고, 결혼 전날 그의 침실 문 사이에 자신의 과거를 적은 메모를 밀어 넣는다. 그러나 그 메모는 공교롭게도 카펫 아래로 들어가게 되고, Angel은 그 메모를 읽지 못한 채 결혼한다. 결혼식 첫날밤 Angel은 Tess에게 자신의 과거를 고백한다. 그 얘기를 들은 Tess는 Angel이 런던에서 한 연상의 여성과 가졌던 정사(情事)를 기꺼이 용서한다. 그러나 Tess의 과거를 듣게 된 Angel은 Tess와 Alec 간의 일을 받아들이지 못한 채, 다음 날 자신이 먼저 찾아오기 전까지 자신을 찾지 말라고 하며 브라질로 떠난다.

Angel이 떠난 후 Tess는 열악한 환경과 농장에서 일을 하며 늘 Angel을 그리워한다. 그러던 중 우연히 길에서 Alec이 설교하는 것을 보게 된다. 우연이지만 Alec은 Angel의 아버지인 Clare 목사의 복음으로 개심자(convert)가 된 것이다. Tess를 본 순간 다시 그녀에게 욕망을 느낀 Alec은 Tess에게 결혼하자고 한다. 그러나 Tess는 그의 제안을 거절하고, 마침 어머니가 위독하다는 소식을 듣는다. 어머니는 병에서 회복하지만 아버지가 급작스럽게 죽자 남은 가족들은 집에서 쫓겨나게 된다. 어찌할 바를 모르는 Tess에게 Alec은 Tess의 가족을 도와주겠다는 제안을 한다.

브라질로 떠났던 Angel은 Tess와 다시 결합하기로 결심하고 돌아오지만, 때는 이미 늦어버린 상황이었다. Tess는 Alec과 함께 살고 있었고, 이러한 상황에 Angel이 찾아와 함께하자고 한 것이다. Tess는 Alec을 살해한 후 집을 나서고 Angel과 도망친다. 집주인이 천장에서 떨어지는 피에 Alec의 시체를 발견하고 신고한다. Tess와 Angel은 며칠간 인적이 드문 곳을 찾아다니며 도망치다가 스톤헨지(Stonehenge)에 도착하고, 피곤하고 지친 Tess는 그 돌 위에서 잠이 든다. 해가 뜨자 Tess는 수색대에 의해 발각되고 투옥된다. Angel과 Tess의 여동생 Liza-Lu는 Tess가 처형당했다는 표시인 검은색 깃발이 감옥에서 게양되는 것을 목격하면서 소설은 끝난다.

제4절 작품 소개 및 주제

1 작품 소개

리얼리즘 소설의 측면에서 이 소설은 전근대적이고 가부장적인 농촌공동체가 근대적 자본주의로 변화하는 과정과 이 결과로 인하여 발생하는 시대적 상황을 배경으로 한다. Hardy는 이를 통해 당대 영국 농촌의 현실을 보여준다. 주인공 Tess는 농촌 중간계급 출신으로서 결혼을 통해 신분 상승을 하지 않는 한 노동자가 되거나 대도시로 이주해 도시의 빈민이 될 수밖에 없다. 그녀는 가족을 위해 어쩔 수 없이 Alec의 정부로 팔려 가다시피 한다. Hardy는 Tess와 그녀 가족의 삶을 통해 당시 농촌 사회 계급의 격차를 드러내면서 개인의 계급이 한 개인의 운명에 얼마나 커다란 영향을 끼치는지 보여준다. 그리고 동시에 **당대의 농촌 현실과 계급의 한계를 주어진 환경이나 운명에 의해 희생당하는 인물을 통해 묘사한다.**

2 작품의 주제

Tess는 외부의 환경적 힘에 의해 빈번히 희생되지만 그녀의 끈질긴 인내심과 Angel에 대한 변함없는 사랑으로 그의 변화를 이끌어 내고 Alec을 처단한다. 이러한 결단과 행동을 보여주는 그녀는 사회의 규범을 어기는 짓을 했음에도 승자의 모습을 띤다.

전통적으로 문학작품에서 희생양은 자신의 운명에 대한 선택 없이 외부에 힘에 의하여 저항하지 못하는 모습을 보이지만, Tess는 희생양이 아니라 스스로의 파멸을 뚜렷하게 의식하고 선택하는 인물이다. 그녀의 죽음은 패배인 동시에 승리, 파멸인 동시에 성취, 절망 가운데 환희라는 **비극적 양면성**을 지닌다.

또한 이 소설은 빅토리아 시대의 성에 대한 편견과 가혹하고 부당한 인습을 고발하고 있다.

제5절　등장인물

1　Tess Durbeyfield

Durbeyfield 가(家)의 장녀로, 독립심과 의타심, 인내심과 정열이 공존하는 인물이다. Alec에게 겁탈을 당한 Tess는 자신의 삶을 스스로 개척하려 하지만, 사회의 계급 간의 전횡적 힘과 인습, 제도하에서 그녀 고유의 개성이 말살되고 잔혹한 운명을 맞이한다.

2　Angel Clare

Tess의 과거를 견디지 못하는 인물이다. 그는 도덕적 관습을 고수하면서도 과거의 폐습과 인습으로부터 과감히 탈피하여 진보적인 사상을 주장하는 이중적인 태도와 가치관을 지니고 있다. 여성의 순결에 대해서 보수적이고 엄격하다. Alec과의 과거를 고백하는 Tess를 용서하지 않는다.

3　Alec d'Urberville

자아도취적인 인물이다. 자신의 목적을 달성하기 위해 타인의 약점을 이용하는 이기적인 인물이다. Tess의 생명력과 강인한 삶의 의지를 방해하는 내재적 의지(Immanent Will)를 나타내는 인물로, Tess의 삶을 불행으로 이끈다.

4　John(Jack) Durbeyfield

Tess의 아버지이다. 지금은 보잘것없지만 자신의 혈통이 귀족 가문이었다는 이야기를 듣고 의기양양해진다. 우유부단한 성격에 술을 자주 마시며 가장으로서 무책임하다.

5　Joan Durbeyfield

Tess의 어머니이다. 아름다운 외모를 가졌지만 무지하며, 가난한 삶을 살아간다. Tess를 돈 많은 신사와 결혼시켜야겠다고 생각한다.

6 Eliza-Louisa Durbeyfield(Liza-Lu)

Tess보다 4살 어린 Tess의 바로 아래 동생으로, Durbeyfield 가(家)의 둘째 딸이다. Tess는 Angel에게 Liza-Lu를 부탁하면서 그녀와 결혼하길 권한다.

7 기타 인물들(Marian, Izz Huett, Retty Priddle)

Talbothays Dairy에서 Tess와 소 젖 짜는 일을 하는 Tess의 친구들이다.

제6절 작품의 구조와 시점

1 구조

7개의 대국면(Phases)과 59개의 Chapter로 구성되어 있다.

(1) The Maiden(처녀, Ch. 1~11)

Tess의 어머니는 부와 명예를 얻기 위해 Tess를 어느 한 집안으로 시집보내고 싶어 한다. 그 집은 고리대금업으로 돈을 벌어 과거에 높은 귀족이었던 d'Urberville 가문을 돈으로 산 후 사냥터 숲 끝에 있는 Trantridge 마을 Slopes에 살고 있는 집인데, Tess의 어머니는 그 집안이 진짜 d'Urberville 가문의 후손일 거라고 착각한 것이다. Tess는 아버지가 기르던 말인 Prince가 죽자, 집안의 경제적인 사정 때문에 d'Urberville 가(家)에 방문하는 것을 따른다. d'Urberville 가(家)에서 일하게 된 17세의 Tess는 시장에 다녀오던 길에 d'Urberville 가(家)의 아들인 23살 Alec에게 겁탈을 당하여 순결을 잃는다.

(2) Maiden No More(더 이상 처녀가 아닌, Ch. 12~15)

Tess는 Alec의 아이까지 낳게 된다. 그러나 그 아이는 태어난 지 일주일 후 죽고 만다. Tess는 아이에게 Sorrow라는 세례명을 지어 주고, 직접 교회의 묘지 한쪽에 묻어 준다.

(3) The Rally(회복, Ch. 16~24)

Marlott 마을에서 소문으로 심적 고통을 겪던 Tess는 결국 마을을 떠나 Talbothays Dairy(낙농장)에서 일자리를 구하고, 삶을 회복할 길을 찾고자 한다. 이때 농업기술을 배우고 있던 실습생이며 귀족인 26살의 Angel과 서로 사랑에 빠지고, Tess는 인생의 가장 행복한 나날들을 보낸다.

(4) The Consequence(결과, Ch. 25~34)

Tess는 Angel로부터 청혼을 받는다. 그녀는 그를 사랑하지만 Alec과의 과거가 걸려 거절하다가 결국 청혼을 받아들인다. 이 둘은 새해 전야에 결혼하고, Talbothays Dairy를 떠난다.

(5) The Woman Pays(여인의 대가, Ch. 35~44)

Tess와 Angel의 결혼은 첫날밤에 파국으로 치닫는다. 서로 지난 잘못을 고백하고 용서를 받자는 Angel의 제안에 Tess는 Alec과의 과거를 솔직하게 고백한다. 그러나 Angel은 Tess의 과오가 더 크다며 그녀의 과거를 수용하지 않고, 자신의 아내는 "죽었다"고 한다("Dead! dead! dead!"). Angel은 Tess를 떠나 브라질로 가고, Tess는 Flintcomb-Ash 지역 농장에서 Marian과 Izz와 함께 일한다.

(6) The Convert(개심자, Ch. 45~52)

Angel의 아버지이자 목사인 Mr. Clare의 설교에 감화되어 개심한 Alec은 Tess를 보고 욕망에 사로잡힌다. 그는 Tess에게 Angel이 결코 그녀에게 돌아오지 않을 것이라고 말하며, 집요하게 자신과의 재결합을 요구한다.

(7) Fulfillment(성취, Ch. 53~59)

Angel이 Tess를 다시 찾아온다. 그러나 이미 Alec과 동거를 하던 Tess는 Angel이 돌아오지 않을 것이라고 말했던 Alec에게 자신을 두 번이나 속인 남자라고 비난하며 Alec을 살해한다. 그리고 자신도 형장의 이슬로 사라진다.

2 시점

전지적 작가 시점이다.

제7절 작품의 기법

1 기법 (중요)

(1) 웨섹스 소설(Wessex Novels)

Hardy는 자신이 태어난 고향인 척박하고 황량한 Dorset 지방을 Wessex로 명명하고, 이를 배경으로 하여 그가 쓴 소설을 '웨섹스 소설'(Wessex Novels)이라고 한다. Hardy에게 Wessex는 소우주(microcosm)이다.

(2) 내재 의지(Immanent Will)

웨섹스 소설의 중심 사상이자, Hardy의 인생관이다. 이는 인간의 의지가 선하든 악하든 우주에 내재하는 어떤 냉혹한 힘은 인간의 운명을 좌지우지하여 인간의 의지를 무력화시키고 만다는 것을 의미한다.

(3) 장소에 대한 상징

Tess의 고향인 Marlott은 어머니의 뱃속처럼 따뜻하고 온화한 곳이다. Angel을 만난 Talbothays는 비옥한 곳으로 묘사된다. 그리고 Tess가 절망 속에서 Angel을 기다린 곳은 황량한 황무지이다.

2 문체 및 어조와 분위기

이미지와 시각적 요소들을 바탕으로 시적인 문체를 보여준다. 그리고 진실과 도덕성을 표현하기 위해 멜로드라마풍의 가벼운 어조가 먼저 사용되다가 이후 무거운 어조가 사용된다.

빅토리아 시대에서는 드물게 비극적인 소설이다. 타인의 욕망으로 인하여 고통스러운 삶을 살게 되고 결국은 가혹한 형벌을 받게 되는 인물의 모습에서 처참하고 비극적인 분위기를 느낄 수 있다.

한편 민담이나 전설, 고전 그리스의 비극풍 등 다양한 서사적 기법으로 전개된다.

제8절   *Tess of the d'Urbervilles*의 일부

Chapter 1

    On an evening in the latter part of May a middle-aged man was walking homeward from Shaston to the village of Marlott, in the adjoining Vale of Blakemore or Blackmoor. The pair of legs that carried him were rickety, and there was a bias in his gait[1] which inclined him somewhat to the left of a straight line. He occasionally gave a smart nod, as if in confirmation of some opinion, though he was not thinking of anything in particular. An empty egg basket was slung upon his arm, the nap of his hat was ruffled, a patch being quite worn away at its brim where his thumb came in taking it off. Presently he was met by an elderly parson astride on[2] a gray mare, who, as he rode, hummed a wandering tune.

"Good night t'ee," said the man with the basket.

"Good night, Sir John," said the parson.

The pedestrian, after another pace or two, halted, and turned round.

"Now, sir, begging your pardon; we met last market-day on this road about this time, and I zaid 'Good night', and you made reply 'Good night, Sir John', as now."

"I did," said the parson.

"And once before that — near a month ago."

"I may have."

"Then what might your meaning be in calling me 'Sir John' these different times, when I be plain Jack Durbeyfield, the haggler?"[3]

The parson rode a step or two nearer.

"It was only my whim," he said; and, after a moment's hesitation: "It was on account of a discovery I made some little time ago, whilst[4] I was hunting up[5] pedigrees for the new county history. I am Parson Tringham, the antiquary, of Stagfoot Lane. Don't you really know, Durbeyfield, that you are the lineal representative of the ancient and knightly family of the d'Urbervilles, who derive their descent from Sir Pagan d'Urberville, that renowned knight who came from Normandy with William the Conqueror, as appears by Battle Abbey Roll?"[6]

"Never heard it before, sir!"

"Well it's true. Throw up your chin a moment, so that I may catch the profile of your face better. Yes, that's the d'Urberville nose and chin — a little debased. Your ancestor was one of the twelve knights who assisted

---

1) gait : 걸음걸이
2) astride on : ~에 걸터앉은
3) haggler : 떠돌이 장사꾼
4) whilst : while
5) hunt up : 조사하다
6) Battle Abbey Roll : 노르만인이 영국을 정복했을 때 지은 수도원 Battle Abbey 안에 세워진 정복자들의 기념비

the Lord of Estremavilla in Normandy in his conquest of Glamorganshire.[7] Branches of your family held manors over all this part of England; their names appear in the Pipe Rolls[8] in the time of King Stephen. In the reign of King John one of them was rich enough to give a manor to the Knights Hospitallers;[9] and in Edward the Second's time your forefather Brian was summoned to Westminster to attend the great Council there. You declined a little in Oliver Cromwell's time, but to no serious extent, and in Charles the Second's reign you were made Knights of the Royal Oak[10] for your loyalty. Aye, there have been generations of Sir Johns among you, and if knighthood were hereditary, like a baronetcy,[11] as it practically was in old times, when men were knighted from father to son, you would be Sir, John now."

"Ye don't say so!"

"In short," concluded the parson, decisively smacking his leg with his switch, "there's hardly such another family in England."

"Daze my eyes, and isn't there?" said Durbeyfield. "And here have I been knocking about,[12] year after year, from pillar to post,[13] as if I was no more than the commonest feller in the parish... And how long hev[14] this news about me been knowed, Pa'son Tringham?"

The clergyman explained that, as far as he was aware, it had quite died out of knowledge, and could hardly be said to be known at all. His own investigations had begun on a day in the preceding spring when, having been engaged in tracing the vicissitudes of the d'Urberville family, he had observed Durbeyfield's name on his waggon, and had thereupon been led to make inquiries about his father and grandfather till he had no doubt on the subject.

"At first I resolved not to disturb you with such a useless piece of information," said he. "However, our impulses are too strong for our judgment sometimes. I thought you might perhaps know something of it all the while."

"Well, I have heard once or twice, 'tis true, that my family had seen better days afore[15] they came to Blackmoor. But I took no notice o't, thinking it to mean that we had once kept two horses where we now keep only one. I've got a wold silver spoon, and a wold graven seal at home, too; but, Lord, what's a spoon and seal? ... And to think that I and these noble d'Urbervilles were one flesh[16] all the time. 'Twas said that my gr't-grandfer had secrets, and didn't care to talk of where he came from ... And where do we raise our smoke,[17] now, parson, if I may make so bold; I mean, where do we d'Urbervilles live?"

---

7) Glamorganshire : 비옥한 계곡과 폐허가 된 성곽들로 유명한 지역
8) the Pipe Rolls : 국고(national treasury) 연보
9) the Knights Hospitallers : 십자군에 종사하였던 용사의 구호를 목적으로 설립된 원호 기사단
10) Knights of the Royal Oak : 떡갈나무 기사(영국 찰스 2세가 1651년 Worcester 전쟁에서 달아날 때 숨은 떡갈나무에서 유래한 기사 호칭)
11) baronetcy : 준남작 지위
12) knock about(or around) : [구어] 방황하다, 헤매다
13) from pillar to post : 여기저기
14) hev : have or has
15) afore : before의 옛말
16) flesh : 혈육
17) raise one's smoke : 살다

"You don't live anywhere. You are extinct as a county family."

"That's bad."

"Yes — what the mendacious family chronicles call extinct in the male line — that is, gone down — gone under."

"Then where do we lie?"

"At Kingsbere-sub-Greenhill:[18] rows and rows of you in your vaults,[19] with your effigies under Purbeck-marble[20] canopies."

"And where be our family mansions and estates?"

"You haven't any."

"Oh? No lands neither?"

"None; though you once had 'em in abundance, as I said, for your family consisted of numerous branches. In this county there was a seat of yours at Kingsbere, and another at Sherton, and another at Milipond, and another at Lullstead, and another at Well bridge."

"And shall we ever come into our own again?"

"Ah — that I can't tell!"

"And what had I better do about it, sir?" asked Durbeyfield, after a pause.

"Oh — nothing, nothing; except chasten yourself with the thought of "how are the mighty fallen".[21] It is a fact of some interest to the local historian and genealogist,[22] nothing more. There are several families among the cottagers of this county of almost equal lustre. Good night."

"But you'll turn back and have a quart of beer wi' me on the strength o't, Pa'son Tringham? There's a very pretty brew in tap at The Pure Drop[23] — though, to be sure, not so good as at Rolliver's."[24]

"No, thank you — not this evening, Durbeyfield. You've had enough already." Concluding thus the parson rode on his way, with doubts as to his discretion in retailing this curious bit of lore.

When he was gone Durbeyfield walked a few steps in a profound reverie, and then sat down upon the grassy bank by the roadside, depositing his basket before him. In a few minutes a youth appeared in the distance, walking in the same direction as that which had been pursued by Durbeyfield. The latter, on seeing him, held up his hand, and the lad quickened his pace and came near.

"Boy, take up that basket! I want' ee to go on an errand for me."

The lath — like stripling frowned. "Who be you, then, John Durbeyfield, to order me about and call me 'boy'? You know my name as well as I know yours!"

"Do you, do you? That's the secret — that's the secret! Now obey my orders, and take the message I'm

---

18) Kingsbere-sub-Greenhill : Dorchester의 Bere Regis 마을
19) vault : 납골당
20) Purbeck-marble : Dorset의 남동쪽에 있는 Purbeck island에서 캔낸 질 좋은 석회석
21) how are the mighty fallen : (2 Samuel 1:25에서 인용) 이 소설 54장의 제목
22) genealogist : 혈통 연구가
23) The Pure Drop : Marlott에 있는 술집 이름
24) Rolliver's : 롤리버네 술집

going to charge 'ee wi' — Well, Fred, I don't mind telling you that the secret is that I'm one of a noble race — it has been just found out by me this present afternoon P.M." And as he made the announcement, Durbeyfield, declining from his sitting position, luxuriously stretched himself out upon the bank among the daisies.

The lad stood before Durbeyfield, and contemplated his length from crown to toe.[25]

"Sir John d'Urberville — that's who I am," continued the prostrate man. "That is if knights were baronets — which they be. 'Tis recorded in history all about me. Dost know of such a place, lad, as Kingsbere-sub-Greenhill?"

"Ees. I've been there to Greenhill Fair."

"Well, under the church of that city there lie —"

"'Tisn't a city, the place I mean; leastwise 'twaddn'[26] when I was there — 'twas a little one-eyed, blinking sort o' place,"

"Never you mind the place, boy, that's not the question before us. Under the church of that there parish lie my ancestors — hundreds of 'em — in coats of mail and jewels, in gr't lead coffins weighing tons and tons. There's not a man in the county o' South-Wessex that's got grander and nobler skillentons in his family than I."

"Oh?"

"Now take up that basket, and goo[27] on to Marlott, and when you've come to The Pure Drop Inn, tell 'em to send a horse and carriage to me immediately, to carry me hwome.[28] And in the bottom o' the carriage they be to put a noggin[29] o' rum in a small bottle, and chalk it up to my account. And when you've done that goo on to my house with the basket, and tell my wife to put away that washing, because she needn't finish it, and wait till I come hwome, as I've news to tell her."

As the lad stood in a dubious attitude, Durbeyfield put his hand in his pocket, and produced a shilling, one of the chronically few that he possessed.

"Here's for your labour, lad."

This made a difference in the young man's estimate of the position.

"Yes, Sir John. Thank 'ee. Anything else I can do for 'ee, Sir John?"

"Tell 'em at hwome that I should like for supper — well, lamb's fry if they can get it; and if they can't, black-pot;[30] and if they can't get that, well, chitterlings[31] will do."

"Yes, Sir John."

---

25) from crown to toe : 머리끝에서 발끝까지
26) twaddn : it was not
27) goo : go
28) hwome : home
29) noggin : 작은 맥주잔
30) black-pot : 고기로 만든 스튜
31) chitterlings : 내장

The boy took up the basket, and as he set out the notes of a brass band[32] were heard from the direction of the village.

"What's that?" said Durbeyfield. "Not on account o' I?"

"'Tis the women's club-walking, Sir John. Why, your da'ter[33] is one o' the members."

"To be sure — I'd quite forgot it in my thoughts of greater things! Well, vamp on to Marlott, will ye, and order that carriage, and maybe I'll drive round and inspect the club."

The lad departed, and Durbeyfield lay waiting on the grass and daisies in the evening sun. Not a soul passed that way for a long while, and the faint notes of the band were the only human sounds audible within the rim of blue hills.

Chapter 2

The village of Marlott lay amid the north-eastern undulations of the beautiful Vale of Blakemore[34] or Blackmoor aforesaid, an engirdled and secluded region, for the most part untrodden as yet by tourist or landscape-painter, though within a four hours' journey from London.

It is a vale whose acquaintance is best made by[35] viewing it from the summits of the hills that surround it — except perhaps during the droughts of summer. An unguided ramble into its recesses in bad weather is apt to engender dissatisfaction with its narrow, tortuous, and miry ways.

This fertile and sheltered tract of country, in which the fields are never brown and the springs never dry, is bounded on the south by the bold chalk ridge that embraces the prominences of Hambledon Hill, Bulbarrow, Nettlecombe-Tout, Dogbury, High Stoy, and Bubb Down. The traveller from the coast, who, after plodding northward for a score of miles over calcareous[36] downs and corn-lands, suddenly reaches the verge of one of these escarpments,[37] is surprised and delighted to behold, extended like a map beneath him, a country differing absolutely from that which he has passed through. Behind him the hills are open, the sun blazes down upon fields so large as to give an unenclosed character to the landscape,[38] the lanes are white, the hedges low and plashed, the atmosphere colourless. Here, in the valley, the world seems to be constructed upon a smaller and more delicate scale; the fields are mere paddocks,[39] so reduced that[40] from this height their hedgerows appear a network of dark green threads overspreading the paler green of the grass. The

---

32) the notes of a brass band : 관악대의 음악 소리
33) your da'ter : your daughter
34) Vale of Blakemore : Sherbone에서 Sturminster Newton으로 흐르는 계곡
35) acquaintance is best made by : ~로 잘 알려져 있다
36) calcareous : 석회질의
37) escarpment : 급경사면
38) the sun ~ the landscape : 태양이 강렬한 빛을 들판에 내리쬐고 있어서 답답한 느낌을 주지 않았다
39) paddock : 작은 들판
40) so reduced that : 너무나 작아서

atmosphere beneath is languorous, and is so tinged with azure[41] that what artists call[42] the middle distance partakes also of that hue, while the horizon beyond is of the deepest ultramarine. Arable lands are few and limited; with but slight exceptions the prospect is a broad rich mass of grass and trees, mantling minor hills and dales within the major. Such is the Vale of Blackmoor.

The district is of historic, no less than[43] of topographical[44] interest. The Vale was known in former times as the Forest of White Hart, from a curious legend of King Henry III's reign,[45] in which the killing by a certain Thomas de la Lynd of a beautiful white hart[46] which the king had run down and spared, was made the occasion of a heavy fine. In those days, and till comparatively recent times, the country was densely wooded. Even now, traces of its earlier condition are to be found in the old oak copses and irregular belts of timber[47] that yet survive upon its slopes, and the hollow-trunked trees that shade so many of its pastures.

The forests have departed, but some old customs of their shades remain. Many, however, linger only in a metamorphosed or disguised form. The May-Day dance,[48] for instance, was to be discerned on the afternoon under notice, in the guise of the club revel, or 'club-walking,' as it was there called.

It was an interesting event to the younger inhabitants of Marlott, though its real interest was not observed by the participators in the ceremony. Its singularity lay less in the retention of a custom of walking in procession and dancing on each anniversary than in the members being solely women. In men's clubs such celebrations were, though expiring, less uncommon; but either the natural shyness of the softer sex,[49] or a sarcastic attitude on the part of male relatives had denuded such women's clubs as remained (if any other did) or this their glory and consummation. The club of Marlott alone lived to uphold[50] the local Cerealia.[51] It had walked for hundreds of years, if not as benefit-club,[52] as votive sisterhood of some sort; and it walked still.

The banded ones were all dressed in white gowns — a gay survival from Old Style days, when cheerfulness and May-time were synonyms — days before the habit of taking long views had reduced emotions to a monotonous average. Their first exhibition of themselves was in a processional march of two and two round the parish. Ideal and real clashed slightly as the sun lit up their figures against the green hedges and creeper-laced house-fronts; for, though the whole troop wore white garments, no two whites were among them. Some approached pure blanching; some had a bluish pallor; some worn by the older characters (which had possibly lain by folded for many a year) inclined to a cadaverous tint, and to a Georgian style.[53]

---

41) azure : 하늘색(의)
42) what artists call : 소위 예술가들이 말하는
43) no less than : ~뿐만 아니라
44) topographical : 지형상의, 지형학의
45) Henry III's reign : 헨리 3세의 재위 기간(1216~1272)
46) hart : 수사슴
47) irregular belts of timber : 불규칙적으로 펼쳐진 산림지대
48) The May-Day dance : 5월 1일, 겨울이 가고 봄을 환영하는 축제로서 May pole을 돌면서 춤을 추는 축제
49) softer sex : 여성
50) uphold : 지켜 나가다, 보존하다
51) Cerealia : 풍년제
52) benefit-club : 상호부조 모임
53) Georgian style : George I~IV 기간(1714~1830)의 유명한 양식

In addition to the distinction of a white frock, every woman and girl carried in her right hand a peeled willow wand, and in her left a bunch of white flowers. The peeling of the former, and the selection of the latter, had been an operation of personal care.

There were a few middle-aged and even elderly women in the train, their silver-wiry hair and wrinkled faces, scourged by time and trouble,[54] having almost a grotesque, certainly a pathetic, appearance in such a jaunty situation. In a true view, perhaps, there was more to be gathered and told of each anxious and experienced one, to whom the years were drawing nigh when she should say, "I have no pleasure in them", than of her juvenile comrades. But let the elder be passed over here for those under whose bodices the life throbbed quick and warm.

The young girls formed, indeed, the majority of the band, and their heads of luxuriant hair reflected in the sunshine every tone of gold, and black, and brown. Some had beautiful eyes, others a beautiful nose, others a beautiful mouth and figure: few, if any,[55] had all. A difficulty of arranging their lips in this crude exposure to public scrutiny, an inability to balance their heads, and to dissociate self-consciousness from their features, was apparent in them, and showed that they were genuine country girls, unaccustomed to many eyes.

And as each and all of them were warmed without by the sun, so each had a private little sun for her soul to bask in; some dream, some affection, some hobby, at least some remote and distant hope which, though perhaps starving to nothing,[56] still lived on, as hopes will.[57] They were all cheerful, and many of them merry.

They came round by The Pure Drop Inn, and were turning out of the high road to pass through a wicket-gate into the meadows, when one of the women said —

"The Lord-a-Lord![58] Why, Tess Durbeyfield, if there isn't thy father riding hwome in a carriage!"

A young member of the band turned her head at the exclamation. She was a fine and handsome girl — not handsomer than some others, possibly — but her mobile peony mouth[59] and large innocent eyes added eloquence to colour and shape. She wore a red ribbon in her hair, and was the only one of the white company who could boast of such a pronounced adornment. As she looked round Durbeyfield was seen moving along the road in a chaise belonging to The Pure Drop, driven by a frizzle-headed brawny damsel with her gown-sleeves rolled above her elbows. This was the cheerful servant of that establishment, who, in her part of factotum,[60] turned groom and ostler at times. Durbeyfield, leaning back, and with his eyes closed luxuriously, was waving his hand above his head, and singing in a slow recitative —

"I've-got-a-gr't-family-vault-at-Kingsbere — and knighted-forefathers-in-lead-coffins-there!"[61]

---

54) scourged by time and trouble : 풍파에 괴롭혀져
55) if any : ~이 있다고 해도
56) starving to nothing : 희망이 줄어들어 사라져 버리다
57) as hopes will : 희망이 그러하듯이
58) The Lord-a-Lord : 감탄사
59) peony mouth : 모란꽃 같은 입
60) factotum : 잡역부
61) I've-got ~ coffins-there! : Tess의 아버지가 술 취해 부르는 노래. "킹즈비어에 가면 위대한 가문의 묘지가 있지. 기사였던 조상들이 납관 속에 누워 계시네!"

The clubbists tittered, except the girl called Tess — in whom a slow heat seemed to rise at the sense that her father was making himself foolish in their eyes.

"He's tired, that's all," she said hastily, "and he has got a lift home, because our own horse has to rest to-day."

"Bless thy simplicity, Tess," said her companions. "He's got his market-nitch.[62] Haw-haw!"

"Look here; I won't walk another inch with you, if you say any jokes about him!" Tess cried, and the colour upon her cheeks spread over her face and neck. In a moment her eyes grew moist, and her glance drooped to the ground. Perceiving that they had really pained her they said no more, and order again prevailed. Tess's pride would not allow her to turn her head again, to learn what her father's meaning was, if he had any; and thus she moved on with the whole body to the enclosure where there was to be dancing on the green. By the time the spot was reached she had recovered her equanimity, and tapped her neighbour with her wand and talked as usual.

Tess Durbeyfield at this time of her life was a mere vessel of emotion untinctured by experience. The dialect was on her tongue to some extent, despite the village school: the characteristic intonation of that dialect for this district being the voicing approximately rendered by the syllable UR, probably as rich an utterance as any to be found in human speech. The pouted-up deep red mouth to which this syllable was native had hardly as yet settled into its definite shape, and her lower lip had a way of thrusting the middle of her top one upward, when they closed together after a word.

Phases of her childhood lurked in her aspect still. As she walked along to-day, for all[63] her bouncing handsome womanliness, you could sometimes see her twelfth year in her cheeks, or her ninth sparkling from her eyes; and even her fifth would flit over the curves of her mouth now and then.

Yet few knew, and still fewer considered this. A small minority, mainly strangers, would look long at her in casually passing by, and grow momentarily fascinated by her freshness, and wonder if they would ever see her again: but to almost everybody she was a fine and picturesque country girl, and no more.

Nothing was seen or heard further of Durbeyfield in his triumphal chariot under the conduct of the ostleress,[64] and the club having entered the allotted space, dancing began. As there were no men in the company the girls danced at first with each other, but when the hour for the close of labour drew on, the masculine inhabitants of the village, together with other idlers and pedestrians, gathered round the spot, and appeared inclined to negotiate for a partner.

Among these on-lookers were three Young men of a superior class, carrying small knapsacks strapped to their shoulders, and stout sticks in their hands. Their general likeness to each other, and their consecutive ages, would almost have suggested that they might be, what in fact they were, brothers. The eldest wore the white tie, high waistcoat, and thin-brimmed hat of the regulation curate;[65] the second was the normal

---

62) market-nitch : 장터에서 마시는 술
63) for all : ~임에도 불구하고
64) ostleress : hostler(마부)의 여성형
65) the regulation curate : 부목사

undergraduate; the appearance of the third and youngest would hardly have been sufficient to characterize him; there was an uncribbed, uncabined[66] aspect in his eyes and attire, implying that he had hardly as yet found the entrance to his professional groove.[67] That he was a desultory tentative student of something and everything might only have been predicted of him.

These three brethren told casual acquaintance that they were spending their Whitsun[68] holidays in a walking tour through the Vale of Blackmoor, their course being south-westerly from the town of Shaston on the north-east.

They leant over the gate by the highway, and inquired as to the meaning of the dance and the white-frocked maids. The two elder of the brothers were plainly not intending to linger more than a moment but the spectacle of a bevy of girls dancing without male partners seemed to amuse the third, and make him in no hurry to move on. He unstrapped his knapsack, put it, with his stick, on the hedge-bank, and opened the gate.

"What are you going to do, Angel?" asked the eldest.

"I am inclined to go and have a fling[69] with them. Why not all of us — just for a minute or two — it will not detain us long?"

"No — no; nonsense!" said the first. "Dancing in public with a troop of country hoydens[70] — Suppose we should be seen! Come along, or it will be dark before we get to Stourcastle, and there's no place we can sleep at nearer than that; besides, we must get through another chapter of A Counterblast to Agnosticism[71] before we turn in, now I have taken the trouble to bring the book."

"All right — I'll overtake you and Cuthbert in five minutes; don't stop; I give my word that I will,[72] Felix."

The two elder reluctantly left him and walked on taking their brother's knapsack to relieve him in following,[73] and the youngest entered the field.

"This is a thousand pities," he said gallantly, to two or three of the girls nearest him, as soon as there was a pause in the dance. "Where are your partners, my dears?"

"They've not left off work[74] yet," answered one of the boldest. "They'll be here by and by.[75] Till then, will you be one, sir?"

"Certainly. But what's one among so many!"

"Better than none.[76] 'Tis melancholy work facing and footing it[77] to one of your own sort, and no clipsing

---

66) an uncribbed, uncabined : 구속되지 않고 갇혀 있지 않은
67) found the entrance to his professional groove : 직업을 갖게 되면 시야가 좁아지고 판에 박히게 된다
68) Whitsun : Whitsunday, Easter(부활절) 이후 7번째 일요일과 그 전후의 날들
69) have a fling : 격렬하게 춤추다
70) hoydens : 말괄량이들
71) A Counterblast to Agnosticism : 불가지론에 대한 반박
72) I give my word that ~ : 약속하다
73) to relieve him in following : 따라올 때 편하게 해 주려고
74) leave off work : 하던 일을 그만두다
75) by and by : (가까운) 장래에, 미래에
76) Better than none : 없는 것보다 낫다
77) facing and footing it : 얼굴을 맞대고 추다

and colling[78] at all. Now, pick and choose."

"Ssh-don't be so for'ard!"[79] said a shyer girl.

The young man, thus invited, glanced them over, and attempted some discrimination; but, as the group were all so new to him, he could not very well exercise it. He took almost the first that came to hand, which was not the speaker, as she had expected; nor did it happen to be Tess Durbeyfield. Pedigree, ancestral skeletons, monumental record, the d'Urberville lineaments, did not help Tess in her life's battle as yet, even to the extent of attracting to her a dancing-partner over the heads of the commonest peasantry. So much for Norman blood unaided by Victorian lucre.

The name of the eclipsing girl,[80] whatever it was, has not been handed down; but she was envied by all as the first who enjoyed the luxury of a masculine partner that evening. Yet such was the force of example that the village young men, who had not hastened to enter the gate while no intruder was in the way, now dropped in quickly, and soon the couples became leavened with[81] rustic youth to a marked extent, till at length the plainest woman in the club was no longer compelled to foot it on the masculine side of the figure.

The church clock struck, when suddenly the student said that he must leave — he had been forgetting himself — he had to join his companions. As he fell out of the dance his eyes lighted on Tess Durbeyfield, whose own large orbs wore, to tell the truth, the faintest aspect of reproach that he had not chosen her. He, too, was sorry then that, owing to her backwardness, he had not observed her; and with that in his mind he left the pasture.

On account of his long delay he started in a flying-run down the lane westward, and had soon passed the hollow and mounted the next rise. He had not yet overtaken his brothers, but he paused to get breath, and looked back. He could see the white figures of the girls in the green enclosure whirling about as they had whirled when he was among them. They seemed to have quite forgotten him already.

All of them, except, perhaps, one. This white shape stood apart by the hedge alone. From her position he knew it to be the pretty maiden with whom he had not danced. Trifling as the matter was, he yet instinctively felt that she was hurt by his oversight.[82] He wished that he had asked her; he wished that he had inquired her name. She was so modest, so expressive, she had looked so soft in her thin white gown that he felt he had acted stupidly.

However, it could not be helped, and turning, and bending himself to a rapid walk, he dismissed the subject from his mind.

---

78) clipsing and colling : 서로 껴안다
79) for'ard : forward
80) eclipsing girl : 친구들을 능가하는 여성
81) became leavened with : 변형되었다
82) oversight : 실수, 간과

제 7 장 | Lewis Carroll
– Alice's Adventures in Wonderland

| 단원 개요 |

Alice's Adventures in Wonderland는 기존의 동화에서 드러나는 당대의 사회적 규범이나 도덕성, 교훈 등의 목적이나 의도를 담고 있지 않다. 이 작품은 어른의 시각에서 벗어나 아이들의 순수한 즐거움을 위해서 쓰인 작품이라고 할 수 있다. 이전에는 볼 수 없었던 파격적인 내용으로 아이들의 풍부한 상상력을 자극하는 작품이다. 빅토리아 시대의 어린이들도 이 작품을 좋아하였고, 시간이 지남에 따라 뛰어난 작품성과 상상력으로 비평가는 물론 성인에게도 호평을 받은 문학작품이다.

| 출제 경향 및 수험 대책 |

대부분의 동화들은 교훈적인 목적을 가지고 성인의 일방적인 시각으로 이야기를 이끌어 간다. 그러나 이 작품에는 교훈적인 내용이 거의 없으며, 이야기도 주인공 Alice의 호기심을 따라 전개된다. 그리고 주인공과 주변 인물들이 보여주는 주관과 개성은 기존 동화들에서 나타나는 성인의 기준과 의도를 맹목적으로 따라가는 인물들과 확연히 구별된다. 또한 이 작품에서 나타나는 특유의 언어와 논리상의 유희, 그리고 이 유희가 암시하는 부분은 당대의 가치관을 일방적으로 반영하고 주입하는 여타 동화들과 다르며, 당대의 지배적 가치관을 풍자하고 공격한다는 점이 주목할 부분이다.

제1절 작가의 생애

루이스 캐럴(Lewis Carroll, 1832~1898)은 Charles Lutwidge Dodgson이 본명인데 Lewis Carroll이라는 필명으로 널리 알려진 영국 작가, 수학자, 사진사이자 영국 성공회의 부제(deacon)이다. 유머와 환상이 가득한 일련의 작품으로써 근대 아동문학을 확립시킨 인물 중 한 사람이 되었다. 그의 대표작은 『이상한 나라의 앨리스』 (Alice's Adventures in Wonderland, 1865)이다. Carroll은 1832년 1월 27일 영국 체셔 데어스버리에서 성공회 사제의 아들로 태어났다. 그는 1851년 옥스퍼드 크라이스트 처치 칼리지에 입학하여 수학, 신학, 문학을 배웠고, 훗날 모교의 수학 교수로 재직하였다. 그는 성직자의 자격이 생겼음에도 불구하고 내향적이고 말을 더듬는 탓에 평생 설교단에 오르지 않았다. Carroll의 성격은 괴팍한 구석이 있어 다른 사람들과 잘 어울리지 못했다고 전해진다. 그는 엄정한 규칙으로 정한 일상을 고집스럽게 반복했고, 그의 하루를 일기에 꼼꼼히 기록했다. Carroll은 크라이스트 칼리지 학장의 딸 Alice Liddell에게 이야기해 주었던 것을 『이상한 나라의 앨리스』 (Alice's Adventures in Wonderland, 1865)로 동화화하였고, 그 속편은 『거울 나라의 앨리스』(Through the Looking-Glass and What Alice Found There, 1871)이다. 그는 유머와 환상이 가득한 일련의 작품을 집필하면서 근대 아동문학 확립자 중 한 명이 되었다. 또한 그는 사진에도 큰 관심을 갖고 있었다. 특히 소녀를 대상으로 많은 사진을 촬영하였는데, Alice Liddell이 그의 모델이 되었다. 그러나 얼마 후 그녀의 집안과 의절하였는데, 그 이유에 대해서는 다양한 설이 있다. 한편 Carroll의 또 다른 주요 작품으로는 『스나크 사냥』(The Hunting of the Snark, 1876), 『실비와 브루노』(Sylvie and Bruno, 1889~1893) 등과 시집이 있다. 그의 시나 소설은 현대의 초현실주의 문학과 부조리 문학의 선구자적인 작품으로 여겨지며, 난센스 문학의 전형이라고도 볼 수 있다. 그는 평생을 독신으로 살아가다가 1898년 1월 14일 사망하였다. Carroll은 빅토리아 왕조의 대표적인 기인(奇人) 중 한 명으로 일컬어진다.

제2절 작품 세계

1 작품 세계

해피엔딩으로 끝나거나 아름다운 환상을 그리는 것이 아니라 기괴함과 불안감을 극화시키면서 **기존의 동화가 지닌 교훈적이고 도덕적인 틀을 거부한다.** Carroll의 작품은 어른의 기준과 의도로 전개되는 과정을 따라가는 방식에서 벗어나 있다.

어린이 독자를 위한 동화이지만 쉽게 이해하기 어려운 말장난이나 난센스 등이 가득하다. 그러나 이러한 측면은 성인의 입장에서 어린이의 의식과 언어상의 특성을 관찰할 수 있는 기회를 제공한다. 비현실적이고 당혹스러운 상황들은 어른의 논리와 언어에서 벗어나 있고, 오히려 이러한 특징이 어린이들의 언어와 매우 유사하기 때문이다. 따라서 Carroll의 작품은 어린이의 의식과 시각을 **작품으로 구현한 경우**라고 할 수 있다. Carroll은 어린이의 미숙한 의식으로 바라본 일상 세계의 모습을 그리면서 어린이의 의식 자체를 작품의 구조, 에피소드로 구현한 작가이다.

2 주요 작품

(1) *Alice's Adventures in Wonderland*(1865)

(2) *Through the Looking-Glass and What Alice Found There*(1871)

(3) *The Hunting of the Snark*(1876)

(4) *Sylvie and Bruno*(1889~1893)

제3절 *Alice's Adventures in Wonderland*의 줄거리

*Alice's Adventures in Wonderland*는 호기심이 가득한 일곱 살의 Alice가 조끼 주머니에서 시계를 꺼내 보는 흰 토끼를 쫓아 토끼굴 속으로 뛰어 들어간 후 지하 세계인 이상한 나라에서 경험하게 되는 환상적인 모험 이야기이다. Alice는 토끼굴을 통하여 지하 세계로 들어가서 애벌레(The Caterpillar), 공작부인(The Duchess), 체셔 고양이(The Cheshire Cat), 미치광이 모자 장수(The Mad Hatter), 삼월의 토끼(The March Hare), 그리폰(The Gryphon), 가짜 거북(The Mock Turtle) 등을 만나면서 온갖 이상한 일들을 겪는다. 이상한 나라에서 Alice는 처음의 작은 문 사이로 들여다보았던 '가장 아름다운 정원'(the loveliest garden)으로 들어가고 싶은 바람을 갖게 된다. Alice는 먹고 마시는 것의 도움을 받아 몸의 크기를 조절하여 정원으로 들어간다. 그곳은 하트 왕과 여왕의 정원인데, 그곳에서 이상한 크로케 경기가 벌어진다. 그 게임에서 스틱은 살아 있는 홍학이고, 공은 고슴도치이다. 게다가 둘씩 짝을 이룬 카드 병정들은 여왕이 보는 앞에서 몸을 구부려 골대를 만드는데, Alice는 이 크로케 경기를 잘해낸다. 이후 마지막 부분에서 어이없는 재판이 열린다. 이야기의 모든 등장인물이 모여 있는데, 여왕의 파이를 훔친 하트 잭(The Knave of Hearts)의 재판이다. 그러나 이 재판에서 목숨이 위태로워지는 것은 Alice이다. 그녀가 가장 위험한 순간에 "너희들은 카드 묶음에 불과해!"(You're nothing but a pack of cards!)라고 외치자 이상한 나라는 사라지고, Alice는 잠에서 깨어난다. 이상한 나라는 꿈이었고, 꿈에서 깬 Alice는 언니에게 이상한 나라의 꿈 이야기를 들려준다. 언니는 성인이 된 Alice가 아이들에게 둘러싸여서 이야기를 들려주는 모습을 상상한다.

제4절 작품 소개 및 주제

1 작품 소개

(1) 작품 창작의 배경

Carroll은 옥스퍼드 크라이스트 처치 칼리지의 교수 시절에 학장이었던 Henry Liddell의 집에서 하숙하였고, 그 집의 아이들과 잘 어울려 놀았다. *Alice's Adventures in Wonderland*는 아이들과 어울려 놀면서 지어낸 이야기를 바탕으로 만들어졌다. 1862년 7월 4일 Carroll은 Henry Liddell의 자녀들인 Lorina, Alice, Edith, 그리고 친하게 지내던 동료 교수인 Robinson Duckworth와 함께 옥스퍼드를 지나가는 템스강 줄기인 아이시스(Isis)에서 보트를 타며 이야기를 만들었다. 이야기 만들기에 동참한 사람들은 모두 등장인물이 되었는데, 각각의 이름을 재미있게 바꾼 것이다. 주인공 Alice 외에도 언니인 Lorina는 앵무새(Lory)로, 동생 Edith는 새끼 독수리(Eaglet)로, 신학생 Duckworth는 오리(Duck)로, Carroll 자신은 도도새(Dodo)로 묘사하였다. 그는 이렇게 만든 이야기를 책으로 구성해야겠다고 생각하고, 1862년 11월부터 책을 만들기 시작했다. 그는 책에 나오는 생물들의 생태를 조금 더 연구하고 줄거리를 다듬어, 작가이자 성직자였던 George MacDonald의 자녀들에게 보여주었다. 1864년 11월 26일 Carroll은 스스로 삽화를 그리고 제작한

『앨리스의 땅속 모험』(*Alice's Adventures Under Ground*)을 Alice Liddell에게 선물해 주었다. 이후 1865년에 그는 John Tenniel이 그린 삽화가 포함된 *Alice's Adventures in Wonderland* 초판을 출간하였다.

(2) 언어와 구성적 측면

이 작품에는 상당한 언어적 유희가 있다. 하지만 이러한 부분은 번역을 통해서는 잘 전달되지 않는다는 한계가 있다. 9장의 가짜 거북 이야기를 예로 들어 보자.

> "I couldn't afford to learn it." said the Mock Turtle with a sigh. "I only took the regular course."
> "What was that?" inquired Alice.
> "Reeling and Writhing, of course, to begin with," the Mock Turtle replied; "and then the different branches of Arithmetic - Ambition, Distraction, Uglification, and Derision."

우리말로 번역하면 reeling은 '감는 법', writhing은 '몸부림'으로 번역된다. 이 부분은 각각 reading, writing을 언어유희(pun)로 표현한 것인데, 번역본만 보고 '감는 법'이 '읽기'와 '몸부림'이 '쓰기'와 어떤 관련이 있는지 알기 힘들다. 이 작품은 원문으로 읽을 때 언어유희와 작가의 위트를 느낄 수 있다.

(3) 꿈

이 작품에서 주인공 Alice의 꿈에서 현실 세계의 인물과 현상이 그녀의 무의식 상태의 요소들과 혼합된다. 이러한 전개는 현실에서는 불가능한 이질적인 사건들의 풍부함을 보여준다. 이 작품의 전개는 마치 꿈꾸는 사람이 자신의 세계에서 다양한 에피소드를 경험하는 방식으로 진행되며, 이는 일관된 해석을 어렵게 한다.

(4) 내용적 측면

작가는 작품 속에서 난센스와 패러디, 풍자를 통해 급격히 변화하는 사회의 모습을 진지하게 그려낸다. 예를 들어 Alice가 겪는 신체 크기의 변화는 빅토리아 시대의 역사적 상황을 고려해 볼 때, 구질서가 무너진 세계의 불확실성 속에서 당시 사람들이 겪었던 정체성 혼란의 문제를 다루고 있다고 볼 수 있다. 또한 Alice는 자신의 손에서 점점 돼지로 변해 가는 아이의 모습을 보면서 아기(baby)라는 말 대신에 생물(creature)이라는 말을 사용하는데, 보통 생물(creature)은 인간뿐만 아니라 모든 동물을 지칭하는 단어로 쓸 수 있다. 따라서 돼지로 변하는 아기의 모습은 진화론에 대한 당대 사람들의 두려움을 표현했다고 볼 수 있다. 즉, 인간은 신의 고귀한 창조물이라는 신념이 무너지고 더 이상 동물보다 우월한 종이 아닐 수도 있다는 진화론에 대한 두려움이 드러나는 장면이다. 이처럼 작가의 당대 사회의 현실 반영은 아이들에게 즐거움을 주면서도 더 폭넓은 세상을 알 수 있도록 하며, 나아가 성인들을 매료시키기에도 충분하다.

2 작품의 주제 (중요)

(1) 신체적 변화의 상징

이상한 나라에서 Alice가 모험을 하는 동안, 그녀는 다양한 신체적 변화를 겪는다. 그녀는 자신의 몸이 적절한 크기가 아니라며 불편함을 느끼는데, 이는 사춘기 동안 발생하는 신체적 변화에 대한 상징으로 작용한다. Alice는 이러한 변화가 충격적임을 인지하고 그것을 겪을 때의 불편함, 좌절감, 슬픔을 느낀다. 1장에서 Alice는 정원에 들어가기엔 너무 크거나 너무 작은 자신의 몸을 계속 발견하면서 화가 난다. 5장에서 Alice의 목이 너무 길게 자라나자 그녀는 특정 신체 부위에 대한 통제력을 잃게 된다. 이러한 끊임없는 신체적 변화는 사춘기 동안 몸이 자라고 변화하면서 아이가 느낄 수 있는 마음의 상태를 대변한다.

(2) 우리의 기대나 예상과 무관한 삶

Alice는 이상한 나라에서 다양한 상황을 경험하게 되는데, 이 에피소드들은 우리가 삶에서 기대하는 것이 그대로 이루어지지 않고 오히려 좌절하게 될 수도 있음을 보여준다. Alice는 자신이 맞닥뜨리는 상황이 어떤 의미를 가질 것이라고 기대하지만, 그 상황들은 그녀를 반복적으로 실망시킨다. Alice는 모자 장수의 수수께끼를 풀고, 여왕의 우스꽝스러운 크로케 게임을 이해하려고 노력하지만 소용이 없다. Alice에게 제시되는 모든 수수께끼와 도전은 목적이나 답이 없다. 작가는 문제가 익숙하거나 해결할 수 있는 것처럼 보일 때도 그 해결과 답에 대한 기대를 좌절시키는 상황을 연출하면서 삶의 방식에 대한 더 넓은 관점을 제시한다.

(3) 빅토리아 시대 사회상

이 작품이 집필되던 당시를 살펴보면, 이미 당연하게 여겨진 개념들(이를테면 점진적인 성장과 발달, 계층화되고 계급화된 사회, 동물과 인간의 당연한 계층적 관계, 그 결과로 안정된 인간의 정체성과 같은 관념)이 다윈(Darwin)의 진화론으로 인해 종교적 신념이 무너지거나 혼란스러워지고 사회구조가 급격히 변화하면서 흔들리고 있었다. 즉, 절대적인 진리가 무너지는 당시 상황을 보여준다. Alice가 가졌던 이전의 정체성은 이상한 나라에서는 무의미하며, 영원하고 일관된 정체성이라는 개념은 사라진다.

공작부인의 도덕은 현실 세계의 관습적인 도덕, 빅토리아 시대의 점잖은 척하는 풍조와 관련된다. 그녀의 도덕은 가정교사나 부모, 그리고 사회가 아이들에게 요구하는 것을 그대로 보여준다. Alice가 공작부인의 도덕을 받아들이지 못하는 것은 당대의 도덕이 붕괴됨을 암시한다고 볼 수 있다.

제5절 등장인물

1 앨리스(Alice)

Alice는 부유한 영국 가정의 사춘기 소녀로, 환상적이고 이상한 세계를 경험한다. 단정하고 온화한 외모에 예의 바르고 엉뚱한 상상을 좋아하는 어린 여자아이로, 흰 토끼에 대한 호기심 때문에 이상한 나라로 떨어져 모험을 겪게 된다. 여리지만 단호하고 소신 있는 성격으로 난관을 잘 대처해 나간다. 그녀는 자신의 사회적 지위나 교육, 그리고 빅토리아 시대의 예의범절에 따라 행동한다. 그러나 그녀의 고정된 가치관은 이상한 나라에서 발생하는 사건들과 충돌한다. 흰 토끼는 계급에 대한 그녀의 가치관에 도전하고, 모자 장수나 비둘기는 이상한 나라에서만 나타나는 낯선 논리로 Alice의 가치관에 도전한다. 무엇보다도 이상한 나라는 그녀의 예절에 대한 인식에 도전하는데, 그 결과 Alice는 정체성의 위기를 겪는다.

2 흰 토끼(The White Rabbit)

이상한 나라의 다양한 생물체들과 달리, 흰 토끼는 일반적으로 이해할 만한 행동을 한다. 흰 토끼는 시간과 의무로 특징지어진다. 흰 토끼는 공작부인, 하트 왕, 하트 여왕, 여러 왕족들을 위해 일하느라 늘 바쁘지만 이런 왕족들의 분노 때문에 그는 계속 처형의 위협을 받는다. 그 결과, 그는 종종 화가 나고 스트레스를 받는 것처럼 보인다. 흰 토끼는 이상한 나라에서 공작부인을 위해 물건을 가져오는 것, 집사·동반자·서기와 같이 왕과 여왕을 수행하는 것, 칼을 든 사람들의 법정 재판을 감독하는 것을 포함하여 여러 다른 임무를 수행한다.

3 Alice의 언니

마지막에 Alice를 잠에서 깨우는 언니이다.

4 공작부인(The Duchess)

6장에 등장하며, 체셔 고양이와 연관이 있는 인물로 묘사된다. 공작부인은 성질이 고약한 아기를 돌보고 있는데, 이 아기는 나중에 돼지로 변한다.

5 체셔 고양이(The Cheshire Cat)

등장할 때마다 입이 귀에 걸리도록 씨익 웃고 있다. 처음으로 등장하는 장소는 공작부인의 집이지만 보통 나무 위에 앉아서 아래를 보며 Alice와 대화를 나눈다. 체셔 고양이는 나타났다가 사라지고 다시 다른 장소에 나타나거나 몸 전체가 왔다 갔다 하거나 한 장소에 몸의 일부만 나타나기도 한다. 하트 여왕으로부터 참수형을 받게 되자 몸을 나타나게 하지 않는다.

6 미치광이 모자 장수(The Mad Hatter)

미치광이 모자 장수는 이상한 나라의 유명한 티 파티(다과회)에 등장하는 인물이다. Alice와 처음 만났을 때, 삼월의 토끼와 함께 언제나 오후 6시로 고정된 다과회에서 차를 끝없이 마시고 있었다. 모자 장수이지만 모자는 안 팔고 늘 삼월의 토끼의 집에서 차를 마시고 있다. 모자 장수가 Alice에게 가장 먼저 하는 말은 그녀의 머리를 자를 필요가 있다는 것이다. 그는 자신의 의견과 생각에 대해 꽤 솔직하고 개방적이며, 자신이 하는 말이 말도 안 되거나 이상하다는 것과 상관없이 말한다. 이상한 말을 많이 하기는 하지만, Alice와 나눌 수 있는 지혜(친절한 어른의 조언은 아니지만)도 꽤 있다. 시간에 대한 그의 개념은 다른 사람들과 완전히 다른 관점이다. 날짜는 표시되지만 시간은 표시되지 않는 시계를 갖고, '시간'을 '인물'로 취급한다. 모자 장수는 만약 지금 곧 수업 시간인 것이 싫다면 시간에게 이야기해서 시계 바늘을 점심시간으로 돌릴 수 있다고 한다. 그리고 그 점심시간을 아주 오랫동안 놔둘 수 있다고도 한다. 그래서 모자 장수의 시간은 언제나 6시이고, 티 파티를 계속할 수 있다.

7 하트 여왕(The Queen of Hearts)

"저놈의 목을 베어 버려라!"(Off with his head!)라는 말을 계속하며, 이유도 없이 사람을 사형시키라고 한다. 이 밖에도 "재판은 나중에 하고 우선 판결부터 내려라."와 같은 말을 하기도 한다. 하트 여왕은 트럼프 병정들로 골대를 만들고, 홍학으로 고슴도치를 치는 크로케 경기를 한다. 그런데 그 경기 중에도 자신의 성질을 참지 못하고 "목을 베어 버려라!"라고 마구 외치는 바람에 결국 경기가 끝날 즈음에는 여왕과 Alice만 남는다. 마지막 부분에 Alice가 자신에게 대들자 Alice를 당장 사형시키려고 했으나, 그 순간 Alice가 꿈에서 깨어나며 이야기는 그렇게 끝이 난다.

8 하트 왕(The King of Hearts)

하트 여왕과 함께 등장하며, 하트 여왕에게 의존하는 듯한 모습을 보인다. 그러나 왕은 여왕이 경기 중에 사형을 선고한 크로케 선수들을 모두 비밀리에 풀어 준다.

9 삼월의 토끼(The March Hare)

미친 다과회(A Mad Tea Party)의 일원이다. 머리에 지푸라기를 꽂고 있고, 살고 있는 집이 토끼처럼 생겼다.

10 기타

(1) 도마우스(The Dormouse)

미친 다과회(A Mad Tea Party)의 일원이다. 계속 잠을 자고 있지만, 그러면서도 자주 깨어나서 대화에는 꾸준히 참여한다. 자는 동안 팔걸이로 사용되거나 모자 장수에게 푸대접을 당한다.

(2) 가짜 거북(The Mock Turtle)

소의 머리와 발굽, 꼬리를 가진 거북이다. 자신이 진짜 거북이 되지 못해 계속해서 울고 있다.

(3) 요리사(The Cook)

요리에 사용하는 후추의 양으로 인해 모든 사람들이 재채기를 하게 만드는 공작부인의 요리사이다. 또한 아무런 이유 없이 주방 도구들을 공작부인과 아기에게 던지기도 한다.

(4) 애벌레(The Caterpillar)

불친절하고 늘 시큰둥하다. Alice의 기분이 상하게끔 말하기도 하지만, 충고도 해 준다. 성장의 의미를 가장 상징적으로 잘 보여주는 존재이며, 성숙하기 위해 일종의 '죽음'을 거쳐야 하는 창조물이다. 애벌레는 마치 인생의 모든 것을 잘 알고 있는 어른처럼 행동하지만, 자연의 세계에서는 아직 변태를 거치지 않은 애벌레일 뿐이고, 성숙한 나비가 되기 이전의 어린 상태이다. 따라서 애벌레가 하는 충고는 Alice에게 도움이 되면서도 동시에 Alice가 방향을 잃게 만든다. 애벌레는 Alice가 혼란스러운 자기 자신을 극복하고 자아 정체성을 찾으려면 타인의 도움이 아니라 스스로의 힘으로 해야 함을 의미한다.

제6절 작품의 구조와 시점

1 구조

(1) 총 12장으로 구성되어 있다.

① Chapter 1 : Down the Rabbit-Hole(토끼굴 속으로)
② Chapter 2 : The Pool of Tears(눈물 웅덩이)
③ Chapter 3 : A Caucus-Race and a Long Tale(코커스 경주와 긴 이야기)
④ Chapter 4 : The Rabbit Sends in a Little Bill(흰 토끼가 작은 도마뱀 빌을 들여보내다)
⑤ Chapter 5 : Advice from a Caterpillar(애벌레의 충고)
⑥ Chapter 6 : Pig and Pepper(돼지와 후추)
⑦ Chapter 7 : A Mad Tea Party(미친 다과회)
⑧ Chapter 8 : The Queen's Croquet-Ground(여왕의 크로케 경기장)
⑨ Chapter 9 : The Mock Turtle's Story(가짜 거북의 이야기)
⑩ Chapter 10 : The Lobster-Quadrille(바닷가재의 카드리유)
⑪ Chapter 11 : Who Stole the Tarts?(누가 타르트를 훔쳤나?)
⑫ Chapter 12 : Alice's Evidence(앨리스의 증언)

(2) 이 작품은 전통적인 아동문학의 플롯인 '집–떠남–모험–집'의 회귀적 이야기 구조에 기초한다. 주인공은 호기심을 자극하는 존재를 따라가다가 불가사의하고 이상한 곳에 도착한다. 이러한 곳은 일상적이지 않은 시간과 장소, 즉 판타지적인 사건들이 일어나는 공상의 세계이다. 이곳에서 주인공은 별난 등장인물들을 만난다. *Alice's Adventures in Wonderland*도 이와 같은 구조를 따르고 있다. 그 구조는 다음과 같다.

① Alice와 그녀의 언니가 등장한다.
② Alice가 집을 떠나 언덕에 앉아 있다.
③ Alice는 토끼를 쫓아가고, 토끼굴을 통해 지하 세계인 이상한 나라로 간다. 그곳에서 그녀는 아름다운 정원에 들어가고 싶어 한다.
④ Alice는 여행하는 동안 '나를 먹어요', '나를 마셔요'라고 케이크와 병에 쓰인 권유를 따른다. 그리고 그녀는 만나는 동물들에게 친절하게 도움을 준다.
⑤ Alice는 먹고 마시는 것의 마법적인 도움으로 아름다운 정원에 들어간다.
⑥ Alice는 하트 여왕이 시킨 어려운 크로케 경기를 잘 해낸다.
⑦ 크로케 경기 후에 Alice는 재판에 연루되는데, 그녀는 재판 도중에 커져서 이상한 나라에서 나온다.
⑧ Alice는 언니에게 자신의 모험 이야기를 들려주고, 언니는 Alice의 모험 이야기를 꿈꾼다. 꿈속에서 성인이 된 Alice가 아이들에게 이야기를 들려준다.

2 시점

3인칭 관찰자 시점이다.

제7절 작품의 기법

많은 패러디와 언어유희와 상징들이 담겨 있다. 이러한 이유로 번역을 할 때 작품 자체가 담고 있는 언어유희를 미처 다 담지 못하기도 한다. Carroll이 이 작품에서 사용하는 언어유희의 특징은 **철자 바꾸기, 단어의 재창조, 말장난, 동음이의어의 활용** 등이다.

1 Pun(언어유희)

작가가 보여주는 Pun은 주로 단어 철자나 발음에 대한 것이 많다. 이러한 표현은 영어를 모국어로 쓰는 독자의 관점에서 볼 때 재미있고, 이중적인 의미를 담고 있어 작가가 의도한 의미를 기발하다는 느낌으로 이해하게 된다.

예

- 학교에서 기본적으로 배우는 읽기(Reading), 쓰기(Writing)와 비슷한 발음 및 철자의 다른 단어를 사용하여 Pun을 하고 있다.

> "I couldn't afford to learn it," said the Mock Turtle with a sigh. "I only took the regular course."
> "What was that?" inquired Alice.
> "Reeling and Writhing, of course, to begin with," the Mock Turtle replied; "and then the different branches of Arithmetic - Ambition, Distraction, Uglification, and Derision."
>
> "나는 그걸 배울 여유가 없었어." 가짜 거북이 한숨을 쉬며 말했다. "나는 정규 수업만 받았단다."
> "그게 뭐였어?" 앨리스가 물었다.
> "물론 처음에는 감는 법과 몸부림으로 시작하지." 가짜 거북이가 대답했다. "그리고 산수의 다양한 분야 - 야망, 산만함, 추함, 그리고 조롱"
>
> ⇒ Reeling은 읽기를 의미하는 Reading과, Writhing은 쓰기를 의미하는 Writing과 발음이 비슷한 것을 이용한 작가의 의도이다. 또한 Ambition은 덧셈을 의미하는 Addition과, Distraction은 뺄셈을 의미하는 Subtraction과, Uglification은 곱셈을 의미하는 Multiplication과, Derision은 나눗셈을 의미하는 Division과 발음이 비슷하여 작가가 선택하였다.

- 발음이 같은 단어를 사용하여 소통이 안 되는 엉뚱한 대화를 보여준다.

> "Mine is a long and a sad tale!" said the Mouse, turning to Alice, and sighing.
> "It is a long tail, certainly," said Alice, looking down with wonder at the Mouse's tail; "but why do you call it sad?"
>
> "내 이야기는 길고 슬픈 이야기야!" 쥐가 앨리스에게 고개를 돌리고 한숨을 쉬며 말했다.
> "정말 꼬리가 기네." 앨리스가 쥐의 꼬리를 신기하게 보며 말했다. "그런데 왜 슬프다고 해?"
>
> ⇒ 이야기(tale)라는 단어를 발음이 비슷한 꼬리(tail)로 알아듣고 있다.

2 상징

(1) 정원

Alice가 접근하도록 허용되지 않는 아름다움과 순수함의 목가적 공간인 에덴의 정원일 수 있지만, Alice가 정원에 가기 위해 노력하고 집중한다는 점에서 정원은 주인공의 욕망과 경험을 의미한다.

(2) 애벌레

성장의 의미를 가장 상징적으로 잘 보여주는 존재이며, 성숙하기 위해 일종의 '죽음'을 거쳐야 하는 창조물이다. 애벌레는 마치 인생의 모든 것을 잘 알고 있는 어른처럼 행동하지만, 자연의 세계에서는 아직 변태를 거치지 않은 애벌레일 뿐이고, 성숙한 나비가 되기 이전의 어린 상태이다. 따라서 애벌레가 하는 충고는 Alice에게 도움이 되면서도, 동시에 Alice가 방향을 잃게 만든다. 애벌레가 크기 조절을 할 수 있다고 일러준 버섯을 손에 쥔 채, 어느 쪽을 먹어야 자신이 원하는 크기로 조절할 수 있는지 묻는 Alice에게 애벌레는 정확한 대답을 주지 않은 채 사라져 버린다. 애벌레는 Alice가 혼란스러운 자기 자신을 극복하고 자아 정체성을 찾으려면 타인의 도움이 아니라 스스로의 힘으로 해야 함을 의미한다.

제8절 Alice's Adventures in Wonderland의 일부

CHAPTER I. Down the Rabbit-Hole

Alice was beginning to get very tired of sitting by her sister on the bank, and of having nothing to do: once or twice she had peeped into[1] the book her sister was reading, but it had no pictures or conversations in it, "and what is the use of a book," thought Alice "without pictures or conversation?"

So she was considering in her own mind (as well as she could, for the hot day made her feel very sleepy and stupid), whether the pleasure of making a daisy-chain would be worth the trouble of getting up and picking the daisies,[2] when suddenly a White Rabbit with pink eyes ran close by her.

There was nothing so very remarkable in that; nor did Alice think it so very much out of the way to hear the Rabbit say to itself, "Oh dear! Oh dear! I shall be late!" (when she thought it over afterwards, it occurred to her that she ought to have wondered at this, but at the time it all seemed quite natural); but when the Rabbit actually took a watch out of its waistcoat-pocket, and looked at it, and then hurried on, Alice started to her feet, for it flashed across her mind that she had never before seen a rabbit with either a waistcoat-pocket, or a watch to take out of it, and burning with curiosity, she ran across the field after it, and fortunately was just in time to see it pop down[3] a large rabbit-hole under the hedge.

In another moment down went Alice after it, never once considering how in the world she was to get out again.

The rabbit-hole went straight on like a tunnel for some way, and then dipped suddenly down,[4] so suddenly that Alice had not a moment to think about stopping herself before she found herself falling down a very deep well.

Either the well was very deep, or she fell very slowly, for she had plenty of time as she went down to look about her and to wonder what was going to happen next. First, she tried to look down and make out what she was coming to, but it was too dark to see anything; then she looked at the sides of the well, and noticed that they were filled with cupboards and book-shelves; here and there she saw maps and pictures hung upon pegs. She took down a jar from one of the shelves as she passed; it was labelled "ORANGE MARMALADE", but to her great disappointment it was empty: she did not like to drop the jar for fear of killing somebody underneath,[5] so managed to put it into one of the cupboards as she fell past it.

"Well!" thought Alice to herself, "after such a fall as this, I shall think nothing of tumbling down stairs!

---

1) had peeped into : 힐끗 보았다
2) whether the pleasure of making a daisy-chain would be worth the trouble of getting up and picking the daisies : 데이지 꽃을 꺾는 수고로움이 데이지 꽃을 엮는 즐거움보다 클지
3) pop down : 쏙 들어가다
4) dipped suddenly down : 갑자기 아래로 푹 꺼져 버렸다
5) she did not like to drop the jar for fear of killing somebody underneath : 병을 그냥 떨어뜨리면 혹시 아래에 있는 누가 맞아서 죽을 수도 있을 것 같아 그 병을 떨어뜨리지 않고 싶었다

How brave they'll all think me at home! Why, I wouldn't say anything about it, even if I fell off the top of the house!" (Which was very likely true.)

Down, down, down. Would the fall never come to an end! "I wonder how many miles I've fallen by this time?" she said aloud. "I must be getting somewhere near the centre of the earth. Let me see: that would be four thousand miles down, I think —" (for, you see, Alice had learnt several things of this sort in her lessons in the schoolroom, and though this was not a very good opportunity for showing off her knowledge, as there was no one to listen to her, still it was good practice to say it over) "— yes, that's about the right distance — but then I wonder what Latitude or Longitude I've got to?"[6] (Alice had no idea what Latitude was, or Longitude either, but thought they were nice grand words to say.)

Presently she began again. "I wonder if I shall fall right through the earth! How funny it'll seem to come out among the people that walk with their heads downward![7] The Antipathies, I think —" (she was rather glad there was no one listening, this time, as it didn't sound at all the right word) "— but I shall have to ask them what the name of the country is, you know. Please, Ma'am, is this New Zealand or Australia?" (and she tried to curtsey as she spoke — fancy curtseying as you're falling through the air![8] Do you think you could manage it?) "And what an ignorant little girl she'll think me for asking! No, it'll never do to ask: perhaps I shall see it written up somewhere."

Down, down, down. There was nothing else to do, so Alice soon began talking again. "Dinah'll miss me very much to-night, I should think!" (Dinah was the cat.) "I hope they'll remember her saucer of milk at tea-time. Dinah my dear! I wish you were down here with me! There are no mice in the air, I'm afraid, but you might catch a bat, and that's very like a mouse, you know. But do cats eat bats, I wonder?" And here Alice began to get rather sleepy, and went on saying to herself, in a dreamy sort of way, "Do cats eat bats? Do cats eat bats?" and sometimes, "Do bats eat cats?" for, you see, as she couldn't answer either question, it didn't much matter which way she put it.[9] She felt that she was dozing off, and had just begun to dream that she was walking hand in hand with Dinah, and saying to her very earnestly, "Now, Dinah, tell me the truth: did you ever eat a bat?" when suddenly, thump! thump! down she came upon a heap of sticks and dry leaves,[10] and the fall was over.

Alice was not a bit hurt, and she jumped up on to her feet in a moment: she looked up, but it was all dark overhead; before her was another long passage, and the White Rabbit was still in sight, hurrying down it. There was not a moment to be lost: away went Alice like the wind, and was just in time to hear it say, as it turned a corner, "Oh my ears and whiskers, how late it's getting!" She was close behind it when she turned the corner, but the Rabbit was no longer to be seen: she found herself in a long, low hall, which was lit up by

---

6) I wonder what Latitude or Longitude I've got to? : 내가 있는 곳의 위도와 경도는 어떻게 나타내지?
7) How funny it'll seem to come out among the people that walk with their heads downward! : 머리를 아래로 향하면서 걷는 사람들 사이에 내가 불쑥 나타나면 얼마나 우스꽝스러워 보일까!
8) fancy curtseying as you're falling through the air! : 떨어지는 와중에도 허공에서 무릎을 굽히는 멋들어진 인사라니!
9) it didn't much matter which way she put it : 어느 쪽이든 중요한 문제는 아니었다
10) thump! thump! down she came upon a heap of sticks and dry leaves : 쿵! 쿵! 소리를 내며 Alice는 나뭇가지와 마른 잎 뭉치에 떨어졌다

a row of lamps hanging from the roof.[11]

There were doors all round the hall, but they were all locked; and when Alice had been all the way down one side and up the other, trying every door, she walked sadly down the middle, wondering how she was ever to get out again.

Suddenly she came upon a little three-legged table, all made of solid glass; there was nothing on it except a tiny golden key, and Alice's first thought was that it might belong to one of the doors of the hall; but, alas! either the locks were too large, or the key was too small,[12] but at any rate it would not open any of them. However, on the second time round, she came upon a low curtain she had not noticed before, and behind it was a little door about fifteen inches high: she tried the little golden key in the lock, and to her great delight it fitted!

Alice opened the door and found that it led into a small passage, not much larger than a rat-hole: she knelt down and looked along the passage into the loveliest garden you ever saw. How she longed to get out of that dark hall, and wander about among those beds of bright flowers and those cool fountains, but she could not even get her head through the doorway; "and even if my head would go through," thought poor Alice, "it would be of very little use without my shoulders. Oh, how I wish I could shut up like a telescope![13] I think I could, if I only knew how to begin." For, you see, so many out-of-the-way things had happened lately, that Alice had begun to think that very few things indeed were really impossible.

There seemed to be no use in waiting by the little door, so she went back to the table, half hoping she might find another key on it, or at any rate a book of rules for shutting people up like telescopes: this time she found a little bottle on it, ("which certainly was not here before," said Alice,) and round the neck of the bottle was a paper label, with the words "DRINK ME" beautifully printed on it in large letters.

It was all very well to say "Drink me," but the wise little Alice was not going to do that in a hurry. "No, I'll look first," she said, "and see whether it's marked 'poison' or not"; for she had read several nice little histories about children who had got burnt, and eaten up by wild beasts and other unpleasant things, all because they would not remember the simple rules their friends had taught them:[14] such as, that a red-hot poker will burn you if you hold it too long; and that if you cut your finger very deeply with a knife, it usually bleeds; and she had never forgotten that, if you drink much from a bottle marked "poison," it is almost certain to disagree with you, sooner or later.

However, this bottle was not marked "poison," so Alice ventured to taste it, and finding it very nice, (it had, in fact, a sort of mixed flavour of cherry-tart, custard, pine-apple, roast turkey, toffee, and hot buttered toast,) she very soon finished it off.[15]

---

11) a row of lamps hanging from the roof : 천장에 램프가 줄지어 달린
12) either the locks were too large, or the key was too small : 자물쇠가 너무 크거나 열쇠가 너무 작았다
13) I wish I could shut up like a telescope! : 내가 망원경처럼 접힐 수 있으면 좋겠네!
14) all because they would not remember the simple rules their friends had taught them : 모두 이전에 배운 간단한 규칙을 기억하지 않아 생긴 일이었다
15) she very soon finished it off : Alice는 곧 단숨에 병을 비웠다

* * * * * * *

"What a curious feeling!" said Alice; "I must be shutting up like a telescope."

And so it was indeed: she was now only ten inches high, and her face brightened up at the thought that she was now the right size for going through the little door into that lovely garden. First, however, she waited for a few minutes to see if she was going to shrink any further: she felt a little nervous about this; "for it might end, you know," said Alice to herself, "in my going out altogether, like a candle. I wonder what I should be like then?" And she tried to fancy what the flame of a candle is like after the candle is blown out, for she could not remember ever having seen such a thing.

After a while, finding that nothing more happened, she decided on going into the garden at once; but, alas for poor Alice! when she got to the door, she found she had forgotten the little golden key, and when she went back to the table for it, she found she could not possibly reach it: she could see it quite plainly through the glass, and she tried her best to climb up one of the legs of the table, but it was too slippery;[16] and when she had tired herself out with trying, the poor little thing sat down and cried.

"Come, there's no use in crying like that!" said Alice to herself, rather sharply; "I advise you to leave off this minute!" She generally gave herself very good advice, (though she very seldom followed it), and sometimes she scolded herself so severely as to bring tears into her eyes; and once she remembered trying to box her own ears for having cheated herself in a game of croquet she was playing against herself,[17] for this curious child was very fond of pretending to be two people. "But it's no use now," thought poor Alice, "to pretend to be two people! Why, there's hardly enough of me left to make one respectable person!"[18]

Soon her eye fell on a little glass box that was lying under the table: she opened it, and found in it a very small cake, on which the words "EAT ME" were beautifully marked in currants.[19] "Well, I'll eat it," said Alice, "and if it makes me grow larger, I can reach the key; and if it makes me grow smaller, I can creep under the door; so either way I'll get into the garden, and I don't care which happens!"

She ate a little bit, and said anxiously to herself, "Which way? Which way?", holding her hand on the top of her head to feel which way it was growing, and she was quite surprised to find that she remained the same size: to be sure, this generally happens when one eats cake, but Alice had got so much into the way of expecting nothing but out-of-the-way things to happen, that it seemed quite dull and stupid for life to go on in the common way.

So she set to work, and very soon finished off the cake.

* * * * * * *

---

16) slippery : 잡기 힘든, 파악할 수 없는
17) once she remembered trying to box her own ears for having cheated herself in a game of croquet she was playing against herself : 한번은 마치 둘이 하는 것처럼 혼자 크로케 게임을 하다가 자신에게 속임수를 쓴 대가로 자기 뺨을 올려붙인 적도 있다
18) Why, there's hardly enough of me left to make one respectable person! : 왜 나는 한 사람으로 충분하지 못한 거야!
19) currant : 건포도

CHAPTER II. The Pool of Tears

"Curiouser and curiouser!" cried Alice (she was so much surprised, that for the moment she quite forgot how to speak good English); "now I'm opening out like the largest telescope that ever was![20] Good-bye, feet!" (for when she looked down at her feet, they seemed to be almost out of sight, they were getting so far off). "Oh, my poor little feet, I wonder who will put on your shoes and stockings for you now, dears? I'm sure I shan't be able! I shall be a great deal too far off to trouble myself about you: you must manage the best way you can;[21] — but I must be kind to them," thought Alice, "or perhaps they won't walk the way I want to go! Let me see: I'll give them a new pair of boots every Christmas."

And she went on planning to herself how she would manage it. "They must go by the carrier," she thought; "and how funny it'll seem, sending presents to one's own feet![22] And how odd the directions will look![23]

    Alice's Right Foot, Esq.,[24]
        Hearthrug,[25]
            near the Fender,[26]
                (with Alice's love).

Oh dear, what nonsense I'm talking!"

Just then her head struck against the roof of the hall: in fact she was now more than nine feet high, and she at once took up the little golden key and hurried off to the garden door.

Poor Alice! It was as much as she could do, lying down on one side, to look through into the garden with one eye; but to get through was more hopeless than ever: she sat down and began to cry again.

"You ought to be ashamed of yourself," said Alice, "a great girl like you,"[27] (she might well say this), "to go on crying in this way! Stop this moment, I tell you!" But she went on all the same, shedding gallons of tears,[28] until there was a large pool all round her, about four inches deep and reaching half down the hall.

After a time she heard a little pattering of feet[29] in the distance, and she hastily dried her eyes to see what was coming. It was the White Rabbit returning, splendidly dressed, with a pair of white kid gloves[30] in one

---

20) now I'm opening out like the largest telescope that ever was! : 이젠 내가 세상에서 가장 큰 망원경처럼 펼쳐져 버렸어!
21) you must manage the best way you can : 너희가 스스로 하는 게 가장 좋지만
22) how funny it'll seem, sending presents to one's own feet! : 얼마나 우습게 보일지, 자기 발에게 자기가 선물을 하다니!
23) how odd the directions will look! : 주소는 또 얼마나 이상할까!
24) Esq : Esquire(님, 귀하)
25) Hearthrug : 난로 앞(난롯가)에 까는 깔개
26) Fender : 난로망, (벽로의) 불똥막이망
27) a great girl like you : 다 큰 소녀가 울다니
28) shedding gallons of tears : 흘린 눈물의 엄청난 양
29) pattering of feet : 발자국 소리
30) kid gloves : 가죽 장갑

hand and a large fan in the other: he came trotting[31] along in a great hurry, muttering to himself as he came, "Oh! the Duchess, the Duchess! Oh! won't she be savage[32] if I've kept her waiting!" Alice felt so desperate that she was ready to ask help of any one; so, when the Rabbit came near her, she began, in a low, timid voice, "If you please, sir —" The Rabbit started violently, dropped the white kid gloves and the fan, and skurried away[33] into the darkness as hard as he could go.

Alice took up the fan and gloves, and, as the hall was very hot, she kept fanning herself all the time she went on talking: "Dear, dear! How queer everything is to-day! And yesterday things went on just as usual. I wonder if I've been changed in the night? Let me think: was I the same when I got up this morning? I almost think I can remember feeling a little different. But if I'm not the same, the next question is, Who in the world am I? Ah, that's the great puzzle!" And she began thinking over all the children she knew, that were of the same age as herself, to see if she could have been changed for any of them.[34]

"I'm sure I'm not Ada," she said, "for her hair goes in such long ringlets, and mine doesn't go in ringlets at all; and I'm sure I can't be Mabel, for I know all sorts of things, and she, oh! she knows such a very little! Besides, she's she, and I'm I, and — oh dear, how puzzling it all is! I'll try if I know all the things I used to know. Let me see: four times five is twelve, and four times six is thirteen, and four times seven is — oh dear! I shall never get to twenty at that rate! However, the Multiplication Table doesn't signify: let's try Geography. London is the capital of Paris, and Paris is the capital of Rome, and Rome — no, that's all wrong, I'm certain! I must have been changed for Mabel! I'll try and say 'How doth the little —'" and she crossed her hands on her lap as if she were saying lessons, and began to repeat it, but her voice sounded hoarse[35] and strange, and the words did not come the same as they used to do: —

"How doth the little crocodile
   Improve his shining tail,
And pour the waters of the Nile
   On every golden scale!

"How cheerfully he seems to grin,
   How neatly spread his claws,
And welcome little fishes in
   With gently smiling jaws!"

---

31) trotting : 깡충거리며
32) savage : 잔인하게 다루다, 폭력을 휘두르다
33) skurried away : 달려가 버렸다
34) she began thinking over all the children she knew, that were of the same age as herself, to see if she could have been changed for any of them
 : Alice는 자기와 비슷한 나이의 아이들을 떠올리며 혹시 그 아이들 중 하나로 바뀐 것은 아닌지 생각해 보았다
35) hoarse : 목쉰, 쉰 목소리의, 귀에 거슬리는

"I'm sure those are not the right words," said poor Alice, and her eyes filled with tears again as she went on, "I must be Mabel after all, and I shall have to go and live in that poky[36] little house, and have next to no toys to play with, and oh! ever so many lessons to learn! No, I've made up my mind about it; if I'm Mabel, I'll stay down here! It'll be no use their putting their heads down and saying, 'Come up again, dear!' I shall only look up and say, 'Who am I then? Tell me that first, and then, if I like being that person, I'll come up:[37] if not, I'll stay down here till I'm somebody else' — but, oh dear!" cried Alice, with a sudden burst of tears, "I do wish they would put their heads down! I am so very tired of being all alone here!"

As she said this she looked down at her hands, and was surprised to see that she had put on one of the Rabbit's little white kid gloves while she was talking. "How can I have done that?" she thought. "I must be growing small again." She got up and went to the table to measure herself by it, and found that, as nearly as she could guess, she was now about two feet high, and was going on shrinking rapidly: she soon found out that the cause of this was the fan she was holding,[38] and she dropped it hastily, just in time to avoid shrinking away altogether.

"That was a narrow escape!"[39] said Alice, a good deal frightened at the sudden change, but very glad to find herself still in existence; "and now for the garden!" and she ran with all speed back to the little door: but, alas! the little door was shut again, and the little golden key was lying on the glass table as before, "and things are worse than ever," thought the poor child, "for I never was so small as this before, never! And I declare it's too bad, that it is!"

As she said these words her foot slipped, and in another moment, splash! she was up to her chin in salt water. Her first idea was that she had somehow fallen into the sea, "and in that case I can go back by railway," she said to herself. (Alice had been to the seaside once in her life, and had come to the general conclusion, that wherever you go to on the English coast you find a number of bathing machines in the sea, some children digging in the sand with wooden spades, then a row of lodging houses, and behind them a railway station.) However, she soon made out that she was in the pool of tears which she had wept when she was nine feet high.

"I wish I hadn't cried so much!" said Alice, as she swam about, trying to find her way out. "I shall be punished for it now, I suppose, by being drowned in my own tears! That will be a queer thing, to be sure! However, everything is queer to-day."

Just then she heard something splashing about in the pool a little way off, and she swam nearer to make out what it was: at first she thought it must be a walrus or hippopotamus,[40] but then she remembered how small she was now, and she soon made out that it was only a mouse that had slipped in like herself.

"Would it be of any use, now," thought Alice, "to speak to this mouse? Everything is so out-of-the-way

---

36) poky : 비좁은, 갑갑한, 보잘것없는, 지저분한
37) if I like being that person, I'll come up : 만약 그 사람이 되는 게 내 마음에 들면 올라갈 거야
38) she soon found out that the cause of this was the fan she was holding : Alice는 가지고 있던 부채가 키를 줄어들게 한 것을 곧 알아채다
39) That was a narrow escape! : 아슬아슬했어!
40) walrus or hippopotamus : 바다코끼리나 하마

down here,⁴¹⁾ that I should think very likely it can talk: at any rate, there's no harm in trying." So she began: "O Mouse, do you know the way out of this pool? I am very tired of swimming about here, O Mouse!" (Alice thought this must be the right way of speaking to a mouse: she had never done such a thing before, but she remembered having seen in her brother's Latin Grammar, "A mouse—of a mouse—to a mouse—a mouse—O mouse!") The Mouse looked at her rather inquisitively,⁴²⁾ and seemed to her to wink with one of its little eyes, but it said nothing.

"Perhaps it doesn't understand English," thought Alice; "I daresay it's a French mouse, come over with William the Conqueror." (For, with all her knowledge of history, Alice had no very clear notion how long ago anything had happened.) So she began again: "Où est ma chatte?"⁴³⁾ which was the first sentence in her French lesson-book. The Mouse gave a sudden leap out of the water, and seemed to quiver all over with fright. "Oh, I beg your pardon!" cried Alice hastily, afraid that she had hurt the poor animal's feelings. "I quite forgot you didn't like cats."

"Not like cats!" cried the Mouse, in a shrill,⁴⁴⁾ passionate voice. "Would you like cats if you were me?"

"Well, perhaps not," said Alice in a soothing tone: "don't be angry about it. And yet I wish I could show you our cat Dinah: I think you'd take a fancy to cats if you could only see her. She is such a dear quiet thing," Alice went on, half to herself, as she swam lazily about in the pool, "and she sits purring⁴⁵⁾ so nicely by the fire, licking her paws and washing her face — and she is such a nice soft thing to nurse — and she's such a capital one for catching mice — oh, I beg your pardon!" cried Alice again, for this time the Mouse was bristling all over, and she felt certain it must be really offended. "We won't talk about her any more if you'd rather not."

"We, indeed!" cried the Mouse, who was trembling down to the end of his tail. "As if I would talk on such a subject! Our family always hated cats: nasty, low, vulgar things!⁴⁶⁾ Don't let me hear the name again!"

"I won't indeed!" said Alice, in a great hurry to change the subject of conversation. "Are you—are you fond—of—of dogs?" The Mouse did not answer, so Alice went on eagerly: "There is such a nice little dog near our house I should like to show you! A little bright-eyed terrier, you know, with oh, such long curly brown hair! And it'll fetch⁴⁷⁾ things when you throw them, and it'll sit up and beg for its dinner, and all sorts of things — I can't remember half of them — and it belongs to a farmer, you know, and he says it's so useful, it's worth a hundred pounds! He says it kills all the rats and — oh dear!" cried Alice in a sorrowful tone. "I'm afraid I've offended it again!" For the Mouse was swimming away from her as hard as it could go, and making quite a commotion in the pool as it went.

So she called softly after it: "Mouse dear! Do come back again, and we won't talk about cats or dogs either,

---

41) Everything is so out-of-the-way down here : 여긴 모든 게 다 이상하니까
42) inquisitively : 몹시 궁금해 하듯
43) Où est ma chatte? : 내 고양이는 어디에 있지?
44) in a shrill : 날카로운
45) purr : (고양이가 기분 좋은 듯이) 목을 가르랑거리다
46) nasty, low, vulgar things! : 더럽고 천하고 무식한 것들!
47) fetch : 가져오다

if you don't like them!" When the Mouse heard this, it turned round and swam slowly back to her: its face was quite pale (with passion, Alice thought), and it said in a low, trembling voice, "Let us get to the shore, and then I'll tell you my history, and you'll understand why it is I hate cats and dogs."

It was high time to go, for the pool was getting quite crowded with the birds and animals that had fallen into it: there were a Duck and a Dodo, a Lory and an Eaglet,[48] and several other curious creatures. Alice led the way, and the whole party swam to the shore.

---

[48] a Duck and a Dodo, a Lory and an Eaglet : 오리 한 마리, 도도새 한 마리, 잉꼬 한 마리, 새끼 독수리 한 마리

제 1 편 | 실전예상문제

01 *Great Expectations*는 Charles Dickens의 소설이다.

02 Jane Austen은 영국 시골의 예절과 습관들을 정확하고 세세하게 묘사했다.
① Jane Austen은 당대의 프랑스 혁명이나 낭만주의 문학사조의 기간에 해당하는 작가이나, 자신의 작품에 이와 같은 시대적 분위기를 반영하지 않았다.

03 이 소설에서는 부부 관계, 형제자매 관계, 친구 관계 등과 같은 다양한 종류의 인간관계의 모습을 보여준다.

제2장 | Jane Austen - *Pride and Prejudice*

01 다음 중 제인 오스틴(*Jane Austen*)의 작품이 아닌 것은?

① *Emma*
② *Great Expectations*
③ *Mansfield Park*
④ *Sense and Sensibility*

02 제인 오스틴(*Jane Austen*)의 작품 세계에 대한 설명으로 가장 적절하지 않은 것은?

① Austen은 작품 속에서 당대의 시대적 분위기나 사건의 언급을 피했다.
② Austen의 소설은 지역소설과 풍속소설의 특징이 일부 반영되어 있다.
③ 영국 도시의 예절과 습관을 정확하고 세세하게 묘사했다.
④ Austen은 소설에 젠트리(Gentry) 계급의 전형적인 인물들을 등장시켰다.

03 *Pride and Prejudice*의 주제와 관련된 내용으로 가장 적절하지 않은 것은?

① 소설 속 장소와 인물들의 관계가 일치하도록 구성하였다.
② 특정한 종류의 인간관계만을 제시한다.
③ 도덕성을 지닌 남녀가 결혼하여 더 나은 사회로 나아간다는 긍정적인 결말을 제시한다.
④ 결혼 상대의 선택이 중심 주제이다.

정답 01 ② 02 ③ 03 ②

04 *Pride and Prejudice*에서 Elizabeth가 청혼을 거절한 상대로 옳게 묶인 것은?

① Mr. Collins and Mr. Darcy
② Mr. Collins and Mr. Bingley
③ Mr. Darcy and Mr. Bingley
④ Mr. Darcy and Wickham

04 Mr. Collins와 Mr. Darcy이다. Elizabeth에게 청혼을 거절당한 Collins는 Elizabeth의 친구인 Charlotte에게 청혼하고, 그녀는 그의 청혼을 받아들인다. 그리고 Elizabeth가 처음에는 Darcy의 청혼을 거절하지만 이후에 받아들인다.
Mr. Bingley는 Jane에게 청혼하여 결혼하고, Wickham은 돈을 쫓는 난봉꾼이다.

05 *Pride and Prejudice*에서 Elizabeth의 언니 Jane과 결혼하는 상대는?

① Charles Bingley
② Georgiana Darcy
③ Miss Bingley
④ George Wickham

05 ② Georgiana Darcy는 Mr. Darcy의 동생이다.
③ Miss Bingley는 Mr. Darcy와 결혼을 원하지만 실패한다.
④ George Wickham은 경제적 이유로 청혼하려고 하는 난봉꾼으로 신사답지 못한 인물이다.

06 *Pride and Prejudice*의 등장인물들의 결혼에 대한 설명으로 가장 적절하지 않은 것은?

① 베넷 부부(the Bennets) : 실패한 결혼의 예
② 가디너스 부부(the Gardiners) : 성공한 결혼의 예
③ Lydia와 Wickham : 진정한 사랑으로 이루어진 결혼의 예
④ Charlotte과 Collins : 경제적 현실에 의한 결혼의 예

06 Lydia와 Wickham의 결혼은 성급한 열정으로 이루어진 결혼의 예이다.
① Mr. Bennet은 아름다운 외모에 반해 Bennet 부인과 결혼했으나, 결혼 후 아내의 천박함과 무지함에 실망하고 종종 아내를 비꼬기도 하는 등 행복하지 못한 결혼 생활을 하고 있다.

정답 04 ① 05 ① 06 ③

07 Miss Havisham은 Charles Dickens의 *Great Expectations*에 등장하는 인물이다.

07 다음 중 제인 오스틴(Jane Austen)의 소설 속 등장인물이 아닌 인물은?

① Fitzwilliam Darcy
② George Wickham
③ Miss Havisham
④ Lady Catherine de Bourgh

08 Lady Catherine de Bourgh는 Darcy의 이모로, 남의 일에 참견하기 좋아하는 인물이다.

08 *Pride and Prejudice*에서 Mr. Darcy의 청혼을 Elizabeth가 거절하도록 요구한 인물은?

① Lady Catherine de Bourgh
② Mrs. Gardner
③ Mr. Bennet
④ Jane Bennet

09 Jane Austen은 소설에서 전형적이면서도 개성이 강한 인물을 창조한다.

09 다음 중 제인 오스틴(Jane Austen)의 소설에 대한 설명으로 가장 적절하지 않은 것은?

① 자신의 작품에 당대의 시대적 분위기를 반영하지 않았다.
② 저택이나 토지는 그 소유주의 도덕 및 인격과 밀접하게 관련된다.
③ 전형적이지 않고 개성이 강한 인물을 창조한다.
④ 도덕성과 사회적 예절 준수가 중요시되며, 풍자되는 인물들이 제시되기도 한다.

정답 07 ③ 08 ① 09 ③

10 제인 오스틴(Jane Austen)의 소설에 대한 설명과 가장 거리가 먼 것은?

① 연장자들의 안 좋은 영향을 견뎌낸 젊은 인물들은 더 나은 인물이 된다.
② 계층 간의 갈등을 통해 사회는 더 나은 방향으로 개선된다.
③ 결혼은 사회의 근본이 되는 공적인 요소이다.
④ 개인의 올바른 행동 양식이 올바른 사회를 만들게 된다.

10 계층 간의 갈등은 Jane Austen 소설의 소재와는 거리가 멀다.

11 *Pride and Prejudice*의 여주인공 Elizabeth에 대한 설명으로 가장 적절하지 않은 것은?

① Bennet 가의 둘째 딸로, 강한 자아와 가치관을 가졌다.
② 사물에 대한 정확한 판단력과 지성을 지니고 있다.
③ 낙천적이고 사교적인 성격의 소유자이다.
④ 지나친 지성과 판단력으로 편견을 불러일으키기도 한다.

11 낙천적이고 사교적인 성격의 소유자는 Mr. Bingley이다.

12 다음 중 제인 오스틴(Jane Austen)과 그의 작품에 대한 설명으로 가장 적절하지 않은 것은?

① 특정한 어떤 유파의 작가군에 속하지 않는다.
② Jane Austen의 작품은 신고전주의와 낭만주의 사이에 있다.
③ 문체는 18세기 중엽 문예 전성기의 시인과 산문 작가들의 문체에 훨씬 가깝다.
④ 빅토리아조에 속한 작품이라기보다는 William Blake나 John Keats의 시 정신과 맥이 닿아 있는 낭만주의적 작품이다.

12 ④는 Emily Brontë의 *Wuthering Heights*에 대한 설명이다.

정답 10 ② 11 ③ 12 ④

제3장 Charlotte Brontë - *Jane Eyre*

01 Charlotte Brontë는 20세기 후반에 새롭게 재발견된 작가이다.

01 *Jane Eyre*의 작가인 샬롯 브론테(Charlotte Brontë)에 대한 설명으로 가장 적절하지 <u>않은</u> 것은?

① 작품 *Jane Eyre*는 출판되자마자 훌륭한 작품이라고 평가받았고, 인기도 높았다.
② 20세기 전반에 새롭게 재발견된 작가이다.
③ 몇몇 집에서 가정교사를 하기도 하였다.
④ 가명을 사용하여 시집을 출판하기도 하였다.

02 Charlotte Brontë의 소설들은 대부분 작가 자신의 자서전적 요소를 담고 있으며, 여성 화자를 주인공으로 한 자서전적인 1인칭 소설로 구성하면서 작가는 여성 주인공의 내면으로 깊이 들어간다.

02 샬롯 브론테(Charlotte Brontë)의 작품 세계에 대한 설명으로 가장 적절하지 <u>않은</u> 것은?

① 대부분 작가 자신의 자서전적 요소를 담고 있다.
② 1960년대 여성해방운동에 힘입어 그녀에 대한 새로운 평가가 이루어졌다.
③ 심리적·도덕적인 성장의 이야기를 풀어 나간다.
④ 주로 여성 화자를 주인공으로 한 3인칭 관점을 사용하였다.

03 아기 때 티푸스로 부모를 잃고 고아가 된 Jane Eyre는 삼촌의 가족과 살게 되는데, 삼촌의 죽음 이후 숙모인 Mrs. Reed와 외사촌들로부터 학대를 받으며 자랐다.

03 *Jane Eyre*의 내용에 대한 서술로 가장 적절하지 <u>않은</u> 것은?

① 작품의 주인공은 어릴 때 부모를 잃고 고아가 된 Jane Eyre이다.
② 여주인공은 고아가 되어 삼촌의 가족과 살게 되었다.
③ 삼촌의 집에서 숙모인 Mrs. Reed와 외사촌들의 배려를 받으며 자랐다.
④ Jane이 지낸 로우드 학교(Lowood School)는 추위와 굶주림이 만연한 열악한 환경이었다.

정답 01 ② 02 ④ 03 ③

04 Jane Eyre 속 Jane이 다녔던 로우드 학교(Lowood School)에 대한 설명으로 가장 적절하지 않은 것은?

① Helen이란 친구를 만나 우정을 나누게 된다.
② Miss Temple 선생님을 만나 열악한 환경임에도 불구하고 위로를 받으며 성장한다.
③ Jane은 성실하게 공부하여 이 학교에서 교사로 일하게 된다.
④ Jane은 교사로 일하면서 열악한 학교 환경을 개선하고자 저항했으나 해고당한다.

> 04 Jane은 성실히 공부하여 로우드 학교(Lowood School)의 교사가 된다. 교사로 일하고 있던 Jane은 더 넓은 경험을 해 보고 싶다는 바람으로 가정교사 광고를 냈고, Rochester 가문의 손필드 저택의 가정교사로 채용된다.

05 Jane Eyre의 등장인물에 대한 설명으로 가장 적절하지 않은 것은?

① 리드 부인(Mrs. Reed) : Jane의 외숙모로, Jane을 몹시 미워한다.
② 헬렌 번즈(Helen Burns) : 로우드 학교의 선생님으로, 성미가 급하다.
③ 템플 선생님(Miss Maria Temple) : 로우드 학교의 선생님으로, Jane에게 꿈과 희망을 안겨 준다.
④ 존 리드(John Reed) : Mrs. Reed의 아들로, Jane을 때리고 욕하는 인물이다.

> 05 Helen Burns는 Jane이 로우드 학교에서 만난 친구로, 책 읽기를 좋아하고 선량하며 마음이 깨끗한 소녀이다. Jane이 힘들 때마다 위로와 격려를 해 준 친구이지만, 폐결핵으로 13세의 나이에 일찍 죽는다.

06 Jane Eyre에 대한 설명으로 가장 적절하지 않은 것은?

① 모두 38개의 챕터로 구성되어 있다.
② 1인칭 시점의 소설로, 화자 Jane의 심리적인 감정 표현이 잘 드러난다.
③ 배경은 18세기 후반 영국의 식민지인 자메이카이다.
④ 장식적인 형용사나 부사의 사용이 없는 평이한 문장으로 소박한 문체를 보여준다.

> 06 배경은 조지 3세(George Ⅲ, 1760~1820 재위) 시대 후반 영국의 북부 지역이다.

정답 04 ④ 05 ② 06 ③

07 손필드에서 나온 Jane은 길거리에서 헤매다 지쳐 비가 오는 밤에 어느 집(무어 하우스) 앞에서 기절해 쓰러지고, 그 집주인인 St. John Rivers에게 구조된다. Jane은 St. John Rivers 목사와 여동생들의 도움으로 그 집(무어 하우스)에서 몸을 회복한다.

07 *Jane Eyre*에 등장하는 장소와 Jane의 연관성에 대한 설명으로 가장 적절하지 <u>않은</u> 것은?

① 게이츠헤드(Gateshead) : Jane이 외롭고 불행한 유년 시절을 보낸 곳이다.
② 로우드 학교(Lowood School) : 사회화 과정을 통해 자아 정체성을 갖게 되는 곳이다.
③ 손필드(Thornfield) : 가정교사로 일하기 위해 온 Rochester의 저택이다.
④ 무어 하우스(Moor House) : St. John Rivers가 설립한 농민 소녀들을 위한 자선 학교이다.

08 *Jane Eyre*에서 결국 Jane과 결혼을 하게 되는 인물은 Rochester이다. 둘은 조용히 결혼식을 올리고, 행복한 삶을 살게 된다.

> 독자 여러분, 저는 그와 결혼했습니다. 조용한 결혼식을 올렸습니다. 그와 저, 목사이자 서기만이 참석했습니다. 교회에서 돌아온 후, 저는 저택의 부엌으로 들어갔습니다. 그곳에서 메리는 저녁을 요리하고 존은 칼을 닦고 있었고, 저는 이렇게 말했습니다.

08 다음은 *Jane Eyre*의 끝부분이다. 이 장면에서 밑줄 친 him은 누구인가?

> Reader, I married <u>him</u>. A quiet wedding we had: he and I, the parson and clerk, were alone present. When we got back from church, I went into the kitchen of the manor-house, where Mary was cooking the dinner and John cleaning the knives, and I said: —

① John Reed
② Mr. Brocklehurst
③ Edward Fairfax Rochester
④ St. John Rivers

정답 07 ④ 08 ③

09 *Jane Eyre*의 주제에 대한 설명으로 가장 적절하지 않은 것은?

① 여성 간의 우정보다는 여성 간의 경쟁이 심도 있게 다루어진다.
② 열악한 환경의 한 여성이 독립적 자아를 확립해 가는 과정을 그린다.
③ 가부장적 사회의 가치관에 저항하며, 자유롭고 독립적인 한 인간으로 성장하는 과정을 담고 있다.
④ 인습적 역할에 저항하며 겪는 고통을 적나라하게 보여준다.

09 여성 간의 경쟁에 일종의 반기를 드는 하나의 방법으로 여성 간의 우정이 심도 있게 다루어진다.

10 *Jane Eyre*의 등장인물인 Bertha Antoinetta Mason에 대한 설명으로 가장 적절하지 않은 것은?

① Rochester의 부인이다.
② 정신병이 심해져 격리되어 있다.
③ 손필드에 불을 지르고 도망간다.
④ 손필드 저택에서 Jane이 들었던 이상한 웃음소리의 주인공이다.

10 Bertha는 손필드에 불을 지르고 추락사한다.

11 *Jane Eyre*의 등장인물인 Edward Fairfax Rochester에 대한 설명으로 가장 적절하지 않은 것은?

① 손필드 저택의 주인으로, 가정교사로 온 Jane을 사랑하게 된다.
② 손필드에 불을 지른 Bertha를 구하려다가 한쪽 팔을 잃고 실명까지 하여 장애인이 된다.
③ Jane과 결혼하기 전 Bertha의 존재를 밝히고 결혼한다.
④ Jane과 재회한 후 좋은 의사를 만나 한쪽 눈 시력을 회복하게 된다.

11 Jane과 결혼하려 했으나 숨겨 둔 비밀(자신의 아내인 Bertha의 존재)이 밝혀져 결혼을 못하게 되고 좌절한다. 스스로 자신의 결혼과 아내를 밝히지는 않았다.

정답 09 ① 10 ③ 11 ③

제4장   Charles Dickens – *Great Expectations*

01 Charles Dickens는 빈민층과 사회적 약자들에게 관심을 기울이고 자신의 작품에 주요 인물로 등장시킨 작가이다.

01 찰스 디킨스(Charles Dickens)에 대한 설명으로 가장 적절하지 <u>않은</u> 것은?

① 빅토리아 시대 산업혁명과 당대의 변화를 생생히 그린 작가이다.
② 귀족이나 부유한 계급의 인물들을 주로 주인공으로 등장시켰다.
③ Boz라는 필명을 사용하였다.
④ 세상의 부당함과 모순을 지적하면서도 유머를 가미하였다.

02 *Middlemarch*는 Middlemarch라는 지역에 사는 여러 계층의 평범한 사람들의 일상을 유머와 애수를 이용하여 사실적으로 묘사한 George Eliot의 작품이다.

02 다음 중 찰스 디킨스(Charles Dickens)의 작품에 해당하지 <u>않는</u> 것은?

① *Bleak House*
② *Oliver Twist*
③ *A Tale of Two Cities*
④ *Middlemarch*

03 이 작품은 총 3부(Volume)로 구성되어 있다.

03 *Great Expectations*에 대한 설명으로 가장 적절하지 <u>않은</u> 것은?

① 1인칭 시점의 소설로, Pip은 작품 속 화자이자 주인공이다.
② Dickens의 또 다른 1인칭 소설인 *David Copperfield*에서 보이는 서술자의 자기 연민이나 근거 없는 편견 따위가 거의 없다.
③ 총 2부의 구성이다.
④ 서술 기법이 다양하게 변모하고 있는 작품이다.

정답   01 ②   02 ④   03 ③

04 다음 중 *Great Expectations*에 등장하지 않는 인물은?

① Abel Magwitch
② Biddy
③ John Reed
④ Compeyson

05 다음 중 *Great Expectations*에서 Pip이 시골을 떠나 런던에 가서 신사가 되어 사회적 상승을 꿈꾸도록 결심하는 데 영향을 준 인물은 누구인가?

① Miss Havisham
② Estella
③ Herbert Pocket
④ Joe Gargery

06 찰스 디킨스(Charles Dickens)의 작품 세계에 대한 설명으로 거리가 가장 먼 것은?

① 대부분 1인칭 화자의 시점이 사용된다.
② 하층민들의 비참한 생활상, 각종 권력의 남용과 왜곡, 횡포와 비인간화 등에 대해 비판하고 고발한다.
③ 중산층의 부상과 변모 과정에서 발생하는 다양한 인물들의 탐욕과 위선, 부정과 배신, 허위의식 등을 다룬다.
④ 다양한 계층, 다양한 직업의 인물들을 작품 속에 등장시킨다.

04 John Reed는 Charlotte Brontë의 *Jane Eyre*에 등장하는 인물이다.

05 Pip은 Satis House에서 Estella를 처음 만나고 사랑에 빠진다. Estella는 Pip이 사회적으로 비천한 신분임을 알고 Pip에게 여왕처럼 군림하며, 그에게 수치감을 준다. 하지만 Pip은 그녀에게 계속해서 사랑을 보이며, 그녀의 사랑을 얻고자 신사가 되어 사회적 신분 상승을 하려고 결심한다.

06 Charles Dickens는 자신의 작품에서 대부분 3인칭 시점을 사용한다. 그러나 그의 자전적 소설인 *David Copperfield*와 *Great Expectations*에서는 1인칭 시점이 사용되었다는 특징이 있다.

정답 04 ③ 05 ② 06 ①

07 *Great Expectations*에서 인과응보라는 주제는 찾기 힘들며, 참고로 인과응보는 George Eliot의 *Silas Marner*의 주제이다.

08 Charles Dickens는 유년 시절 아버지가 빚에 몰려 채무자 감옥에 갇히게 되자 장남인 그는 학교를 그만두고 구두 공장에 취직하여 돈을 벌며 생활을 이어 갔다.

07 *Great Expectations*의 주제에 대한 설명으로 가장 적절하지 않은 것은?

① 진정한 신사의 의미와 본질을 주제로 다룬다.
② 혈육 간의 실패한 관계를 표현한다.
③ 당대에 만연했던 물질만능주의를 고발한다.
④ 인과응보의 주제를 내포한다.

08 찰스 디킨스(Charles Dickens)에 대한 설명으로 가장 적절하지 않은 것은?

① 어린 시절에는 학교에 어렵지 않게 다닐 정도로 매우 부유하였다.
② 잡지에 단편을 투고하여 채택된 데 힘입어 계속해서 단편소설 등을 여러 잡지에 발표하였다.
③ 세상의 부당함과 모순을 과감하게 지적하면서도 유머를 가미하여 당대의 사회적 문제를 비판해서 상당한 인기를 얻었다.
④ 후기 작품에서는 개인의 삶이 해결 불가능한 사회체제의 벽에 가로막혀 무력감과 좌절감을 겪는 모습을 묘사하였다.

정답 07 ④ 08 ①

09 찰스 디킨스(Charles Dickens)의 작품의 특징으로 가장 적절한 것은?

① 사회의 전반적인 체제의 변화보다는 양심과 도덕적 각성을 강조하는 온건한 대안을 제시하였다.
② 현실을 객관적으로 직시하지 못하였다.
③ 신흥 귀족계급의 일상생활을 묘사하였다.
④ 빈민층의 비참한 삶을 비관적이고 참담한 태도로 묘사하였다.

09 ② Charles Dickens는 현실을 객관적이고 과학적인 태도로 묘사하였다.
③ 그는 주로 중산계급의 일상생활을 묘사하였다.
④ 빈민층의 비참한 삶을 생생히 묘사하였지만, 비관적이기보다는 유머러스하고 낙관적인 태도로 묘사하였다.

10 Great Expectations에 대한 설명으로 가장 적절하지 <u>않은</u> 것은?

① Pip의 위대한 유산은 따뜻하고 진정성 있는 인간적 신의이다.
② Pip을 신사로 만드는 돈은 Magwitch가 신대륙(호주)에서 불법으로 취득한 돈이었다.
③ 돈의 이면에는 범죄와 음모 같은 짙은 어둠이 깔려 있다.
④ Pip은 Estella와의 진정한 사랑이 곧 '위대한 유산'임을 깨닫는다.

10 Pip은 매형 Joe의 진정한 사랑이 곧 '위대한 유산'이었음을 깨닫는다.

정답 09 ① 10 ④

제5장   George Eliot - *Middlemarch*

01 George Eliot의 본명은 Mary Ann Evans이다. 그녀는 필명으로 George Eliot을 사용하였는데, 남성 작가의 이름을 필명으로 쓴 것은 여성 작가에 대한 당대의 편견이 강했기 때문으로 추정된다.

01 조지 엘리엇(George Eliot)에 대한 설명으로 가장 적절하지 않은 것은?

① 여성 작가에 대한 편견을 무릅쓰고 작가의 본명을 그대로 사용하였다.
② 어린 시절 농촌 생활의 경험이 소설 창작의 중요한 자산이 되었다.
③ 진보적 잡지의 부편집인 자리에 올라 당대 지성계의 핵심 인물로 활약하였다.
④ 사생활에 대한 소문과 작품의 관념적 특징 때문에 대중적인 인기를 누리지는 못했다.

02 *Adam Bede*(1859)는 3권으로 이루어진 George Eliot의 첫 장편소설로서 인간적인 동정과 엄격한 도덕적 판단이 결합된 작품이다. Eliot 특유의 시골 배경으로 전개되는 사실주의 작품이다.

02 조지 엘리엇(George Eliot)의 주요 작품에 대한 설명으로 가장 적절하지 않은 것은?

① *Adam Bede*(1859) : George Eliot의 첫 장편소설로서 산업혁명과 도시 변화를 묘사하였다.
② *Silas Marner: The Weaver of Raveloe*(1861) : 인간에 대한 사랑을 되찾는 과정을 그린 작품이다.
③ *The Mill on the Floss*(1860) : 가상의 마을 근처 플로스 강변의 물방앗간이 배경이다.
④ *Middlemarch*(1871~1872) : 평범한 사람들의 일상을 사실적으로 보여준다.

정답   01 ①   02 ①

03 조지 엘리엇(George Eliot)의 작품 세계에 대한 설명으로 가장 적절한 것은?

① 19세기 영국을 대표하는 낭만주의 문학이다.
② 개인의 의식 안에서 일어나는 의식의 흐름에 주목하였다.
③ 주로 산업혁명과 도시의 변화를 소설의 소재와 주제로 사용하였다.
④ 개인의 문제가 사회의 변화와 연결되었음을 통찰하고 공동체 생활을 주로 다루었다.

03 George Eliot은 19세기 영국 사실주의를 대표한다. 그녀는 사회를 통한 인간의 성숙과 사회 변화에 따른 개인의 성공과 실패를 통찰한 작가이다. 전통적인 영국의 농촌공동체 생활을 주로 다루면서 여러 계층의 평범한 사람들의 일상을 유머와 애수를 이용하여 사실적으로 보여준다.

04 *Middlemarch*의 내용 전개와 가장 거리가 먼 설명은?

① Casaubon은 45세의 미혼의 신학자이다.
② Dorothea는 여동생 Celia와 함께 부모님의 보살핌 아래 살고 있다.
③ Dorothea는 Casaubon과의 결혼을 통해 자신의 지적 열망을 이룰 것으로 기대한다.
④ Dorothea는 결혼 후 학자로서의 일을 돕지 못하게 하는 Casaubon의 거부에 실망한다.

04 Dorothea는 똑똑하고 신앙심이 깊은 젊은 여성으로, 여동생 Celia와 함께 팁톤 그레인지에 있는 미혼의 삼촌 Mr. Brooke의 보살핌 아래 살고 있다.

05 *Middlemarch*의 등장인물 중 Edward Casaubon에 대한 설명으로 가장 적절하지 않은 것은?

① 종교의 역사와 신화의 연구로 수십 년을 보낸 학자이다.
② '모든 신화의 열쇠'에 대한 연구는 그의 일생의 연구이다.
③ 그의 연구는 독일어를 읽지 못한다는 이유로 한계에 부딪힌다.
④ 새로운 학문에 대한 변화와 발전에 집중한다.

05 Casaubon이 연구하는 '모든 신화의 열쇠'는 그가 독일어를 읽을 수 없고, 새로운 학문의 변화와 발전을 모르기 때문에 실패할 수밖에 없는 한계를 지닌다.

정답 03 ④ 04 ② 05 ④

06 Dorothea는 학문적 고집과 자존심이 강한 Casaubon에게 호감을 갖는다. 또한 Casaubon이 자신에게 청혼할 것이라고 기대하며, 그가 자신에게 딱딱하고 어색한 편지로 청혼하자 Dorothea는 너무 기뻐서 울음을 터뜨린다.

07 완벽하고 낭만적인 동화적 결말에 이르지 못한 결혼 생활을 보여주면서, 결혼을 낭만적인 것으로 묘사하는 당대의 일반적인 분위기에 비판적 시각을 제시한다.

06 *Middlemarch*의 등장인물 중 Dorothea Brooke에 대한 설명으로 가장 적절하지 <u>않은</u> 것은?

① 신앙심이 깊고 지적 열망이 큰 여성이다.
② 학문적 고집과 자존심이 강하며 나이 차이가 큰 Casaubon의 청혼을 거절한다.
③ 그녀가 Casaubon의 연구를 돕지 못하게 하는 것에 실망한다.
④ 주변 친척이나 가족 대부분의 반대에도 불구하고 Will과 결혼한다.

07 *Middlemarch*의 주제에 대한 설명으로 가장 적절하지 <u>않은</u> 것은?

① 결혼의 부정적인 면을 묘사하면서 결혼이 곧 행복이 아님을 그린다.
② Dorothea의 결혼 생활은 자신의 환상과 기대가 어긋나는 것에서 비롯된다.
③ 결혼을 낭만적인 것으로 묘사하는 당대의 일반적인 분위기를 따르고 있다.
④ Lydgate의 결혼 생활은 아름다운 여성에 대한 잘못된 기대감에서 비롯된다.

정답 06 ② 07 ③

08 *Middlemarch*에 대한 설명으로 가장 적절하지 않은 것은?

① 자전적인 성향이 강한 1인칭 시점의 작품이다.
② 문체는 강건체이고 정확하지만 추상적인 어휘의 사용도 종종 있다.
③ Lydgate의 결혼은 잘못된 여성관, 즉 그의 개인적 결함이 실패의 원인이다.
④ Dorothea의 결혼은 여성 교육 기회의 결여와 사회적 제약이 실패의 원인이다.

08 *Middlemarch*는 3인칭 전지적 작가 시점에서 쓰인 작품이다. 작가가 모든 것을 알고 있고, 등장인물이 각각 무엇을 하고, 말하고, 느끼는지를 독자에게 알려주는 방식이다.

09 *Middlemarch*에서 나타나는 상징에 대한 설명으로 가장 적절하지 않은 것은?

① Lydgate가 Rosamond의 목걸이를 주워서 그녀에게 주는 장면에서 그녀의 목걸이는 족쇄이자 사슬을 의미한다.
② '뉴 병원'(New Hospital)은 미들마치의 개혁과 진보를 의미한다.
③ '모든 신화의 열쇠'는 Casaubon의 자신감과 연결하여 자기 망상의 위험성을 나타내기도 한다.
④ '모든 신화의 열쇠'는 시대에 뒤떨어진 야망의 실패를 상징한다.

09 의료 수준을 높이기 위해 Bulstrode와 의료원장인 Lydgate가 병원을 설립하고 연구를 진행하면서 언젠가는 병원 부속 의과대학도 설립하려고 계획한다. 그러나 이 병원은 지역 주민들의 저항으로 발전에 어려움을 겪는다. 미들마치의 의사 중 아무도 그곳에서 일하지 않고, 이후에는 기존의 의무실에 부속되고 만다. 이 병원은 개혁에 대해 회의적이고 진보가 어렵다는 것을 상징한다.

10 다음 중 조지 엘리엇(George Eliot)의 작품이 아닌 것은?

① *The Mill on the Floss*
② *Silas Marner*
③ *Sense and Sensibility*
④ *Adam Bede*

10 *Sense and Sensibility*는 Jane Austen의 작품이다.

정답 08 ① 09 ② 10 ③

제6장 Thomas Hardy - *Tess of the d'Urbervilles*

01 토머스 하디(Thomas Hardy)의 작품 세계에 대한 설명으로 가장 적절하지 <u>않은</u> 것은?

① 빅토리아조 당대 사회와 제도에 대해 비판하였다.
② 희생되는 개인의 존엄성과 고귀함, 삶의 가능성에 대한 비극 등을 고발하였다.
③ 인간의 삶과 행위에 있어서 가장 근원적이고 본질적인 문제에 주목하였다.
④ 인간이 그의 운명에 순응하는 모습을 극명하고 강렬한 형태로 제시하였다.

> **01** Thomas Hardy는 그의 작품에서 인간과 그의 운명 간의 싸움을 가장 극명하고 강렬한 형태로 제시하였다.

02 토머스 하디(Thomas Hardy)의 자연주의적 소설에 대한 설명으로 가장 적절한 것은?

① 비극적인 결말이지만 미래지향적인 해결책을 제시한다.
② 주어진 환경이나 운명을 개척하는 인물을 묘사한다.
③ 전체적으로 소설이 밝고 따뜻하다.
④ 과도기의 빅토리아조의 혼란의 시대를 반영하듯이, 갈등을 지닌 시대적 분위기를 표현한 갈등하는 두 세력을 내보인다.

> **02** ① 비극적인 결말이 보여주듯이 미래지향적인 해결책을 제시하지 않는다.
> ② 주어진 환경이나 운명에 의해 희생당하는 인물을 묘사한다.
> ③ 전체적으로 소설이 침울하고 비관적이다.

03 *Tess of the d'Urbervilles*에 대한 설명으로 가장 적절하지 <u>않은</u> 것은?

① 19세기 도싯 지방을 배경으로 한다.
② 농촌 소설로서 농촌 지주의 삶을 다루고 있다.
③ 비극적 양면성을 담고 있는 작품이다.
④ 당대 제도와 인습에 대한 비판을 담고 있다.

> **03** Thomas Hardy는 농촌 리얼리즘을 표현하면서 농촌 노동자의 척박하고 고된 삶을 여실히 드러낸다.

정답 01 ④ 02 ④ 03 ②

04 *Tess of the d'Urbervilles*의 주제에 대한 설명으로 가장 적절하지 <u>않은</u> 것은?

① Tess의 죽음은 패배인 동시에 승리, 파멸인 동시에 성취라는 비극적 양면성을 지닌다.
② 새로운 가치와 옛 가치 간의 갈등을 조화롭게 해결하려 했다.
③ 성에 대한 빅토리아 시대의 허위와 편견에 대해 조명했다.
④ 순결한 여인을 재물과 혈통의 희생물로 삼는 부당한 사회적 인습을 고발했다.

04 새로운 가치와 옛 가치 간의 갈등에 노출된 비극적인 인간상을 묘사했으며, 갈등을 해결하려는 작가의 시도는 찾아볼 수 없다.

05 *Tess of the d'Urbervilles*의 등장인물에 대한 설명으로 가장 적절하지 <u>않은</u> 것은?

① Alec은 개심하여 복음을 전파하는 성직자이다.
② Tess는 자신의 삶을 스스로 개척하려 하지만 잔혹한 운명을 맞이한다.
③ Angel은 이중적인 태도와 가치관을 지니고 있다.
④ Alec은 육체적으로 그녀를 유린한다.

05 Alec은 Clare 목사의 복음으로 개심자가 되어 복음을 전파하던 중 Tess를 다시 보게 되면서 예전의 모습으로 되돌아간다.

06 토머스 하디(Thomas Hardy)의 농촌 리얼리즘에 대한 설명으로 가장 적절하지 <u>않은</u> 것은?

① 19세기 중엽 영국 남부 도싯 지방의 현실을 다루었다.
② 농촌과 계급적·정신적 뿌리를 상실한 인물들을 재현하였다.
③ 농촌 현실을 무대로 사회와 역사적 맥락을 인물과 결합하였다.
④ 심리적 동기의 복합성과 모호성에 주목하였다.

06 Thomas Hardy는 19세기 중엽 영국 남부 도싯 지방의 현실을 주변의 자연환경과 유기적으로 결합하여 인물들을 재현하였다. Hardy의 농촌 소설은 변화하는 농촌과 계급적·정신적 뿌리를 상실한 인물들이 경험하는 딜레마를 표현한다. 농촌 현실을 무대로 사회와 역사적 맥락을 포착하여 형상화시켰다는 점에서 Hardy는 농촌 리얼리즘의 새로운 경지를 개척한 작가이다. 그는 심리적 동기의 복합성과 모호성들을 제거하고, 인간의 가장 기본적이고 본질적인 문제에 주목하였다.

정답 04 ② 05 ① 06 ④

07 전통적으로 문학작품에서 희생양은 자신의 운명에 대한 선택 없이 외부에 힘에 의하여 저항하지 못하는 모습을 보이지만, Tess는 희생양이 아니라 스스로의 파멸을 뚜렷하게 의식하고 선택하는 인물이다. Tess는 비록 외부의 환경적 힘에 의하여 희생되는 인물이지만 그녀의 인내심과 Angel에 대한 변치 않는 사랑으로 사회의 법칙을 어기고 승리하는 비극적 양면성을 지닌 인물이다.

07 *Tess of the d'Urbervilles*의 Tess Durbeyfield에 대한 설명으로 가장 적절하지 <u>않은</u> 것은?

① 희생양을 대변한다.
② 운명에 맞서 버티는 인내심을 나타낸다.
③ Angel에 대한 변함없는 사랑을 보인다.
④ 스스로의 파멸에 대한 선택을 하는 인물이다.

08 이 소설은 전지적 작가 시점이다.

08 *Tess of the d'Urbervilles*의 구조와 기법에 대한 설명으로 가장 적절하지 <u>않은</u> 것은?

① 7개의 대국면과 59개의 Chapter로 구성되어 있다.
② 웨섹스 소설의 중심 사상이자, Hardy의 인생관인 '내재 의지'를 엿볼 수 있다.
③ 주인공 Tess의 1인칭 시점이다.
④ 진실과 도덕성을 표현하기 위해 가벼운 어조가 먼저 사용되다가 이후 무거운 어조가 사용된다.

정답 07 ① 08 ③

제7장 Lewis Carroll - *Alice's Adventures in Wonderland*

01 *Alice's Adventures in Wonderland*에 대한 설명으로 가장 적절한 것은?

① 당대의 종교나 도덕성, 사회적 규율을 담고 있는 교육적 동화이다.
② 어른의 시각에 의하여 구성된 교훈적 목적이 담겨 있다.
③ 작품이 쓰인 당시에는 작품에 대한 인기가 없었다.
④ 등장인물들이 보여주는 주관과 개성은 기존 동화의 기준 및 의도와 확연히 구별된다.

01 *Alice's Adventures in Wonderland*는 당대의 종교나 도덕성, 사회적 규율에 대한 교육적 의도가 아닌 아이들의 순수한 즐거움을 위해서 쓰인 작품이다. 빅토리아 시대의 어린이들도 이 작품을 좋아하였고, 시간이 지남에 따라 뛰어난 작품성과 상상력으로 비평가는 물론 성인에게도 호평을 받은 문학작품이다.

02 *Alice's Adventures in Wonderland*의 저자인 루이스 캐럴(Lewis Carroll)의 주요 작품에 해당하지 <u>않는</u> 것은?

① *Silas Marner: The Weaver of Raveloe*
② *Sylvie and Bruno*
③ *The Hunting of the Snark*
④ *Through the Looking-Glass and What Alice Found There*

02 *Silas Marner: The Weaver of Raveloe*는 인간에 대한 배신감을 극복하고, 인간에 대한 사랑을 되찾게 되는 이야기를 그린 George Eliot의 작품이다.

03 *Alice's Adventures in Wonderland*에 대한 설명으로 가장 적절하지 <u>않은</u> 것은?

① 상당한 언어적 유희가 있어서 작가의 위트를 느낄 수 있다.
② 작가의 일부 언어적 표현이 번역을 통해서는 잘 전달되지 않는다는 한계가 있다.
③ 다양한 에피소드를 겪으며 작품이 진행되며, 그럼에도 일관된 해석이 용이하다.
④ 주인공 Alice의 꿈에서 현실 세계의 인물과 현상이 그녀의 무의식 상태의 요소들과 혼합된다.

03 주인공 Alice의 꿈에서 현실 세계의 인물과 현상이 그녀의 무의식 상태의 요소들과 혼합되는데, 이러한 전개는 현실에서 불가능한 이질적인 사건들이 풍부하게 전개되도록 한다. 따라서 마치 꿈꾸는 사람이 자신의 세계에서 다양한 에피소드를 경험하는 방식으로 진행되며, 이는 일관된 해석을 어렵게 한다.

정답 01 ④ 02 ① 03 ③

04 Alice는 점점 돼지로 변해 가는 아이의 모습을 보면서 아기(baby)라는 말 대신에 생물(creature)이라는 말을 사용하는데, 보통 생물(creature)은 인간뿐만 아니라 모든 동물을 지칭하는 단어로 쓸 수 있다. 따라서 이는 돼지로 변하는 아기의 모습을 통해 진화론에 대한 당대 사람들의 두려움을 표현했다고 볼 수 있다. 즉, 인간은 신의 고귀한 창조물이라는 신념이 무너지고 더 이상 동물보다 우월한 종이 아닐 수도 있다는 진화론에 대한 두려움이 드러나는 장면이다.

04 Alice's Adventures in Wonderland에 대한 설명으로 가장 적절하지 않은 것은?

① 작가는 난센스와 패러디, 풍자를 통해 급격히 변화하는 사회의 모습을 드러낸다.
② 인간은 신의 고귀한 창조물이라는 신념을 담고 있다.
③ Alice가 겪는 신체 크기의 변화는 구질서가 무너진 상황에서 사람들이 겪었던 정체성 혼란을 의미한다.
④ 작가의 사회 현실 반영은 동화로서 즐거움과 의미를 줄 뿐 아니라 성인들의 흥미를 얻기에도 충분하다.

05 이 작품이 집필되던 당시를 살펴보면, 이미 당연하게 여겨진 개념들(이를테면 점진적인 성장과 발달, 계층화되고 계급화된 사회, 동물과 인간의 당연한 계층적 관계, 그 결과로 안정된 인간의 정체성과 같은 관념)이 다윈(Darwin)의 진화론으로 인해 종교적 신념이 혼란스러워지고 사회구조가 급격히 변화하면서 흔들리고 있었다. 즉, 절대적인 진리가 무너지는 당시 상황을 보여준다.

05 Alice's Adventures in Wonderland의 배경은 빅토리아 시대이다. 이 시기에 대한 설명으로 가장 적절하지 않은 것은?

① 계층화되고 계급화된 사회와 관계가 유지되면서 안정된 인간의 정체성 실현이 가능했다.
② 관습적인 도덕성과 예의는 점잖은 척하는 풍조를 일으키기도 하였다.
③ 영원하고 일관된 정체성이라는 진리는 사라지게 된다.
④ 당대에 주목받았던 다윈의 진화론은 종교적 신념을 흔들리게 했다.

정답 04 ② 05 ①

06 *Alice's Adventures in Wonderland*의 등장인물 중 날짜는 표시되지만 시간은 표시되지 않는 시계를 갖고, '시간'을 '인물'로 취급하는 인물은?

① 흰 토끼(The White Rabbit)
② 미치광이 모자 장수(The Mad Hatter)
③ 하트 여왕(The Queen of Hearts)
④ 공작부인(The Duchess)

06 미치광이 모자 장수는 이상한 나라의 유명한 티 파티(다과회)에 등장하는 인물이다. Alice와 처음 만났을 때, 삼월의 토끼와 함께 언제나 오후 6시로 고정된 다과회에서 차를 끝없이 마시고 있었다. 시간에 대한 그의 개념은 다른 사람들과 완전히 다른 관점이다. 날짜는 표시되지만 시간은 표시되지 않는 시계를 갖고, '시간'을 '인물'로 취급한다. 모자 장수는 만약 지금 곧 수업 시간인 것이 싫다면 시간에게 이야기해서 시계 바늘을 점심시간으로 돌릴 수 있다고 한다. 그리고 그 점심시간을 아주 오랫동안 놔둘 수 있다고도 한다. 그래서 모자 장수의 시간은 언제나 6시이고, 티 파티를 계속할 수 있다.

07 *Alice's Adventures in Wonderland*의 등장인물 중 "저놈의 목을 베어 버려라!"(Off with his head!)라는 말을 계속하며, 이유도 없이 사람을 사형시키라고 하는 인물은?

① 앨리스(Alice)
② 공작부인(The Duchess)
③ 하트 여왕(The Queen of Hearts)
④ 하트 왕(The King of Hearts)

07 하트 여왕은 "저놈의 목을 베어 버려라!"(Off with his head!)라는 말을 계속하며, 이유도 없이 사람을 사형시키라고 한다. 이 밖에도 "재판은 나중에 하고 우선 판결부터 내려라."와 같은 말을 하기도 한다. 하트 여왕은 트럼프 병정들로 골대를 만들고, 홍학으로 고슴도치를 치는 크로케 경기를 한다. 그런데 그 경기 중에도 자신의 성질을 참지 못하고 "목을 베어 버려라!"라고 마구 외치는 바람에 결국 경기가 끝날 즈음에는 여왕과 Alice만 남는다. 마지막 부분에 Alice가 자신에게 대들자 Alice를 당장 사형시키려고 했으나, 그 순간 Alice가 꿈에서 깨어나며 이야기는 그렇게 끝이 난다.

정답 06 ② 07 ③

08 Lewis Carroll의 언어유희의 특징은 철자 바꾸기, 단어의 재창조, 말장난, 동음이의어의 활용 등으로 표현된다는 것이다.

08 *Alice's Adventures in Wonderland*의 구조와 기법에 대한 설명으로 가장 적절하지 <u>않은</u> 것은?

① 총 12장으로 구성되어 있다.
② 전통적인 아동문학의 구조인 '집-떠남-모험-집'의 회귀적 구조에 기초한다.
③ 많은 패러디와 언어유희와 상징들이 담겨 있다.
④ Lewis Carroll의 언어유희의 특징은 말장난 같은 어휘로만 표현된다는 것이다.

09 애벌레는 성장의 의미를 가장 상징적으로 잘 보여주는 존재이며, 성숙하기 위해 일종의 '죽음'을 거쳐야 하는 창조물이다. 애벌레는 마치 인생의 모든 것을 잘 알고 있는 어른처럼 행동하지만, 자연의 세계에서는 아직 변태를 거치지 않은 애벌레일 뿐이고, 성숙한 나비가 되기 이전의 어린 상태이다. 애벌레는 Alice가 혼란스러운 자기 자신을 극복하고 자아 정체성을 찾으려면 타인의 도움이 아니라 <u>스스로의 힘</u>으로 해야 함을 의미한다.

09 *Alice's Adventures in Wonderland*에서 성장의 의미를 잘 보여주는 존재이며, 성숙하기 위해 일종의 '죽음'을 거쳐야 하는 창조물을 상징하는 것은?

① 앨리스(Alice)
② 흰 토끼(The White Rabbit)
③ 체셔 고양이(The Cheshire Cat)
④ 애벌레(The Caterpillar)

정답 08 ④ 09 ④

제 2 편

19세기 미국소설

제1장	19세기 미국소설의 개관
제2장	Edgar Allan Poe - "The Cask of Amontillado"
제3장	Nathaniel Hawthorne - *The Scarlet Letter*
제4장	Herman Melville - *Billy Budd, Sailor*
제5장	Mark Twain - *The Adventures of Huckleberry Finn*
제6장	Henry James - *The Portrait of a Lady*
제7장	Kate Chopin - *The Awakening*
실전예상문제	

교육은 우리 자신의 무지를 점차 발견해 가는 과정이다.

– 윌 듀란트 –

 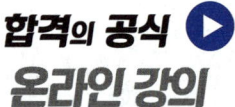

보다 깊이 있는 학습을 원하는 수험생들을 위한
시대에듀의 동영상 강의가 준비되어 있습니다.

www.sdedu.co.kr → 회원가입(로그인) → 강의 살펴보기

제 1 장 | 19세기 미국소설의 개관

1 로맨스(romance)

초기의 미국 작가들은 영국의 소설을 모방하여 작품을 썼지만 점점 독자적인 길을 감에 따라 영국소설과 구분되는 로맨스(romance)가 등장하였다. 현실을 바탕으로 인간관계의 전개 과정을 표현하는 소설(novel)과 달리, 로맨스는 현실에 대한 구체적인 설명 없이 마치 중세 시대의 문학처럼 자유로운 서사(narrative)를 보인다는 것을 특징으로 한다. 로맨스는 기존의 소설과 달리 인물의 특성보다는 신비로움 속에서 전개되며, 등장인물 또한 현실적이지 못하고 이상적이다. 로맨스는 독특한 소설 미학과 보편적인 진실, 존재론적 문제를 탐색하는 노력을 담고 있다.

2 영국소설과의 차이점

미국소설은 영국소설의 모방에서부터 시작되었지만 시간이 흐르면서 독자적인 면모를 갖는다. 그 이유는 유럽에서 신대륙으로 건너온 이들의 경험과 미국의 자연환경에서 비롯된 미국만의 독특한 의식 때문이다. 미국 작가들의 이러한 독특함은 역사적인 사실에서 그 이유를 찾을 수 있다. 또한 미국소설이 영국소설과 달리 로맨스적 요소를 지니게 된 것은 Richard Chase가 지적한 것처럼 미국 소설가들이 지닌 그들 특유의 현실과 연결 지을 수 있다.

(1) 초기의 미국 작가들은 영국소설을 모방하면서 작품을 쓰기 시작하였지만, 소설 속에 담아야만 하는 미국적 특성과 고유한 역사 및 문화적 경험은 영국소설과의 차이를 피할 수 없었다. 즉, 조화나 중용을 주제나 결과로 지향하는 영국소설과는 그 흐름을 달리하게 된다. 신대륙에 상륙한 미국인들과 그들의 후예들에게는 청교주의와 미서부의 개척, 그리고 흑인 노예 문제와 남북전쟁, 민주주의 제도라는 미국만의 독특한 환경적 요인이 크게 작용할 수밖에 없었다.

(2) Yvor Winters와 다른 몇몇 비평가들의 지적에 따르면, 미국 뉴잉글랜드 지역을 중심으로 하는 청교주의가 Nathaniel Hawthorne이나 Herman Melville과 같은 작가들에게 강한 영향을 주었을 뿐 아니라, 미국인의 의식에도 깊이 뿌리내렸다. 미국의 청교주의는 문학적인 상상력에 의하여 '신의 선택을 받은 자와 받지 못한 자', '빛과 어둠', '선과 악'이라는 이분법적인 사고와 상상력을 이끌면서 미국 작가들에게도 이러한 문학적 감성을 심어 주었다. 미국 작가들은 뉴잉글랜드의 청교주의처럼 선과 악의 갈등으로 이루어진 인간적 소외 및 무질서에 관심을 기울였다. 미국소설에 지배적으로 나타나는 빛과 어둠에 대한 상징은 그 근원이 미국 특유의 역사적 · 종교적 분위기에서 비롯되었다.

3 대표 작가들

(1) 찰스 브록덴 브라운(Charles Brockden Brown, 1771~1810)

미국소설의 시작은 Charles Brockden Brown으로 거슬러 올라간다. 이 작가의 작품은 서술 방식이나 어조, 주제 면에서 다소 제한적이다. Brown의 소설에는 미국적인 로맨스의 중요한 특징인 멜로드라마적 요소가 생생하게 나타난다. Brown은 미국 문학사에서 멜로드라마를 소설에 진지하게 사용한 최초의 작가이며, 다음 세대의 로맨스 소설 작가들에게 큰 영향을 미쳤다.

1798년부터 1801년 사이에 그는 *Wieland*, *Ormond*, *Edgar Huntly*, *Arthur Mervyn*, *Clara Howard*, *Jane Talbot* 등 6권의 소설을 집필하였다. 이 중 *Wieland*는 아름다움과 공포를 특색으로 하며 지적인 면도 상당히 지니고 있는 소설로, 그의 가장 대표적인 작품으로 평가받고 있다. 그러나 이 작품은 그의 다른 소설들처럼 작품의 구성에 있어서 통일성이 없다. 그의 소설은 자극적인 소재로 전개되므로 독자의 호기심과 흥미를 이끌어 내지만, 작품 구성의 완성도와 일관된 흐름이 부족하기 때문에 훌륭한 소설이라고 보기는 어렵다. 그러나 James Fenimore Cooper와 Nathaniel Hawthorne이 Brown의 소설에서 나타나는 강렬한 묘사와 설명에 주목한 바와 같이 그의 작품은 아름다움과 공포의 분위기를 잘 살린다는 특징이 있다.

(2) 워싱턴 어빙(Washington Irving, 1783~1859)

Washington Irving은 미국 문학의 개척을 행한 인물이다. 그는 영국 소설가인 Oliver Goldsmith와 영국 수필가 Joseph Addison을 모방하면서 집필을 시작하였다. Irving의 감상적인 수필에는 인생을 바라보는 즐거움과 생동감, 해학이 담겨 있다. 그래서 그의 글에는 미국적인 쾌활함과 당시 유행한 낭만적인 영국수필의 향수가 함께 담겨 있다. Irving의 이러한 글쓰기 특징은 『신사 제프리 크레용의 스케치북』(*The Sketch Book of Geoffrey Crayon, Gent*, 1819~1820)에서 살펴볼 수 있는데, 이 작품은 수필, 인물 묘사, 단편소설 등으로 구성된 그의 대표적인 작품이다. 여기서 작가는 책에서 배운 지식과 실제 삶에서 얻은 경험을 결합하면서 생생한 관찰의 기법을 가미하여 작품을 전개하지만 이 작품은 주제의 연속성이나 중심적인 의도, 통일성을 지니지 않는다. 그럼에도 이 작품 특유의 친근함은 보편적이면서도 독자의 흥미를 이끈다.

(3) 제임스 페니모어 쿠퍼(James Fenimore Cooper, 1789~1851)

James Fenimore Cooper는 Charles Brockden Brown처럼 미국 문학의 전통을 세우는 데 중대한 영향을 끼친 작가이다. 그는 미국 인디언의 삶의 방식을 그린 최초의 미국 작가이다. Cooper의 소설을 보통 '가죽 스타킹 이야기'(Leather Stocking Tales)라고 부르는데, *The Pioneers*(1823), *The Last of the Mohicans*(1826), *The Prairie*(1827), *The Pathfinder*(1840), *The Deerslayer*(1841)의 순서로 총 5권이다. 이 작품은 주인공 Natty Bumppo의 일대기를 다룬다. Natty Bumppo는 미국 개척 지역에서 살고 있는 인물로, 척박한 황야에서 살아가면서 미국의 이상적인 모습을 보여주는 인물이다. Natty Bumppo는 소년 시절의 Cooper가 기억하는 몇몇의 실제 인물의 모습들을 그리며 만든 인물로서 미국의 도덕적 이상을 낭만적인 방식으로 보여준다. 그의 소설은 등장인물에 대한 구체적이고 일관적인 설명과 묘사가 부족하며, 소설의 구성이나 전개에서 통일성도 부족하다. 이러한 점을 두고 비평가들은 그의 소설의 문학적 가치와 의미에 대한 의문을 가지기도 하였으나, 여전히 그의 작품은 독창적인 미국의 고전으로 알려져 있다.

(4) 나다니엘 호손(Nathaniel Hawthorne, 1804~1864)

Nathaniel Hawthorne은 미국 문학의 르네상스를 일으킨 최고의 작가이다. 그는 소설의 소재로 뉴잉글랜드 청교주의 신앙과 삶을 다룬다. 이러한 소재에 대한 Hawthorne의 태도는 초연하고 비판적이며 회의적이다. 그의 작품의 중심 주제는 종교적 관점에서 비롯된 인간의 죄의 유무가 아닌, 초기 미국에 온 이주민의 생활에 큰 영향을 미친 죄의식에 대한 심리에 관한 것이다. 그의 이러한 태도는 고향인 세일럼의 역사와 그곳에 이주한 청교도들의 생활에 대한 관찰에서 시작되었다. 그는 청교도들이 초기 미국에 온 이민자들에게 설교하는 죄와 벌을 항상 현실과 연결시켰고, 이것이 그로 하여금 죄의식에 휩싸인 인간에 대한 연민을 갖게 했다.

Hawthorne의 작품의 전체적인 창작 양식은 그와 동시대인 빅토리아 시대 작가들과 비교하면 적잖은 차이를 보인다. Hawthorne은 미국소설의 주된 특징으로 로맨스적 양상을 말하면서, 그의 작품은 동시대의 영국의 사실주의적 소설보다 상징성이나 로맨스적인 특징이 두드러진다.

(5) 허먼 멜빌(Herman Melville, 1819~1891)

Herman Melville은 Nathaniel Hawthorne과 함께 미국소설의 르네상스를 불러일으킨 작가이다. Melville의 문학적 특징은 인간의 내면세계를 탐색하는 것에서 시작된 것이지만 그의 개인적 경험과도 연결된다. Melville의 작가적 특징은 여러 관점에서 말할 수 있지만 그중 하나는 민주주의에 대한 관심이다. 당시 미국은 모든 국민이 기본적 인권과 자유를 가진 민주적 계몽주의를 실현해 나가고 있었다. 그러나 Melville은 미국을 포함한 서구 열강들이 계몽이라는 이름으로 자행하는 제국주의적 만행을 목격하고 이를 고발한다. 그는 작품 전체에서 민주주의의 이상과 미국의 현실 사이의 괴리를 심도 있게 파헤친다. Melville은 *Moby-Dick*, *Pierre*, *The Confidence-Man* 이 세 작품에서 미국의 국가, 시민사회, 가정의 영역을 탐구하였으며, 미국 사회의 전반적인 모순을 파헤쳤다. 그의 대표작으로는 *Typee*(1846), *Omoo*(1847), *Mardi*(1849), *Redburn*(1849), *White-Jacket*(1850), *Moby-Dick*(1851) 등이 있다.

(6) 헨리 제임스(Henry James, 1843~1916)

Henry James는 기존의 방식과는 다른 새로운 소설 기법에 대한 관심이 두드러졌던 작가이다. 그는 도덕적이고 윤리적인 문제를 다루면서 세련된 서술 방식에 대한 시도를 하였다. 특히 James는 작품에서 기존 소설에서 당연시되었던 전지적 관점의 서술 방식이 아닌 제한적인 시점을 활용하여 실험하였다.

(7) 셔우드 앤더슨(Sherwood Anderson, 1876~1941)

Sherwood Anderson은 영국 빅토리아 시대 특유의 관습과 가식적인 태도, 중산층의 억압, 청교도적 위선, 인간의 편협함 등을 꼬집으며, 보다 자유롭게 깨달음의 삶을 그린다는 특징을 지닌다. 그의 대표작으로는 *Winesburg, Ohio*(1919)와 *The Triumph of the Egg*(1921)가 있다. 그는 인생에 대한 묘사와 억압된 욕망의 고통, 파멸하는 인물, 그리고 고통받는 자들에 대한 여러 시선 등을 소설에 담고 있다. *Winesburg, Ohio*에서 Winesburg 사람들은 말할 수 없는 개인적인 어떤 것에 사로잡힌 채 무서운 표정을 짓고 있다. 억압받는 그들의 감정은 독자의 시선을 이끌고 동정을 일으킨다.

(8) 어니스트 헤밍웨이(Ernest Hemingway, 1899~1961)

Ernest Hemingway는 *In Our Time*(1924), *The Sun Also Rises*(1926), *A Farewell to Arms*(1929), *For Whom the Bell Tolls*(1940), *The Old Man and the Sea*(1952) 등과 같은 작품을 발표함으로써 실존적인 문학 세계를 선보였다. 간결한 문체와 객관성, 허무주의는 그의 작품의 대표적인 특징이다.

(9) 윌리엄 포크너(William Faulkner, 1897~1962)

노벨 문학상 수상자인 William Faulkner는 '의식의 흐름 기법'(Stream of Consciousness)을 사용하여 *The Sound and the Fury*(1929), *Light in August*(1932), *Absalom, Absalom!*(1936) 등을 집필하였다. Faulkner의 작품은 미국 남부를 배경으로 한다는 특징이 있다. 그는 극적인 효과를 위하여 소설에 고딕적인 요소를 담는다. Faulkner의 소설에서 흑인 노예에 대한 죄의식도 큰 특징 중 하나로 찾아볼 수 있다. 그의 작품은 미국의 남북전쟁 이후 남부의 몰락과 타락을 그리지만, 그의 의도는 남부의 사라진 영광에 대한 충격을 묘사하는 것에 그치지 않고 무의식의 영역까지 확대시킨다.

제 2 장 | Edgar Allan Poe
– "The Cask of Amontillado"

| 단원 개요 |

생매장, 이중적인 태도와 같은 소재를 담고 있는 "The Cask of Amontillado"는 기이한 현실과 이상심리의 근원을 탐색하는 작품이다. Edgar Allan Poe가 소설로서 프로이트 이론이 출현하기 이전 이미 인간의 무의식의 영역을 그렸다는 점에서 놀라운 독창성을 지닌다.

| 출제 경향 및 수험 대책 |

50년이 지나 Montresor가 회상하는 형식으로 기술된 "The Cask of Amontillado"는 Poe의 다른 작품에서도 되풀이되는 생매장의 소재가 등장한다. 작품에서 생매장이라는 소재에는 인간의 원초적인 도착성과 더불어 끊임없이 회귀하는 억압된 무의식의 표상으로서 증오의 대상을 완전히 없애 버리는 동시에 반대로 끝까지 잡아 두려는 욕망의 표출이 담겨 있음을 인지하고 작품을 볼 필요가 있다.

제1절　작가의 생애

에드거 앨런 포(Edgar Allan Poe, 1809~1849)는 1809년 1월 19일 보스턴 유랑 극단 배우인 Elizabeth Arnold Hopkins와 David Poe Jr.의 둘째 아들로 태어났다. 평소에도 술에 취한 채 무대 위를 오르던 아버지 David는 Poe가 2살이 되기 전이자 여동생 Rosalie가 태어난 직후인 1810년 12월에 가출했다. 홀로 아이들을 키우려 무리하게 무대 일을 하던 어머니 Elizabeth마저 1811년 12월에 결핵으로 사망하고, 고아가 된 Poe와 그의 형제들은 뿔뿔이 흩어지게 되었다. Poe는 Richmond에서 부유한 사업가인 John Allan의 양자가 되었다. 양부 Allan은 Poe에게 한 푼의 유산도 물려주지 않을 정도로 Poe와 사이가 좋지 않았으나, 부유하고 교육열이 높았던 양부 덕분에 그는 일찍이 사립학교에서 William Shakespeare나 Walter Scott 등의 고전을 접할 수 있었다.

1826년 Poe는 버지니아 대학에 입학하여 그곳에서 학업 우수상을 받기도 하였으나, 음주와 도박에 빠져 빚이 2,000달러에 이르자 양부는 Poe를 강제로 중퇴시켰다. 그 후 그는 군에 입대하여 육군사관학교에 입학하였으나, 양부인 Allan의 재혼과 더불어 Poe에 대한 지원이 끊기자 그는 고의로 사고를 내고 퇴교를 당하였다. 그러는 동안 그는 3권의 시집을 출판하기도 하였으나, 대중에게 아무런 인상을 주지 못했다. 이후 그는 산문으로 전향하여 단편으로 상을 받기도 하고, 몇몇 잡지의 편집을 맡기도 하였다. "The Raven"(1845)을 발표하면서 그는 마침내 시인으로서 인정받게 되었으나, 그의 개인적 시련은 날로 심각해졌다. 그는 어디서나 정당한 보수를 받지 못하였고, 그의 어린 사촌 누이 Virginia와의 결혼은 그의 빈곤을 더욱 압박하였다. 그녀가 사망할 때(1847)까지의 5년 동안 그는 아내를 돌보며 궁핍한 생활을 하였고 술에 빠지게 되었다. 그는 길 위에서 의식을 거의 잃은 채로 발견되어 바로 병원으로 옮겨졌으나, 결국 1849년 10월 7일 40세의 나이로 숨을 거두었다.

제2절 작품 세계

1 작품 세계

(1) Edgar Allan Poe에 대한 견해

오늘날 Poe를 가리켜 '추리소설(detective fiction)의 개척자, 미국 문학사에 단편소설 장르를 확립한 작가, 프랑스 상징주의 시인들을 열광시킨 시인, 전 세계적으로 인정받은 최초의 미국 작가'라고 한다. 특히 Poe는 "창작이 실패한다면 그것은 이론이 불완전하기 때문이다."라고 하면서 **창작과 이론의 일치를 주장**한 문학 이론가로서 20세기 신비평의 기초를 마련하였다.

(2) Edgar Allan Poe의 문학 세계 _{중요}

① 비평

미국 문학 비평에 있어서 Poe가 한 노력은 상당히 크다. 그는 시를 'The Rhythmical Creation of Beauty'라고 정의하며, 아름다움과 아름다움을 감상하는 심미안, 그리고 그 아름다움이 주는 즐거움을 제공해 주는 것이 시인의 주된 역할이라고 주장했다.

그는 단편소설에 대해서도 시와 비슷한 이론을 제시하면서 **문학 형식에 대한 공헌**을 하였다. 그는 단편소설이나 시는 한자리에서 중단 없이 읽을 수 있을 만큼 짧아야 한다고 주장하며, 이 간결함으로부터 강렬한 단일 효과를 얻을 수 있다고 하였다.

문학 이론은 전통적으로 모방 이론(imitative theory), 표현 이론(expressive theory), 정서 이론(affective theory)으로 구분할 수 있다. 이 이론에 근거한다면 Poe의 문학 이론은 '정서 이론'에 초점이 맞추어져 있다. 모방 이론이 문학적 재현의 대상에 주목하고, 표현 이론이 문학적 재현의 대상을 표현하는 것에 초점을 둔다면, 정서 이론은 작가의 감정적 표현보다도 문학작품이 독자에게 미치는 정서적·감정적 효과에 중심을 둔다. 다시 말하면, 정서 이론은 작가가 독자에게 심리적으로나 정서적으로 효과를 불러일으키는 데 목적을 두어야 한다는 것이다. Poe의 문학 세계는 위에서 언급한 문학 이론 중에서 정서 이론에 가깝다고 볼 수 있다. 그는 정서적 효과를 극대화시키기 위해 주제나 플롯, 문체나 길이 등과 같은 다양한 요소를 모두 연결하는 유기적 문학 이론을 주장하였다. 이렇듯 Poe가 독자에게 미치는 정서적·감정적 효과에 주목하는 것은 그가 문학의 목적을 진리가 아닌 즐거움으로 보았기 때문이다. 그는 *Letter to B*(1836)에서 "시의 직접적인 목적이 진리가 아니라 즐거움이란 점에서 시는 과학적인 작품과 반대된다(A poem, in my opinion, is opposed to a work of science by having, for its immediate object, pleasure, not truth)."라고 말하며 자신의 문학적 관점을 피력하였다.

② Poe의 문학

Poe는 시와 소설의 목적이 강렬하고도 순수한 영혼의 고양에서 비롯된다고 보았다. 그는 그 고양된 순간을 포착하기 위해 문학작품의 길이를 제한하거나 소재를 규정하였고, 작품에 사용되는 언어의 사용을 제어하는 등 창작의 범주를 설정하였다. 예를 들어, 일시적일 수밖에 없는 강렬한 흥분 상태를 표현하기 위해 시의 경우 길이는 100줄 정도가 적절하며, 소설의 경우 분량이 30분이나 한두 시간 정도가 적절하다고 보았다. 다시 말하자면 Poe는 적당한 길이의 간결한 산문이나 시가 단일성을 획득하여 독자에게 더욱 강렬한 인상을 줄 수 있다고 보았다. 예컨대 Poe는 그의 시 「The Valley of Unrest」(1831)를 집필할 때, 1831년에 46행이었던 것을 14년 정도가 지난 후 27행으로 축소시키는 등 계속되는 수정으로 시의 언어를 더욱 강력하게 하였다. 그가 *Twice-Told Tales*의 서평에서 "창작 과정 중에는 작가가 의도한 효과를 나타내지 못할 단어는 단 한 단어도 사용해서는 안 된다."라고 말한 것에서도 알 수 있듯이, Poe는 작품의 단일성을 획득하기 위해 치밀한 언어 사용에 주목하였다. 또한 소재를 선택할 때도 독자의 즐거운 감정을 환기시킬 수 있도록 문학적 독창성이 요구되며, 그 독창성은 곧 진귀함에 있기 때문에 진귀함을 추구해야 한다고 보았다. Poe는 음악성이 시가 갖추어야 할 최고의 미덕이라고 주장하며 리듬감을 살리기 위한 정교한 시적 장치(예 두운, 각운, 압운과 각 절의 반복 등)를 사용하였는데, 이러한 점 역시 독자에게 미칠 미적 효과에 주목하였기 때문이다. 이처럼 Poe는 독자의 정서적 효과라는 목적을 향해 시와 소설 각 장르의 소재와 언어 선정, 그리고 작품의 길이 등 문학 구성 요소들을 집중시켰다. Poe가 미학과 도덕의 결합을 우선시하였던 당대의 미국 문학의 흐름에서 벗어나 **시 자체를 위한 시, 예술 자체를 위한 예술**을 주장한 것은 프랑스 상징주의 미학의 원형이 되었을 뿐 아니라, 20세기 신비평에도 그 영향을 주었다.

2 주요 작품

(1) 시

① 「To Helen」(1831)
② 「The Raven」(1845)
③ 「Annabel Lee」(1849)

(2) 단편소설

① "Ligeia"(1838)
② "The Fall of the House of Usher"(1839)
③ "The Murders in the Rue Morgue"(1841)
④ "The Tell-Tale Heart"(1843)
⑤ "The Gold-Bug"(1843)
⑥ "The Black Cat"(1843)
⑦ "The Purloined Letter"(1844)
⑧ "The Cask of Amontillado"(1846)

(3) 소설

The Narrative of Arthur Gordon Pym of Nantucket(1838)

제3절 "The Cask of Amontillado"의 줄거리

소설의 첫 부분에서 작품의 화자인 '나'(Montresor)는 Fortunato를 살해해야 하는 이유를 '더 이상 참을 수 없는 모욕' 때문이라고 말한다. 그는 자신의 복수 행위에 있어서 자신에게는 전혀 위험이 따르지 않으면서 상대방(Fortunato)을 살해할 잔인한 방법까지 치밀하게 계획한다.

사육제(축제)가 한창일 때, Montresor는 우연히 길거리에서 광대 옷을 입고 있는 Fortunato와 마주친다. Montresor는 아몬틸라도 술의 맛에 대한 감정을 미끼로 Fortunato를 자신의 집 지하실로 유인한다. Montresor는 만약 안 된다면 다른 친구에게 부탁하겠다고 심리적으로 교묘하게 그를 이끌며 조금씩 꾀어내서는 함께 지하실로 향한다.

지하실로 가면서 Montresor와 Fortunato는 독한 술을 조금씩 마시고, 이에 Fortunato는 점점 술에 취한다. 둘은 지하실 끝에 도착하고 Montresor는 아몬틸라도를 찾는 Fortunato에게 아몬틸라도가 없다고 말한다. 지하실에 아몬틸라도 술통이 있다는 것은 거짓이었다. Montresor는 술에 취해서 몸도 못 가누는 Fortunato를 기습했다. 그러고는 지하실 밑바닥 동굴 안쪽에다가 쇠사슬로 묶고, 그가 보는 앞에서 벽돌을 하나하나 천천히 쌓아가며 Fortunato를 가둔 채 동굴을 막기 시작한다. Fortunato는 자신을 매우 천천히 가두는 광경을 지켜보면서 처음엔 술에 취해서 꿈을 꾸는 거라며 현실도피를 한다. 하지만 이내 점점 위기를 느끼고 괴성을 지르며 위협하거나 살려 달라며 애처롭게 빈다. 그러나 Montresor는 Fortunato와 똑같이 괴성을 지르거나 상냥한 어투로 그의 요청을 거절하며 계속 벽돌을 쌓는다. 결국 Fortunato의 모자에 달린 방울 소리(죽어서 목이 툭 꺾이는 소리)를 마지막으로 그는 조용해진다. Montresor는 이 동굴이 적어도 50년간은 발견되지 않을 것이라고 말하며, 마지막 한 마디를 덧붙인다. "편히 잠들기를!"(Rest in Peace)

제4절 작품의 주제

이름을 알 수 없는 이탈리아의 한 도시에 어느 해인지 알 수 없지만 사육제 기간을 배경으로 삼고 있다. 주인공은 자신을 모욕했다고 생각되는 친구에게 죽음으로 복수하려고 한다. Poe는 흥겨운 사육제 축제가 열리는 상황과 어두운 지하실에서 벌어지는 살인을 대조적으로 연출하면서 **인간의 내면에 존재하는 사악함과 이중성에 대한 통찰**을 하게 한다.

제5절 등장인물

1 Montresor

작품의 화자로, 인간의 심리를 잘 파악하고 이용할 줄 아는 인물이다. Fortunato의 모욕적인 태도를 참을 수 없어 한다. 완벽한 범죄를 위해 하인을 내보내야 하는 상황에서 하인을 내보내려 하지 않고 오히려 집을 잘 지키라고 하며 집을 떠날 상황을 연출한다. 즉, 그는 하인들이 자신이 없는 사이에 집 밖으로 나갈 것을 예상할 만큼 인간의 심리를 잘 꿰뚫어 보고 이를 이용하는 인물로, 복수를 위해 치밀한 계획을 세운다.

2 Fortunato

술에 대해 감정을 잘하며 지식이 풍부하다고 큰소리치는 인물인데, 바로 이 점 때문에 Montresor에 의해 죽음을 맞는다. Montresor에게 심한 말을 하기도 하고 모욕을 주기도 하였다. 속물적인 인물이다.

제6절 작품의 구조와 시점

1 구조

Poe의 다른 소설들과 마찬가지로 이 작품도 19세기 환상적 색채가 강하며, 생매장이 주요 소재이다. 18세기 축제가 벌어지던 어느 날 이탈리아 어느 도시의 Montresor 저택의 지하실에서 앙심을 품은 Montresor가 생매장으로 Fortunato를 죽인 것을 50년 후 회상하는 형식으로 쓰인 작품이다.

2 시점

살인자가 주인공이자 서술자인 1인칭 소설이다. 1인칭 시점을 사용하여 몰입도를 높이고 극적인 효과를 자아낸다. 주인공의 내면 심리 파악이 가능하고, 사건을 보다 설득적으로 전달할 수 있다. 또한 주인공의 심리적 불안감과 정신분열적 모습 역시 효과적으로 전달된다.

제7절　작품의 기법

(1) catacomb는 지하 묘지 또는 포도주 저장실이다. 이 작품의 주요 배경이며, 음산한 이미지를 그린다.

(2) 아이러니한 요소가 자주 등장한다. Fortunato는 이탈리아어로 The Fortunate one을 의미하지만 좋은 의미의 이름임에도 불구하고 친구에게 생매장을 당한다. 외부는 축제(carnival)로 들떠 있지만 지하에서는 살인이 벌어진다. Fortunato는 광대와 같은 우스꽝스러운 복장을 하고 있지만 비참한 최후를 맞는다. Fortunato가 죽으면서 목이 꺾일 때 나는 방울 소리는 방울의 밝은 이미지와 대조되는 죽음을 나타내는 소리이다.

(3) 안(inside)과 밖(outside)의 대조적 이미지가 나타난다. 밖은 축제로 인해 활기차고 들떠 있지만, 지하는 어두우며 생명력이 없는 분위기이다. 이 둘의 상반된 이미지는 인간의 내면을 암시한다. 밖(outside)은 인간의 의식의 세계이지만 안(inside)은 인간의 무의식의 세계로서, 작가는 인간 내면의 이중성을 통찰하며, 분열된 자아를 감추고 지하 깊이 숨겨둔 어두운 내면을 그린다. 중요

(4) 마지막에 돌을 집어넣고 주변에 해골을 쌓는 장면은 살인에 대해 거리낌이 없는 인간의 사악한 모습을 나타낸다.

제8절　"The Cask of Amontillado"

　THE THOUSAND INJURIES of Fortunato I had borne as I best could, but when he ventured[1] upon insult I vowed revenge. You, who so well know the nature of my soul, will not suppose, however, that I gave utterance to a threat. At length I would be avenged; this was a point definitely, settled—but the very definitiveness with which it was resolved precluded the idea of risk. I must not only punish but punish with impunity. A wrong is unredressed when retribution[2] overtakes its redresser. It is equally unredressed when the avenger[3] fails to make himself felt as such to him who has done the wrong.

　It must be understood that neither by word nor deed had I given Fortunato cause to doubt my good will. I continued, as was my wont to smile in his face, and he did not perceive that my smile now was at the thought of his immolation.

　He had a weak point—this Fortunato—although in other regards he was a man to be respected and even

---

1) venture : 감히 ~하다
2) retribution : 보복, 처벌
3) avenger : 보복자

feared. He prided himself on his connoisseur-ship in wine. Few Italians have the true virtuoso spirit. For the most part their enthusiasm is adopted to suit the time and opportunity, to practise imposture upon the British and Austrian millionaires. In painting and gemmary, Fortunato, like his countrymen, was a quack, but in the matter of old wines he was sincere. In this respect I did not differ from him materially;—I was skilful in the Italian vintages[4] myself, and bought largely whenever I could.

It was about dusk, one evening during the supreme madness of the carnival season, that I encountered my friend. He accosted me with excessive warmth, for he had been drinking much. The man wore motley. He had on a tight-fitting parti-striped dress, and his head was surmounted by the conical cap and bells. I was so pleased to see him that I thought I should never have done wringing his hand.

I said to him—"My dear Fortunato, you are luckily met. How remarkably well you are looking to-day. But I have received a pipe of what passes for Amontillado, and I have my doubts."

"How?" said he. "Amontillado, A pipe? Impossible! And in the middle of the carnival!"

"I have my doubts," I replied; "and I was silly enough to pay the full Amontillado price without consulting you in the matter. You were not to be found, and I was fearful of losing a bargain."

"Amontillado!"

"I have my doubts."

"Amontillado!"

"And I must satisfy them."

"Amontillado!"

"As you are engaged, I am on my way to Luchesi. If any one has a critical turn it is he. He will tell me—"

"Luchesi cannot tell Amontillado from Sherry."

"And yet some fools will have it that his taste is a match for your own."

"Come, let us go."

"Whither?"[5]

"To your vaults."

"My friend, no; I will not impose upon your good nature. I perceive you have an engagement. Luchesi—"

"I have no engagement;—come."

"My friend, no. It is not the engagement, but the severe cold with which I perceive you are afflicted. The vaults[6] are insufferably damp. They are encrusted with nitre."[7]

"Let us go, nevertheless. The cold is merely nothing. Amontillado! You have been imposed upon. And as for Luchesi, he cannot distinguish Sherry from Amontillado."

Thus speaking, Fortunato possessed himself of my arm; and putting on a mask of black silk and drawing a roquelaire closely about my person, I suffered him to hurry me to my palazzo.

---

4) vintages : 포도주
5) Whither : [문어체] 어디로
6) vault : 둥근 천장, 아치형 천장, 지하실
7) They are encrusted with nitre : 칠레 초석으로 덮여 있다

There were no attendants at home; they had absconded to make merry in honour of the time. I had told them that I should not return until the morning, and had given them explicit orders not to stir from the house. These orders were sufficient, I well knew, to insure their immediate disappearance, one and all, as soon as my back was turned.

I took from their sconces two flambeaux, and giving one to Fortunato, bowed him through several suites of rooms to the archway that led into the vaults. I passed down a long and winding staircase, requesting him to be cautious as he followed. We came at length to the foot of the descent, and stood together upon the damp ground of the catacombs of the Montresors.

The gait[8] of my friend was unsteady, and the bells upon his cap jingled as he strode.

"The pipe," he said.

"It is farther on," said I; "but observe the white web-work which gleams from these cavern walls."

He turned towards me, and looked into my eyes with two filmy orbs that distilled the rheum of intoxication.

"Nitre?" he asked, at length.

"Nitre," I replied. "How long have you had that cough?"

"Ugh! ugh! ugh!—ugh! ugh! ugh!—ugh! ugh! ugh!—ugh! ugh! ugh!—ugh! ugh! ugh!"

My poor friend found it impossible to reply for many minutes.

"It is nothing," he said, at last.

"Come," I said, with decision, "we will go back; your health is precious. You are rich, respected, admired, beloved; you are happy, as once I was. You are a man to be missed. For me it is no matter. We will go back; you will be ill, and I cannot be responsible. Besides, there is Luchesi—"

"Enough," he said; "the cough's a mere nothing; it will not kill me. I shall not die of a cough."

"True—true," I replied; "and, indeed, I had no intention of alarming you unnecessarily—but you should use all proper caution. A draught of this Medoc will defend us from the damps."

Here I knocked off the neck of a bottle which I drew from a long row of its fellows that lay upon the mould.

"Drink," I said, presenting him the wine.

He raised it to his lips with a leer. He paused and nodded to me familiarly, while his bells jingled.

"I drink," he said, "to the buried that repose around us."

"And I to your long life."

He again took my arm, and we proceeded.

"These vaults," he said, "are extensive."

"The Montresors," I replied, "were a great and numerous family."

"I forget your arms."

"A huge human foot d'or, in a field azure; the foot crushes a serpent rampant whose fangs[9] are imbedded

---

8) gait : 걸음걸이
9) fang : 독이 있는 뱀의 이빨

in the heel."

"And the motto?"

"*Nemo me impune lacessit.*"

"Good!" he said.

The wine sparkled in his eyes and the bells jingled. My own fancy grew warm with the Medoc. We had passed through long walls of piled skeletons, with casks and puncheons intermingling, into the inmost recesses of the catacombs. I paused again, and this time I made bold to seize Fortunato by an arm above the elbow.

"The nitre!" I said; "see, it increases. It hangs like moss upon the vaults. We are below the river's bed. The drops of moisture trickle among the bones. Come, we will go back ere it is too late. Your cough—"

"It is nothing," he said; "let us go on. But first, another draught of the Medoc."

I broke and reached him a flagon of De Grâve. He emptied it at a breath. His eyes flashed with a fierce light. He laughed and threw the bottle upwards with a gesticulation I did not understand.

I looked at him in surprise. He repeated the movement—a grotesque[10] one.

"You do not comprehend?" he said.

"Not I," I replied.

"Then you are not of the brotherhood."

"How?"

"You are not of the masons."

"Yes, yes," I said; "yes, yes."

"You? Impossible! A mason?"

"A mason," I replied.

"A sign," he said, "a sign."

"It is this," I answered, producing a trowel from beneath the folds of my roquelaire.

"You jest," he exclaimed, recoiling a few paces. "But let us proceed to the Amontillado."

"Be it so," I said, replacing the tool beneath the cloak and again offering him my arm. He leaned upon it heavily. We continued our route in search of the Amontillado. We passed through a range of low arches, descended, passed on, and descending again, arrived at a deep crypt, in which the foulness of the air caused our flambeaux rather to glow than flame.

At the most remote end of the crypt there appeared another less spacious. Its walls had been lined with human remains, piled to the vault overhead, in the fashion of the great catacombs of Paris. Three sides of this interior crypt were still ornamented in this manner. From the fourth side the bones had been thrown down, and lay promiscuously upon the earth, forming at one point a mound of some size. Within the wall thus exposed by the displacing of the bones, we perceived a still interior crypt or recess, in depth about four feet,

---

10) grotesque : 기괴한, 이상한

in width three, in height six or seven. It seemed to have been constructed for no especial use within itself, but formed merely the interval between two of the colossal supports of the roof of the catacombs, and was backed by one of their circumscribing walls of solid granite.

It was in vain that Fortunato, uplifting his dull torch, endeavoured to pry into the depth of the recess. Its termination the feeble light did not enable us to see.

"Proceed," I said; "herein is the Amontillado. As for Luchesi—"

"He is an ignoramus," interrupted my friend, as he stepped unsteadily forward, while I followed immediately at his heels. In niche, and finding an instant he had reached the extremity of the niche, and finding his progress arrested by the rock, stood stupidly bewildered. A moment more and I had fettered him to the granite. In its surface were two iron staples, distant from each other about two feet, horizontally. From one of these depended a short chain, from the other a padlock. Throwing the links about his waist, it was but the work of a few seconds to secure it. He was too much astounded to resist. Withdrawing the key I stepped back from the recess.

"Pass your hand," I said, "over the wall; you cannot help feeling the nitre. Indeed, it is very damp. Once more let me implore you to return. No? Then I must positively leave you. But I must first render you all the little attentions in my power."

"The Amontillado!" ejaculated my friend, not yet recovered from his astonishment.

"True," I replied; "the Amontillado."

As I said these words I busied myself among the pile of bones of which I have before spoken. Throwing them aside, I soon uncovered a quantity of building stone and mortar. With these materials and with the aid of my trowel, I began vigorously to wall up the entrance of the niche.

I had scarcely laid the first tier of the masonry when I discovered that the intoxication of Fortunato had in a great measure worn off. The earliest indication I had of this was a low moaning cry from the depth of the recess. It was not the cry of a drunken man. There was then a long and obstinate silence. I laid the second tier, and the third, and the fourth; and then I heard the furious vibrations of the chain. The noise lasted for several minutes, during which, that I might hearken to it with the more satisfaction, I ceased my labours and sat down upon the bones. When at last the clanking subsided, I resumed the trowel, and finished without interruption the fifth, the sixth, and the seventh tier. The wall was now nearly upon a level with my breast. I again paused, and holding the flambeaux over the mason-work, threw a few feeble rays upon the figure within.

A succession of loud and shrill screams, bursting suddenly from the throat of the chained form, seemed to thrust me violently back. For a brief moment I hesitated, I trembled. Unsheathing my rapier, I began to grope with it about the recess; but the thought of an instant reassured me. I placed my hand upon the solid fabric of the catacombs, and felt satisfied. I reapproached the wall; I replied to the yells of him who clamoured.[11] I re-

---

11) clamour : 외치다. 시끄럽게 굴다. 극성스럽게 요구하다

echoed, I aided, I surpassed them in volume and in strength. I did this, and the clamourer grew still.

It was now midnight, and my task was drawing to a close. I had completed the eighth, the ninth and the tenth tier. I had finished a portion of the last and the eleventh; there remained but a single stone to be fitted and plastered in. I struggled with its weight; I placed it partially in its destined position. But now there came from out the niche a low laugh that erected the hairs upon my head. It was succeeded by a sad voice, which I had difficulty in recognizing as that of the noble Fortunato. The voice said—

"Ha! ha! ha!—he! he! he!—a very good joke, indeed—an excellent jest. We will have many a rich laugh about it at the palazzo—he! he! he!—over our wine—he! he! he!"

"The Amontillado!" I said.

"He! he! he!—he! he! he!—yes, the Amontillado. But is it not getting late? Will not they be awaiting us at the palazzo, the Lady Fortunato and the rest? Let us be gone."

"Yes," I said, "let us be gone."

"*For the love of God, Montresor!*"

"Yes," I said, "for the love of God!"

But to these words I hearkened in vain for a reply. I grew impatient. I called aloud—

"Fortunato!"

No answer. I called again—

"Fortunato!"

No answer still. I thrust a torch through the remaining aperture and let it fall within. There came forth in return only a jingling of the bells. My heart grew sick; it was the dampness of the catacombs that made it so. I hastened to make an end of my labour. I forced the last stone into its position; I plastered it up. Against the new masonry I re-erected the old rampart of bones. For the half of a century no mortal has disturbed them. *In pace requiescat!*

제 3 장 | Nathaniel Hawthorne
- The Scarlet Letter

| 단원 개요 |

*The Scarlet Letter*의 주요 배경은 1642~1649년 Hester가 딸 Pearl을 안고 처형대에 선 시점부터 Dimmesdale의 임종 직전의 고백까지의 시기에 해당한다. Nathaniel Hawthorne은 소설의 첫머리에서부터 청교도 사회의 한복판에 감옥과 무덤의 이미지를 심어 그 사회와 이상에 어두운 그림자를 드리운다. 그는 엄격한 청교도 규율과 구성원들의 자발적 복종 아래 민중의 활력이 억제되는 상황을 효과적으로 드러낸다.

| 출제 경향 및 수험 대책 |

*The Scarlet Letter*에서 숲은 Hester의 공간이자 자유로움이 묘사되는 장소이다. 청교도 사회에서와는 달리 숲에서 Hester가 보여주는 인간적 가치에 대한 작가의 옹호에 주목할 필요가 있다. 작가는 청교도 사회 특유의 억압성으로 개인들의 내면에 증오가 자라고 고립이 심화되는 현상을 보여준다. 작가는 낡은 이상에만 머문 채 개인의 삶이 파괴되는 과정을 두고 어느 정도 비판의 시각을 보여 주는데, 작가의 이러한 관점에 근거하여 작품을 분석할 필요가 있다.

제1절　작가의 생애

나다니엘 호손(Nathaniel Hawthorne, 1804~1864)의 집안은 17세기 이후 줄곧 세일럼(Salem) 지역에서 삶의 터전을 이루었다. Hawthorne의 조상 중에는 1692년에 있던 마녀재판을 주재한 세 명의 판사 중 한 명인 John Hathorne(호손 가문의 성씨에는 원래 w가 없었음)이 있었는데, John Hathorne은 세일럼 마녀재판을 주도한 재판관이었고, 그 전대의 William Hathorne은 퀘이커 교도들을 이단으로 몰아 박해했다. Hawthorne은 대대로 번창하고 유명했던 자신의 가문이 갈수록 쇠퇴하게 된 이유가 마녀재판이나 퀘이커 교도를 박해한 조상의 가혹한 행위에 대한 대가와 저주에 있다고 생각했다. 그는 대학 졸업 후 여러 작품을 집필했는데, 소설을 발표하면서 명성을 얻은 Hawthorne은 자신의 많은 단편소설들과 로맨스에서 죄인들의 이야기나 이성과 감성 간의 갈등을 나타내고 있다. 이러한 그의 작품 특성은 인간의 심리와 고뇌에 대한 그의 예리한 인식을 드러낸다.

Hawthorne은 메인 주(Maine) 보든 대학(Bowdoin College)을 졸업한 후 고향으로 돌아온다. 그는 고향에서 약 12년간 독서에 몰두하며 칩거했다. 이 시기에 그는 익명으로 잡지에 단편소설들을 기고하기도 했는데, 첫 소설은 자비를 들여 익명으로 출판하였다. Hawthorne에게는 이 시기가 문학 수업의 시기였다고 볼 수 있다. 그는 사람들과 거의 접하지 않고 낮에는 집 밖으로 나가지도 않았으며 밤에만 거리를 돌아다녔다고 전해지는데, 이를 보아 Hawthorne이 상당히 내향적인 성격의 소유자였음을 알 수 있다. Hawthorne이 1846년에 출판한 두 번째 단편집 *Mosses from an Old Manse*에 수록된 "The Old Manse"는 그의 자전적 내용이 담긴 에세이이다.

Hawthorne은 공산주의 공동체 실험 농장에 참여하면서 생활하기도 하였고, 정치에 대한 회의를 "The Custom House"에서 적나라하게 토로했다. 그는 세관에서의 일을 그만두고 『주홍 글자』(*The Scarlet Letter*, 1850) 집필을 시작하였다. Hawthorne의 첫 번째 장편소설이자 대표작인 *The Scarlet Letter*는 교조적이고 독단적인 청교주의에 대한 Hawthorne의 비판을 잘 드러내는 작품이다. 그는 *The Scarlet Letter*를 발표한 후 작가로서의 명성을 얻게 된다. 이후 Hawthorne은 *The House of the Seven Gables : A Romance*(1851), *The Blithedale*

Romance(1852)를 이어 발표한다.

보든 대학 시절의 친구인 Franklin Pierce가 대통령에 당선되자, Hawthorne은 캠페인 전기를 써 준 공을 인정받아 1853년부터 1856년까지 영국의 리버풀 영사로 근무한다. 이후 프랑스와 로마를 여행하면서 1860년까지 유럽에 머물렀다. 1864년 Hawthorne의 건강이 극도로 악화되었고, 뉴햄프셔(New Hampshire)로 요양을 나섰다가 같은 해 5월 19일에 플리머스(Plymouth)에서 잠을 자던 중 세상을 떠났다. Hawthorne은 5월 23일 콩코드의 한 묘지에 안장되었다.

제2절 작품 세계

1 작품 세계 중요

(1) 작품 구성의 높은 완성도

Hawthorne은 작품의 구성에 대한 완성도가 높은 작가이다. 예를 들어 *The Scarlet Letter*의 구성은 각 장별로 매우 긴밀한 통일성을 지니고 있는데, 어떤 장이나 절이 빠지게 되면 전체적인 구성이 깨진다. 등장인물 간의 관계 역시 거미줄처럼 서로 복잡하게 얽혀서 전개된다.

(2) 도덕적 통찰력

Hawthorne은 청교도의 전통을 이어받아 도덕적으로 항상 진지했고 **원죄와 죄의식의 개념, 법과 양심**에 대해 깊은 관심을 가졌다. 이러한 이유로 Hawthorne은 청교도인의 생활과 그들의 종교에 깊은 관심을 가지고 작품을 썼다. 그는 당대 미국의 사상적 흐름이었던 초절주의가 지닌 인간 본성에 대한 낙천주의를 거부하였고, 인생을 깊이 있게 바라보면서 삶의 고통과 갈등, 결함에 대해 관찰했다. 그의 작품에는 현실 도피가 없으며, 인간의 심리와 도덕성을 확고히 바라본다. 낭만주의적 문학의 특성을 살리면서도 인간의 어두운 내면, 무의식의 심리, 본성에 내재한 죄와 악의 문제 등을 집요하게 탐구하는 특성을 보였다.

(3) 비유와 상징

Hawthorne은 등장인물들의 행동과 딜레마를 분명하게 나타내면서 작품의 인물들을 침울하고 압축된 분위기로 표현하며 작품을 전개한다. 특히 Hawthorne의 단편소설은 **알레고리와 상징, 환상적인 묘사** 등이 두드러진다. 인간의 실제 삶처럼 확실함보다 모호함을 특징으로 가지는 그의 작품 세계는 죄의 보편성과 인간의 선택 사이의 복잡함과 모호함에 주목하였다. 이러한 그의 작품 성향은 미국의 상징소설에 지속적인 영향을 주었다. Hawthorne은 심리적·도덕적 통찰의 깊이를 보여주는 작가라고 할 수 있다.

2 주요 작품

(1) 소설

① *Fanshawe*(1828)

② *The Scarlet Letter : A Romance*(1850)

③ *The House of the Seven Gables : A Romance*(1851)

④ *The Blithedale Romance*(1852)

(2) 단편집

① *Twice-Told Tales*(1837)

② *Mosses from an Old Manse*(1846)

(3) 단편소설

① "Young Goodman Brown"(1835)

② "The Birth-Mark"(1843)

③ "Ethan Brand"(1850)

④ "The Great Stone Face"(1850)

제3절 *The Scarlet Letter*의 줄거리

주인공은 청교도들이 살던 뉴잉글랜드의 한 마을에서 남편과 떨어져 사는 동안 사생아를 낳은 젊은 기혼 여성 Hester Prynne이다. 청교도의 식민지인 보스턴 형무소에서 Hester는 시장 한가운데 교수대 위로 끌려 나온다. 그녀는 생후 3개월 된 갓난아기 Pearl을 안고 있었고, 가슴에는 간통죄를 저지른 여성임을 나타내는 A(Adultery, Adulteress)라는 주홍 글자가 새겨져 있다. 그녀는 늙은 의사와 결혼하였으며, 남편보다 2년 정도 먼저 미국 보스턴으로 건너와 살고 있었다. 그리고 남편이 없는 동안 Pearl이라는 사생아를 낳았다. 그녀는 그에 대한 벌로 가슴에 평생 A라는 글자를 달고 살도록 선고받는다. 총독과 늙은 목사, 그리고 젊은 목사 Dimmesdale은 그녀에게 불륜 상대가 누구인지 말하라고 강요하지만 그녀는 누구인지 말하지 않는다. 군중 속에서 미국 인디언들과 함께 있던 Hester의 남편 Chillingworth는 Hester에게 자신이 그녀의 남편임을 말하지 못하게 한다.

Hester는 오두막에 살면서 바느질 일을 하고, Hester의 3살 난 딸 Pearl은 주변 아이들로부터 따돌림을 받으며 자라나지만 내성적이거나 유약한 아이가 아닌 활기와 생동감을 지닌 아이로 성장한다. 이 마을의 젊은 목사 Dimmesdale은 채찍질과 단식, 철야와 같은 고행으로 야위어 가는데 Chillingworth는 자신이 Hester의 남편임을 숨긴 채 Dimmesdale의 건강 상담을 한다. 어느 날 밤, Chillingworth는 마음의 병을 고백하려 하지 않는

Dimmesdale의 가슴에서 주홍 글자를 발견한다.

7년의 세월이 지난 어느 5월의 늦은 밤, Dimmesdale은 Governor Winthrop의 임종을 지키고 집으로 돌아가는 Hester, 그리고 Pearl에게 셋이 함께 손을 잡고 교수대 위에 올라가서 죄를 고백하자고 한다. Hester는 전남편 Chillingworth에게 Dimmesdale을 용서해 달라고 애원하지만, 복수에 눈이 먼 Chillingworth는 바로 거절한다. 그리고 그는 목사를 정신적으로 괴롭힘으로써 복수를 하려 한다. Dimmesdale과 함께 도망칠 것을 계획한 Hester는 새로운 총독의 부임으로 축하연이 벌어진 거리에서 설교를 하는 Dimmesdale의 목소리를 듣는다. Dimmesdale은 Hester와 Pearl을 불러 교수대로 올라가더니, 많은 사람들 앞에서 자신의 가슴을 풀어 헤치고 자신의 죄를 고백한 뒤 Hester의 품 안에서 죽는다. 복수의 대상인 Dimmesdale이 죽은 후 얼마 가지 않아 Chillingworth도 죽고, 자신의 전 재산을 Pearl에게 남긴다. 부자가 된 Pearl은 유럽에서 결혼하고, Hester는 보스턴으로 돌아와 다시 주홍 글자를 달고 살아가며 힘들어하는 여성들을 위로해 준다. Hester가 죽었을 때 그녀는 Dimmesdale의 옆에 묻히고, 그들의 비석에는 "검은 언덕 위에 붉은 글자 A가 빛난다"(ON A FIELD, SABLE, THE LETTER A, GULES)라고 새겨진다.

제4절 작품 소개 및 주제

1 작품 소개

이 작품은 이성과 질서 등 기존의 도덕적·종교적 기준에 대하여 전복적인 태도를 취하면서 인간의 자연스러운 감성을 억누르는 상황에 주목하고, 개인의 심리적 영역을 깊이 관찰하고 있다. 이러한 내용 전개에 있어서 Hawthorne의 알레고리와 상징 등이 집약된 작품이라고 볼 수 있다.

*The Scarlet Letter*는 뉴잉글랜드를 배경으로 내용이 전개된다. 작가는 Hester와 Dimmesdale을 처음부터 죄를 범한 불완전한 인간으로 묘사한다. 작품은 1642~1649년 Hester가 자신의 딸 Pearl을 안고 처형대에 선 시점부터 Dimmesdale 목사가 죽기 직전 자신의 죄를 고백하기까지의 과정을 그린다. 이 시기 영국은 청교도의 성장, 청교도 탄압의 강화와 청교도혁명, 찰스 1세의 처형 등 종교적·정치적으로 혼란스러운 시대였다. 영국의 이러한 긴박한 상황으로 인해 식민지 미국 내에서도 한층 긴장감이 고조되고 있었다.

Hawthorne은 작품의 첫 부분부터 청교도 사회의 한복판에 감옥과 무덤의 이미지를 제시한다. 이러한 이미지는 당대 사회에 어두운 그림자가 드리워져 있음을 암시하며, 청교도 사회의 엄격한 청교도 규율과 구성원의 복종 아래 **사람들의 활력이 억제되는 상황**을 효과적으로 보여준다.

2 작품의 주제

(1) 죄가 개인과 사회에 미치는 일반적인 영향력을 깊이 있게 다루고 있다.

(2) 개인과 사회의 갈등을 보여준다. 즉, 사회가 요구하는 규범을 어기고 자아 완성과 사랑에 충실한 인간의 모습을 그린다.

(3) 죄와 복수의 문제를 다룬다.

(4) 전형적인 영혼 구원의 과정이 나타난다. Dimmesdale의 은밀한 죄와 이로 인한 정신적 갈등으로 인하여 그가 자신의 죄를 고백하게 되고 구원을 얻게 되는 과정을 보여준다.

제5절 등장인물

1 Hester Prynne

작품의 여주인공이다. 고향인 영국에서 나이 차이가 꽤 나는 Chillingworth와 결혼한 후, 그의 제안으로 남편보다 먼저 암스테르담에서 보스턴으로 이주한다. 그런데 Chillingworth의 도착이 불확실한 때에 Dimmesdale 목사와 간통하여 Pearl을 낳게 되었고, 결국 주홍 글자 'A'를 가슴에 달고 살아가야 하는 불행을 겪게 되는 여성이다. Hester는 키가 크고 우아한 용모를 지닌 여성으로, 숱 많은 검은 머리칼과 튀어나온 이마, 검은 눈동자가 무척이나 인상적인 여인이다. 그녀는 바느질로 생계를 꾸려 나가면서도 풍요롭고 아름다우며 호화로운 것을 좋아하는 자신만의 본성을 발휘한다. 그리고 가슴에 달린 주홍 글자는 오히려 타인의 감추어진 죄에 감응하는 능력까지 보이게 된다. 또한 고통받는 사람들에게 구원의 손길을 뻗치고, 공동사회의 모범적인 여성으로 떠받들어진다. 여성의 강인함을 몸에 익힌 Hester의 주홍 글자 A는 '유능한'(Able)의 A로까지 해석되게 한다. 그녀는 사랑과 자유에 대하여 용기 있는 여성으로, 간통죄를 저지른 죄인이기는 하나 악(惡)함이 두드러지는 죄인이 아닌, 자신이 저지른 죄로 인하여 선행을 하게 되는 여성이다. 페미니즘(feminism)의 시초로도 볼 수 있는데, 남성 중심적이고 억압적인 가부장 사회에서 여성 해방의 모습을 보여준다.

2 Arthur Dimmesdale

Hester와 간통이라는 죄를 짓지만 그 사실을 감춘 채 존경받는 목사로 살아간다. 그러나 양심의 가책으로 마음의 병을 얻게 되고 그 고통으로 힘겨워하다가 자신의 죄를 사람들 앞에 고백하고 죽는다.

3 Roger Chillingworth

Hester의 남편으로, Hester와 Dimmesdale 사이의 불륜을 알아차리고 복수심을 불태우는 인물이다. 그는 북미 인디언 마을에 인질로 잡혀 있을 때 야생 식물을 사용한 특별한 의술을 터득하면서 보스턴에서 준의사(準醫師, physician)로 인정받았다. 또한 그는 작품에서 거머리(leech)로 비유되며, 악을 상징한다. 용서받지 못할 죄를 지은 죄인이다.

4 Pearl

Hester의 딸이다. 감수성과 통찰력이 뛰어난 아이로, Hester에게 자신에게는 하늘에 계신 아버지가 없다고 말하기도 하고 마녀 흉내를 내는 놀이를 하기도 한다. Pearl의 이러한 특징은 청교도 규범을 어긴 결과로 태어난 출생의 기원으로 또래 집단으로부터 따돌림을 겪는 와중에 보이는 부분들이다. 이러한 독특한 출생과 성장 배경으로 말미암아 Pearl의 활기와 생동감은 편협한 규범 체계의 대항 의식으로 나타난다.

5 Governor Bellingham

보스턴 지역 총독이다.

6 Reverend Mr. John Wilson

나이 많은 청교도 목사로, Hester를 심문하는 인물이다.

7 Narrator

서술자는 폐허가 된 세일럼 세관(Salem Custom House)에서 세관 감정관 Jonathan Pue가 200년 전에 썼던 Hester에 관한 글을 발견한 후 이 내용을 바탕으로 글(로맨스)을 쓰기로 한다.

제6절 작품의 구조와 시점

1 구조

낮과 밤의 장면이 교차하며 진실과 거짓의 상황이 번갈아 일어난다. 또한 교수대(Scaffold Scene)와 숲(Forest Scene)이 대조적으로 표현된다. 이 작품의 가장 중요한 배경인 교수대는 2장, 12장, 23장에서 세 번 등장한다. 이 세 장면에서 주요 인물들이 모두 한자리에 모이면서 'A'가 나타내는 상징적인 주제와 배경, 주요 인물과 작품의 구성 등이 유기적인 관계를 이루고 있다.

1부(1~8장)	청교도 사회와 Hester에 대한 묘사
2부(9~12장)	Chillingworth의 복수
3부(13~20장)	Hester의 참모습과 숲속 산책에 대한 내용
4부(21~24장)	Dimmesdale의 고백과 결말

2 시점

3인칭 전지적 작가 시점이다.

제7절 작품의 기법

1 상징

(1) Scarlet Letter(주홍 글자) 'A' 중요

5장을 보면, 비난하는 사람들의 시선 속에서 감옥의 문을 통해 사회로 나온 Hester는 지역사회를 위해 봉사하며 자선사업까지 한다. 그녀는 자신에게 덧씌운 주홍 글자를 담담하게 받아들인다. Hester는 병간호를 해주거나 가난한 사람들을 위해 바느질도 하면서 사람들을 헌신적으로 도우며 살아간다.

13장을 보면, 죄인의 모습을 전혀 찾아볼 수 없는 Hester의 모습을 볼 수 있다. 그녀가 근심과 걱정이 가득한 집에 찾아오면 그 집의 근심이 사라지는데, 사람들은 자연스럽게 그녀가 달고 있는 주홍 글자 'A'를 원래의 뜻으로 받아들이지 않게 된다.

주홍 글자 'A'는 다양한 의미로 해석된다.

- 성스러운 Hester의 모습을 보여주는 Angel을 가리킨다.
- 'A'는 알파벳의 첫 글자로서 Adam(아담)의 원죄를 의미한다.
- Dimmesdale의 이름인 Arthur(아서)의 첫 글자이다.
- Hester의 능력인 Able을 의미할 수도 있다. 그녀가 근심 가득한 집에 찾아가면 근심이 사라지고 밝은 빛이 났다고 묘사된다. 보스턴 시민들 사이에서 Hester의 가슴에 달린 'A'의 원래 의미인 Adultery(간통)의 의미는 점차 희미해져 간다.
- Hester의 주홍 글자는 마지막 24장에서 다시 angel and apostle(천사와 사도)의 상징이다.

(2) Scaffold(교수대)

작가는 2장에서 Hester와 그녀의 딸 Pearl을 보스턴 장터에 세워진 교수대 위에 올려놓는 장면을 연출하여 이 두 사람을 인상적으로 등장시킨다. 작품의 배경인 보스턴의 장터는 오랜 세월을 거치면서 검게 변색된 음울한 감옥과 위압적인 교수대가 더해져 압도적인 분위기를 형성한다. Hester가 서 있는 교수대는 소설 전체를 지배하는 중요한 이미지이다. 특히 2장, 12장, 23장에 반복적으로 나타나서 작품의 주제를 두드러지게 하는 장소이다.

(3) Forest(숲)

숲은 Hester의 공간이다. 그녀는 숲에 들어서서야 평안해지고 활기를 되찾는다. 단정하게 묶고 다니던 머리를 풀어헤치는 곳도 숲이다. 청교도 사회에서의 모습과는 달리 자신의 본연의 모습을 띠는 Hester와는 대조적으로 Dimmesdale은 숲에서 안절부절못한다. 16장에서 Hester는 숲속으로 딸 Pearl과 함께 산책을 간다. Pearl은 숲에서 마냥 즐거워하면서 뛰어다닌다. 숲의 음산한 분위기 속에서 Hester와 Pearl은 악마에 관한 대화를 한다. Pearl은 엄마의 옷을 잡고 진지함과 장난이 뒤섞인 태도로 악마 이야기를 해 달라고 조른다. 실제로 그 당시에 악마는 숲속에서 종종 만날 수 있다고 여겨졌는데, 작가는 이러한 장소와 분위기를 연출하면서 숲을 어둡고 비밀스러움을 담고 있는 장소로 표현한다.

(4) 기타

① Market-Place
법과 종교가 지배하는 문명 세계이자 공개적인 공간을 상징한다.
② A Wild Rose
감옥 옆에서 피어나는 장미로 등장하며, 희망과 동정심을 전달하는 장치로 사용된다.
③ Pearl
사랑과 구원을 의미한다.

2   The Scarlet Letter에서 볼 수 있는 '죄'의 의미

*The Scarlet Letter*에는 크게 세 가지의 형태의 죄가 나타난다. 첫째 Hester의 세상에 드러난 간음의 죄, 둘째 Chillingworth의 용서받지 못할 죄(앙심, 복수, 오만함의 죄), 셋째 Dimmesdale의 숨겨진 죄(자신의 죄를 숨긴 죄)이다. Pearl은 죄악의 결과로서 악마의 자식이라고도 불렸지만, 악마의 죄를 상징하지는 않는다. 오히려 Pearl은 주변 사람들에게 진주(pearl)이자 보물과도 같은 역할을 한다.

제8절   *The Scarlet Letter*의 일부

Chapter 1. The Prison-Door

A throng of bearded men, in sad-coloured garments[1] and gray steeple-crowned[2] hats, intermixed with women, some wearing hoods, and others bareheaded, was assembled in front of a wooden edifice,[3] the door of which was heavily timbered with oak, and studded with[4] iron spikes.

The founders of a new colony, whatever Utopia of human virtue and happiness they might originally project, have invariably recognised it among their earliest practical necessities to allot a portion of the virgin soil as a cemetery, and another portion as the site of a prison. In accordance with this rule, it may safely be assumed that the forefathers of Boston had built the first prison-house somewhere in the vicinity[5] of Cornhill, almost as seasonably as they marked out the first burial-ground, on Isaac Johnson's lot, and round about his grave, which subsequently became the nucleus[6] of all the congregated sepulchres[7] in the old churchyard of King's Chapel. Certain it is that, some fifteen or twenty years after the settlement of the town, the wooden jail was already marked with weather-stains[8] and other indications of age, which gave a yet darker aspect to its beetle-browed and gloomy front. The rust on the ponderous[9] iron-work of its oaken door looked more antique than anything else in the New World. Like all that pertains to[10] crime, it seemed never to have known a youthful era. Before this ugly edifice, and between it and the wheel-track of the street, was a grass-plot,

---

1) garment : 의복(특히 긴 웃옷·외투 등), 옷, 외관, 옷차림
2) steeple-crowned : 꼭대기가 뾰족한
3) edifice : (큰) 건축물, 건물, 구성물, 조직, (사상의) 체계
4) be studded with : ~이 점점이 박혀 있다
5) vicinity : 근처, 부근
6) nucleus : 핵, 중심, 핵심
7) sepulchre : 무덤
8) weather-stains : 비바람에 의한 변색
9) ponderous : 대단히 무거운, 크고 무거운
10) pertain to : 속하다, 적합하다

much overgrown with burdock, pig-weed,[11] apple-peru, and such unsightly[12] vegetation,[13] which evidently found something congenial in the soil that had so early borne the black flower of civilised society, a prison. But on one side of the portal, and rooted almost at the threshold, was a wild rose-bush, covered, in this month of June, with its delicate gems, which might be imagined to offer their fragrance and fragile beauty to the prisoner as he went in, and to the condemned criminal as he came forth to his doom,[14] in token that the deep heart of Nature could pity and be kind to him.

This rose-bush, by a strange chance, has been kept alive in history; but whether it had merely survived out of the stern old wilderness, so long after[15] the fall of the gigantic pines and oaks that originally overshadowed it, or whether, as there is fair authority for believing, it had sprung up[16] under the footsteps of the sainted Ann Hutchinson as she entered the prison-door, we shall not take upon us to determine. Finding it so directly on the threshold of our narrative, which is now about to issue from that inauspicious[17] portal, we could hardly do otherwise than pluck one of its flowers, and present it to the reader. It may serve, let us hope, to symbolize some sweet moral blossom that may be found along the track, or relieve the darkening close of a tale of human frailty and sorrow.[18]

Chapter 2. The Market-Place

The grass-plot before the jail, in Prison Lane, on a certain summer morning, not less than two centuries ago, was occupied by[19] a pretty large number of the inhabitants of Boston, all with their eyes intently fastened on the iron-clamped oaken door.[20] Amongst any other population, or at a later period in the history of New England, the grim rigidity that petrified the bearded physiognomies[21] of these good people would have augured some awful business in hand. It could have betokened nothing short of the anticipated execution of some noted culprit, on whom the sentence of a legal tribunal had but confirmed the verdict[22] of public sentiment. But, in that early severity of the Puritan character, an inference of this kind could not so indubitably be drawn. It might be that a sluggish bond-servant, or an undutiful child, whom his parents had given over to the civil authority, was to be corrected at the whipping-post.[23] It might be that an Antinomian,

---

11) pig-weed : 명아주, 비름 등의 잡초
12) unsightly : 추한, 꼴사나운, 눈에 거슬리는
13) vegetation : (집합적) 식물, 초목
14) doom : 운명(보통은 '악운'), 숙명, 불운, 파멸, 죽음
15) so long after : 매우 오랜 후까지
16) spring up : 나오다, 싹트다
17) inauspicious : 불길한, 상서롭지 않은, 불운한
18) human frailty and sorrow : 인간의 나약함과 슬픔
19) be occupied by : ~에 의해 점령당하다
20) with eyes intently fastened on ~ : ~을 뚫어지게 보다
21) petrified the bearded physiognomies : 턱수염을 기르고 경직된 얼굴의
22) verdict : (배심원의) 평결, 답신(答申)
23) whipping-post : 태형을 위한 기둥

a Quaker, or other heterodox religionist, was to be scourged[24] out of the town, or an idle and vagrant[25] Indian, whom the white man's fire-water had made riotous about the streets, was to be driven with stripes into the shadow of the forest. It might be, too, that a witch, like old Mistress Hibbins, the bitter-tempered[26] widow of the magistrate,[27] was to die upon the gallows.[28] In either case, there was very much the same solemnity of demeanour on the part of the spectators, as befitted[29] a people amongst whom religion and law were almost identical, and in whose character both were so thoroughly interfused, that the mildest and severest acts of public discipline were alike made venerable and awful. Meagre,[30] indeed, and cold, was the sympathy that a transgressor might look for, from such bystanders, at the scaffold. On the other hand, a penalty which, in our days, would infer a degree of mocking infamy[31] and ridicule, might then be invested with almost as stern a dignity as the punishment of death itself.

It was a circumstance to be noted on the summer morning when our story begins its course, that the women, of whom there were several in the crowd, appeared to take a peculiar interest in whatever penal infliction might be expected to ensue.[32] The age had not so much refinement, that any sense of impropriety restrained the wearers of petticoat and farthingale from stepping forth into the public ways, and wedging their not unsubstantial persons, if occasion were, into the throng[33] nearest to the scaffold at an execution. Morally, as well as materially, there was a coarser fibre[34] in those wives and maidens of old English birth and breeding than in their fair descendants, separated from them by a series of six or seven generations; for, throughout that chain of ancestry, every successive mother has transmitted to her child a fainter bloom, a more delicate and briefer beauty, and a slighter physical frame, if not a character of less force and solidity than her own. The women who were now standing about the prison-door stood within less than half a century of the period when the man-like Elizabeth[35] had been the not altogether unsuitable representative of the sex. They were her countrywomen; and the beef and ale of their native land, with a moral diet not a whit more refined, entered largely into their composition. The bright morning sun, therefore, shone on broad shoulders and well-developed busts,[36] and on round and ruddy cheeks, that had ripened[37] in the far-off island, and had hardly yet grown paler or thinner in the atmosphere of New England. There was, moreover, a boldness and rotundity[38]

---

24) scourge : 채찍으로 때리다, 징벌하다
25) vagrant : 방랑하는, 헤매는, 떠도는, (식물이 여기저기) 만연하는
26) bitter-tempered : 고약한 기질의
27) magistrate : 치안 판사
28) gallows : 교수대
29) as befitted : ~에 어울리게, ~에 걸맞게
30) Meagre : 빈약한(poor), 야윈(thin), 불충분한(scanty), 무미건조한
31) infamy : 악평, 오명, 악명, 불명예
32) ensue : 잇따라 일어나다, 결과로서 일어나다
33) throng : 군중, 떼
34) fibre : 성질, 본질
35) Elizabeth : 영국의 여왕 엘리자베스 1세(1558~1603 재위)
36) bust : 흉상, 반신상, 상반신, (여성의) 앞가슴
37) ripen : 익다, 성숙하다
38) rotundity : (목소리가) 우렁참

of speech among these matrons,[39] as most of them seemed to be, that would startle us at the present day, whether in respect to its purport or its volume of tone.

"Good wives," said a hard-featured dame of fifty, "I'll tell ye a piece of my mind.[40] It would be greatly for the public behoof,[41] if we women, being of mature age and Church members in good repute, should have the handling of such malefactresses[42] as this Hester Prynne. What think ye, gossips? If the hussy stood up for judgment before us five, that are now here in a knot together, would she come off[43] with such a sentence as the worshipful magistrates have awarded? Marry, I trow not!"

"People say," said another, "that the Reverend Master Dimmesdale, her godly pastor, takes it very grievously to heart that such a scandal should have come upon his congregation."

"The magistrates are God-fearing gentlemen, but merciful overmuch — that is a truth," added a third autumnal matron. "At the very least,[44] they should have put the brand of a hot iron on Hester Prynne's forehead. Madame Hester would have winced at[45] that, I warrant me.[46] But she — the naughty baggage — little will she care what they put upon the bodice of her gown! Why, look you, she may cover it with a brooch, or such — like heathenish[47] adornment, and so walk the streets as brave as ever!"

"Ah, but," interposed, more softly, a young wife, holding a child by the hand, "let her cover the mark as she will, the pang[48] of it will be always in her heart."

"What do we talk of marks and brands, whether on the bodice of her gown or the flesh of her forehead?" cried another female, the ugliest as well as the most pitiless of these self-constituted[49] judges. "This woman has brought shame upon us all, and ought to die. Is there not law for it? Truly there is, both in the Scripture and the statute-book. Then let the magistrates, who have made it of no effect, thank themselves if their own wives and daughters go astray!"[50]

"Mercy on us, goodwife!" exclaimed a man in the crowd, "is there no virtue in woman, save what springs from a wholesome fear of the gallows? That is the hardest word yet! Hush now, gossips! for the lock is turning in the prison-door, and here comes Mistress Prynne herself."

The door of the jail being flung open[51] from, within, there appeared, in the first place, like a black shadow emerging into sunshine, the grim[52] and gristly presence of the town-beadle, with a sword by his side, and his

---

39) matron : (나이가 지긋하고 점잖은) 부인, 여사, 가정부, 보모
40) a piece of one's mind : 솔직한 의견, 비난
41) behoof : 이익
42) malefactress : (여자) 악인, 범죄자 *malefactor : (남자) 악인
43) come off : 떼어내다, 성공하다
44) At the very least : 최소한, 적어도
45) wince at : ~에 움츠리다, 움찔하다
46) I warrant me : [삽입구] 틀림없이, 확실히
47) heathenish : 비기독교인, 야만의
48) pang : 격통, 마음의 고통
49) self-constituted : 스스로 정한, 자기 설정의
50) astray : 길을 잃고, 못된 길에 빠져
51) fling open : (문을) 활짝 열다, 거칠게 열다
52) grim : 엄(격)한, 모진, (사실 따위가) 냉혹한, 무자비한

staff of office in his hand. This personage prefigured and represented in his aspect the whole dismal severity[53] of the Puritanic code of law, which it was his business to administer in its final and closest application to the offender. Stretching forth the official staff in his left hand, he laid his right upon the shoulder of a young woman, whom he thus drew forward, until, on the threshold of the prison-door, she repelled[54] him, by an action marked with natural dignity and force of character, and stepped into[55] the open air as if by her own free will.[56] She bore in her arms a child, a baby of some three months old, who winked and turned aside its little face from the too vivid light of day; because its existence, heretofore,[57] had brought it acquainted only with the gray twilight of a dungeon,[58] or other darksome apartment of the prison.

When the young woman — the mother of this child — stood fully revealed before the crowd, it seemed to be her first impulse[59] to clasp the infant closely to her bosom; not so much by an impulse of motherly affection, as that she might thereby conceal a certain token,[60] which was wrought[61] or fastened[62] into her dress. In a moment, however, wisely judging that one token of her shame would but poorly serve to hide another, she took the baby on her arm, and with a burning blush, and yet a haughty smile,[63] and a glance that would not be abashed, looked around at her townspeople and neighbours. On the breast of her gown, in fine red cloth, surrounded with an elaborate embroidery[64] and fantastic flourishes of gold thread, appeared the letter A. It was so artistically done, and with so much fertility and gorgeous luxuriance of fancy, that it had all the effect of a last and fitting decoration to the apparel which she wore; and which was of a splendour in accordance with[65] the taste of the age, but greatly beyond what was allowed by the sumptuary[66] regulations of the colony.

The young woman was tall, with a figure of perfect elegance on a large scale. She had dark and abundant hair, so glossy that it threw off the sunshine with a gleam; and a face which, besides being beautiful from regularity of feature and richness of complexion,[67] had the impressiveness belonging to a marked brow and deep black eyes. She was ladylike, too, after the manner of the feminine gentility[68] of those days;

---

53) severity : 엄격, 엄정
54) repel : 쫓아 버리다, 거부하다
55) step into : 걸어 들어오다
56) free will : 자유의지
57) heretofore : 지금까지는, 이전에는
58) dungeon : (성 안의) 지하 감옥
59) impulse : 충동
60) token : 표, 징후, 나타남, 상징, 징조
61) wrought : 꾸민, 수놓은
62) fasten : (움직이지 않게) 고정시키다
63) haughty smile : 도도한 미소
64) embroidery : 수, 자수, 수예품
65) in accordance with : ~에 따라서, ~와 일치하여
66) sumptuary : 사치를 단속하는
67) complexion : 안색, 얼굴의 윤기, (사태의) 외관, 모양, 양상, 국면
68) feminine gentility : 여성의 우아함

characterised by a certain state and dignity, rather than by the delicate, evanescent,[69] and indescribable[70] grace which is now recognised as its indication. And never had Hester Prynne appeared more ladylike, in the antique interpretation of the term, than as she issued from the prison. Those who had before known[71] her, and had expected to behold her dimmed and obscured by a disastrous cloud, were astonished, and even startled, to perceive[72] how her beauty shone out, and made a halo[73] of the misfortune and ignominy[74] in which she was enveloped. It may be true that, to a sensitive observer, there was something exquisitely painful in it. Her attire,[75] which, indeed, she had wrought for the occasion in prison, and had modelled much after her own fancy, seemed to express the attitude of her spirit, the desperate recklessness of her mood, by its wild and picturesque[76] peculiarity.[77] But the point which drew all eyes, and, as it were, transfigured the wearer — so that both men and women who had been familiarly acquainted with Hester Prynne were now impressed as if they beheld her for the first time — was that SCARLET LETTER, so fantastically embroidered and illuminated upon her bosom. It had the effect of a spell, taking her out of the ordinary relations with humanity, and enclosing her in a sphere[78] by herself.

"She hath good skill at her needle, that's certain," remarked one of her female spectators; "but did ever a woman, before this brazen[79] hussy, contrive such a way of[80] showing it! Why, gossips,[81] what is it but to laugh in the faces of our godly magistrates, and make a pride out of[82] what they, worthy gentlemen, meant for a punishment?"

"It were well," muttered the most iron-visaged of the old dames, "if we stripped Madame Hester's rich gown off her dainty shoulders; and as for the red letter which she hath stitched so curiously, I'll bestow[83] a rag of mine own rheumatic flannel to make a fitter one!"

"Oh, peace, neighbours-peace!" whispered their youngest companion; "do not let her hear you! Not a stitch in that embroidered letter but she has felt it in her heart."

The grim beadle[84] now made a gesture with his staff.

"Make way, good people — make way, in the King's name!" cried he. "Open a passage; and I promise ye, Mistress Prynne shall be set where man, woman, and child may have a fair sight of her brave apparel from

---

69) evanescent : 쉬이 사라지는, 덧없는
70) indescribable : 형언할 수 없는, 설명하기 힘든
71) had known : [과거완료] 쭉 알아 왔었다
72) perceive : 지각하다, 이해하다
73) halo : 후광
74) ignominy : 치욕, 불명예, 부끄러운 행위, 추행
75) attire : 의복, 복장
76) picturesque : 그림 같은, 개성이 강한
77) peculiarity : 특색, 특성, 독자성
78) sphere : 범위, 영역, 본분
79) brazen : 놋쇠로 만든, 단단한, 귀에 거슬리는, 뻔뻔스러운
80) such a way of : 저런 식으로
81) Why, gossips : 제기랄
82) make a pride out of : ~로 자존심을 내다
83) bestow : 수여하다, 이용하다
84) beadle : 교구 관리

this time till an hour past meridian.[85] A blessing on the righteous colony of the Massachusetts, where iniquity[86] is dragged out into the sunshine! Come along, Madame Hester, and show your scarlet letter in the marketplace!"

A lane was forthwith[87] opened through the crowd of spectators. Preceded by the beadle, and attended by an irregular procession of sternbrowed men and unkindl-visaged[88] women, Hester Prynne set forth towards the place appointed for her punishment. A crowd of eager and curious school-boys, understanding little of the matter in hand, except that it gave them a half-holiday, ran before her progress, turning their heads continually to stare into her face and at the winking baby in her arms, and at the ignominious letter on her breast. It was no great distance, in those days,[89] from the prison-door to the market-place. Measured by the prisoner's experience, however, it might be reckoned[90] a journey of some length; for, haughty as her demeanour was, she perchance[91] underwent an agony from every footstep of those that thronged to see her, as if her heart had been flung into the street for them all to spurn[92] and trample[93] upon. In our nature, however, there is a provision,[94] alike marvellous and merciful, that the sufferer should never know the intensity of what he endures by its present torture, but chiefly by the pang that rankles after it. With almost a serene[95] deportment, therefore, Hester Prynne passed through this portion of her ordeal,[96] and came to a sort of scaffold at the western extremity of the market-place. It stood nearly beneath the eaves[97] of Boston's earliest church, and appeared to be a fixture there.

In fact, this scaffold constituted a portion of a penal machine, which now, for two or three generations past, has been merely historical and traditionary among us, but was held, in the old time, to be as effectual an agent in the promotion of good citizenship as ever was the guillotine among the terrorists of France. It was, in short, the platform of the pillory;[98] and above it rose the framework of that instrument of discipline, so fashioned as to confine the human head in its tight grasp, and thus hold it up to the public gaze.[99] The very ideal of ignominy was embodied and made manifest in this contrivance[100] of wood and iron. There can be no

---

85) meridian : 자오선, 정오
86) iniquity : 부정, 죄, 불법
87) forthwith : 곧, 즉시, 당장
88) visaged : 얼굴이 ~인, ~한 생김새의
89) in those days : 그 당시에는, 그때는
90) reckon : 계산하다, 평가하다
91) perchance : 아마, 어쩌면, 우연히
92) spurn : (사람・제의・충고 등을) 퇴짜 놓다
93) trample : 짓밟다, 밟아 뭉개다
94) provision : 대책, 설비, 단서
95) serene : 고요한, 화창한, 침착한, 평온한
96) ordeal : 시련, 고난, 괴로운 체험
97) eaves : 처마
98) pillory : 칼(형틀)
99) gaze : 응시, 주시, 눈여겨봄, (뚫어지게 보는) 시선
100) contrivance : 고안, 고안물, 장치

outrage,[101] methinks, against our common nature — whatever be the delinquencies[102] of the individual — no outrage more flagrant[103] than to forbid the culprit[104] to hide his face for shame;[105] as it was the essence of this punishment to do. In Hester Prynne's instance, however, as not unfrequently in other cases, her sentence bore that she should stand a certain time upon the platform, but without undergoing that gripe about the neck and confinement of the head, the proneness to which was the most devilish[106] characteristic of this ugly engine. Knowing well her part, she ascended a flight of wooden steps, and was thus displayed to the surrounding multitude, at about the height of a man's shoulders above the street.

Had there been a Papist[107] among the crowd of Puritans, he might have seen in this beautiful woman, so picturesque in her attire and mien, and with the infant at her bosom, an object to remind him of the image of Divine Maternity, which so many illustrious painters have vied with[108] one another to represent: something which should remind him, indeed, but only by contrast, of that sacred image of sinless motherhood, whose infant was to redeem[109] the world. Here, there was the taint of deepest sin in the most sacred quality of human life, working such effect, that the world was only the darker for this woman's beauty, and the more lost for the infant that she had borne.

The scene was not without a mixture of awe, such as must always invest the spectacle of guilt and shame in a fellow-creature, before society shall have grown corrupt enough to smile, instead of shuddering at it. The witnesses of Hester Prynne's disgrace had not yet passed beyond their simplicity. They were stern enough to look upon her death, had that been the sentence, without a murmur at its severity, but had none of the heartlessness of another social state, which would find only a theme for jest[110] in an exhibition like the present. Even had there been a disposition to turn the matter into ridicule, it must have been repressed and overpowered by the solemn presence of men no less dignified than[111] the governor, and several of his counsellors, a judge, a general, and the ministers of the town, all of whom sat or stood in a balcony of the meeting-house, looking down upon the platform. When such personages could constitute a part of the spectacle, without risking the majesty or reverence of rank and office, it was safely to be inferred that the infliction[112] of a legal sentence would have an earnest and effectual meaning. Accordingly, the crowd was sombre[113] and grave. The unhappy culprit, sustained herself as best a woman might, under the heavy weight

---

101) outrage : 잔혹 행위, 격분
102) delinquency : 의무 불이행, 직무 태만, 비행, 범죄
103) flagrant : 극악(무도)한, 악명 높은, 언어도단의(scandalous)
104) culprit : 죄인, 범죄자, 피의자, 형사 피고인, 미결수
105) for shame : 부끄러워서, 창피해서
106) devilish : 악마 같은, 무서운, 극악무도한, 심한, 대단한
107) papist : 가톨릭 신자
108) vie with : ~와 경쟁하다, 다루다
109) redeem : 되사다, 되찾다, (저당물을) 도로 찾다
110) a theme for jest : 농담의 주제
111) no less ~ than ~ : ~만큼
112) infliction : (고통 · 벌 따위를) 줌
113) sombre : 침울한, 암담한

of a thousand unrelenting[114] eyes, all fastened upon her, and concentrated at her bosom. It was almost intolerable to be borne. Of an impulsive and passionate nature, she had fortified herself to encounter the stings and venomous[115] stabs of public contumely,[116] wreaking itself in every variety of insult; but there was a quality so much more terrible in the solemn mood of the popular mind, that she longed[117] rather to behold all those rigid countenances contorted[118] with scornful merriment,[119] and herself the object. Had a roar of laughter burst from the multitude — each man, each woman, each little shrill — voiced child contributing their individual parts — Hester Prynne might have repaid them all with a bitter and disdainful[120] smile. But, under the leaden infliction[121] which it was her doom to endure, she felt, at moments, as if she must needs shriek out with the full power of her lungs, and cast herself from the scaffold down upon the ground, or else go mad at once.

Yet there were intervals when the whole scene, in which she was the most conspicuous[122] object, seemed to vanish from her eyes, or, at least, glimmered indistinctly before them, like a mass of imperfectly shaped and spectral[123] images. Her mind, and especially her memory, was preternaturally active, and kept bringing up other scenes than this roughly-hewn[124] street of a little town, on the edge of the Western wilderness: other faces than were lowering upon her from beneath the brims[125] of those steeple-crowned hats. Reminiscences the most trifling and immaterial, passages of infancy and school-days, sports, childish quarrels, and the little domestic traits[126] of her maiden years, came swarming[127] back upon her, intermingled with recollections of whatever was gravest in her subsequent[128] life; one picture precisely as vivid as another; as if all were of similar importance, or all alike a play. Possibly, it was an instinctive device of her spirit to relieve itself, by the exhibition of these phantasmagoric[129] forms, from the cruel weight and hardness of the reality.

Be that as it might, the scaffold of the pillory was a point of view that revealed to Hester Prynne the entire track along which she had been treading, since her happy infancy. Standing on that miserable eminence,[130] she saw again her native village, in Old England, and her paternal home: a decayed house of gray stone, with

---

114) unrelenting : 용서(가차) 없는, 엄한, 무자비한, (속도 등이) 꾸준한
115) venomous : 독액을 분비하는, 독이 있는, 악의에 찬
116) contumely : 모욕, 굴욕
117) long : 갈망하다, 사모하다
118) contort : 뒤틀(리)다, 구부리다, (의미 등을) 왜곡하다, 찡그리다
119) merriment : 흥겹게 떠들기
120) disdainful : 경멸적인, 오만한, 무시하는
121) leaden infliction : 무거운 형벌
122) conspicuous : 눈에 띄는, 똑똑히 보이는
123) spectral : 기괴한, 무시무시한, 공허한
124) hewn : 베어서 대충 모양을 다듬은, 잘라낸
125) brim : (접시ㆍ컵 등의) 가장자리, (모자의) 챙, 차양
126) trait : (성격 등의) 특성, 특색
127) swarm : 떼를 짓다, 가득 차다
128) subsequent : 뒤의, 다음의
129) phantasmagoric : 허깨비(환영) 같은, 변화무쌍한
130) eminence : 명성, 고귀

a poverty-stricken[131]) aspect, but retaining a half-obliterated shield of arms over the portal, in token of[132]) antique gentility. She saw her father's face, with its bold brow, and reverend white beard, that flowed over the old-fashioned Elizabethan ruff; her mother's, too, with the look of heedful and anxious love which it always wore in her remembrance, and which, even since her death, had so often laid the impediment of a gentle remonstrance in her daughter's pathway. She saw her own face, glowing with girlish beauty, and illuminating all the interior of the dusky mirror in which she had been wont to gaze at it. There she beheld another countenance, of a man well stricken in years, a pale, thin, scholar-like visage, with eyes dim and bleared by the lamp-light that had served them to pore over[133]) many ponderous books. Yet those same bleared optics had a strange, penetrating power, when it was their owner's purpose to read the human soul. This figure of the study and the cloister,[134]) as Hester Prynne's womanly fancy failed not to recall, was slightly deformed,[135]) with the left shoulder a trifle higher than the right. Next rose before her, in memory's picture-gallery, the intricate and narrow thoroughfares, the tall gray houses, the huge cathedrals, and the public edifices, ancient in date and quaint in architecture, of a Continental city; where a new life had awaited her, still in connection with the misshapen scholar: a new life, but feeding itself on time-worn materials, like a tuft[136]) of green moss on a crumbling[137]) wall. Lastly, in lieu of[138]) these shifting scenes, came back the rude market-place of the Puritan settlement, with all the townspeople assembled, and levelling their stern regards at Hester Prynne — yes, at herself — who stood on the scaffold[139]) of the pillory, an infant on her arm, and the letter A, in scarlet, fantastically embroidered with gold thread, upon her bosom!

Could it be true? She clutched the child so fiercely to her breast that it sent forth a cry; she turned her eyes downward at the scarlet letter, and even touched it with her finger, to assure herself[140]) that the infant and the shame were real. Yes! — these were her realities — all else had vanished!

---

131) poverty-stricken : 가난에 시달리는
132) in token of : ~의 표시로, ~의 증거로
133) pore over : 자세히 보다, 탐독하다
134) cloister : 수도원(수녀원) 생활
135) deform : 변형시키다
136) tuft : (깃털・머리털・실 등의) 다발, (쿠션・커튼 등의) 장식
137) crumble : 빻다, 부수다, 가루로 만들다
138) in lieu of : ~ 대신에 *lieu : 장소
139) scaffold : 교수대, 처형대
140) assure oneself : ~라고 확신하다

제4장 | Herman Melville – Billy Budd, Sailor

| 단원 개요 |

순진무구함과 사악함이 벌이는 한 편의 드라마 같은 작품이다. 사회에 의하여 순수함이 망가지는 과정과 사회가 유지되기 위하여 이루어지는 거짓을 여실히 보여주는 소설이다.

| 출제 경향 및 수험 대책 |

Billy Budd는 순수함의 상징으로, Vere 함장은 사회질서가 안정적으로 유지되는 현실을 위하여 절대적 진실이나 가치보다는 차선을 선택하는 인간상으로 그려진다. 각 인물들이 지닌 특성을 알 필요가 있다.

제1절 작가의 생애

'미국 르네상스'(American Renaissance)라 불리는 시기를 대표하는 작가로 볼 수 있는 허먼 멜빌(Herman Melville, 1819~1891)은 1819년 뉴욕에서 부와 명성을 유지하던 오랜 가문에서 태어났다. Melville의 유년 시절은 유복한 환경이었으나, 사업으로 성공했던 아버지가 파산하면서 빚만 남기고 죽자 열두 살의 Melville은 깊은 충격을 받았고, 경제적으로 매우 궁핍한 생활을 하게 되었다. Melville은 은행원이나 점원, 농사일, 시골에 있는 학교 선생 등 여러 일을 하며 생계를 꾸려 나갔다. 그는 20세에 선원이 되어 고래잡이배를 탄다. 이때의 경험은 후에 바다를 배경으로 한 Melville의 소설 속 배경과 주제가 되었고, 자본주의의 압박과 그로 인한 정신적 문제를 탐구하는 계기가 되었다. 그의 이러한 내면이 작품에 투영된 예로는 "Bartleby, the Scrivener"(1853)를 들 수 있다.

Melville은 5년간 선원 생활을 하였고, 친지들의 권유로 글쓰기를 시작하면서 작가의 길에 들어선다. 초기에 여행기 장르의 작품을 썼는데, 그의 선원으로서의 경험은 1840년대 그의 소설인 *Typee : A Peep at Polynesian Life*(1846), *Omoo : A Narrative of Adventures in the South Seas*(1847), *Redburn*(1849), *White-Jacket*(1850) 등에서 두드러진다. 이 작품들은 바다에서의 모험을 배경으로 했고, 이러한 소재는 대중의 관심과 인기를 끌었다. 그러나 일부 작품은 당대 중요한 정치적 이슈에 대한 깊은 관심과 비평적 성찰을 담고 있었고, Melville의 문학적 탐구 방향이 철학적인 소설로 향하면서 대중적 인기 또한 오래가지 못하였다. *Moby-Dick*(1851)에 대한 독자들의 관심은 매우 낮았고, Melville은 이 작품의 인기가 없을 것을 알면서도 자신이 추구하는 것을 놓지 못한 채 전력투구하였다. 결국 Melville은 경제적으로 궁핍한 상황에 처하게 되었고, 육체적으로도 깊이 병이 든다.

Melville은 *Moby-Dick* 이후에도 *Pierre ; or The Ambiguities*(1852), *The Confidence-Man*(1857) 등과 같은 실험적인 작품을 집필했다. 1850년대 말에 Melville은 깊은 심리적 좌절 속에서 작가의 길을 포기하고, 1866년 이후 20여 년간 세관 검사장으로 일하면서 생활을 하다가 궁핍과 고독 속에서 생을 마감한다.

제2절   작품 세계

선원 생활 후 귀향한 Melville은 자신의 경험을 토대로 하여 최초의 소설인 *Typee*(1846)를 출판하였고, 이 작품은 대중적 성공을 이루었다. 그의 두 번째 소설 *Omoo*(1847) 역시 독자들에게 호평을 받았다. 하지만 Melville의 세 번째 소설인 *Mardi*(1849)는 Melville에게 작가로서의 위기감을 주는 작품이기도 하다. *Mardi*는 이전의 두 작품처럼 해양 모험을 소재로 시작하지만, Melville 자신이 읽은 많은 철학 서적과 1848년 발생한 유럽 혁명의 영향을 받으면서, 사변적이고 철학적인 내용과 유럽과 미국의 정치에 대한 비판적 의견을 첨가하였다. 이러한 변화는 그의 작품의 성격을 크게 바꿨다. 비록 모험소설을 기대하던 독자와 평자들은 실망하였지만, 이러한 대중적 실패에도 불구하고 *Mardi*는 Melville이 기존 소설의 틀에서 벗어나 특유의 문학 세계를 창조한 중요한 시도이다. *Mardi*가 대중적 인기를 얻는 데 실패한 후, Melville은 경제적인 어려움을 해결하려고 두 권의 해양소설을 급히 출판하였다. 그중 먼저 *Redburn*(1849)은 자신의 리버풀의 항해를 토대로 한 것이다. 다음으로 *White-Jacket*(1850)은 미국 군함인 유나이티드 스테이츠호에서의 경험에 기초한 것이다. 이 두 작품은 Melville이 대중적 인기를 회복하는 데 도움을 주었다. 하지만 그는 대중성과 자신의 예술성 사이의 갈등을 피할 수는 없었다.

Melville은 포경선에 대한 경험담을 작품에 투영하려 하였다. 대표적인 작품은 *Moby-Dick*(1851)이다. Melville은 출판업자에게 보낸 편지에서 2년 여간 겪은 포경선에서의 작살잡이 경험과 향유고래 잡이에 관한 모험담이라고 밝혔다. 하지만 Melville은 이 작품을 1년 이상 수정하였고, 원래의 모험담과는 다르게 변화하였다. 이러한 과정을 거친 작품이 바로 그의 걸작 *Moby-Dick*이다. 이후 멜빌은 젊은 귀족 피에르의 방황과 좌절을 그린 소설 *Pierre*(1852)를 쓰지만, 이 작품은 독자들로부터 외면당하였다. Melville은 그 후 단편소설들을 익명으로 발표하거나 중·단편소설들을 모아 출판하였다.

1 작품 세계

(1) Melville은 소설을 쓰는 것을 '진실을 말하는 위대한 기예'라고 설명하였다. 즉, 그에게 있어서 소설은 진실을 발견하고 그것을 사람들에게 전달하는 도구인 것이다. Melville에게 진실은 대다수의 사람들이 생각하는 것과 같이 현상을 초월하는 어떤 보편적이고 절대적인 이념이 아니었다. 그는 사람들이 보편적이고 영원하다고 말하는 진실이란 결국 역사적이고 문화적인 조건에 구속되어 있는 도구적인 이데올로기임을 인식하였다.

(2) 여러 항해 활동의 경험을 통해 미국의 제국주의적 팽창주의와 노예제 등의 횡포와 침략 행위를 목격한 Melville은 사회를 비판적으로 보려고 했다. 그는 자유와 평등에 입각한 민주주의 국가 건설이라는 건국이념이 유명무실해지고, 사회 발전을 위해 개인의 인권이 유린되는 실상을 보면서 모든 삶의 진리는 절대적인 것이 아님을 깨달았다. 그는 자신의 작품에서 당대의 이데올로기가 양산해 내는 인종차별, 권력 남용, 노예, 기득권층의 횡포를 다루고 있다. 그의 작품이 갖는 사회성과 정치성으로 인하여 Melville은 당대의 비평가들로부터 혹평을 받거나 외면당하였다. 그러나 **모더니스트들의 재평가**를 시작으로 그는 20세기 들어서 가장 많이 연구되는 미국 작가 중 한 사람이 되었다.

2 주요 작품

(1) *Typee : A Peep at Polynesian Life*(1846)

(2) *Omoo : A Narrative of Adventures in the South Seas*(1847)

(3) *Mardi : and a Voyage Thither*(1849)

(4) *Redburn*(1849)

(5) *White-Jacket*(1850)

(6) *Moby-Dick ; or, The Whale*(1851)

(7) *Pierre ; or The Ambiguities*(1852)

(8) "Bartleby, the Scrivener"(1853)

(9) "Benito Cereno"(1855)

(10) *The Confidence-Man : His Masquerade*(1857)

(11) *Billy Budd, Sailor*(An Inside Narrative)(1924) : 사후 출판

제3절 *Billy Budd, Sailor*의 줄거리

Billy는 Rights-of-Man 상선의 선원이었지만 영국 해군에 강제로 징집되어 H. M. S. 전함에 배치된 해병이다. Billy와 대조되는 심성을 가진 선임 하사관 Claggart가 Billy를 질투하여 그가 선상 반란의 음모를 꾸몄다며 누명을 씌워 Vere 함장에게 보고한다. 이에 함장은 사건을 해결하고자 두 사람을 불러 대면시킨다. 그런데 Billy가 Claggart의 거짓말에 당황하여 말을 더듬게 되고, 차오르는 분노와 답답한 마음에 Claggart의 머리를 주먹으로 가격해 의도치 않게 그를 죽게 한다. Vere 함장은 Billy가 반란을 꾸미지도 않았고 Claggart를 살인할 의도도 없었음을 알지만, 군대의 질서와 안정 유지를 위하여 이 사건을 하극상으로 다루고 결국 Billy를 교수형에 처한다. Vere 함장은 이를 두고 "하느님의 천사에게 맞아 죽은 거야! 그러나 그 천사는 목이 매달려야 해!"(Struck dead by an angel of God! Yet the angel must hang!)라고 말한다. 그리고 Vere 함장은 군법 회의를 소집하고 판결을 내린다. 다음 날 아침 Billy는 죽기 직전 "Vere 함장님께 하느님의 가호가 있기를!"(God bless Captain Vere!)이라는 말을 남기고, 주변 사람들의 동정과 연민을 받으며 처형당한다. Billy가 처형 직전 자신을 위해 기도하지 않고, Vere 함장을 연민 어린 시선으로 바라보며 기도하는 이 장면은 **공정하지 못한 삶, 모순으로 가득 찬 사회**, 그리고 선과 악이 대립하는 인간 존재의 양면성과 부조리함에 대한 깊은 연민을 담고 있다.

제4절 작품의 주제

(1) 작가는 당대 논쟁의 정점에 있던 사형제도와 법의 모순을 작품화하여 법 체제를 비롯한 기존 지배 이데올로기의 횡포를 비판하고, 사회제도에 구속당하는 대중들에게 자신의 삶을 되돌아보게 한다. 즉, 이 작품에는 **지배 이데올로기에 대한 작가의 비판**이 강하게 드러난다. 인간을 위해 존재해야 하는 사회제도(법, 재판, 언론, 종교 등)가 지배 이데올로기를 더욱 공고히 하는 수단이 되어 버린 상황을 드러낸다. 법과 인간의 품성을 대조적으로 그리면서 법이 결국 인간을 구속하고 지배하며 파괴하는 과정을 그린 작품이다.

(2) 순진무구함과 사악함 사이의 갈등 관계를 보여준다. 타락하기 전의 아담(Adam) 또는 그리스도(Christ)의 속성과 연관된 Billy와 마치 뱀처럼 사악한 사탄(Satan)의 속성과 연관된 Claggart 사이에 벌어지는 일을 그리고 있다.

(3) 아이러니한 비극을 담고 있다. Billy는 군법 회의에서 자신에게 살인 의도가 없었음을 이해한 Vere 함장을 축복하며 교수형에 처해진다. 작가는 가장 순수한 인간에게 법이 가혹하게 적용되는 모습을 통해, 인간이 베푸는 자비와 법을 통한 정의의 실현이 과연 어떤 의미를 가지는지 독자들에게 고민하게 한다. 또한 법을 통한 정의 실현 과정에서 인간 본연의 순수함이 희생되는 대립적 구조를 드러내며, **법과 인간 가치의 한계**를 극명하게 보여준다.

제5절　등장인물

1　Billy Budd(The Handsome Sailor)

고아 출신의 21살 흑인 미남 해병으로, Rights-of-Man 상선에서 대영제국의 H. M. S. 전함의 망루병(foretopman)으로 징집되었다. 그는 교육을 받지 못했음에도 불구하고 다른 선원들에게 항상 모범이 되며, 순진무구한 청년이다. 그러나 선임 하사관 Claggart의 거짓된 모함으로 반란을 일으키려 한다는 누명을 쓰게 된다. 이에 Billy는 분노한 나머지 일격에 Claggart를 죽게 한다. Billy는 군법 회의에서 자신에게 살인 의도가 없었음을 이해한 Vere 함장을 축복하며 교수형에 처해진다.

2　Edward Fairfax Vere(Captain Vere)

H. M. S. 전함의 함장으로, 인간적인 정과 지성을 두루 갖춘 지휘관이다. 재판관들은 Billy가 반란과는 전혀 관련이 없고, Claggart를 살인하려는 의도도 없었음을 인정한다. 그러나 Vere 함장은 군대의 질서 및 안정 유지를 위해 군법 회의를 소집하고, Billy의 살인 행위에 근거하여 판단해야 한다며 군법에 따라 공정한 판결을 내려야 한다고 주장한다. Vere 함장은 사회체제와 인간의 법을 상징하는 인물이다.

3　John Claggart

H. M. S. 전함의 선임 위병 하사관으로, 미남이지만 악마(Satan)와 같은 인물이다. 그는 교활한 눈빛을 지녔다. Claggart는 Billy의 순수함, 그리고 인기와 외모를 질투한다. 질투에 눈이 먼 Claggart는 Billy에게 반란을 일으키려 한다는 누명을 씌워 그를 파멸시키려 한다. 그러나 오히려 Billy에게 일격당하여 죽게 된다.

4　기타 인물들

(1) **Captain Graveling** : Rights-of-Man의 선장이다.

(2) **Lieutenant Ratcliffe** : Billy를 H. M. S. 전함으로 강제 징집하는 대위(중위)이다.

(3) **Narrator** : 50년 전 리버풀(Liverpool)에서 Billy의 상황을 목격한 이야기를 서술하는 화자이다.

제6절 작품의 구조와 시점

1 구조 (중요)

총 30장으로 구성되어 있으며, 각 장의 길이가 일정하지 않다.

내용상 크게 두 부분으로 구분이 가능하다. 전반부는 귀향 중이던 상선 Rights-of-Man을 주요 무대로 19세기 미국인이 지향하는 사회상을 보여준다. 배의 이름에서도 알 수 있듯이 이 배는 인권, 선, 관용, 상호 이해 등의 덕목이 주요 가치가 되는 사회로, 19세기 미국인들이 믿었던 이상주의적 세계를 반영한 것이다. 이 배는 인간 중심적인 사회의 모습을 보이는데, 구성원들의 불만과 요구 사항이 자유롭게 표면화되는 곳이기 때문에 어수선하고 통일성이 없긴 하지만 Billy에 의하여 평화를 찾는다. Billy는 순수함과 미덕으로 동료 선원들의 존경과 사랑을 받았고, 그리하여 그는 평화의 사도(peacemaker)라 불린다.

그러나 작품 후반부의 주요 무대인 군함 H. M. S.는 19세기 미국 사회의 전형이다. 사회의 질서와 목표가 우선시되는 비인간적인 사회이다. 이곳에서 Billy는 이방인으로 받아들여진다. Billy의 순수함은 그 자체로 이해되지 못하고, 오히려 그 이면에 악의가 있을 것으로 오해를 받는다. 엄격한 규율과 감시에 의해 겉으로는 평화가 유지되는 것처럼 보이지만, 실상 이곳은 악의와 거짓, 위선과 악이 잠재해 있는 곳이다. Claggart의 기만적 행위에 대한 Billy의 응징으로 Billy는 응징에 대한 동기 규명도 없이 사형이 선고된다. Billy의 사형은 사회질서의 재정비를 위한 수단이 되고, 선원들을 통제하는 기능을 한다.

2 전개

> Billy에 대한 Claggart의 모략 → Billy의 Claggart 살해 → Billy에 대한 교수형 선고 → Billy에 대한 교수형 집행

3 시점

3인칭 화자 시점이다. 그러나 때때로 등장인물의 마음속을 넘나들기도 하는 전지적 작가의 모습도 있다.

제7절 작품의 기법

어조가 강건체에서 만연체로 계속 바뀐다. 또한 종교적 상징과 알레고리가 가득한 비극적인 비전(vision)을 보여준다. 주요 상징은 다음과 같다.

1 Billy

타락하기 전의 아담(Adam) 또는 그리스도(Christ)를 연상시키는 인물이다.

2 Vere 함장

질서 있는 현실을 위하여 진실보다는 차선책을 택하는 고뇌하는 인간상을 대변한다. 비인격적 권력의 형태를 상징한다.

3 Claggart

악마(Satan)의 속성을 지닌 인물로, 악의 상징이다.

제8절 *Billy Budd, Sailor*의 일부

Chapter 1

In the time before steamships,[1] or then more frequently than now, a stroller along the docks of any considerable seaport would occasionally have his attention arrested by[2] a group of bronzed mariners, man-of-war's men or merchant-sailors in holiday attire ashore on liberty. In certain instances they would flank, or, like a body-guard quite surround some superior figure of their own class, moving along with them like Aldebaran among the lesser lights of his constellation. That signal object was the "Handsome Sailor" of the less prosaic time alike of the military and merchant navies. With no perceptible trace of the vainglorious

---

1) steamship : (대형) 기선
2) arrested by : ~에 의해 잡히다

about him, rather with the off-hand unaffectedness of natural regality, he seemed to accept the spontaneous homage of his shipmates. A somewhat remarkable instance recurs to me. In Liverpool, now half a century ago, I saw under the shadow of the great dingy[3] street-wall of Prince's Dock (an obstruction long since removed) a common sailor, so intensely black that he must needs have been a native African of the unadulterate blood of Ham. A symmetric figure much above the average height. The two ends of a gay silk handkerchief thrown loose about the neck danced upon the displayed ebony of his chest; in his ears were big hoops of gold, and a Scotch Highland bonnet with a tartan band set off his shapely head.

It was a hot noon in July; and his face, lustrous with perspiration, beamed with barbaric good humor. In jovial sallies right and left, his white teeth flashing into view, he rollicked[4] along, the centre of a company of his shipmates. These were made up of such an assortment of tribes and complexions as would have well fitted them to be marched up by Anacharsis Cloots before the bar of the first French Assembly as Representatives of the Human Race. At each spontaneous tribute rendered by the wayfarers to this black pagod of a fellow — the tribute of a pause and stare, and less frequent an exclamation,[5] — the motley retinue showed that they took that sort of pride in the evoker of it which the Assyrian priests doubtless showed for their grand sculptured Bull when the faithful prostrated themselves.

To return. If in some cases a bit of a nautical[6] Murat in setting forth his person ashore, the Handsome Sailor of the period in question evinced nothing of the dandified Billy-be-Damn, an amusing character all but extinct now, but occasionally to be encountered, and in a form yet more amusing than the original, at the tiller of the boats on the tempestuous Erie Canal[7] or, more likely, vaporing in the groggeries[8] along the towpath. Invariably a proficient in his perilous calling, he was also more or less of a mighty boxer or wrestler. It was strength and beauty. Tales of his prowess[9] were recited. Ashore he was the champion; afloat the spokesman; on every suitable occasion always foremost. Close-reefing top-sails in a gale, there he was, astride the weather yard-arm-end, foot in the Flemish horse as "stirrup," both hands tugging at the "earring" as at a bridle, in very much the attitude of young Alexander curbing the fiery Bucephalus. A superb figure, tossed up as by the horns of Taurus against the thunderous sky, cheerily hallooing to the strenuous file along the spar.

The moral nature was seldom[10] out of keeping with the physical make. Indeed, except as toned by the former, the comeliness and power, always attractive in masculine conjunction, hardly could have drawn the sort of honest homage the Handsome Sailor in some examples received from his less gifted associates.

Such a cynosure,[11] at least in aspect, and something such too in nature, though with important variations

---

3) dingy : 거무죽죽한
4) rollick : 흥겹게 뛰놀다, 야단치다
5) exclamation : 외침, 절규, 감탄
6) nautical : 항해의
7) Erie Canal : 이리 운하(미국 뉴욕주 Buffalo와 Albany를 연결하는 운하)
8) groggery : 술집
9) prowess : 기량, (특히 전장에서의) 용기, 무용
10) seldom : 좀처럼(거의) ~ 않는, 드물게
11) cynosure : 관심의 초점, 주목의 대상

made apparent as the story proceeds, was welkin-eyed[12] Billy Budd, or Baby Budd, as more familiarly under circumstances hereafter to be given he at last came to be called, aged twenty-one, a foretopman[13] of the British fleet toward the close of the last decade of the eighteenth century. It was not very long prior to the time of the narration that follows that he had entered the King's Service, having been impressed on the Narrow Seas from a homeward-bound English merchantman into a seventy-four outward-bound,[14] H.M.S. *Indomitable*; which ship, as was not unusual in those hurried days, having been obliged to put to sea short of her proper complement of men. Plump upon Billy at first sight in the gangway[15] the boarding officer Lieutenant Ratcliff pounced, even before the merchantman's crew was formally mustered on the quarter-deck for his deliberate inspection. And him only he elected. For whether it was because the other men when ranged before him showed to ill advantage after Billy, or whether he had some scruples in view of the merchantman being rather short-handed,[16] however it might be, the officer contented himself with his first spontaneous choice. To the surprise of the ship's company, though much to the Lieutenant's satisfaction, Billy made no demur.[17] But, indeed, any demur would have been as idle as the protest of a goldfinch popped into a cage.

Noting this uncomplaining acquiescence,[18] all but cheerful one might say, the shipmates turned a surprised glance of silent reproach at the sailor. The Shipmaster was one of those worthy mortals found in every vocation, even the humbler ones — the sort of person whom everybody agrees in calling "a respectable man." And nor so strange to report as it may appear to be — though a ploughman of the troubled waters, lifelong contending with the intractable elements, there was nothing this honest soul at heart loved better than simple peace and quiet. For the rest, he was fifty or thereabouts,[19] a little inclined to corpulence, a prepossessing face, unwhiskered, and of an agreeable color — a rather full face, humanely intelligent in expression. On a fair day with a fair wind and all going well, a certain musical chime in his voice seemed to be the veritable unobstructed outcome of the innermost man. He had much prudence, much conscientiousness,[20] and there were occasions when these virtues were the cause of overmuch disquietude in him. On a passage, so long as his craft was in any proximity to land, no sleep for Captain Graveling. He took to heart those serious responsibilities not so heavily borne by some shipmasters.

Now while Billy Budd was down in the forecastle[21] getting his kit together, the *Indomitable*'s lieutenant, burly[22] and bluff, nowise disconcerted by Captain Graveling's omitting to proffer the customary hospitalities on an occasion so unwelcome to him, an omission simply caused by preoccupation of thought,

---

12) welkin-eyed : 하늘(welkin)의 눈을 가진
13) foretopman : 앞 돛대 망루 선원
14) outward-bound : 외국행의, 외항의
15) gangway : 현문(배의 현측에 있는 출입구)
16) short-handed : 일손이 부족한
17) demur : 이의, 반대
18) acquiescence : 묵인, 묵종
19) thereabouts : 그 부근에, 그 무렵에, 대략
20) conscientiousness : 양심, 성실
21) forecastle : (군함의) 앞 갑판, (상선의) 앞 갑판 밑 선원실
22) burly : (몸이) 억센, 건장한

unceremoniously invited himself into the cabin, and also to a flask from the spirit-locker, a receptacle which his experienced eye instantly discovered. In fact he was one of those sea-dogs[23] in whom all the hardship and peril[24] of naval life in the great prolonged wars of his time never impaired the natural instinct for sensuous enjoyment. His duty he always faithfully did; but duty is sometimes a dry obligation, arid he was for irrigating its aridity, whensoever possible, with a fertilizing decoction of strong waters. For the cabin's proprietor there was nothing left but to play the part of the enforced host with whatever grace and alacrity were practicable. As necessary adjuncts[25] to the flask, he silently placed tumbler and water-jug[26] before the irrepressible guest. But excusing himself from partaking just then, he dismally watched the unembarrassed officer deliberately diluting his grog a little, then tossing it off in three swallows, pushing the empty tumbler away, yet not so far as to be beyond easy reach, at the same time settling himself in his seat and smacking his lips with high satisfaction, looking straight at the host.

These proceedings[27] over, the master broke the silence; and there lurked a rueful reproach in the tone of his voice: "Lieutenant, you are going to take my best man from me, the jewel of 'em."

"Yes, I know," rejoined the other, immediately drawing back the tumbler preliminary to a replenishing; "Yes, I know. Sorry."

"Beg pardon, but you don't understand, Lieutenant. See here now. Before I shipped that young fellow, my forecastle was a rat-pit of quarrels. It was black times, I tell you, aboard the Rights here. I was worried to that degree my pipe had no comfort for me. But Billy came; and it was like a Catholic priest striking peace in an Irish shindy. Not that he preached to them or said or did anything in particular; but a virtue went out of him, sugaring the sour ones. They took to him like hornets to treacle; all but the buffer of the gang, the big shaggy chap with the fire-red whiskers. He indeed out of envy, perhaps, of the newcomer, and thinking such a 'sweet and pleasant fellow,' as he mockingly designated him to the others, could hardly have the spirit of a gamecock, must needs bestir himself in trying to get up an ugly row with him. Billy forebore with him and reasoned with him in a pleasant way — he is something like myself, Lieutenant, to whom aught like a quarrel is hateful — but nothing served. So, in the second dogwatch one day the Red Whiskers in presence of the others, under pretence of showing Billy just whence a sirloin steak was cut — for the fellow had once been a butcher[28] — insultingly gave him a dig under the ribs. Quick as lightning Billy let fly his arm. I dare say he never meant to do quite as much as he did, but anyhow he gave the burly fool a terrible drubbing.[29] It took about half a minute, I should think. And, lord bless you, the lubber was astonished at the celerity. And will you believe it, Lieutenant, the Red Whiskers now really loves Billy — loves him, or is the biggest hypocrite[30]

---

23) sea-dog : 바다표범, 노련한 뱃사람
24) peril : 위험, 위태
25) adjunct : 부가물, 부속물
26) water-jug : (주로 물을 긷거나 술을 담는 데 쓰는) 주전자, 항아리
27) proceeding : 행위, 행동
28) butcher : 도살자, 잔인한 살인자
29) drubbing : 발 구르기, 쉽게 이김
30) hypocrite : 위선자, 겉으로 착한 체하는 사람

that ever I heard of. But they all love him. Some of 'em do his washing, darn his old trousers for him; the carpenter is at odd times making a pretty little chest of drawers for him. Anybody will do anything for Billy Budd; and it's the happy family here. But now, Lieutenant, if that young fellow goes — I know how it will be aboard the Rights. Not again very soon shall I, coming up[31] from dinner, lean over the capstan smoking a quiet pipe — no, not very soon again, I think. Ay, Lieutenant, you are going to take away the jewel of 'em; you are going to take away my peacemaker!" And with that the good soul had really some ado[32] in checking a rising sob.

"Well," said the lieutenant who had listened with amused interest to all this, and now waxing merry with his tipple; "Well, blessed are the peacemakers, especially the fighting peacemakers! And such are the seventy-four beauties some of which you see poking their noses out of the port-holes of yonder war-ship lying-to for me," pointing through the cabin window at the *Indomitable*. "But courage! Don't look so downhearted,[33] man. Why, I pledge you in advance the royal approbation. Rest assured that His Majesty will be delighted to know that in a time when his hard tack is not sought for by sailors with such avidity as should be; a time also when some shipmasters privily resent the borrowing from them a tar or two for the service; His Majesty, I say, will be delighted to learn that one shipmaster at least cheerfully surrenders to the King, the flower of his flock, a sailor who with equal loyalty makes no dissent. — But where's my beauty? Ah," looking through the cabin's open door, "here he comes; and, by Jove — lugging along his chest-Apollo with his portmanteau! — My man," stepping out[34] to him, "you can't take that big box aboard a war-ship. The boxes there are mostly shot-boxes. Put your duds in a bag, lad. Boot and saddle for the cavalryman, bag and hammock for the man-of-war's man."

The transfer from chest to bag was made. And, after seeing his man into the cutter[35] and then following him down, the lieutenant pushed off from the Rights-of-Man.[36] That was the merchant-ship's name; though by her master and crew abbreviated in sailor fashion into the Rights. The hard-headed[37] Dundee owner was a staunch admirer of Thomas Paine whose book in rejoinder to Burke's arraignment of the French Revolution had then been published for some time and had gone everywhere. In christening his vessel after the title of Paine's volume, the man of Dundee was something like his contemporary shipowner, Stephen Girard of Philadelphia, whose sympathies, alike with his native land and its liberal philosophers, he evinced by naming his ships after Voltaire, Diderot, and so forth.

But now, when the boat swept under the merchantman's stern, and officer and oarsmen were noting — some bitterly and others with a grin, — the name emblazoned there; just then it was that the new recruit jumped up from the bow where the coxswain had directed him to sit, and waving his hat to his silent

---

31) coming up : 오르다, 떠오르다, 도착하다
32) ado : 야단법석, 소동, 고생
33) downhearted : 낙담한
34) step out : 나가다, 걸음을 빨리하다, 서두르다
35) cutter : 커터형 범선(군함에 딸린 소형 배)
36) Rights-of-Man : Rights-of-Man이라는 배 이름
37) hard-headed : 냉정한, 실제적인, 빈틈없는, 완고한

shipmates sorrowfully looking over at him from the taffrail, bade the lads a genial good-bye. Then, making a salutation[38] as to the ship herself, "And good-bye to you too, old Rights-of-Man."

"Down, Sir!" roared the Lieutenant, instantly assuming all the rigour[39] of his rank,[40] though with difficulty repressing a smile.

To be sure, Billy's action was a terrible breach of naval decorum. But in that decorum he had never been instructed; in consideration of which the Lieutenant would hardly have been so energetic in reproof but for the concluding farewell to the ship. This he rather took as meant to convey a covert sally on the new recruit's part, a sly slur at impressment in general, and that of himself in especial. And yet, more likely, if satire it was in effect, it was hardly so by intention, for Billy, tho' happily endowed with the gayety[41] of high health, youth, and a free heart, was yet by no means of a satirical turn. The will to it and the sinister dexterity were alike wanting. To deal in double meanings and insinuations of any sort was quite foreign to his nature.

As to his enforced enlistment, that he seemed to take pretty much as he was wont to take any vicissitude of weather. Like the animals, though no philosopher, he was, without knowing it, practically a fatalist.[42] And, it may be, that he rather liked this adventurous turn in his affairs, which promised an opening into novel scenes and martial excitements.

Aboard the *Indomitable* our merchant-sailor was forthwith rated as an able-seaman and assigned to the starboard watch of the fore-top. He was soon at home in the service, not at all disliked for his unpretentious good looks and a sort of genial happy-go-lucky air. No merrier man in his mess: in marked contrast to certain other individuals included like himself among the impressed[43] portion of the ship's company; for these when not actively employed were sometimes, and more particularly in the last dogwatch[44] when the drawing near of twilight induced revery,[45] apt to fall into a saddish mood which in some partook of sullenness. But they were not so young as our foretopman, and no few of them must have known a hearth[46] of some sort; others may have had wives and children left, too probably, in uncertain circumstances, and hardly any but must have had acknowledged kith and kin, while for Billy, as will shortly be seen, his entire family was practically invested in himself.

---

38) make a salutation : 경례를 하다
39) rigour : 엄(격)함
40) rank : (군대 등의) 계급
41) gayety : gaiety(유쾌, 쾌활, 명랑)
42) fatalist : 운명론자
43) impress : 징병하다
44) dogwatch : 절반 당직(오후 4~6시와 6~8시의 두 시간 교대)
45) revery : reverie(공상, 환상)
46) hearth : (단란한) 가정

Chapter 2

Though our new-made foretopman was well received in the top and on the gun decks,[47] hardly here was he that cynosure he had previously been among those minor ship's companies of the merchant marine, with which companies only had he hitherto consorted.

He was young; and despite his all but fully developed frame, in aspect looked even younger than he really was, owing to a lingering adolescent expression in the as yet smooth face, all but feminine in purity of natural complexion, but where, thanks to his seagoing, the lily was quite suppressed and the rose had some ado visibly to flush through the tan.

To one essentially such a novice in the complexities of factitious life, the abrupt transition from his former and simpler sphere to the ampler and more knowing world of a great war-ship; this might well have abashed him had there been any conceit or vanity in his composition. Among her miscellaneous multitude, the *Indomitable* mustered[48] several individuals who, however inferior in grade, were of no common natural stamp, sailors more signally susceptive of that air which continuous martial discipline and repeated presence in battle can in some degree impart even to the average man. As the Handsome Sailor, Billy Budd's position aboard the seventy-four was something analogous to that of a rustic beauty transplanted from the provinces and brought into competition with the highborn dames of the court. But this change of circumstances he scarce noted. As little did he observe that something about him provoked[49] an ambiguous smile in one or two harder faces among the blue-jackets. Nor less unaware was he of the peculiar favorable effect his person and demeanor had upon the more intelligent gentlemen of the quarter-deck. Nor could this well have been otherwise. Cast in a mould peculiar to the finest physical examples of those Englishmen in whom the Saxon strain would seem not at all to partake of any Norman or other admixture, he showed in face that humane look of reposeful good nature which the Greek sculptor in some instances gave to his heroic strong man, Hercules.[50] But this again was subtly modified by another and pervasive quality. The ear, small and shapely, the arch of the foot, the curve in mouth and nostril, even the indurated hand dyed to the orange-tawny of the toucan's bill, a hand telling alike of the halyards and tar-bucket; but, above all, something in the mobile expression, and every chance attitude and movement, something suggestive of a mother eminently favored by Love and the Graces; all this strangely indicated a lineage in direct contradiction to his lot. The mysteriousness here became less mysterious through a matter-of-fact[51] elicited[52] when Billy, at the capstan, was being formally mustered into the service. Asked by the officer, a small brisk little gentleman, as it chanced among other questions, his place of birth, he replied, "Please, Sir, I don't know."

---

47) gun deck : (해군) 포열 갑판
48) muster : 소집하다, (용기 등을) 불러일으키다
49) provoke : 화나게 하다, (감정·욕망 등을) 불러일으키다
50) Hercules : 헤라클레스(그리스 신화에 나오는 Zeus의 아들로, 힘센 영웅)
51) matter-of-fact : 사실의, 평범한
52) elicit : (진리 등을) 도출하다, 이끌어내다

"Don't know where you were born? — Who was your father?"

"God knows, Sir."

Struck by the straightforward simplicity of these replies, the officer next asked, "Do you know anything about your beginning?"

"No, Sir. But I have heard that I was found in a pretty silk-lined basket hanging one morning from the knocker[53] of a good man's door in Bristol."

"Found say you? Well," throwing back his head and looking up and down the new recruit; "Well, it turns out to have been a pretty good find. Hope they'll find some more like you, my man; the fleet sadly needs them."

Yes, Billy Budd was a foundling,[54] a presumable by-blow, and, evidently, no ignoble one. Noble descent was as evident in him as in a blood horse.

For the rest, with little or no sharpness of faculty or any trace of the wisdom of the serpent, nor yet quite a dove, he possessed that kind and degree of intelligence going along with the unconventional rectitude of a sound human creature, one to whom not yet has been proffered[55] the questionable apple of knowledge.[56] He was illiterate; he could not read, but he could sing, and like the illiterate nightingale was sometimes the composer of his own song.

Of self-consciousness[57] he seemed to have little or none, or about as much as we may reasonably impute to a dog of Saint Bernard's breed.

Habitually living with the elements and knowing little more of the land than as a beach, or, rather, that portion of the terraqueous globe providentially set apart for dance-houses, doxies and tapsters, in short what sailors call a "fiddlers'-green," his simple nature remained unsophisticated[58] by those moral obliquities which are not in every case incompatible with that manufacturable thing known as respectability. But are sailors, frequenters of "fiddlers'-greens," without vices? No; but less often than with landsmen do their vices, so called, partake of crookedness of heart, seeming less to proceed from viciousness than exuberance of vitality after long constraint; frank manifestations in accordance with natural law. By his original constitution aided by the cooperating influences of his lot, Billy in many respects was little more than a sort of upright barbarian, much such perhaps as Adam presumably might have been ere the urbane Serpent wriggled himself into his company.

And here be it submitted that apparently going to corroborate the doctrine of man's Fall, a doctrine now popularly ignored, it is observable that where certain virtues pristine[59] and unadulterate[60] peculiarly

---

53) knocker : 문 두드리는 사람
54) foundling : 업둥이
55) proffer : 내밀다, 권하다
56) apple of knowledge : 선악과(fruit of the tree of knowledge of good and evil)
57) self-consciousness : 자각, 자의식
58) unsophisticated : 순박한, 순진한
59) pristine : 본래의, 자연 그대로의, 소박한, 청순한
60) unadulterate : 섞인 것이 없는, 순수한, 진짜의

characterize anybody in the external uniform of civilization, they will upon scrutiny seem not to be derived from custom or convention, but rather to be out of keeping with these, as if indeed exceptionally transmitted from a period prior to Cain's city and citified man. The character marked by such qualities has to an unvitiated taste an untampered — with flavor like that of berries, while the man thoroughly civilized, even in a fair specimen of the breed, has to the same moral palate a questionable smack[61] as of a compounded wine. To any stray inheritor of these primitive qualities found, like Caspar Hauser, wandering dazed in any Christian capital of our time, the good-natured poet's famous invocation, near two thousand years ago, of the good rustic out of his latitude in the Rome of the Cesars, still appropriately holds:

"Honest and poor, faithful in word and thought,

What has thee,[62] Fabian, to the city brought?"

Though our Handsome Sailor had as much of masculine beauty[63] as one can expect anywhere to see; nevertheless, like the beautiful woman in one of Hawthorne's minor tales, there was just one thing amiss in him. No visible blemish, indeed, as with the lady; no, but an occasional liability to a vocal defect. Though in the hour of elemental uproar[64] or peril he was everything that a sailor should be, yet under sudden provocation of strong heart-feeling, his voice otherwise singularly musical, as if expressive of the harmony within, was apt to develop an organic hesitancy, in fact, more or less of a stutter[65] or even worse. In this particular Billy was a striking instance that the arch interferer, the envious marplot of Eden, still has more or less[66] to do with every human consignment to this planet of Earth. In every case, one way or another he is sure to slip in his little card, as much as to remind us — I too have a hand here.

The avowal of such an imperfection[67] in the Handsome Sailor should be evidence not alone that he is not presented as a conventional hero, but also that the story in which he is the main figure is no romance.

---

61) smack : 입맛을 다시다, 입맛
62) thee : thou의 목적격, [고어] 너를(에게)
63) masculine beauty : 남성미
64) uproar : 소란, 소동
65) stutter : 말을 더듬다, 더듬거리다
66) more or less : 다소, 어느 정도, 대략
67) imperfection : 결함, 불완전

제5장 Mark Twain
– The Adventures of Huckleberry Finn

단원 개요

The Adventures of Huckleberry Finn은 가장 미국적인 작품의 표본으로 평가된다. 우선 교육받지 못한 미국 남부의 가난한 백인 소년의 사투리를 문학 언어로 사용한 점이 파격적이다. 이 작품의 힘은 바로 이 언어의 힘에 있으며, 그 언어의 다양성은 미국 문학의 민주적 혁명에 비견된다. Mark Twain은 당대의 문학적 전통에서는 고려 대상이 되지 않던 토속어를 거침없이 표현하면서 미국 문학의 고유한 가치를 형성해 낸다.

출제 경향 및 수험 대책

The Adventures of Huckleberry Finn의 주제는 미국 정체성의 진단서이다. 노예제도와 남북전쟁으로 이어지는 미국의 역사, 속물적 감상주의와 봉건적 신분 질서의 잔재를 통하여 Mark Twain이 어떻게 미국의 도덕성을 표현하는지를 중점적으로 볼 필요가 있다.

제1절 작가의 생애

마크 트웨인(Mark Twain, 1835~1910)의 본명은 새뮤얼 랭혼 클레먼스(Samuel Langhorne Clemens)로, 1835년에 태어나 미주리주의 한니발(Hannibal)에서 자랐고, 이곳의 영향이 그의 문학에 지속적으로 영향을 미쳤다. 어린 시절 강에서 사내아이들과 어울려 노는 것을 즐겼으며, 자라면서 노예제도의 실상도 알게 되었다. 열두 살 때 신문의 식자공으로 일을 시작했으며, 1850년대 후반에는 미시시피강에서 증기선 수로 안내원이 되었다. 이 일을 하면서 그는 밤에 강을 항해하는 위험과 강의 아름다움을 동시에 알게 되었다. 이는 그의 작품 『미시시피강의 생활』(Life on the Mississippi, 1883)이나 『허클베리 핀의 모험』(The Adventures of Huckleberry Finn, 1885) 등에서 잘 나타난다. 미시시피강은 Twain에게 인생의 여정에서 중요한 상징이 되었다.

그 후 Twain은 서부로 진출하여 신문에 사건 기사나 이국적이고 풍자적인 이야기를 실었다. 이 무렵에 그는 배가 쉽게 다닐 정도의 두 길(약 3.7m)의 물 깊이를 의미하는 Mark Twain을 필명으로 삼았다. 유럽에서 쓴 풍자적인 여행 기록 모음집인 『철부지의 해외여행기』(The Innocents Abroad, 1869)는 출판 첫 해에 거의 7만 부나 팔려 대성공을 거두었고, 이를 발판으로 동부의 문학계에 진출하여 당시 사실주의 대부격인 William Dean Howells 등과 친분을 맺었다.

Twain은 두 소설 Charles Dudley Warner와 공동 집필한 『도금 시대』(The Gilded Age, 1873), 자신의 어린 시절 경험을 바탕으로 한 『톰 소여의 모험』(The Adventures of Tom Sawyer, 1876)으로 널리 인정을 받았다. 그는 처음에는 톰의 이야기에서 파생된 연작으로 허크의 이야기를 구상했다. 그러나 7년에 걸친 더딘 과정을 거쳐 완성된 『허클베리 핀의 모험』은 거짓말을 잘하고, 물건을 훔치며, 말버릇이 고약한 아이를 주인공으로 내세웠다는 점에서 논란을 일으키기도 했다. 이러한 요소들이 아이들에게 적절하지 않다는 비난을 받았지만, 책은 출판되자마자 큰 성공을 거두었다. 1893~1897년의 공황으로 파산에 이른 Twain에게 1890년대는 시련의 시기였다. 1890년 그는 사업에 실패하고 이듬해 유럽으로 떠나 그곳에서 여러 작품을 썼으나, 대중의 인기를 얻거나 예술적인 성취도가 높은 작품을 쓰지는 못하였다. 이후 귀국한 뒤 빚을 갚기 위해 세계 일주 강연 여행을 떠났으며, 4년이 지난 1898년에야 마침내 모든 빚을 청산할 수 있었다.

Twain은 1900년 미국인들의 열렬한 환영 속에 귀국하여 시사 문제에 대해 적극적인 발언을 하는 한편, 활발한 창작 활동을 하였다. 그리고 그는 예일 대학교(Yale University)에서 명예 석사 학위와 문학 박사 학위를, 미주리 대학교(University of Missouri)에서 명예 법학 박사 학위를, 옥스퍼드 대학교(University of Oxford)에서 명예 문학 박사 학위를 받았다. 1910년 그는 75세의 나이로 세상을 떠났다. Twain은 빚을 갚기 위해 많은 작품을 썼으며, 죽기 전의 마지막 10년은 자서전을 구술하며 보냈다.

제2절 작품 세계

1 작품 세계

'도금 시대'(Gilded Age)는 Twain이 당대의 물질주의를 비판하기 위해 창안해 낸 비판적 명칭이다. 이는 이상주의의 지향 속에서 인류의 낙원을 건설하려고 한 초기 미국 역사의 '황금 시대'(Golden Age)가 변질되어, 물질 추구에 집착하는 '황금의 시대'(Age of Gold)로 전이된 현실을 풍자한 것이다. Twain은 **남북전쟁 이후의 자신의 시대를 통렬히 비판**하며 이를 드러냈다.

이 시기로 접어들면서 미국소설은 남북전쟁 이전 작가들의 경향과 뚜렷이 구분되는 '**사실주의**'라는 큰 변화를 보여주었다. 이 시기의 대표적인 작가 중 한 명인 Twain은 19세기 중반의 고전 작가들과 달리 강렬한 상징, 알레고리, 또는 우화적 요소를 줄이고, 구체적인 현실과 자연을 작품에 담아냈다. 가공된 상황보다는 일상생활과 실생활에서 쓰이는 구어와 방언을 작품 속에 반영했으며, 그의 작품에는 미국 남서부에서의 다양한 경험과 삶이 녹아 있다.

2 주요 작품

(1) *The Gilded Age : A Tale of Today*(1873)

(2) *The Adventures of Tom Sawyer*(1876)

(3) *Life on the Mississippi*(1883)

(4) *The Adventures of Huckleberry Finn*(1885)

(5) *A Connecticut Yankee in King Arthur's Court*(1889)

제3절 The Adventures of Huckleberry Finn의 줄거리

작품의 첫 장에서 화자인 Huckleberry Finn(Huck)은 자신이 『톰 소여의 모험』에 등장했던 같은 이름의 인물과 동일인임을 밝히며 이야기를 시작한다. 『톰 소여의 모험』의 결말 이후의 사연에 따르면, Tom과 Huck은 온갖 우여곡절 끝에 각각 금화 6천 달러라는 거액을 얻었고 평안한 일상으로 돌아간다. Huck은 늘 점잖지만 우울한 성격의 미망인인 Douglas 부인에게 맡겨져 예절 교육과 종교적 가르침을 받으며 살게 되었다. 그러나 자유로운 영혼을 지닌 Huck은 이러한 생활을 견디기가 힘들어졌다. 하지만 그렇다 해도 Huck이 스스로 선택할 수 있는 다른 방식도 딱히 없었다. 별다른 방도도 없이 무료한 나날이 계속되던 중 몇 년 동안 실종되었던 주정뱅이 아버지 Pap이 갑자기 나타나 Huck의 양육권을 내세우며 Huck이 판사에게 맡긴 돈을 내놓으라고 요구하는 사건이 벌어진다. 판사로부터 거절당한 Pap이 만취한 채 소동을 일으켜 마을에서 쫓겨나지만, 앙심을 품은 Pap은 Huck을 강제로 납치하여 강 건너 오두막에 감금해 놓고 술에 취할 때마다 Huck에게 거친 매질을 한다. 도저히 이를 견디지 못한 Huck은 자신이 마치 살해된 것처럼 교묘히 위장해 놓고, 전에 우연히 발견하여 몰래 감추어 두었던 카누를 타고 미시시피강의 흐름을 따라 흘러가는, 정처 없는 도망자의 삶을 시작한다.

Huck은 강 가운데에 있는 잭슨 섬에 거처를 마련하고 숨어 지내던 중, 노예들을 잔혹하게 다루기로 악명 높은 남부로 팔려 가지 않기 위해 주인으로부터 도망친 흑인 노예 Jim과 만나게 된다. 자신의 자유와 가족과의 재회를 추구하는 Jim의 애처로운 사정에 Huck은 깊은 연민의 감정을 느낀다. Huck은 자신이 남의 사유재산인 노예를 (당시로서는) 불법적인 방식으로 해방시키려고 노력했던 노예해방론자라고 비난받고 질시받는 한이 있더라도, Jim이 다시 잡혀가지 않도록 사람들에게 절대로 알리지 않겠다는 굳은 다짐을 한다. 현상금을 노리고 Jim을 추적하는 노예 사냥꾼들의 눈을 피해 둘은 우연히 구한 뗏목을 타고 밤에만 이동하며 온갖 모험과 역경을 겪게 된다.

Huck과 Jim은 태풍을 만나 난파한 증기선에 올랐다가 강도단을 만나기도 하고, 뗏목을 잃어버렸다가 겨우 되찾는 등 온갖 우여곡절을 함께 겪으며 서로 깊은 우정과 믿음을 쌓아 간다. 그러나 당시의 관습과 제도에 따르면 도망친 노예가 탈출하도록 돕는 것은 노예 주인의 사유재산을 강탈하는 중범죄였다. 이러한 이유로 Huck은 Jim을 돕기로 결심했음에도 불구하고, Jim을 신고할지 말지를 두고 우정과 남부 사회 틀 안에서의 양심 사이에서 고통스러운 갈등을 계속 겪는다. 결국 노예 사냥꾼과 마주친 Huck은 뗏목에 천연두가 걸린 아버지가 있다는 거짓말로 Jim이 잡혀가지 않도록 도와줌으로써 Jim을 위한 선택을 한다. 이후 Jim과 Huck은 안개 속에서 기선과 부딪히는 바람에 뗏목이 부서지는 사고를 당하게 되고, 간신히 헤엄치던 중에 서로 헤어지게 된다.

겨우 강변에 도착한 Huck은 수백 명의 노예를 소유하였으며 부유하고 기품 있지만, 다른 집안과 오랜 원한 관계를 맺으며 혈투를 벌이고 있는 그레인저포드 집안의 도움으로 잠시 여유 있고 안락한 삶을 누린다. 그러나 다시 우연히 Jim을 만나게 되고, 남부 노예주들의 위선과 인간 세계의 대립, 갈등에 환멸을 느껴 미련 없이 미시시피강에서의 떠돌이 생활로 돌아간다. Huck과 Jim은 남들 눈에 띄지 않기 위해 밤에만 이동하고 낮에는 뗏목을 숨긴 채 휴식을 취했는데, 어느 날 사기 행각을 벌이다가 발각되어 쫓기는 신세인 70대 노인과 30대 젊은이를 만나게 된다. 이들은 직업 사기꾼들로, 자신들이 왕과 공작 출신이라고 속이면서 Huck과 Jim을 꾀어서 마을 사람들을 상대로 엉터리 셰익스피어 극 공연을 벌이고 사기를 치려고 한다. 그러나 공연을 보다가 사기를 눈치챈 관중들로 인해 돈만 챙기고 가까스로 도망친다. 이후에 이들이 벌이고 다니는 치졸한 사기 행각들을 지켜보던 Huck은 인간의 선과 악의 모호한 경계에 의문을 갖게 되고 양심의 가책을 느낀다. 사기꾼들은 사기 행각이 더 이상 여의치 않게 되자 도망 노예 신분인 Jim을 고발하고 잡혀가게 한 대가로 40달러를 받고 이를 마음대로 쓰려 한다. 이에 분개한 Huck은 자신이 도망 노예를 도왔다는 이유로 지옥에 가게 될지라도 수단과 방법을 가리지 않고 어떻게든 Jim을 구해내겠다고 결심한다. Jim의 행방을 수소문하던 Huck은 펠프스 농장에 팔려 간 Jim을 찾아낸다. 그런데 그 농장주 부부가 Tom의 친척이었다. 다행히 이들 부부는 Tom의 얼굴을 기억하지 못했기 때문에 Huck은 자신이 Tom인 척 행세한다. 이런 와중에 우연히 진짜 Tom이 찾아오게 되고, 그동안의 Huck의 사정과 자초지종을 들은 Tom은 Jim을 구하고 자유인으로 만들어 주는 일에 기꺼이 동참하겠다고 다짐한다. Tom의 용기에 Huck은 놀라면서도 감동한다. 온갖 소동 끝에 Huck과 Tom은 펠프스 농장에서 Jim을 빼오는 데 성공하지만 이 과정에서 Tom은 총상을 입는다. Tom은 자신의 상처를 자랑스럽게 여기면서 자유인이 된 Jim에게 자신의 돈을 나누어 주고, Huck과 이별하게 된 Jim은 Huck의 아버지가 죽었다는 것을 알려준다. 다시 혼자의 몸이 된 Huck은 양자로 입양될 처지가 되자 변방의 미개척지인 인디언 지역으로 자유롭게 떠날 결심을 한다.

제4절 작품 소개 및 주제

1 작품 소개

(1) 이 작품은 그 어떤 작품보다도 많은 논란을 불러오기도 했으나, 미국의 위대한 문학적 성취를 이루었다는 부분에는 이견이 없다. 이 책이 출판되었을 때 못된 아이를 영웅으로 묘사한 것이 아이들에게 안 좋은 영향을 미칠 것이라고 비난받았다. 20세기에 와서는 흑인 노예 Jim에 대한 묘사가 부정적이고 작품 내 '검둥이'(nigger)라는 단어를 사용한 것이 인종차별적이라며 논란이 되었다. 이 작품은 현재에도 미국 중등학교 금서 목록에 등장하기도 한다. 그러나 이 작품은 미국 문학을 획기적으로 바꾼 작품이기도 하다. **방언의 묘사도 탁월하고 인종 문제에 얽힌 사회적 편견을 정면으로 제시하고 있다는 점이 그러하다.**

(2) 고아 소년인 주인공 Huck이 자신의 체험담을 말하는 이야기 문학의 형식으로, 일상에서 일어난 사건을 기술한다. 그는 미국인들이 진정으로 추구하는 이상적인 인간상이라고 할 수 있다. Huck이 문명에 찌들지 않은 원초적 모습을 지니고 있으며, 불평등이나 허위, 물질에 대한 집착, 사기 등으로 가득한 어른들의 가식적인 세계에서 오염되지 않은 Child of Nature의 모습을 지니기 때문이다. 또한 Huck이 외적인 환경에 도전하며 나아가는 모습을 보여주는데, 이를 통해 Huck이 성장하는 과정도 볼 수 있다.

(3) 『톰 소여의 모험』과 『허클베리 핀의 모험』을 비교하면, 『허클베리 핀의 모험』은 『톰 소여의 모험』을 출판한 후 약 7~8년에 걸쳐 완성한 작품으로, 세계관과 분위기에 있어서 뚜렷한 차이가 있다. 『톰 소여의 모험』 속 St. Petersburg는 아늑하고 평화로운 곳으로 묘사되는 반면, 『허클베리 핀의 모험』 속 St. Petersburg는 고독감을 느끼게 하고 죽음을 연상하게 하는 어두운 곳으로 묘사된다.

(4) 작품의 언어에 있어서 작가는 독자들과 다른 계층의 인물들을 통해 그들의 사투리와 속어로 작품을 전개한다.

(5) **악한소설(picaresque novel)**
① 악한소설은 스페인어의 picaro(악한, 악당)에서 유래하였는데, 악당의 이야기를 다루면서 상류층의 이상주의적 문학에 맞서는 하류층을 등장시킨다. 이들은 기존의 관습에 대립하는 태도를 취한다. 부도덕한 현실 사회에 맞서 재치 있는 임기응변과 가벼운 탈선을 하는, 사회적인 모험담의 특징을 지닌 소설 장르이다.
② 주인공 Huck은 미국 사회의 하류층 백인 태생으로, 그에게는 술주정뱅이 아버지만 있을 뿐이다. Huck은 교양이나 관습과는 거리가 멀고, 함부로 담배를 피우며 학교를 결석하는 불량소년이다. 그러나 그는 신선하고 현실적이며 생동감 있는 성격을 지닌 인물이다. 물질주의 사회에 끌려가는 인물이라기보다는 비록 사회와 문화로부터 격리되었지만 보다 깊은 진실을 찾아가는 인물이다.

2 작품의 주제

(1) 미시시피강의 의미

미시시피강은 이 작품에서 Huck과 Jim이 놓인 가장 중심적인 환경이자 현실이면서 동시에 미국의 역사에 대한 상징적 의미를 지닌다. Huck과 Jim이 뗏목을 타고 내려가는 미시시피강은 여러 모험과 사건을 구성하는 에피소드적 요소일 뿐만 아니라 당대 미국이 지닌 현실적 문제들이 다양하게 드러나는 공간이다. 이들의 미시시피강 여정은 미국 노예제의 적나라함을 보여주며, 미국의 꿈과 그 허상을 여실히 드러낸다. 이 작품은 Huck과 Jim의 도주 과정을 보여주는 미시시피강의 뗏목 여행을 통해 다양한 삶의 양태를 스쳐 지나는 것뿐만 아니라, 그 뗏목의 공간 자체가 Huck과 Jim, 그리고 그들의 문화와 정서가 만나는 생생한 현실적 공간으로 살아 있다는 점에서 큰 의미가 있다.[1]

(2) 19세기 미국 남부에 대한 풍자 **중요**

노예제도와 인종차별 등 19세기 미국 남부 사회에 관한 모순과 위선을 적나라하게 드러낸다. 이를 보여주는 가장 단적인 예는 흑인을 온전한 인간으로 여기지 않는 남부 사회의 뿌리 깊은 편견에 물들어 있던 Huck이 흑인도 고유하고 고귀한 인간성을 가지고 있다는 사실을 깨닫게 됨으로써 고통스러운 내면의 갈등과 딜레마에 빠지는 장면이다. Jim과 함께 떠돌아다니는 동안에 흑인 노예 Jim의 인간적인 진면목과 미덕을 그대로 본 Huck은 Jim이 자신과 다를 바 없는, 오히려 자신보다 더 고귀한 정신과 인품의 소유자라는 사실을 인정하게 된다. 그러나 당시 남부 사회의 형법과 관습법에 따르면 도망친 노예를 돕는 것은 불법행위이자 악인이 되는 길이었다. 따라서 Jim의 탈주를 도와 그를 자유롭게 하는 데 도움을 주겠다는 Huck의 결심은 스스로 범법자가 되겠다는 다짐이기도 했다. Huck은 Jim을 돕기로 결단을 내린 후 "그래, 좋아. 그렇다면 나는

---
[1] 신현욱 · 강우성, 『미국문학사』, 한국방송통신대학교출판문화원

지옥으로 가야겠다."라며 비장하게 Jim을 돕는 자신의 결정의 의미를 되새긴다. Twain은 이 장면을 통해 노예제를 당연시하는 남부인들의 모순과 위선을 적나라하게 드러낸다. Huck이 고뇌하며 결정을 내릴 수 없는 상황은 역설적으로 선한 남부인이야말로 그 실상은 근본적인 인권 개념이 없는 위법행위를 저지르는 이들임을 부각시킨다.

(3) 자유에 대한 갈망과 인간성의 회복

문명, 위선, 허위, 인습 및 속박으로부터 벗어나 자유와 인간성의 주제를 다룬다. Huck은 문명화와 교화에 대해 일관되게 강력한 거부감을 드러내고 그로부터 벗어난 삶을 살고자 한다. Huck이 느끼는 해방감과 만족감은 사회 문화와 교육이라는 미명하에 행해진 규칙과 틀이 과연 인간의 진정한 행복을 위한 것인지 의문을 갖게 한다. Huck이 직접 목격하는 문명인들은 오히려 비이성적이고 강박적이며, 상호 간의 반목과 대립으로 인하여 각자의 불행과 비극의 가능성을 증대시키지만, 정작 이들은 그 사실을 깨닫지 못한다.

제5절 등장인물

1 Huckleberry Finn(Huck)

Tom의 가장 친한 친구로, 작품의 주인공이다. 문명의 가르침보다는 미신을 믿으며, 문명화와 교화에 대해 강한 거부감을 가지고 있다. 제약받는 것을 싫어하고, 혼자 사는 것을 더 선호하며, 숲속에서 담배 피우는 것을 좋아한다. 교양 있는 인간으로 만들고자 하는 어른들과 문명사회에 적응하지 못하고, 자연인으로 돌아간다.

2 Jim

흑인 노예로, 인간에 대한 온정을 가진 인물이다. Huck이 아버지 Pap Finn으로부터 도망치던 날, 그도 Miss Watson으로부터 도망쳐 나왔으며 현상금이 걸려 있다. 이후 Huck과 함께 미시시피강을 따라 내려가며 모험을 하다가, 마침내 Miss Watson의 유언에 따라 자유의 몸이 된다.

3 Tom Sawyer

Huck의 친한 친구이다. Tom은 독서에 따른 상식도 많이 갖고 있고, 상상력과 꿈이 많은 낭만적인 성격을 지닌 인물이다. Tom은 Huck과 달리 사회에 순응하고자 하는 의지를 가지고 있다.

4 Judge Thatcher

Huck의 술주정뱅이 아버지 Pap으로부터 Huck을 보호하고, Huck의 재산도 관리하는 인물이다.

5 Aunt Sally(Mrs. Phelps)

Tom의 작은 이모로, 선한 인품을 가지고 있다. Huck에게도 애정을 주며, Tom과 Huck을 교양인으로 만들고 싶어 한다. 노예제도나 인종차별에 대해서는 무지하다.

6 Aunt Polly

Tom의 큰 이모이다. St. Petersburg에서 Aunt Sally의 집으로 직접 찾아온다.

7 Widow Douglas

Huck을 보호하면서 교양인으로 만들고 싶어 하는 미망인이다.

8 Miss Watson

Widow Douglas의 동생으로, 미혼이며 Widow Douglas와 함께 지낸다. Jim의 주인인데, 유서를 통해 Jim을 노예의 신분에서 해방시켜 준다.

9 The Dauphin and the Duke

백인 사기꾼들로, 프랑스 루이 16세 황태자(dauphin)와 영국 공작(duke)이라고 자칭한다. Huck, Jim을 따라 미시시피강을 모험하다가 마을에서 저급한 셰익스피어 공연을 하며 마을 사람들의 돈을 갈취한다. Jim이 도망친 노예라는 점을 알아차리고 그를 팔아넘긴다. 하지만 이들은 결국 사기꾼임이 들통나고, 마을 사람들로부터 타르(tar)와 깃털 세례를 받게 된다.

제6절 작품의 구조와 시점

1 구조

미국 백인 소년인 Huck의 모험담을 에피소드 중심으로 구성한 작품이다.

2 시점

1인칭 제한적 시점으로, 처음부터 주인공인 Huck에 의해 이야기가 전개된다. 한편 『톰 소여의 모험』은 3인칭 시점으로, Tom과 Tom의 친구들을 살펴보는 어른의 시각에 의해 이야기가 진행된다.

제7절 작품의 기법

1 기법

(1) 1인칭 시점의 효과

주인공 Huck의 관점에서 전개되는 1인칭 시점은 사회 비평적 서술을 자연스럽게 느껴지도록 만든다. 작가는 주요 등장인물들에게 사투리와 일상 언어, 반어적 어법을 사용하게 하였는데, 이 부분과 관련하여 Ernest Hemingway는 "모든 미국 문학의 원류는 Mark Twain"이라고 언급하기도 하였다. 그 이유는 *The Adventures of Huckleberry Finn*은 주인공 Huck이 교육과 문명을 거부하는 화자의 역할을 하며, 고백적인 자서전 형식의 전개를 보이는데, 이는 전통적 사고에 도전하는 미국의 신세계에 어울리는, 새로운 사고의 길을 제시했기 때문이다.

(2) 반어법과 해학, 개척 정신

반어법과 해학을 통해 미국의 가장 예민하고 심각한 사회문제 중 하나인 인종차별을 과감하게 풍자하였다. 그러면서도 미국 고유의 정서인 유머로 미국 문화의 토대를 다시 생각하게 하였다.
흑인을 주인공의 동반자이자 분신으로 설정하고, 문학작품에 흑인 방언을 사용하였다는 점에서 저자의 개척 정신도 돋보인다.

2 '미시시피강'의 상징적 의미 〈중요〉

(1) 미국에 대한 상징
Huck과 Jim이 뗏목을 타고 내려가는 미시시피강은 미국의 다양한 현실의 한복판, 미국의 꿈과 허상을 알게 해 주는 상징적인 공간이다.

(2) 대조적 상징
작품의 배경이 강(Mississippi River), 섬(Jackson's Island), 마을 등으로 변한다. 여기서 강은 사회적·문명적 위선과 기만으로부터 벗어난 자유를 의미하며, 섬은 자유, 위험, 속박이 혼재된 중간 지대를 의미한다. 그리고 마을은 문명과 속박을 상징하면서 대조적인 상징의 기법을 보여준다.

(3) 신(神)과 인간에 대한 알레고리
미시시피강은 신성(神性)이며 아름다움과 함께 공포도 느끼게 한다. 미시시피강은 Jim에게 노예제가 없는 주(state)인 오하이오(Ohio)로 가는 자유를 상징하고, Huck에게는 사회적 관습과 법, 문명으로부터 벗어나는 자유를 의미한다.

제8절 The Adventures of Huckleberry Finn의 일부

Chapter 1

YOU don't know about me[2] without you have read a book by the name of The Adventures of Tom Sawyer; but that ain't no matter. That book was made by Mr. Mark Twain, and he told the truth, mainly. There was things which he stretched, but mainly he told the truth. That is nothing. I never seen anybody but lied one time or another, without it was Aunt Polly, or the widow, or maybe Mary. Aunt Polly — Tom's Aunt Polly, she is — and Mary, and the Widow Douglas is all told about in that book, which is mostly a true book, with some stretchers, as I said before.

Now the way that the book winds up[3] is this: Tom and me found the money that the robbers hid in the cave, and it made us rich. We got six thousand dollars apiece — all gold. It was an awful sight of money when it was piled up. Well, Judge Thatcher he took it and put it out at interest, and it fetched[4] us a dollar a day apiece all the year round — more than a body could tell what to do with. The Widow Douglas she took

---

2) me : Huckleberry Finn
3) wind up : 마무리 짓다
4) fetch : (가서) 가져오다, (가서) 데려오다

me for her son, and allowed she would sivilize⁵⁾ me; but it was rough living in the house all the time, considering how dismal regular and decent the widow was in all her ways; and so when I couldn't stand it no longer I lit out. I got into my old rags and my sugar-hogshead⁶⁾ again, and was free and satisfied. But Tom Sawyer he hunted me up and said he was going to start a band of robbers, and I might join if I would go back to the widow and be respectable. So I went back.

The widow she cried over me, and called me a poor lost lamb, and she called me a lot of other names, too, but she never meant no harm by it. She put me in them new clothes again, and I couldn't do nothing but sweat and sweat, and feel all cramped up. Well, then, the old thing commenced again. The widow rung a bell for supper, and you had to come to time.⁷⁾ When you got to the table you couldn't go right to eating, but you had to wait for the widow to tuck down⁸⁾ her head and grumble⁹⁾ a little over the victuals, though there warn't really anything the matter with them, — that is, nothing only everything was cooked by itself. In a barrel of odds and ends¹⁰⁾ it is different; things get mixed up, and the juice kind of swaps¹¹⁾ around, and the things go better.

After supper she got out her book and learned me about Moses and the Bulrushers, and I was in a sweat to find out all about him; but by and by she let it out that Moses had been dead a considerable long time; so then I didn't care no more about him, because I don't take no stock in dead people.

Pretty soon I wanted to smoke, and asked the widow to let me. But she wouldn't. She said it was a mean practice and wasn't clean, and I must try to not do it any more. That is just the way with some people. They get down on a thing when they don't know nothing about it. Here she was a bothering about Moses, which was no kin to her, and no use to anybody, being gone, you see, yet finding a power of fault with me for doing a thing that had some good in it. And she took snuff,¹²⁾ too; of course that was all right, because she done it herself.

Her sister, Miss Watson, a tolerable slim old maid, with goggles on, had just come to live with her, and took a set at me now with a spelling-book. She worked me middling hard for about an hour, and then the widow made her ease up. I couldn't stood it much longer. Then for an hour it was deadly dull, and I was fidgety.¹³⁾ Miss Watson would say, "Don't put your feet up there, Huckleberry;" and "Don't scrunch up like that, Huckleberry — set up straight;" and pretty soon she would say, "Don't gap and stretch like that, Huckleberry-why don't you try to behave?" Then she told me all about the bad place,¹⁴⁾ and I said I wished I was there. She got mad then, but I didn't mean no harm. All I wanted was to go somewheres; all I wanted

---

5) sivilize : civilize
6) hogshead : 큰 통(약 63~140갤런들이)
7) come to time : come right away
8) tuck down : 숙이다
9) grumble : 불평하다, 투덜대다, 중얼거리다
10) odds and ends : 잡동사니, 잡스러운 것, 섞인 것
11) swap : 바꾸다, 교환하다
12) snuff : 코담배
13) fidgety : (지루하거나 초조해서) 가만히 못 있는
14) the bad place : 지옥

was a change, I warn't particular. She said it was wicked to say what I said; said she wouldn't say it for the whole world; she was going to live so as to[15] go to the good place.[16] Well, I couldn't see no advantage in going where she was going, so I made up my mind I wouldn't try for it. But I never said so, because it would only make trouble, and wouldn't do no good.

Now she had got a start, and she went on and told me all about the good place. She said all a body would have to do there was to go around all day long with a harp and sing, forever and ever. So I didn't think much of it. But I never said so. I asked her if she reckoned Tom Sawyer would go there, and she said not by a considerable sight. I was glad about that, because I wanted him and me to be together.

Miss Watson she kept pecking at me, and it got tiresome and lonesome. By and by they fetched the niggers in and had prayers, and then everybody was off to bed. I went up to my room with a piece of candle, and put it on the table. Then I set down[17] in a chair by the window and tried to think of something cheerful, but it warn't no use. I felt so lonesome I most wished I was dead. The stars were shining, and the leaves rustled in the woods ever so mournful;[18] and I heard an owl, away off, who-whooing about somebody that was dead, and a whippowill and a dog crying about somebody that was going to die; and the wind was trying to whisper something to me, and I couldn't make out what it was, and so it made the cold shivers run over me. Then away out in the woods I heard that kind of a sound that a ghost makes when it wants to tell about something that's on its mind and can't make itself understood, and so can't rest easy in its grave, and has to go about that way every night grieving. I got so down-hearted[19] and scared I did wish I had some company. Pretty soon a spider went crawling up my shoulder, and I flipped[20] it off and it lit in the candle; and before I could budge it was all shriveled up. I didn't need anybody to tell me that that was an awful bad sign and would fetch me some bad luck, so I was scared and most shook the clothes off of[21] me. I got up and turned around in my tracks three times and crossed my breast[22] every time; and then I tied up a little lock of my hair with a thread to keep witches away. But I hadn't no confidence. You do that when you've lost a horse-shoe that you've found, instead of nailing it up over the door, but I hadn't ever heard anybody say it was any way to keep off bad luck when you'd killed a spider.

I set down again, a shaking all over, and got out my pipe for a smoke; for the house was all as still as death now, and so the widow wouldn't know. Well, after a long time I heard the clock away off in the town go boom[23] — boom — boom — twelve licks; and all still again — stiller than ever. Pretty soon I heard a twig snap[24] down in the dark amongst the trees — something was a stirring. I set still and listened. Directly I

---

15) so as to : in order to
16) the good place : 천국
17) I set down : I sat down
18) mournful : 슬픔에 잠긴, 슬픔을 자아내는
19) down-hearted : 낙담한, 기가 죽은
20) flip : (손톱·손가락으로) 튀기다, 홱 던지다, 톡 치다, 가볍게 털다, 홱 움직이다
21) off of : from
22) cross my breast : 내 가슴에 십자가를 긋다
23) go boom : 붕 하고 소리가 나다
24) snap : 물다, 물어뜯다, 부러지다, 무너지다

could just barely hear a "me-yow! me-yow!" down there. That was good! Says, me-yow! me-yow!" as soft as I could, and then I put out[25] the light and scrambled out of the window on to the shed. Then I slipped down to the ground and crawled in among the trees, and, sure enough, there was Tom Sawyer waiting for me.

Chapter 2

WE went tiptoeing along a path amongst the trees back towards the end of the widow's garden, stooping down[26] so as the branches wouldn't scrape[27] our heads. When we was passing by the kitchen I fell over a root and made a noise. We scrouched down and laid still.[28] Miss Watson's big nigger, named Jim, was setting[29] in the kitchen door; we could see him pretty clear, because there was a light behind him. He got up and stretched his neck out about a minute, listening. Then he says:

"Who dah?"[30]

He listened some more; then he come tiptoeing down and stood right between us; we could a touched him, nearly. Well, likely it was minutes and minutes that there warn't a sound, and we all there so close together. There was a place on my ankle that got to itching, but I dasn't scratch it; and then my ear begun to itch; and next my back, right between my shoulders. Seemed like I'd die if I couldn't scratch. Well, I've noticed that thing plenty times since. If you are with the quality,[31] or at a funeral, or trying to go to sleep when you ain't sleepy — if you are anywheres where it won't do for you to scratch, why you will itch all over in upwards of a thousand places. Pretty soon Jim says:

"Say, who is you? Whar is you?[32] Dog my cats ef I didn' hear sumf'n.[33] Well, I know what I's gwyne to do:[34] I's gwyne to set down here and listen tell I hears it agin."[35]

So he set down on the ground betwixt[36] me and Tom. He leaned his back up against a tree, and stretched his legs out till one of them most touched one of mine. My nose begun to itch. It itched till the tears come into my eyes. But I dasn't[37] scratch. Then it begun to itch on the inside. Next I got to itching underneath. I didn't know how I was going to set still. This miserableness went on as much as six or seven minutes; but it seemed a sight longer than that. I was itching in eleven different places now. I reckoned I couldn't stand it

---

25) put out : 끄다
26) stoop down : 웅크리다
27) scrape : 문지르다, 문질러 벗기다, 비벼서(문질러서) 깨끗이 하다
28) laid still : lay still
29) was setting : was sitting
30) Who dah? : Who is there?
31) the quality : person of quality
32) whar is you? : who are you? / what is you? / where are you?
33) sumf'n : something
34) what I's gwyne to do : what I am going to do
35) agin : again
36) betwixt : between
37) dasn't : dared not

more'n a minute longer, but I set my teeth hard and got ready to try. Just then Jim begun to breathe heavy; next he begun to snore — and then I was pretty soon comfortable again.

Tom he made a sign to me — kind of a little noise with his mouth — and we went creeping away on our hands and knees. When we was ten foot off Tom whispered to me, and wanted to tie Jim to the tree for fun. But I said no; he might wake and make a disturbance, and then they'd find out I warn't in.[38] Then Tom said he hadn't got candles enough, and he would slip in the kitchen and get some more. I didn't want him to try. I said Jim might wake up and come. But Tom wanted to resk[39] it; so we slid in there and got three candles, and Tom laid five cents on the table for pay. Then we got out, and I was in a sweat[40] to get away; but nothing would do Tom but he must crawl to where Jim was, on his hands and knees, and play something on him. I waited, and it seemed a good while, everything was so still and lonesome.

As soon as Tom was back we cut along the path, around the garden fence, and by and by fetched up on the steep top of the hill the other side of the house. Tom said he slipped Jim's hat off of[41] his head and hung it on a limb right over him, and Jim stirred a little, but he didn't wake. Afterwards Jim said the witches bewitched him and put him in a trance, and rode him all over the State, and then set him under the trees again, and hung his hat on a limb to show who done it. And next time Jim told it he said they rode him down to New Orleans; and, after that, every time he told it he spread it more and more, till by and by he said they rode him all over the world, and tired him most to death, and his back[42] was all over saddle-boils. Jim was monstrous proud about it, and he got so he wouldn't hardly notice the other niggers. Niggers would come miles to hear Jim tell about it, and he was more looked up to than any nigger in that country. Strange niggers would stand with their mouths open and look him all over, same as if[43] he was a wonder. Niggers is always talking about witches in the dark by the kitchen fire; but whenever one was talking and letting on[44] to know all about such things, Jim would happen in and say, "Hm! What you know 'bout witches?" and that nigger was corked up[45] and had to take a back seat.[46] Jim always kept that five-center piece round his neck with a string, and said it was a charm the devil give to him with his own hands, and told him he could cure anybody with it and fetch witches whenever he wanted to just by saying something to it; but he never told what it was he said to it. Niggers would come from all around there and give Jim anything they had, just for a sight of that five-center piece; but they wouldn't touch it, because the devil had had his hands on it. Jim was most ruined for a servant, because he got stuck up on account of[47] having seen the devil and been rode by witches.

Well, when Tom and me got to the edge of the hill-top we looked away down into the village and could see

---

38) I warn't in : I wasn't in the house
39) resk : risk(모험을 하다)
40) be in a sweat : be very anxious
41) slip ~ off of ... : ~을 ...에서 슬쩍 벗기다
42) his back : his ass(그의 엉덩이), 그의 허리
43) same as if ~ : just as if ~(바로 마치 ~인 듯)
44) let on : ~인 척하다
45) cork up : ~에 코르크 마개를 끼우다, 밀폐하다
46) take a back seat : 뒤로 물러서다
47) on account of : because of

three or four lights twinkling, where there was sick folks, maybe; and the stars over us was sparkling ever so fine; and down by the village was the river, a whole mile broad, and awful still and grand. We went down the hill and found Jo Harper and Ben Rogers, and two or three more of the boys, hid in the old tanyard.[48] So we unhitched[49] a skiff[50] and pulled down the river two mile and a half, to the big scar[51] on the hillside, and went ashore.

We went to a clump of bushes, and Tom made everybody swear to keep the secret, and then showed them a hole in the hill, right in the thickest part of the bushes. Then we lit the candles, and crawled in on our hands and knees. We went about two hundred yards, and then the cave opened up. Tom poked about[52] amongst the passages, and pretty soon ducked under a wall where you wouldn't a noticed that there was a hole. We went along a narrow place and got into a kind of room, all damp and sweaty and cold, and there we stopped. Tom says:

"Now, we'll start this band of robbers and call it Tom Sawyer's Gang. Everybody that wants to join has got to take an oath, and write his name in blood."

Everybody was willing. So Tom got out a sheet of paper that he had wrote the oath on, and read it. It swore every boy to stick to the band, and never tell any of the secrets; and if anybody done anything to any boy in the band, whichever boy was ordered to kill that person and his family must do it, and he mustn't eat and he mustn't sleep till he had killed them and hacked[53] a cross in their breasts, which was the sign of the band. And nobody that didn't belong to the band could use that mark, and if he did he must be sued; and if he done it again he must be killed. And if anybody that belonged to the band told the secrets, he must have his throat cut, and then have his carcass[54] burnt up and the ashes scattered all around, and his name blotted off[55] of the list with blood and never mentioned again by the gang, but have a curse put on it and be forgot forever.

Everybody said it was a real beautiful oath, and asked Tom if he got it out of his own head. He said, some of it, but the rest was out of pirate-books[56] and robber-books, and every gang that was high-toned[57] had it.

Some thought it would be good to kill the families of boys that told the secrets. Tom said it was a good idea, so he took a pencil and wrote it in. Then Ben Rogers says:

"Here's Huck Finn, he hain't got no family;[58] what you going to do 'bout him?"

"Well, hain't he got a father?" says Tom Sawyer.

"Yes, he's got a father, but you can't never find him these days. He used to lay drunk with the hogs in the

---

48) tanyard : 무두질 공장
49) unhitch : 풀다
50) skiff : 밑이 납작하고 뚜껑이 달리지 않은 배(a flat-bottomed open boat)
51) the big scar : 큰 낭떠러지
52) poke about : 여기저기 찾아다니다
53) hack : (마구) 자르다, 난도질하다
54) carcass : 시체
55) blot off : 뭉개어 지우다, 더럽게 해 버리다
56) pirate-book : 해적에 관한 책
57) high-toned : 멋진, 고상한
58) he hain't got no family : he has no family(= he has not got any family)

tanyard, but he hain't been seen in these parts for a year or more."

They talked it over, and they was going to rule me out, because they said every boy must have a family or somebody to kill, or else it wouldn't be fair and square[59] for the others. Well, nobody could think of anything to do — everybody was stumped, and set still. I was most ready to cry; but all at once I thought of a way, and so I offered them Miss Watson — they could kill her. Everybody said:

"Oh, she'll do.[60] That's all right. Huck can come in."

Then they all stuck a pin in their fingers to get blood to sign with, and I made my mark on the paper.

"Now," says Ben Rogers, "what's the line of business of this Gang?"

"Nothing only robbery and murder," Tom said.

"But who are we going to rob? — houses, or cattle, or —"

"Stuff[61] stealing cattle and such things ain't robbery; it's burglary," says Tom Sawyer. "We ain't burglars. That ain't no sort of style. We are highwaymen.[62] We stop stages and carriages on the road, with masks on, and kill the people and take their watches and money."

"Must we always kill the people?"

"Oh, certainly. It's best. Some authorities think different, but mostly it's considered best to kill them — except some that you bring to the cave here, and keep them till they're ransomed."[63]

"Ransomed? What's that?"

"I don't know. But that's what they do. I've seen it in books; and so of course that's what we've got to do."

"But how can we do it if we don't know what it is?"

"Why blame it all,[64] we've got to do it. Don't I tell you it's in the books? Do you want to go to doing different from what's in the books, and get things all muddled up?"[65]

"Oh, that's all very fine to say, Tom Sawyer, but how in the nation are these fellows going to be ransomed if we don't know how to do it to them? — that's the thing I want to get at. Now, what do you reckon it is?"

"Well, I don't know. But per'aps[66] if we keep them till they're ransomed, it means that we keep them till they're dead."

"Now, that's something like. That'll answer. Why couldn't you said that before? We'll keep them till they're ransomed to death; and a bothersome lot they'll be, too — eating up everything, and always trying to get loose."

"How you talk,[67] Ben Rogers. How can they get loose when there's a guard over them, ready to shoot them

---

59) be fair and square : 맞다, 일치하다
60) she'll do : she serves right(그녀면 충분하다)
61) stuff : nonsense!(말도 안 돼!)
62) highwaymen : 노상강도들
63) ransom : 몸값을 받다, 배상을 받고 석방하다
64) Why blame it all : Why confound it all(제기랄!)
65) muddle up : 뒤죽박죽으로 만들다, 혼란시키다
66) per'aps : perhaps
67) How you talk : 설마

down if they move a peg?"[68]

"A guard! Well, that is good. So somebody's got to set up all night[69] and never get any sleep, just so as to watch them. I think that's foolishness. Why can't a body take a club and ransom them as soon as they get here?"

"Because it ain't in the books so — that's why. Now, Ben Rogers, do you want to do things regular, or don't you? — that's the idea. Don't you reckon that the people that made the books knows what's the correct thing to do? Do you reckon you can learn 'em anything? Not by a good deal. No, sir, we'll just go on and ransom them in the regular way."

"All right. I don't mind; but I say it's a fool way, anyhow. Say, do we kill the women, too?"

"Well, Ben Rogers, if I was as ignorant[70] as you I wouldn't let on. Kill the women? No; nobody ever saw anything in the books like that. You fetch them to the cave, and you're always as polite as pie[71] to them; and by and by they fall in love with you, and never want to go home any more."

"Well, if that's the way I'm agreed, but I don't take no stock in it. Mighty[72] soon we'll have the cave so cluttered up with women, and fellows waiting to be ransomed, that there won't be no place for the robbers. But go ahead, I ain't got nothing to say."

Little Tommy Barnes was asleep now, and when they waked him up he was scared, and cried, and said he wanted to go home to his ma,[73] and didn't want to be a robber any more.

So they all made fun of[74] him, and called him crybaby,[75] and that made him mad, and he said he would go straight and tell all the secrets. But Tom give him five cents to keep quiet, and said we would all go home and meet next week, and rob somebody and kill some people.

Ben Rogers said he couldn't get out much,[76] only Sundays, and so he wanted to begin next Sunday; but all the boys said it would be wicked to do it on Sunday, and that settled the thing. They agreed to get together and fix a day[77] as soon as they could, and then we elected Tom Sawyer first captain and Jo Harper second captain of the Gang, and so started home.

I clumb[78] up the shed and crept into my window just before day was breaking. My new clothes was all greased[79] up and clayey,[80] and I was dog-tired.[81]

---

68) move a peg : 조금이라도 움직이다
69) set up all night : sit up all night(불침번을 서다)
70) ignorant : 무식한
71) as polite as pie : very polite
72) mighty : 대단히, 매우
73) his ma : his mother
74) make fun of : 비웃다, 놀리다
75) crybaby : 울보
76) get out much : 밖으로 자주 나오다
77) fix a day : 어떤 날을 정하다
78) clumb : climbed(올라갔다)
79) grease : 기름을 바르다, 기름으로 더럽히다
80) clayey : 진흙을 바른, 진흙투성이의
81) dog-tired : 기진맥진한, 몹시 지친

제6장 Henry James – The Portrait of a Lady

단원 개요

*The Portrait of a Lady*는 1870년대를 배경으로 독립심이 강하고 상상력이 풍부한 미국 여성 Isabel Archer의 삶을 그린 소설이다. 이 작품에 대한 비평가들의 관심은 주로 Isabel의 선택과 그 의미에 집중돼 있다. 이 작품은 계속되는 Isabel의 선택으로 구성된다. 이 작품에서 두드러지는 Isabel의 선택은 Lord Warburton과 Caspar Goodwood의 청혼을 거절하고 Gilbert Osmond의 청혼을 받아들이는 것이며, Goodwood의 구애를 뿌리치고 Osmond가 있는 로마로 돌아가는 구조를 중심으로 한다.

출제 경향 및 수험 대책

당대 여성의 주체적 의식에 대해 많은 관심을 보였던 작가 Henry James는 이 작품에서도 Isabel의 인생을 통해 당대 신여성의 주체 문제를 심도 있게 탐색하고 있다. 작가는 Isabel을 당대 신여성의 가장 큰 문제였던 결혼과 선택의 문제에 부딪히게 함으로써 그녀의 의식이 어떻게 흐르고 있는지를 탐색한다. 이 작품은 작가가 심리적 리얼리즘을 통해 Isabel의 의식과 심리를 묘사하면서 신여성의 의식의 초상이자 그녀의 의식이 끊임없이 상황에 대응하는 과정을 그리므로, Isabel의 심리적 흐름의 과정을 좀 더 깊이 있게 볼 필요가 있다.

제1절 작가의 생애

헨리 제임스(Henry James, 1843~1916)는 1843년 4월 15일에 뉴욕에서 태어났다. 어릴 때 아버지를 따라 유럽을 여러 차례 방문한 뒤 일찍부터 유럽을 동경하게 되었고, 1870년대 후반부터는 영국 런던에 정착하여 활동했다. 고국을 떠나 평생을 살다가 죽기 직전에 유럽에 귀화했다는 사실 때문에 모국을 저버린 작가로 간주되어 미국 비평계가 한동안 그에게 인색한 평가를 내리기도 하였다. James는 어려서부터 많은 유명 인사들을 만났다. Ralph Waldo Emerson은 수시로 찾아오는 아버지의 친구였으며, Washington Irving과 Winfield Scott, William Makepeace Thackeray를 포함하여 외국에서 오는 손님이 많았다.

James는 1862년에 하버드 법과대학에 입학하였고, 단편 "A Tragedy of Error"(1864)를 *Continental Monthly*에 익명으로 발표하였다. 그는 지속적으로 단편소설과 평문을 *The Nation*에 발표하였다. 이후 그는 영국 런던으로 건너가 William Morris, Dante Gabriel Rossetti, John Ruskin, George Eliot과 교류하였다.

미국 뉴잉글랜드의 고향으로 돌아온 James는 작가로서의 수련 과정을 계속하였다. *Atlantic Monthly*에 첫 번째 장편소설인 *Watch and Ward*(1871)를 연재하였고, 점차적으로 유럽에 나가 있는 미국인의 이야기를 소재로 하는 International Theme(국제 주제)을 탐구하기 시작하였다. 미국에서 생활하는 중에도 그는 유럽에 대한 그리움을 떨칠 수 없었다. 1875년 James는 파리에 정착하게 되고, 이때부터 작가로서 명성을 떨치기 시작하였다. 1885년에 그는 영국의 켄싱턴(Kensington)에 머물며 *The Bostonians*(1886)와 *The Princess Casamassima*(1886)를 집필하고 출판하였다. 20세기에 들어서서는 많은 문학 동호인과 교류하며 작품 활동을 하였다. 그의 후기 3대 걸작인 *The Wings of the Dove*(1902), *The Ambassadors*(1903), *The Golden Bowl*(1904)은 이 시기에 쓰였고, "The Beast in the Jungle"(1903)도 이 무렵에 쓰인 단편소설이다. 그는 사망하기 1년 전에 영국으로 귀화하였으며, 미국 문학과 영국 문학의 전통 모두에 큰 영향을 미친 작가였다.

제2절 작품 세계

1 Henry James의 소설

James는 소설, 연극, 평론, 서평, 기행문, 전기 등 다양한 문학작품을 만들어 냈다. 그는 일생에 걸쳐 136편의 장편·단편소설과 300여 편의 문학 에세이를 집필하였다. 그중에서도 소설 분야에서 가장 큰 성공을 거두었다. James는 계속해서 소설의 형식과 주제에 대한 실험과 개발을 하였다. 그는 **새로운 서술 방식의 도입**을 강조하면서 객관적 시점, 장면의 극화, 원근법, 포괄과 배제, 책략과 이완, 구성과 동기 등과 같은 소설의 미학에 특히 관심을 가지고 실천하였다. 이러한 그의 관심과 노력은 **현대 소설 기법의 발전에 크게 공헌**하였다.

하지만 James의 문장은 다소 장황하고 간접적이며 암시적이어서 그의 작품을 난해하고 애매하게 만들었다. 그의 이러한 기교적인 문장은 작품의 진의를 이해하기 어렵게 하는 면이 있다. 그의 미학적 이론은 자유로운 상상의 흐름을 억제하고, 서술의 기교는 작품 전개를 장황하게 만드는 경향이 있다. 이로 인해 내용이 형식에 희생되었다는 비난이 일기도 하였다.

2 작품 세계 〈중요〉

(1) 심리적 사실주의(Psychological Realism)

James는 '심리적 사실주의' 기법을 창시한 현대소설의 선구자이다. 이는 인물들의 의식 세계 속에 나타나는 심리 상태에 더 중점을 두는 것을 말한다. 그는 작중인물들의 행동을 유발하는 내면의 심리 세계를 분석하고 전개하는 데 중점을 두는 '의식의 흐름'(stream of consciousness) 기법을 개척했다.

(2) 국제적인 주제(International Theme)와 도덕성[1]

James는 젊고 순진한 미국 여성을 주인공으로 내세워 신세계와 구세계 간의 상충하는 문화와 가치관이 만들어내는 극적 갈등, 즉 국제적인 주제를 다루는 소설가이다. 그의 소설에서 국제적 배경은 신대륙인 미국의 문명에 대한 성찰의 도구로 작용한다. James는 미국 사회의 현실과 미래의 가능성을 탐구하며, 구세계 유럽의 전통과 신세계 미국의 문명을 넘어서 더 나은 삶과 문명을 모색했다.

그의 소설에는 두드러지는 두 가지 주제가 있다. 하나는 미국과 유럽, 그리고 미국인과 유럽인 사이의 복잡하고 미묘한 관계를 대비시키는 것이며, 다른 하나는 이러한 국제적 주제와 밀접하게 연관된 도덕성에 관한 문제이다. James가 소설에서 탐구하는 도덕성은 단순히 도덕적 결핍 같은 악의 요소를 다루는 데 그치지 않고, 국제적 환경 속에서 미국인이 직면하는 도덕적 갈등을 깊이 있게 조명한다. 이러한 국제적 주제는 풍습과 성격의 단순한 대조를 넘어선다.

James의 국제적 주제를 요약하면 다음과 같다.

---

[1] 한국근대영미소설학회, 『19세기 미국 소설 강의』, 신아사

① James는 유럽의 교양과 전통을 단순히 미화하지도, 미국인으로서 자신의 정체성을 소홀히 하지도 않았다. 그의 작품에서 드러나는 대조적 효과와 도덕적 갈등은 그의 초기 소설부터 후기 소설까지의 발전 과정을 이해하는 데 중요한 역할을 한다.

② 그는 흑백논리적 도덕 교훈의 결말을 거부하며, '무의식적 도덕성'이라는 기법을 활용한다. 이는 등장인물의 행위를 작가 자신의 기준과 취향에 따라 설명하거나 비평하지 않고, 도덕적 중립의 태도를 고수하는 방식이다. 그러나 이러한 기법은 때로 작가의 의도를 애매하게 만들어 비평과 해석의 논란을 불러일으키기도 했다.

3 작품의 발전 과정[2]

(1) 초기(1871~1881)

James는 영국과 프랑스의 사실주의 전통을 계승하며 주로 국제적인 소재와 주제를 다루었다. 그의 대표작 *Daisy Miller*(1878)와 *The Portrait of a Lady*(1881)는 대중적인 인기를 얻었으며, 국제적인 배경 속에서 여성, 결혼, 도덕성에 대한 문제를 탐구했다. 이 시기의 다른 작품인 *Roderick Hudson*(1875)과 *The American*(1877) 역시 국제적 주제를 중심으로 전개되었다.

(2) 중기(1886~1900)

이 시기 James는 초기에 쌓은 명성을 유지하기 위해 다양한 자료를 수집하며 국제적 관계를 다룬 작품을 집필했다. 예를 들어, 사회연구를 바탕으로 한 *The Princess Casamassima*(1886)와 문예와 미술 등을 다룬 심미주의적 작품 *The Spoils of Poynton*(1897), *The Tragic Muse*(1890)가 있다.

이 시기 그는 극작에 도전하며 5년간 극작 활동을 병행했으나 큰 성공을 거두지는 못했다. 이후 그는 단편소설 집필에 주력하며 소설 기법의 발전을 이루었다. 특히 극적 요소와 대칭 구조를 활용해 작품을 구성하는 방식이 두드러졌다. 이 무렵부터 그의 문장이 점점 까다롭고 어려워지면서 독자들에게 난해한 작가로 인식되기도 하였다. 그러나 "The Altar of the Dead"(1895) 같은 작품은 그의 수려한 문체와 구성력을 잘 보여주는 예로 평가된다.

(3) 후기(1900~)

James는 후기 작품에서 다시 초기의 국제적 주제로 돌아가면서 등장인물의 심리적 해부와 형이상학적인 심리소설로 작품을 전개했다. 그는 자신이 구축해 온 문학 이론과 작가적 재능을 심화시키며 예술가로서의 진면목을 드러냈다. 후기 작품에서는 한 인물의 관점을 중심으로 사건의 핵심을 바라보고 진상을 묘사하며 비판하는 '저술상의 중심'(a compositional center) 또는 '예리한 중심적 의식'(an acute central consciousness)이라는 기법을 활용했다. 그의 후기 3대 걸작으로 평가받는 *The Wings of the Dove*(1902), *The Ambassadors*(1903), *The Golden Bowl*(1904)은 그의 작가적 참모습과 노력을 보여주는 작품들이다.

---

[2] 한국근대영미소설학회, 『19세기 미국 소설 강의』, 신아사

4 주요 작품

(1) *Roderick Hudson*(1875)

(2) *The American*(1877)

(3) *Daisy Miller*(1878)

(4) *Washington Square*(1880)

(5) *The Portrait of a Lady*(1881)

(6) *The Bostonians*(1886)

(7) *What Maisie Knew*(1897)

(8) *The Turn of the Screw*(1898)

(9) *The Wings of the Dove*(1902)

(10) *The Ambassadors*(1903)

(11) *The Golden Bowl*(1904)

제3절   *The Portrait of a Lady*의 줄거리

뉴욕주 올버니(Albany)에 살던 Isabel Archer는 부모를 잃고 이모인 Mrs. Touchett의 후견을 받아 이모가 살고 있는 런던으로 건너온다. 그녀의 사촌 Ralph Touchett와 그의 친구 Lord Warburton은 아름답고 지적이며 솔직한 Isabel을 사랑하게 된다. 또한 미국에서 그녀에게 구혼하던 젊은 사업가인 Caspar Goodwood는 그녀에게 청혼하기 위해 영국으로 건너온다. 그러나 자유와 독립을 소중히 여기는 그녀는 Lord Warburton과 Goodwood의 청혼을 거절한다.

병약한 사촌 Ralph는 Isabel이 경제적인 이유로 결혼을 해야만 하는 상황에서 벗어날 수 있도록 대부호인 자신의 아버지에게 그녀 몰래 자신의 유산을 나누어 주도록 부탁한다. Isabel은 이러한 사실을 알지 못한 채 이모부인 Mr. Touchett의 사망 후 뜻밖의 많은 유산을 물려받게 되고, 그녀는 결혼보다도 삶을 먼저 경험하기 위해 유럽의 곳곳을 여행한다.

한편 Isabel은 이모의 지인인 Serena Merle 부인과 친구가 된 후, 그녀의 소개로 이탈리아에 살고 있는 미국인 Gilbert Osmond를 만나게 된다. 딸과 함께 이탈리아 플로렌스(피렌체)에 살고 있는 Osmond가 세련된 취향과 미적 감각 이외에는 가진 것이 없다는 사실을 솔직히 고백하자, Isabel은 오히려 그에게 매력을 느끼고 주변의 반대에도 불구하고 그의 청혼을 받아들인다. Osmond의 의도를 꿰뚫어 본 사촌 Ralph는 Isabel을 독립적 존재로 만들어 주려던 자신의 호의가 뜻하지 않게 그녀를 위험에 빠뜨렸다는 죄책감을 느끼면서 Osmond와의 결혼을 반대한다. 하지만 Isabel은 자신의 남편이 될 사람을 존중해 주지 않는 Ralph와 우정을 지속할 수 없다고 생각하며 그를 멀리한다.

Isabel과 Osmond가 결혼한 후 초기의 몇 년은 작품에서 묘사되지 않는다. 대신 Osmond의 딸인 Pansy에게 구애하려는 청년 Ned Rosier의 시선을 통해, 이미 Osmond의 교묘한 억압의 감옥 안에 갇힌 Isabel의 모습을 보여준다. 이 작품은 결혼 후 겪는 갈등 속에서 남편의 정체를 깨닫고 환멸을 느끼는 Isabel의 깨달음에 초점이 맞춰진다는 점에서 전통적인 결혼 서사의 연장선에 있으면서도 동시에 결혼 서사의 전통을 깨뜨리는 작품이다.

속물이며 폭군인 Osmond의 위선적 실체는 재산이 없는 청년 Rosier에 대한 냉대, Lord Warburton이 Osmond의 딸 Pansy에게 청혼하지 않으면 그것을 Isabel의 책임으로 돌리겠다는 억지와 협박, 계속되는 Merle 부인과의 수상한 친밀함 등을 통해 드러난다. Lord Warburton이 여전히 자신을 사랑하고 있고 자신과 가깝게 지내기 위하여 Pansy에게 호감을 표시하고 있다는 것을 감지한 Isabel은 난감해지고, Osmond와의 갈등은 더욱 깊어진다.

폐결핵을 앓던 Ralph의 병세가 악화되었다는 소식을 듣고 Isabel은 그를 만나기 위해 영국으로 가겠다고 하지만, Osmond는 격렬히 반대한다. 괴로워하는 Isabel을 안쓰럽게 여긴 Osmond의 누이 Gemini 백작 부인은 그녀에게 넌지시 Osmond와 Merle 부인에 대한 언질을 준다. 이에 Isabel은 Pansy가 Osmond와 Merle 부인 사이에서 태어난 딸이며, Merle 부인이 왜 자신과 Osmond의 결혼을 주선했는지를 깨닫게 된다. Isabel이 결국 이 두 사람 사이의 관계와 Pansy의 이해관계를 위해 자신을 일종의 희생양으로 삼고 이용했다는 것을 깨닫고 환멸을 느끼는 장면은 인간의 내면세계를 서사화하는 James의 심리적 사실주의의 정점으로 평가받는다. Osmond의 폭압적인 명령에 굴복하는 대신 Isabel은 임종을 앞둔 Ralph를 만나기 위해 집을 나서고, 영국으로 떠나는 길에 Pansy가 있는 수녀원에 들러 인사를 한다. 다시 돌아와 달라고 간곡히 부탁하는 Pansy에게 Isabel은 그러겠다고 약속하고, 영국에 도착해서 Ralph와 화해하고 그를 돌보며 임종을 지킨다.

죽음 같은 절망을 느끼는 Isabel에게 Ralph는 사랑이 있어서 삶이 더 낫다고 말을 하며 세상을 떠난다. 얼마 후 Isabel은 그녀를 만나러 다시 영국에 온 Goodwood와 마주친다. 그는 그녀에게 Osmond를 떠나라고 종용하며 매달리지만 그녀는 그를 뿌리친다. 다음 날 다시 그녀를 만나러 온 Goodwood에게 Isabel의 친구 Henrietta Stackpole은 Isabel이 아침에 로마로 떠났다고 말한다. 그 말을 들은 Goodwood가 갑자기 늙어버린 듯한 실망을 느끼며 돌아서는 것으로 작품은 끝난다.[3]

제4절 작품의 주제

(1) 적절한 상대와의 결혼을 목표로 전개되는 것이 아니라는 점이 이 작품의 형식 및 내용상의 큰 특징이다. 여주인공이 자신의 선택의 결과를 깨달아 가는 인식의 성장 과정을 다루면서 결혼이 최종 목적지도, 해법도 아니며 오히려 다른 문제의 시작이라는 것을 주인공이 깨닫는다는 점에서 전통적인 결혼 서사와 차이를 지닌다.

(2) James의 여성관을 논의할 때 가장 많이 언급되는 작품이다. 19세기 영미 사회의 여성 억압적인 사회규범과 결혼제도의 모순에 대해서 자각하는 여주인공을 그려냄으로써 그녀를 둘러싼 문제를 간접적으로 비판하면서도 실질적인 탈출구를 제시하지 않는다. 이러한 점에서 이 작품은 여성에 대한 작가의 이중적인 태도 또는 작가가 지닌 여성주의적 의식의 한계가 드러나는 작품으로 언급되기도 한다.

제5절 등장인물

1 Isabel Archer

모든 일을 주체적으로 판단하고 실행하려는 성향을 지닌 여성이다. 세상에 대한 호기심이 많고 상상력이 풍부하며, 자유를 추구한다. 부모를 잃고 이모를 따라 영국으로 온 후, Lord Warburton과 미국에서부터 자신을 사랑했던 Goodwood의 청혼을 모두 거절하며 더 넓은 세상을 경험하고자 한다. 하지만 이모부로부터 유산을 상속받은 뒤, 이탈리아 피렌체에서 만난 Osmond의 청혼을 받아들인다. 결혼 후 그녀는 불행한 결혼 생활에 직면하게 되며, 의붓딸 Pansy의 결혼 문제, 폐결핵으로 죽어가는 사촌 Ralph를 만나기 위해 영국으로 가는 문제 등으로 남편과 갈등을 겪는다. 결국 남편의 실체를 깨닫게 되면서 그녀의 삶은 중요한 전환점을 맞이한다.

---

[3] 한국영어영문학회, 『미국 근현대소설』, 한국문화사

2 Gilbert Osmond

미국에서 유럽으로 건너와 오랜 기간 생활해 온 인물이다. 이탈리아 피렌체에서 살고 있는 그는 과거 결혼한 아내와 사별한 뒤, Merle 부인과의 사이에서 태어난 딸 Pansy와 함께 지내고 있다. 특별히 내세울 재산도, 가문도 없으며, 주로 미술품 수집 등 취미 생활에 집중하며 살아간다. Merle 부인의 권유로 Isabel을 만나 청혼에 성공하고 결혼하지만, 결혼 후 오로지 아내의 외모만을 중요시하며 그녀의 주체적인 사고를 모욕으로 여기는 가부장적이고 편협한 태도를 드러낸다.

3 Madame Merle

스위스 상인의 미망인으로, 피렌체 사교계에서 활발히 활동하는 여성이다. 그녀는 Osmond와의 혼외정사로 태어난 딸 Pansy에게 도움이 되기를 바라며, 재산이 많은 Isabel과 돈 없는 Osmond가 결혼하도록 주선한다. Merle 부인은 Isabel에게 매력적이고 고상한 인물로 비춰지지만, 이는 본래의 모습이라기보다 의도적으로 그렇게 보이려는 '사교계의 여왕' 같은 태도에서 비롯된 것이다.

4 Ralph Touchett

Isabel의 사촌으로, 그녀가 영국으로 건너간 후 가장 가까운 친구가 된다. Isabel에게 사랑의 감정을 품고 있지만 이를 억제한다. 자신의 아버지가 돌아가시기 전, Isabel에게 많은 유산을 남기도록 부탁하며 그녀가 세상 속에서 성장하는 과정을 지켜보겠다는 태도를 취한다.

5 Lord Warburton

영국 귀족으로, 급진적인 정치 활동에 참여하고 있는 인물이다. 35세의 Lord Warburton은 Isabel에게 호감을 느껴 청혼하지만, 그녀는 그가 유명 인사라는 점을 이유로 거절한다. 이후에도 Isabel과 친분을 유지하려 노력하며, Pansy에게도 관심을 보인다. Osmond는 Pansy와 Lord Warburton의 결혼을 추진하려 하지만, 그는 다른 여성과 결혼하게 된다.

6 Caspar Goodwood

미국의 사업가로, 이 작품에서 Lord Warburton이 정치를 주된 활동 영역으로 삼고 있다면 Goodwood는 경제를 주된 활동 영역으로 삼고 있다. Lord Warburton과 마찬가지로 Isabel에게 구혼하는 인물이다. 아버지로부터 사업을 물려받아 일하며, 활력 있고 직선적인 성격을 지닌 그는 Isabel에게 가장 적극적으로 다가선다. Isabel의 결혼 후에도 그녀를 여러 번 찾아와 애정을 고백하며 마음을 접지 못하는 모습을 보인다.

7 Mrs. Touchett

Isabel의 이모로, 부모를 잃고 미국에서 홀로 살던 Isabel을 영국으로 데려온 인물이다. 그녀는 이탈리아 피렌체에 집을 소유하고 있으며, Isabel이 피렌체에서 머무는 동안 Merle 부인과 Osmond를 만나게 되는 계기를 제공한다. 그러나 Isabel의 내면에 큰 영향을 미치지는 않는다. Lord Warburton의 청혼을 거절한 Isabel의 결정을 못마땅하게 여긴다.

8 Pansy Osmond

Osmond와 Merle 부인 사이에서 태어난 딸로, Isabel은 Pansy의 출생 비밀을 알지 못한 채 그녀를 Osmond와 전처 사이에서 태어난 딸로 여기며 동정심을 보인다. 나중에 Pansy의 생모가 Merle 부인임을 알게 되지만, Pansy에 대한 태도는 변하지 않는다. Pansy는 Merle 부인이 친어머니라는 사실을 모르고 그녀를 싫어하며, Isabel을 따르고 좋아한다. 또래인 Rosier와 서로 호감을 느끼지만, 재산이 많은 Lord Warburton과 결혼시키려는 아버지의 뜻을 거부하지 못한다. 그러나 결혼이 성사되지 않자 다시 수도원으로 보내진다. 그녀는 자신의 의지를 주장하지 못하고 주변인의 눈치를 보며 살아가는 소녀로, 작품 속에서 개성적인 인물로 묘사되지는 않는다.

9 Countess Gemini

Osmond의 누이동생으로, 자신의 감정에 가장 솔직한 인물이다. 그녀는 작품 속에서 가장 개성적인 캐릭터로 그려지며, 다른 인물들과 달리 자신의 속내를 숨기지 않는다. 다소 천박하다는 인상을 주기도 하지만, 오빠 Osmond와 Isabel의 결혼이 Merle 부인의 계략에 의한 것임을 알아채고 이를 Isabel에게 알려준다. 그녀는 Osmond와 Merle 부인의 비밀스러운 관계를 폭로하며 Isabel의 결혼 생활을 염려하는 모습을 보인다.

제6절 작품의 구조와 시점

1 구조

총 55부로 구성되어 있으며, 분량이 길다. 소설의 묘사 대상을 외부 세계에 집중하기보다는 주인공 Isabel의 의식의 흐름에 따라 전개되기 때문에 극적인 구성으로 진행되지는 않는다.

(1) Isabel의 유럽 여행
Isabel은 유럽 여행을 통해 자신만의 독립성을 유지하고자 노력하지만, 사랑과 결혼을 둘러싼 감정과 사회적 압박 속에 노출되어 있다.

(2) 결혼과 갈등
Osmond와의 결혼은 Isabel에게 큰 시련을 준다.

(3) 자유와 선택의 가치
Isabel은 자신의 선택과 그 결과에 대한 책임을 지는데, 이 과정에서 그녀는 자유의 중요성과 개인의 선택이 인생에 미치는 영향을 깨닫게 된다.

2 시점

소설은 3인칭 서술자를 두고 진행된다. 특히 관찰자 시점과 전지적 서술자 시점을 구분 없이 오가면서 어느 순간 소설에 작가 본인이 끼어들어 독자의 관점을 유도하면서 인물의 감정 및 심리를 묘사한다.

제7절 작품의 기법

1 열린 결말

이 작품은 19세기 중·후반 당시 흔히 제시되지 않았던 열린 결말로 작품이 마무리된다. 이 작품의 열린 결말은 Isabel이 로마로 돌아간다는 사실을 통해 그녀의 결혼 생활에 대한 현실 수용인지, 아니면 도덕적 의무감에 의한 선택인지를 독자에게 질문하게 만든다. 불행으로부터의 탈출을 직접 제시하지 않은 작가의 열린 결말은 19세기 여성에게 허락되지 않은 손쉬운 탈출구와 닫힌 현실을 동시에 보여줌으로써, 작가가 사회적 한계를 재현하면서도 이를 묵인하지 않으려는 태도를 드러낸다고 볼 수 있다.

2 Isabel이 마지막에 다시 Goodwood의 청혼을 거절하는 장면

결혼이 약속하는 구원의 공허함, 또한 그 공허함을 알지 못한 채 구원자 혹은 지배자로 행세하는 남성적 수행의 모습을 인식한 Isabel의 모습이다. 즉, Isabel이 마지막에 다시 Goodwood의 청혼을 거절하는 장면은 결혼이라는 제도가 여성에게 제공하는 구원이 환상에 불과하다는 점을 그녀가 깨달았음을 보여준다. Isabel은 Goodwood조차 자신을 구원하려는 명목으로 새로운 억압과 지배를 시도할 가능성이 있음을 인식하고, 이를 거부함으로써 자신의 주체성을 지키고자 한다.

3 Isabel을 특징짓는 이미지 '경계선'

Isabel은 어린 시절 호숫가 가장자리로 가겠다고 고집을 부린 소녀였고, 올버니의 할머니 댁에서 처음 등장할 때 창가에 서 있는 모습으로 묘사된다. 결혼 후에는 현관 입구에 서 있는 모습이 마치 그림 속의 여인을 연상시키며, 마지막 장면에서는 Goodwood를 뿌리치고 문 앞에 서 있는 모습으로 끝이 난다. '경계선', '가장자리', '문'과 같은 이미지는 안과 밖 양쪽의 가능성을 상징하며, 그녀의 위치를 상징적으로 드러낸다. 즉, 그녀가 두 세계(억압과 자유) 사이에서 갈등하며 선택의 기로에 서 있는 인물임을 나타낸다.

4 문체와 어조

연애와 경험을 다루고 있음에도 상당히 무겁고 건조한 문체이다.

제8절 *The Portrait of a Lady*의 일부

CHAPTER I

Under certain circumstances there are few hours in life more agreeable than the hour dedicated to the ceremony known as afternoon tea. There are circumstances in which, whether you partake[4] of the tea or not — some people of course never do, — the situation is in itself delightful. Those that I have in mind in beginning to unfold this simple history offered an admirable setting to an innocent pastime. The implements of the little feast had been disposed upon the lawn of an old English country-house,[5] in what I should call the perfect middle of a splendid summer afternoon. Part of the afternoon had waned, but much of it was left, and what was left was of the finest and rarest quality. Real dusk would not arrive for many hours; but the flood of summer light had begun to ebb,[6] the air had grown mellow, the shadows were long upon the smooth, dense turf.[7] They lengthened slowly, however, and the scene expressed that sense of leisure still to come which is perhaps the chief source of one's enjoyment of such a scene at such an hour. From five o'clock to eight is on certain occasions a little eternity; but on such an occasion as this the interval could be only an eternity of pleasure. The persons concerned in it were taking their pleasure quietly, and they were not of the sex which is supposed to furnish the regular votaries of the ceremony I have mentioned. The shadows on the perfect lawn were straight and angular; they were the shadows of an old man sitting in a deep wicker-chair[8] near the low table on which the tea had been served, and of two younger men strolling to and fro, in desultory talk,[9] in front of him. The old man had his cup in his hand; it was an unusually large cup, of a different pattern from the rest of the set and painted in brilliant colours. He disposed of its contents with much circumspection, holding it for a long time close to his chin, with his face turned to the house. His companions had either finished their tea or were indifferent to their privilege; they smoked cigarettes as they continued to stroll. One of them, from time to time, as he passed, looked with a certain attention at the elder man, who, unconscious of observation, rested his eyes upon the rich red front of his dwelling. The house that rose beyond the lawn was a structure to repay such consideration and was the most characteristic object in the peculiarly English picture I have attempted to sketch.[10]

It stood upon a low hill, above the river — the river being the Thames at some forty miles from London. A long gabled front of red brick, with the complexion of which time and the weather had played all sorts of

---

4) partake : 참가(참여)하다, 함께하다
5) old English country-house : 오래된 영국 시골 저택
6) ebb : 점점 쇠하다, 약해지다, (가산 따위가) 기울다
7) the air had grown mellow, the shadows were long upon the smooth, dense turf : 공기는 부드러워지고, 매끄럽고 짙은 잔디밭 위로 긴 그림자가 드리웠다
8) wicker-chair : 굽힘 나무 의자
9) desultory talk : 산만한(단편적인) 말
10) The house that ~ attempted to sketch : 잔디밭 위로 솟아오른 저택은 그러한 눈길에 보답이 될 만한 건축물이었고, 내가 스케치하려는 독특한 영국식 풍경에서 가장 돋보이는 물체이기도 했다

pictorial tricks,[11] only, however, to improve and refine it, presented to the lawn its patches of ivy, its clustered chimneys, its windows smothered in creepers. The house had a name and a history; the old gentleman taking his tea would have been delighted to tell you these things: how it had been built under Edward the Sixth, had offered a night's hospitality to the great Elizabeth (whose august[12] person had extended itself upon a huge, magnificent and terribly angular bed which still formed the principal honour of the sleeping apartments),[13] had been a good deal bruised and defaced in Cromwell's wars, and then, under the Restoration, repaired and much enlarged; and how, finally, after having been remodelled and disfigured in the eighteenth century, it had passed into the careful keeping of a shrewd American banker, who had bought it originally because (owing to circumstances too complicated to set forth) it was offered at a great bargain: bought it with much grumbling at its ugliness, its antiquity, its incommodity, and who now, at the end of twenty years, had become conscious of a real aesthetic passion for it, so that he knew all its points and would tell you just where to stand to see them in combination and just the hour when the shadows of its various protuberances which fell so softly upon the warm, weary brickwork — were of the right measure. Besides this, as I have said, he could have counted off most of the successive owners and occupants, several of whom were known to general fame; doing so, however, with an undemonstrative conviction that the latest phase of its destiny was not the least honourable.[14] The front of the house overlooking that portion of the lawn with which we are concerned was not the entrance-front; this was in quite another quarter. Privacy here reigned supreme, and the wide carpet of turf that covered the level hill-top seemed but the extension of a luxurious interior. The great still oaks and beeches flung down a shade as dense as that of velvet curtains; and the place was furnished, like a room, with cushioned seats, with rich-coloured rugs, with the books and papers that lay upon the grass. The river was at some distance; where the ground began to slope the lawn, properly speaking, ceased. But it was none the less a charming walk down to the water.

The old gentleman at the tea-table, who had come from America thirty years before, had brought with him, at the top of his baggage, his American physiognomy;[15] and he had not only brought it with him, but he had kept it in the best order, so that, if necessary, he might have taken it back to his own country with perfect confidence. At present, obviously, nevertheless, he was not likely to displace himself; his journeys were over and he was taking the rest that precedes the great rest. He had a narrow, clean-shaven face, with features evenly distributed and an expression of placid acuteness.[16] It was evidently a face in which the range of representation was not large, so that the air of contented shrewdness was all the more of a merit. It seemed to tell that he had been successful in life, yet it seemed to tell also that his success had not been exclusive and

---

11) time and the weather had played all sorts of pictorial tricks : 세월과 풍파가 건물 외관에 온갖 자국을 입혔지만
12) august : 존엄한, 당당한
13) whose august person ~ the sleeping apartments : 여왕의 존엄한 육체가 누우신, 위엄 있고 거대하며 섬뜩할 만큼 각진 침대가 있는 방은 여러 침실 가운데 여전히 최고의 영예를 누리고 있다
14) doing so, however, ~ the least honourable : 그렇게 말하면서(so는 앞 문장을 지시함. '저명인사들이 이 집을 소유했었다고') 그는 자신에게 맡겨진 저택의 명예가 아직도 변함이 없다는 확신을 은연중에 품고 있었다
15) physiognomy : 얼굴, 외모
16) with features evenly distributed and an expression of placid acuteness : 이목구비가 균형이 잡혀 있었고, 평온하지만 예리한 표정을 담고 있었다

invidious, but had had much of the inoffensiveness of failure.[17] He had certainly had a great experience of men, but there was an almost rustic simplicity in the faint smile that played upon his lean, spacious cheek and lighted up his humorous eye as he at last slowly and carefully deposited his big tea-cup upon the table. He was neatly dressed, in well-brushed black; but a shawl was folded upon his knees, and his feet were encased in thick, embroidered slippers. A beautiful collie dog lay upon the grass near his chair, watching the master's face almost as tenderly as the master took in the still more magisterial physiognomy of the house;[18] and a little bristling, bustling terrier bestowed a desultory attendance upon the other gentlemen.[19]

One of these was a remarkably well-made man of five-and-thirty, with a face as English as that of the old gentleman I have just sketched was something else; a noticeably handsome face, fresh-coloured, fair and frank, with firm, straight features, a lively grey eye and the rich adornment of a chestnut beard. This person had a certain fortunate, brilliant exceptional look — the air of a happy temperament fertilised by a high civilisation — which would have made almost any observer envy him at a venture. He was booted and spurred, as if he had dismounted from a long ride; he wore a white hat, which looked too large for him; he held his two hands behind him, and in one of them — a large, white, well-shaped fist — was crumpled a pair of soiled dog-skin gloves.[20]

His companion, measuring the length of the lawn beside him, was a person of quite a different pattern, who, although he might have excited grave curiosity, would not, like the other, have provoked you to wish yourself, almost blindly, in his place. Tall, lean, loosely and feebly put together, he had an ugly, sickly, witty, charming face, furnished, but by no means decorated, with a straggling moustache and whisker. He looked clever and ill — a combination by no means felicitous;[21] and he wore a brown velvet jacket. He carried his hands in his pockets, and there was something in the way he did it that showed the habit was inveterate.[22] His gait had a shambling, wandering quality;[23] he was not very firm on his legs. As I have said, whenever he passed the old man in the chair he rested his eyes upon him; and at this moment, with their faces brought into relation, you would easily have seen they were father and son. The father caught his son's eye at last and gave him a mild, responsive smile.

"I'm getting on very well," he said.

"Have you drunk your tea?" asked the son.

"Yes, and enjoyed it."

"Shall I give you some more?"

The old man considered, placidly. "Well, I guess I'll wait and see." He had, in speaking, the American tone.

---

17) It seemed to ~ inoffensiveness of failure : 그 얼굴은 그가 성공한 삶을 살았지만, 남들의 시샘을 받을 만큼 성공만 한 것이 아니라 해롭지 않은 실패도 상당히 경험했음을 말해 주는 듯했다

18) the still more magisterial physiognomy of the house : 여전히 당당한 저택의 모습에 빠져 있는 주인의 모습

19) a little bristling, ~ the other gentlemen : 털을 곤두세우며 뛰어다니던 작은 테리어는 산만하게 다른 신사들을 쳐다보곤 했다

20) in one of them ~ soiled dog-skin gloves : 한 손에 흙 묻은 개가죽 장갑 한 짝을 구겨 쥔 채 뒷짐을 지고 있었다

21) felicitous : 적절한, 알맞은

22) inveterate : 버릇이 된

23) His gait had a shambling, wandering quality : 그의 걸음걸이는 휘청거리며 방향을 가누지 못할 정도였다

"Are you cold?" the son enquired.

The father slowly rubbed his legs. "Well, I don't know. I can't tell till I feel."

"Perhaps some one might feel for you," said the younger man, laughing.

"Oh, I hope some one will always feel for me! Don't you feel for me, Lord Warburton?"

"Oh yes, immensely," said the gentleman addressed as Lord Warburton, promptly. "I'm bound to say you look wonderfully comfortable."

"Well, I suppose I am, in most respects." And the old man looked down at his green shawl and smoothed it over his knees. "The fact is I've been comfortable so many years that I suppose I've got so used to it I don't know it."

"Yes, that's the bore of comfort," said Lord Warburton. "We only know when we're uncomfortable."

"It strikes me we're rather particular," his companion remarked.

"Oh yes, there's no doubt we're particular," Lord Warburton murmured. And then the three men remained silent a while; the two younger ones standing looking down at the other, who presently asked for more tea. "I should think you would be very unhappy with that shawl," Lord Warburton resumed while his companion filled the old man's cup again.

"Oh no, he must have the shawl!" cried the gentleman in the velvet coat. "Don't put such ideas as that into his head."

"It belongs to my wife," said the old man simply.

"Oh, if it's for sentimental reasons —" And Lord Warburton made a gesture of apology.

"I suppose I must give it to her when she comes," the old man went on.

"You'll please to do nothing of the kind. You'll keep it to cover your poor old legs."

"Well, you mustn't abuse my legs," said the old man. "I guess they are as good as yours."

"Oh, you're perfectly free to abuse mine," his son replied, giving him his tea.

"Well, we're two lame ducks;24) I don't think there's much difference."

"I'm much obliged to you for calling me a duck. How's your tea?"

"Well, it's rather hot."

"That's intended to be a merit."

"Ah, there's a great deal of merit," murmured the old man, kindly. "He's a very good nurse, Lord Warburton."

"Isn't he a bit clumsy?"25) asked his lordship.

"Oh no, he's not clumsy — considering that he's an invalid himself. He's a very good nurse — for a sick-nurse. I call him my sick-nurse because he's sick himself."

"Oh, come, daddy!" the ugly young man exclaimed.

"Well, you are; I wish you weren't. But I suppose you can't help it."

---

24) we're two lame ducks : 우리는 두 마리 절름발이 오리구나
25) clumsy : 서투른

"I might try: that's an idea," said the young man.

"Were you ever sick, Lord Warburton?" his father asked.

Lord Warburton considered a moment. "Yes, sir, once, in the Persian Gulf."

"He's making light of you,[26] daddy," said the other young man. "That's a sort of joke."

"Well, there seem to be so many sorts now," daddy replied, serenely. "You don't look as if you had been sick, anyway, Lord Warburton."

"He's sick of life; he was just telling me so; going on fearfully about it," said Lord Warburton's friend.

"Is that true, sir?" asked the old man gravely.

"If it is, your son gave me no consolation. He's a wretched fellow to talk to — a regular cynic. He doesn't seem to believe in anything."

"That's another sort of joke," said the person accused of cynicism.

"It's because his health is so poor," his father explained to Lord Warburton. "It affects his mind and colours his way of looking at things; he seems to feel as if he had never had a chance. But it's almost entirely theoretical, you know; it doesn't seem to affect his spirits. I've hardly ever seen him when he wasn't cheerful — about as he is at present. He often cheers me up."

The young man so described looked at Lord Warburton and laughed. "Is it a glowing eulogy or an accusation of levity?[27] Should you like me to carry out my theories, daddy?"

"By Jove,[28] we should see some queer things!" cried Lord Warburton.

"I hope you haven't taken up that sort of tone," said the old man.

"Warburton's tone is worse than mine; he pretends to be bored. I'm not in the least bored; I find life only too interesting."

"Ah, too interesting; you shouldn't allow it to be that, you know!"

"I'm never bored when I come here," said Lord Warburton. "One gets such uncommonly good talk."

"Is that another sort of joke?" asked the old man. "You've no excuse for being bored anywhere. When I was your age I had never heard of such a thing."

"You must have developed very late."

"No, I developed very quick; that was just the reason. When I was twenty years old I was very highly developed indeed. I was working tooth and nail. You wouldn't be bored if you had something to do; but all you young men are too idle. You think too much of your pleasure. You're too fastidious, and too indolent, and too rich."

"Oh, I say," cried Lord Warburton, "you're hardly the person to accuse a fellow-creature of being too rich!"

"Do you mean because I'm a banker?" asked the old man.

"Because of that, if you like; and because you have — haven't you? — such unlimited means."

---

26) He's making light of you : 그는 아버지를 놀리는 거예요
27) Is it a glowing eulogy or an accusation of levity? : 열렬한 칭찬인가요, 아니면 경솔하다고 비난하는 건가요?
28) By Jove : 맹세코

"He isn't very rich," the other young man mercifully pleaded. "He has given away an immense deal of money."

"Well, I suppose it was his own," said Lord Warburton; "and in that case could there be a better proof of wealth? Let not a public benefactor talk of one's being too fond of pleasure."

"Daddy's very fond of pleasure — of other people's."

The old man shook his head. "I don't pretend to have contributed anything to the amusement of my contemporaries."

"My dear father, you're too modest!"[29]

"That's a kind of joke, sir," said Lord Warburton.

"You young men have too many jokes. When there are no jokes you've nothing left."

"Fortunately there are always more jokes," the ugly young man remarked.

"I don't believe it — I believe things are getting more serious. You young men will find that out."

"The increasing seriousness of things,[30] then that's the great opportunity of jokes."

"They'll have to be grim jokes,"[31] said the old man. "I'm convinced there will be great changes, and not all for the better."

"I quite agree with you, sir," Lord Warburton declared. "I'm very sure there will be great changes, and that all sorts of queer things will happen. That's why I find so much difficulty in applying your advice; you know you told me the other day that I ought to 'take hold' of something. One hesitates to take hold of a thing that may the next moment be knocked sky-high."[32]

"You ought to take hold of a pretty woman," said his companion. "He's trying hard to fall in love," he added, by way of explanation, to his father.

"The pretty women themselves may be sent flying!" Lord Warburton exclaimed.

"No, no, they'll be firm," the old man rejoined; "they'll not be affected by the social and political changes I just referred to."

"You mean they won't be abolished? Very well, then, I'll lay hands on one as soon as possible and tie her round my neck as a life-preserver."

"The ladies will save us," said the old man; "that is the best of them will — for I make a difference between them. Make up to a good one and marry her, and your life will become much more interesting."

A momentary silence marked perhaps on the part of his auditors a sense of the magnanimity of this speech, for it was a secret neither for his son nor for his visitor that his own experiment in matrimony had not been a happy one.[33] As he said, however, he made a difference; and these words may have been intended as a

---

29) modest : 겸손한
30) The increasing seriousness of things : 날로 증가하는 심각한 상태
31) They'll have to be grim jokes : 씁쓸한 농담이 되겠지
32) One hesitates to take hold of a thing that may the next moment be knocked sky-high : 금방 하늘 높이 사라질지도 모르는 것을 붙들기란 쉽지 않아요
33) for it was ~ a happy one : 결혼 생활에 대한 그 자신의 실험이 행복하지 않았다는 것은 그의 아들에게나 방문객에게나 비밀이 아니었기 때문이다

confession of personal error; though of course it was not in place for either of his companions to remark that apparently the lady of his choice had not been one of the best.

"If I marry an interesting woman I shall be interested: is that what you say?" Lord Warburton asked. "I'm not at all keen about marrying — your son misrepresented me; but there's no knowing what an interesting woman might do with me."

"I should like to see your idea of an interesting woman," said his friend.

"My dear fellow, you can't see ideas — especially such highly ethereal ones as mine. If I could only see it myself — that would be a great step in advance."

"Well, you may fall in love with whomsoever you please; but you mustn't fall in love with my niece," said the old man.

His son broke into a laugh. "He'll think you mean that as a provocation![34] My dear father, you've lived with the English for thirty years, and you've picked up a good many of the things they say. But you've never learned the things they don't say!"

"I say what I please," the old man returned with all his serenity.

"I haven't the honour of knowing your niece," Lord Warburton said. "I think it's the first time I've heard of her."

"She's a niece of my wife's; Mrs. Touchett brings her to England."

Then young Mr. Touchett explained. "My mother, you know, has been spending the winter in America, and we're expecting her back. She writes that she has discovered a niece and that she has invited her to come out with her."

"I see, — very kind of her," said Lord Warburton. Is the young lady interesting?"

"We hardly know more about her than you; my mother has not gone into details. She chiefly communicates with us by means of telegrams, and her telegrams are rather inscrutable.[35] They say women don't know how to write them, but my mother has thoroughly mastered the art of condensation.[36] 'Tired America, hot weather awful, return England with niece, first steamer decent cabin.'[37] That's the sort of message we get from her — that was the last that came. But there had been another before, which I think contained the first mention of the niece. 'Changed hotel, very bad, impudent[38] clerk, address here. Taken sister's girl, died last year, go to Europe, two sisters, quite independent.' Over that my father and I have scarcely stopped puzzling; it seems to admit of so many interpretations."

"There's one thing very clear in it," said the old man; "she has given the hotel-clerk a dressing."[39]

"I'm not sure even of that, since he has driven her from the field. We thought at first that the sister

---

34) provocation : 도전, 도발, 자극
35) inscrutable : 수수께끼 같은
36) the art of condensation : 압축하는 기술
37) first steamer decent cabin : 첫 번째 증기선 고급석
38) impudent : 무례한, 건방진
39) dressing : 꾸지람

mentioned might be the sister of the clerk; but the subsequent mention of a niece seems to prove that the allusion[40] is to one of my aunts. Then there was a question as to whose the two other sisters were; they are probably two of my late aunt's daughters. But who's 'quite independent,' and in what sense is the term used? — that point's not yet settled. Does the expression apply more particularly to the young lady my mother has adopted, or does it characterise her sisters equally? — and is it used in a moral or in a financial sense?[41] Does it mean that they've been left well off, or that they wish to be under no obligations? or does it simply mean that they're fond of their own way?"

"Whatever else it means, it's pretty sure to mean that," Mr. Touchett remarked.

"You'll see for yourself," said Lord Warburton. "When does Mrs. Touchett arrive?"

"We're quite in the dark;[42] as soon as she can find a decent cabin. She may be waiting for it yet; on the other hand she may already have disembarked in England."

"In that case she would probably have telegraphed to you."

"She never telegraphs when you would expect it — only when you don't," said the old man. "She likes to drop on me suddenly; she thinks she'll find me doing something wrong. She has never done so yet, but she's not discouraged."

"It's her share in the family trait, the independence she speaks of." Her son's appreciation of the matter was more favourable. "Whatever the high spirit of those young ladies may be, her own is a match for it. She likes to do everything for herself and has no belief in any one's power to help her. She thinks me of no more use than a postage-stamp without gum,[43] and she would never forgive me if I should presume to go to Liverpool to meet her."

"Will you at least let me know when your cousin arrives?" Lord Warburton asked.

"Only on the condition I've mentioned — that you don't fall in love with her!" Mr. Touchett replied.

"That strikes me as hard,[44] don't you think me good enough?"

"I think you too good — because I shouldn't like her to marry you. She hasn't come here to look for a husband, I hope; so many young ladies are doing that, as if there were no good ones at home. Then she's probably engaged; American girls are usually engaged, I believe. Moreover I'm not sure, after all, that you'd be a remarkable husband."

"Very likely she's engaged; I've known a good many American girls, and they always were; but I could never see that it made any difference, upon my word! As for my being a good husband," Mr. Touchett's visitor pursued, "I'm not sure of that either. One can but try!"[45]

"Try as much as you please, but don't try on my niece," smiled the old man, whose opposition to the idea

---

40) allusion : 언급, 암시
41) is it used in a moral or in a financial sense? : 독립적이라는 표현이 도덕적 의미인지, 재정적 의미인지?
42) We're quite in the dark : 우리도 감감무소식이요
43) a postage-stamp without gum : 풀이 묻지 않은 우표
44) That strikes me as hard : 그건 너무 심한데요
45) One can but try! : 한번 시도는 해 봐야죠!

was broadly humorous.

"Ah, well," said Lord Warburton with a humour broader still, "perhaps, after all, she's not worth trying on!"

CHAPTER II

While this exchange of pleasantries took place between the two Ralph Touchett wandered away a little, with his usual slouching gait,[46] his hands in his pockets and his little rowdyish terrier[47] at his heels. His face was turned toward the house, but his eyes were bent musingly on the lawn; so that he had been an object of observation to a person who had just made her appearance in the ample doorway[48] for some moments before he perceived her. His attention was called to her by the conduct of his dog, who had suddenly darted forward[49] with a little volley of shrill barks, in which the note of welcome, however, was more sensible than that of defiance.[50] The person in question was a young lady, who seemed immediately to interpret the greeting of the small beast. He advanced with great rapidity and stood at her feet, looking up and barking hard; whereupon, without hesitation, she stooped and caught him in her hands, holding him face to face while he continued his quick chatter. His master now had had time to follow and to see that Bunchie's new friend was a tall girl in a black dress, who at first sight looked pretty. She was bareheaded,[51] as if she were staying in the house — a fact which conveyed perplexity to the son of its master, conscious of that immunity from visitors which had for some time been rendered necessary by the latter's ill-health. Meantime the two other gentlemen had also taken note of the new-comer.

"Dear me, who's that strange woman?" Mr. Touchett had asked.

"Perhaps it's Mrs. Touchett's niece — the independent young lady," Lord Warburton suggested. "I think she must be, from the way she handles the dog."

The collie, too, had now allowed his attention to be diverted, and he trotted[52] toward the young lady in the doorway, slowly setting his tail in motion as he went.

"But where's my wife then?" murmured the old man.

"I suppose the young lady has left her somewhere: that's a part of the independence."

The girl spoke to Ralph, smiling, while she still held up the terrier. "Is this your little dog, sir?"

"He was mine a moment ago; but you've suddenly acquired a remarkable air of property in him."

"Couldn't we share him?" asked the girl. "He's such a perfect little darling."

---

46) slouching gait : 구부정한 걸음걸이
47) little rowdyish terrier : 작고 사나운 테리어 개
48) ample doorway : 널찍한 출입구
49) dart forward : ~쪽으로 돌진하다
50) defiance : 반항, 도전
51) bareheaded : 모자를 쓰지 않은
52) trot : 종종걸음으로 가다

Ralph looked at her a moment; she was unexpectedly pretty. "You may have him altogether," he then replied.

The young lady seemed to have a great deal of confidence, both in herself and in others; but this abrupt generosity[53] made her blush. "I ought to tell you that I'm probably your cousin," she brought out, putting down the dog. "And here's another!" she added quickly, as the collie came up.

"Probably?" the young man exclaimed, laughing. "I supposed it was quite settled! Have you arrived with my mother?"

"Yes, half an hour ago."

"And has she deposited you and departed again?"

"No, she went straight to her room, and she told me that, if I should see you, I was to say to you that you must come to her there at a quarter to seven."

The young man looked at his watch. "Thank you very much; I shall be punctual." And then he looked at his cousin. "You're very welcome here. I'm delighted to see you."

She was looking at everything, with an eye that denoted clear perception[54] — at her companion, at the two dogs, at the two gentlemen under the trees, at the beautiful scene that surrounded her. "I've never seen anything so lovely as this place. I've been all over the house; it's too enchanting."[55]

"I'm sorry you should have been here so long without our knowing it."

"Your mother told me that in England people arrived very quietly; so I thought it was all right. Is one of those gentlemen your father?"

"Yes, the elder one — the one sitting down," said Ralph.

The girl gave a laugh. "I don't suppose it's the other. Who's the other?"

"He's a friend of ours — Lord Warburton."

"Oh, I hoped there would be a lord; it's just like a novel!" And then, "Oh you adorable creature!" she suddenly cried, stooping down and picking up the small dog again.

She remained standing where they had met, making no offer to advance or to speak to Mr. Touchett, and while she lingered so near the threshold, slim and charming, her interlocutor[56] wondered if she expected the old man to come and pay her his respects. American girls were used to a great deal of deference, and it had been intimated that this one had a high spirit. Indeed Ralph could see that in her face.

"Won't you come and make acquaintance with my father?" he nevertheless ventured to ask. "He's old and infirm[57] — he doesn't leave his chair."

"Ah, poor man, I'm very sorry!" the girl exclaimed, immediately moving forward. "I got the impression from your mother that he was rather intensely active."

---

53) abrupt generosity : 갑작스러운 관대함
54) with an eye that denoted clear perception : 선명한 인식이 드러나는 눈매로
55) enchanting : 매혹적인, 황홀한
56) interlocutor : 대화 상대자
57) infirm : 허약한, 쇠약한

Ralph Touchett was silent a moment. "She hasn't seen him for a year."

"Well, he has a lovely place to sit. Come along, little hound."

"It's a dear old place," said the young man, looking sidewise at his neighbour.

"What's his name?" she asked, her attention having again reverted to the terrier.

"My father's name?"

"Yes," said the young lady with amusement; "but don't tell him I asked you."

They had come by this time to where old Mr. Touchett was sitting, and he slowly got up from his chair to introduce himself.

"My mother has arrived," said Ralph, "and this is Miss Archer."

The old man placed his two hands on her shoulders, looked at her a moment with extreme benevolence and then gallantly kissed her. "It's a great pleasure to me to see you here; but I wish you had given us a chance to receive you."

"Oh, we were received," said the girl. "There were about a dozen servants in the hall. And there was an old woman curtseying[58] at the gate."

"We can do better than that — if we have notice!" And the old man stood there smiling, rubbing his hands and slowly shaking his head at her. "But Mrs. Touchett doesn't like receptions."

"She went straight to her room."

"Yes — and locked herself in. She always does that. Well, I suppose I shall see her next week." And Mrs. Touchett's husband slowly resumed his former posture.

"Before that," said Miss Archer. "She's coming down to dinner — at eight o'clock. Don't you forget a quarter to seven," she added, turning with a smile to Ralph.

"What's to happen at a quarter to seven?"

"I'm to see my mother," said Ralph.

"Ah, happy boy!" the old man commented. "You must sit down — you must have some tea," he observed to his wife's niece.

"They gave me some tea in my room the moment I got there," this young lady answered. "I'm sorry you're out of health,"[59] she added, resting her eyes upon her venerable[60] host.

"Oh, I'm an old man, my dear; it's time for me to be old. But I shall be the better for having you here."

She had been looking all round her again — at the lawn, the great trees, the reedy, silvery Thames, the beautiful old house; and while engaged in this survey she had made room in it for her companions; a comprehensiveness of observation easily conceivable on the part of a young woman who was evidently both intelligent and excited. She had seated herself and had put away the little dog; her white hands, in her lap, were folded upon her black dress; her head was erect, her eye lighted, her flexible figure turned itself easily

---

58) curtseying : 무릎을 굽혀 인사하는
59) you're out of health : 건강이 좋지 않으시다니
60) venerable : 존경할 만한, 덕망 있는

this way and that, in sympathy with the alertness with which she evidently caught impressions. Her impressions were numerous, and they were all reflected in a clear, still smile. "I've never seen anything so beautiful as this."

"It's looking very well," said Mr. Touchett. "I know the way it strikes you. I've been through all that. But you're very beautiful yourself," he added with a politeness by no means crudely jocular and with the happy consciousness that his advanced age gave him the privilege of saying such things[61] — even to young persons who might possibly take alarm at them.

What degree of alarm this young person took need not be exactly measured; she instantly rose, however, with a blush which was not a refutation. "Oh yes, of course I'm lovely!" she returned with a quick laugh. "How old is your house? Is it Elizabethan?"

"It's early Tudor," said Ralph Touchett.

She turned toward him, watching his face. "Early Tudor? How very delightful! And I suppose there are a great many others."

"There are many much better ones."

"Don't say that, my son!" the old man protested. "There's nothing better than this."

"I've got a very good one; I think in some respects it's rather better," said Lord Warburton, who as yet had not spoken, but who had kept an attentive eye upon Miss Archer. He slightly inclined himself, smiling; he had an excellent manner with women. The girl appreciated it in an instant; she had not forgotten that this was Lord Warburton. "I should like very much to show it to you," he added.

"Don't believe him," cried the old man; "don't look at it! It's a wretched old barrack[62] — not to be compared with this."

"I don't know — I can't judge," said the girl, smiling at Lord Warburton.

In this discussion Ralph Touchett took no interest whatever; he stood with his hands in his pockets, looking greatly as if he should like to renew his conversation with his new-found cousin.

"Are you very fond of dogs?" he enquired by way of beginning. He seemed to recognise that it was an awkward beginning for a clever man.

"Very fond of them indeed."

"You must keep the terrier, you know," he went on, still awkwardly.

"I'll keep him while I'm here, with pleasure."

"That will be for a long time, I hope."

"You're very kind. I hardly know. My aunt must settle that."

"I'll settle it with her — at a quarter to seven." And Ralph looked at his watch again.

"I'm glad to be here at all," said the girl.

"I don't believe you allow things to be settled for you."

---

61) with a politeness ~ saying such things : 결코 익살스럽지 않은 점잖음과 그런 말을 할 수 있는 노령의 특권으로
62) wretched old barrack : 낡고 형편없는 막사

"Oh yes; if they're settled as I like them."

"I shall settle this as I like it," said Ralph. "It's most unaccountable that we should never have known you."

"I was there — you had only to come and see me."

"There? Where do you mean?"

"In the United States: in New York and Albany and other American places."

"I've been there — all over, but I never saw you. I can't make it out."

Miss Archer just hesitated. "It was because there had been some disagreement between your mother and my father, after my mother's death, which took place when I was a child. In consequence of it we never expected to see you."

"Ah, but I don't embrace all my mother's quarrels — heaven forbid!" the young man cried. "You've lately lost your father?" he went on more gravely.

"Yes; more than a year ago. After that my aunt was very kind to me; she came to see me and proposed that I should come with her to Europe."

"I see," said Ralph. "She has adopted you."

"Adopted me?" The girl stared, and her blush came back to her, together with a momentary look of pain which gave her interlocutor some alarm. He had underestimated the effect of his words. Lord Warburton, who appeared constantly desirous of a nearer view of Miss Archer, strolled toward the two cousins at the moment, and as he did so she rested her wider eyes on him.

"Oh no; she has not adopted me. I'm not a candidate for adoption."

"I beg a thousand pardons,"[63] Ralph murmured. "I meant — I meant —" He hardly knew what he meant.

"You meant she has taken me up. Yes; she likes to take people up. She has been very kind to me; but," she added with a certain visible eagerness of desire to be explicit, "I'm very fond of my liberty."

"Are you talking about Mrs. Touchett?" the old man called out from his chair. "Come here, my dear, and tell me about her. I'm always thankful for information."

The girl hesitated again, smiling. "She's really very benevolent," she answered; after which she went over to her uncle, whose mirth was excited by her words.

Lord Warburton was left standing with Ralph Touchett, to whom in a moment he said: "You wished a while ago to see my idea of an interesting woman. There it is!"

---

63) I beg a thousand pardons : 정말 미안해요

제 7 장 | Kate Chopin
– The Awakening

| 단원 개요 |

여성의 정체성 및 성애에의 모색이라는 주제와 여성 문제를 다루는 고전적인 작품이다. 미국 남부 지역의 문제를 여성주의적 시각으로 고찰했다는 점에 있어서 Kate Chopin의 이 작품은 미국 문학사에 큰 공헌을 하였다.

| 출제 경향 및 수험 대책 |

직접적으로 여성의 변화를 다루는 특징에 주목할 필요가 있다. 기존의 19세기 전반의 작가들이 여성을 가정의 영역 안에서 이상화된 인물로 그리는 반면, Kate Chopin은 자아의 성취를 추구하고 자신의 삶을 이끌고자 하는 여성 인물을 창조한다는 점에서 미국 여성문학에 큰 영향을 준 작가이다. 이러한 작가의 특성을 기반으로 작품을 보는 관점이 중요하다.

제1절 작가의 생애

케이트 쇼팽(Kate Chopin, 1850~1904)은 1850년 2월 8일 미국 남부 미주리주 세인트루이스에서 태어났다. 아버지는 아일랜드 이민자였고, 어머니는 프랑스 혈통이었다. 그녀의 아버지는 서부로 가는 정착민들에게 물품을 팔아서 경제적으로 번창하였으나, Chopin이 6세 때 세인트루이스에서 새로 건설된 다리를 횡단하는 첫 기차를 탔다가 다리가 붕괴되는 사고로 사망했다. 아버지가 돌아가신 후 Chopin은 외증조할머니, 외할머니, 그리고 어머니와 함께 살면서 여성 중심의 가정에서 성장하였다. 외증조할머니는 세인트루이스 최초로 법적 별거를 한 여성이었고, 선적 사업을 하면서 강인하고 독립적인 삶을 살았다. 외할머니는 8명의 자녀를 혼자서 길렀으며, 어머니는 아버지의 사망 후 재혼하지 않고 아이들을 양육했다. Chopin은 수녀 학교인 성심 아카데미에서 사춘기를 보냈는데, 우수한 학생이었던 그녀는 졸업할 때 우등상을 수상하고 졸업생 대표 연설을 했다. Chopin은 가정과 학교에서 혼자 사는 지적이고 독립적인 여성에 둘러싸여 성장하면서 여성의 독립심과 지적 능력, 그리고 용기를 신뢰하고 존경하게 되었다.

1868년 학교를 졸업한 뒤 Chopin은 당시의 상류층 여성들에게 정해진 관습대로 사교계에 데뷔하였으나, 그녀는 의례적인 파티와 만남으로 인해 독서와 글쓰기 시간을 뺏긴다고 불평을 하기도 했다.

1870년 Chopin은 루이지애나의 프랑스계 가톨릭교도이자 면화를 재배하는 부유한 가문 출신인 Oscar Chopin과 결혼한다. 그는 여성들에게 우호적이었고, Chopin에게 아내의 의무를 강요하기보다는 그녀의 개성을 존중해 주었다. 결혼 후 이들은 뉴올리언스에 정착하였다. 이곳에 있는 8년 동안 그녀는 가정에만 몰두하였고, 중상류층 여성의 특권으로 집안에서 자유로웠던 그녀는 산책을 하거나 전차를 타고 다니면서 도시의 사람들과 생활을 관찰하였다. 그러나 사람들은 Chopin의 화려한 옷차림을 비롯하여 담배를 피우고 승마를 즐기며 다른 여성의 남편과 친하게 지내는 그녀의 자유분방한 모습을 좋아하지 않았다고 한다.

1882년 그녀의 남편은 그녀에게 6명의 자녀를 남기고 말라리아에 걸려 갑작스럽게 사망하였고, 그녀는 남편의 사업을 인수해서 잡화점과 농장을 운영하였다. 이 시기에 Chopin이 이웃 농장주인 기혼남 Albert Sampite와 연애했을 것으로 추정되는데, 『각성』(The Awakening, 1899)에서 바람둥이인 Alcée Arobin이라는 인물에 Albert

가 투영되었을 것으로 보고 있다. 1884년 세인트루이스로 이사한 Chopin은 지적인 흥미와 자유로운 사고를 지닌 지식인이나 예술인들과 교류했다. 1889년 39세라는 늦은 나이에 첫 작품 활동을 시작한 Chopin은 알코올중독에 걸린 여성이나 이혼이라는 소재로 작품을 집필했고, 비평가들은 그녀의 작품 소재가 탐탁지 않았음에도 세밀한 표현과 인물의 능숙한 묘사를 인정했다. 그녀는 두 편의 소설과 백여 편에 달하는 단편소설을 썼는데 성병이나 결혼에 대한 부정적 태도, 타인종과의 결혼 등 그 당시에 많은 쟁점을 일으켰던 소재를 활용하여 에세이나 잡지에 기고하였다. Chopin은 47세 때 문학적 성공과 사회적 명성을 얻으면서 작가와 저널리스트, 편집자들이 교류하는 세인트루이스 최초의 문학예술 살롱을 만들어 중심적인 역할을 했다. 1899년에 그녀는 『각성』(The Awakening)을 출판하는데, 당시의 비평가들은 여주인공의 비도덕성과 그런 여주인공에게 도덕적 평가를 내리지 않는 Chopin을 비난했다. 그 이후 그녀는 몇 편의 동화와 단편을 발표하다가 1902년부터 건강이 악화되었고, 1904년 8월에 뇌출혈로 사망하였다.

제2절 작품 세계

1 작품 세계

Chopin의 작품은 주로 **미국 남부의 루이지애나**를 배경으로 한다. 그녀가 살았던 시대의 루이지애나는 여러 인종이 뒤섞여 살고 있었다. 교육받은 크레올(Creole, 미국 식민지에 거주하던 스페인들과 아메리카 원주민들 간의 혼혈 또는 유럽인의 혈통으로 식민지에서 태어난 사람들)이 교양 있는 지주나 상인계급을 형성하여 불어를 사용하고 유럽 문화를 보전하려 했다. 반면 교육받지 못한 가난한 케이준(Cajun, 18세기 말 캐나다 노바스코샤의 아카디 지방에서 영국인들에 의해 추방된 프랑스계 캐나다 이주민들)은 어업이나 농업에 종사하거나 부유한 크레올에게 고용되어 어렵게 생계를 이어 나갔다. 이러한 환경을 목격한 Chopin은 작품 안에서 남부 사회의 현실을 **인종과 성담론의 관점**에서 다양한 각도로 포착한다. 남북전쟁 후의 혼란스러운 상황에서 좋은 결혼 상대자를 만나려는 젊은 남녀들의 노력, 해방 노예들의 생존을 위한 노력, 남부 귀부인의 이상과 현실, 억압되어 있던 내면의 자아에 눈을 떠가는 여성들을 공통으로 다룬다. 그녀가 부분적으로 다루었던 여성 문제는 The Awakening에서 한층 강도 높게 다루어진다.

2 주요 작품

(1) *Bayou Folk*(1894)

Chopin의 첫 단편집으로, 많은 이야기들이 결혼을 통해 보다 나은 삶을 추구하는 젊은이들의 모습을 그린다. 특히 이 단편집에는 혼혈 여성을 통해 미국 남부 사회의 인종적·성적 모순을 드러내는 단편들이 있으며, 남부 사회에서 본받아야 할 기준으로 제시한 미국 남부의 귀부인에 대한 허구성을 제시한다.

(2) *A Night in Acadie*(1897)

*Bayou Folk*보다 이야기 구성에 있어서 균형이 더욱 잘 잡혀 있다. 이 단편집은 백인 여성의 성적인 깨달음을 보여주는 작품들을 포함하고 있어 중요하며, 결혼에 대한 문제점을 정면으로 다루는 동시에 흑인에 대한 작가의 태도가 보다 구체적으로 드러난다. 특히 Chopin은 당시 남부 작가들과 달리 흑인을 자긍심과 주체성을 지닌 개인으로 묘사하며, 동시대 작가들과 차별화된 관점을 보여준다.

(3) *The Awakening*(1899)

백인 여성의 자아 찾기를 정면으로 다룬 작품으로, 1960년대 페미니스트 비평가들에게 재평가되면서 그 가치를 인정받게 된 작품이다.

제3절 *The Awakening*의 줄거리

작품의 배경은 19세기 후반, 뉴올리언스의 부유한 사람들이 즐겨 찾는 여름 휴양지인 '그랜드 아일'이다. Edna Pontellier는 그녀의 남편 Léonce Pontellier, 그리고 이들의 두 아들과 함께 Madame Lebrun의 집에서 휴가를 보낸다. Léonce는 Edna를 사랑하고 친절하게 대하지만, 사업에 몰두해 자주 집을 비운다. 그의 부재는 부부 생활에 미묘한 어려움을 가져온다. 남편이 자리를 비우는 동안, Edna는 결혼한 크레올 친구 Adèle Ratignolle과 많은 시간을 보내게 된다. Adèle과 지내면서 Edna는 감정을 솔직하게 표현하는 자유로움을 배운다. 즉, Edna는 크레올 여성들이 자신의 감정을 자유롭게 표현하는 환경에서 성장했기 때문에 이들은 항상 가식적이지 않고 자유로운 방식으로 자신을 표현하고 행동한다는 것을 알게 된다. 이러한 개방적인 태도에 노출된 Edna는 자신이 억누르고 신중하게 행동했던 과거에서 벗어나 점차 변화를 겪게 된다.

Edna의 변화는 그녀가 Madame Lebrun의 장남인 Robert Lebrun을 알게 되면서 가속화된다. 매년 휴양객 중 한 명의 여성(종종 유부녀)을 선택하는 것으로 알려진 인물인 Robert는 이번 여름에 Edna에게 특별한 관심을 보이고, 두 사람은 느긋하게 바닷가에서 이야기를 나누며 하루를 함께 보낸다. Adèle도 종종 그들과 동행한다. 초반에 Robert와 Edna의 관계는 순수하게 이어진다. 이들은 대부분의 시간에 바다를 거닐거나 물놀이를 하며 대화를 한다. 그러나 여름이 지나면서 Edna와 Robert는 점점 친밀해지고, Robert의 애정과 관심은 Edna 내면의 잠재된 욕망을 불러일으킨다. 그녀는 그 어느 때보다 자신이 살아 있음을 느끼며, 결혼 전 젊은 시절처럼 다시 그림을 그리기 시작하고, 수영을 배운다. 이 과정에서 그녀는 자신의 자아와 독립성, 그리고 욕망을 알게 된다. Edna와 Robert는 서로에 대한 사랑을 공개적으로 드러내거나 말하지는 않지만, 이들이 함께 보내는 시간은 Edna에게 그녀의 젊은 시절의 꿈과 욕망에 대한 기억을 불러일으킨다. 그녀는 남편과 있을 때는 설명할 수 없을 정도로 우울해지지만, 혼자 있거나 Robert와 함께 있을 때는 매우 행복감을 느낀다. 비록 Robert와의 관계는 Edna에게 새로운 세계를 열어 주지만, Robert는 금지된 사랑을 받아들일 수 없다고 판단한다. 결국 Edna는 뉴올리언스로 돌아온다.

뉴올리언스로 돌아온 Edna는 적극적으로 그림을 그리고, 자신에게 부과된 사회적 책임을 무시한다. 아내의 태도 변화를 걱정한 Léonce는 가정의인 Mandelet을 찾아간다. 생각이 깊고 현명한 Mandelet은 Edna의 변화가 외도의 결과라고 의심하지만, 그는 자신의 의심을 Léonce에게 말하지 않는다. 대신 Mandelet은 Edna를 통제하면 그녀의 반항이 더욱 거세질 것이라고 하며, Léonce에게 Edna의 반항을 내버려둘 것을 제안한다. Léonce는 의사의 조언을 듣고 자신이 출장 중인 동안 Edna가 집에 혼자 있도록 허락한다. 남편이 없는 동안 Edna는 이전의 생활 방식을 전적으로 거부한다. 그녀는 홀로 살 집으로 이사하고, 스스로 독립을 선언한다. Robert에 대한 그녀의 사랑은 여전히 강렬하지만, Edna는 자신의 성적 욕구를 충족시켜 줄 수 있는 Alcée Arobin과 외도한다. Arobin에게 감정적으로 애정이 없는 Edna는 자신의 욕망을 충족하면서 남성의 지배로부터 자유를 유지한다.

스스로 생계를 유지하는 나이 많은 피아니스트 Mademoiselle Reisz는 Edna에게 예술가에게 요구되는 희생에 대해 알려주는데, Edna는 Mademoiselle의 피아노 연주에 감동하면서 자주 그녀에게 찾아간다. 자신의 예술에 평생 온전히 삶을 바치는 여인인 Mademoiselle은 각성과 독립의 과정을 이어가는 Edna에게 영감을 주고 삶의 모델이 된다. Mademoiselle은 Robert와 Edna의 비밀스러운 사랑을 아는 유일한 사람으로, Edna에게 자신의 감정을 인정하고 행동하도록 격려한다.

Robert는 뉴올리언스로 와서 Edna에게 자신의 사랑을 고백하지만, Edna가 여전히 다른 남자의 아내라는 사실은 두 사람의 관계를 제한한다. Edna는 남편과의 관계를 부정하고 Robert와 함께 새로운 삶을 시작하기를 꿈꾸지만, Robert는 이를 받아들이지 못한다.

Adèle이 위험한 출산을 겪게 되자, Edna는 그녀를 찾아간다. Edna는 Robert에게 자신이 돌아올 때까지 기다려 달라고 애원한다. Adèle은 Edna와 Robert의 관계가 깊어졌음을 느끼고, Edna에게 아이들을 생각하여 사회적으로 용인되는 이전의 생활 방식으로 돌아오라고 설득한다. 의사 Mandelet은 Edna의 열정적이고 혼란스러운 행동이 가져올 결과를 걱정하며, Edna를 설득하기 위해 그녀에게 만나자고 한다. 이미 Adèle에게 설득되어 흔들리는 Edna는 자신이 이기적으로 행동했다고 인식하기 시작한다.

Robert는 이별의 쪽지를 남기고 떠난다. 아이들에 대한 책임감과 사회적 제약을 무시하지 못하는 것과 Robert에 대한 상실감으로 인해 Edna는 더욱 깊은 우울감과 소외감을 느낀다. 그녀는 감정적·성적·지적 자각의 첫 순간이 있었던 장소인 그랜드 아일로 돌아와 마지막 탈출의 수단으로 바다에 몸을 맡긴다. 그녀는 부드럽게 포옹하는 듯한 물속에서 남편과 아이들로부터의 자유, Robert가 자신을 이해하지 못한 것, Mandelet 박사의 충고, Mademoiselle의 용기에 대해 생각한다. 소설은 그녀의 자살이 비겁한 항복이자 패배인지, 아니면 해방된 승리인지에 대한 의문을 남기며 끝을 맺는다.

제4절 작품 소개 및 주제

1 작품 소개

Chopin의 후기 대표작으로 평가받는 이 작품은 1960~1970년대 페미니스트 비평가들에게 재평가되기 전까지 그 가치를 인정받지 못했다. 이 작품은 페미니즘 비평가들이 주목하는 여성해방운동의 중요한 쟁점인 여성의 정체성 및 성애에의 모색이라는 주제를 담고 있다. 여성 문제를 다루는 고전적인 작품으로 읽히게 되면서 그 진정한 가치를 인정받았다.

2 Edna의 자기 발견의 여정

(1) Edna는 자신의 삶에 대해 문제의식을 갖는 내면적 심리와 환경에 순응하는 삶의 태도라는 이중적 성격을 지니고 있었으나, 결혼과 동시에 헌신적인 아내가 되기로 결심하면서 내적 자아를 억압해 왔다. Edna는 남편과의 결혼 관계 안에서 결코 자유로운 주체가 아니었다.

(2) 잠재되어 있던 Edna의 내적 자아는 크레올 문화를 배경으로 한 Adèle과 Mademoiselle 두 여성과의 관계를 통해 깨어난다. 엄격한 장로교 목사 아버지 밑에서 성장한 Edna는 자신의 감정을 제대로 표현하지 못하는 소극적인 여성이었다. Edna는 크레올 사람들의 솔직한 분위기, Adèle의 아름다운 육체와 따뜻한 태도에 자극을 받아 내면 깊숙이 감추어져 있던 자신의 관능성을 일깨운다.

(3) Adèle과 Mademoiselle 두 여성이 Edna의 적절한 롤 모델이 되지는 못한다. Adèle은 사회에서 숭배되는 여성상인 어머니와 여성의 전형으로, 개인으로서의 자신을 지워버리는 여성이다. Adèle은 어머니와 아내라는 역할에서 정체성과 자아 존중감을 갖는다. 특히 Adèle은 항상 흰 옷을 입고 있는데, 이 이미지는 성처녀의 이미지와 결합되어 성과 출산이라는 현실과는 거리가 있다. Edna는 조화롭게 보이는 Adèle 부부의 가정에서 절망적인 권태를 보면서 그러한 결혼 생활에 대한 고뇌 없이 만족감에 젖어 있는 Adèle의 삶에 연민을 느낀다. Mademoiselle 역시 Edna의 롤 모델이 될 수 없는데, Mademoiselle은 자기주장에 몰두한 나머지 누구와도 인간적인 관계를 맺지 못하는 고립적인 삶을 살고 있다.

(4) 작가는 Edna의 여정을 통해 여성 자신의 몸에 대한 인식이 자율적인 여성 자아의 밑거름이 된다는 것을 표현한다. 미국 남부 사회를 배경으로 보면, 백인 여성의 몸을 백인 혈통의 순수성을 지키려는 수단과 남성의 욕망을 분출하는 대상으로 보는 남부 가부장제 안에서 여성의 몸은 한 번도 온전히 자신의 것으로 존재할 수 없었다. 몸에 대한 Edna의 첫 각성은 **바다라는 자연**과의 관계에서 이루어진다. 바다의 물결 안에서 달빛을 받으며 처음으로 수영할 때, Edna는 자신의 몸을 통제할 수 있다는 것에 환희와 영혼의 자유를 느낀다. 이러한 육체와 정신의 자유로움은 그녀의 관능적 욕망을 일깨운다.

(5) 바다를 배경으로 깨어난 Edna의 육체적·정신적 깨달음은 관습에 의해 지배되는 뉴올리언스에서 구체적으로 표현된다. Edna는 관습이 규정한 귀부인과 아내, 어머니로서의 의무에 구속되지 않고 원하는 대로 행동한다. 또한 그녀는 손님 접대를 거부하고 혼자 산책하며, 그림을 그려 팔아 돈을 번다. 진정한 자신을 찾으려는 그녀의 시도는 주변 사람들의 이해를 얻지는 못한다.

(6) Edna의 자아실현을 어렵게 하는 것은 그녀의 내면화된 사회 관습을 완전히 초월할 수 없는 한계이다. Robert와의 관계에서 사랑의 합일을 추구하려는 그녀의 열망은 자신의 새로운 정체성을 확립하는 것이 아니라 남성과의 관계를 통하여 자아를 성취하려는 기존 패턴의 반복이기 때문이다. 또한 자녀에 대한 책임감은 그녀의 혼란을 더욱 가중시킨다.

(7) Edna의 자기 발견의 여정이 죽음으로 끝나는 결말은 비평가들 사이에 논란을 일으키는 부분이다. 그녀의 자살을 딸, 아내, 어머니라는 제한적인 사회적 관계에서 자신을 해방시키려는 자기주장의 행동으로 보기도 하지만, 몸과 영혼이 하나가 되는 원초적인 바다로 되돌아가고 싶은 무의식적 유혹에 수동적으로 굴복한 것으로 보기도 한다. 또한 Edna를 불륜과 사랑의 실패 때문에 죽는 여성으로 변형시키면서 감상주의 전통에 따른 비평을 하기도 한다. 이와 유사한 맥락으로 Edna의 자살을 당대의 빅토리아 시대적 가치관을 지닌 독자들을 만족시키고, Edna의 비인습적인 행동에 대한 비난을 회피하려는 작가의 의도로 보기도 한다.

(8) Chopin이 그린 마지막 장면은 그 의미가 모호하다. Edna는 바다 앞에 서서 자신이 새로운 피조물과 같다고 느끼지만, 동시에 Edna 앞으로 날개에 상처를 입은 새가 하늘에서 떨어지는 장면을 제시하면서 Edna의 실패를 암시한다. 새롭게 일깨워진 자아를 위한 공간을 발견할 수 없었던 사회구조 안에서 Edna는 남편과 아이들이 자신의 몸과 영혼을 소유하게 하기보다는 차라리 죽음을 선택하며 자신의 깨달음을 긍정한다. 여주인공의 자아 발견과 그 인식을 죽음으로 처리하는 부분을 단순히 패배나 한계로 보기보다는 Edna가 주체적 자아에 눈을 뜨고 이를 주장하는 행위가 여성의 육체와 정신에 대한 백인 남성의 우월성과 통제를 흔들어 놓는 충격적인 작가의 시도임을 주목할 필요가 있다.

3 작품의 주제 중요

(1) 욕망과 사회적 제약

Edna의 Robert에 대한 갈망과 Arobin과의 외도는 자신의 욕망과 자아의식에 눈을 뜨면서 아내와 어머니라는 정해진 역할을 거부하는 Edna의 모습을 적나라하게 보여준다. Edna는 두 남성과의 관계를 통해 처음으로 결혼 관계가 아닌 결혼 밖에서 자신의 선택과 욕망을 경험한다. 그러나 이러한 과정에서도 그녀는 일반적인 사회적 억압에서 벗어날 수 없음을 발견하는데, 이는 당시 여성들이 선택할 수 있는 여지가 얼마나 적었는지를 잘 보여준다.

(2) 소외

Chopin은 Edna의 여정을 통해 여성이 모성애, 민족성, 결혼, 사회적 규범 및 성별에 대한 사회의 기대로 인해 항상 소외될 수밖에 없음을 다양하게 표현한다. 작가는 자기 탐색과 그에 따른 소외의 위험을 제시하면서도 Edna가 속한 사회와 주변인으로부터의 자율적인 분리에 힘을 실어 주고 있다. 어머니와 아내라는 사회적 역할을 벗어나기 위한 시도로, Edna는 자신의 제한된 삶을 돌아보면서 진정한 자신을 더 발견하기 위해 변화를 만든다. 예를 들어, Edna가 남편을 떠나 혼자 살기 위해 새로운 집으로 이사하는 장면이 나온다. 비록 Edna의 여정이 지속되기보다는 소외와 고독으로 이어지지만, 그럼에도 불구하고 그녀는 여전히 자신의 몸과 영혼을 통제하고 있다. 이 작품은 Edna의 삶의 방식을 비난의 쟁점에 두기도 하며, 결국은 그녀의 자살로 끝이 난다. 그러나 Edna의 각성은 여성의 자유가 유지될 수 없는 사회 내에서 간과할 수 없는 여성의 소외와 자율성에 대한 탐색을 제시한다.

(3) 우울

소설 전반에 걸쳐 Edna는 출처를 정확히 파악할 수 없는 우울한 감정과 불특정한 불쾌감, 허탈감을 경험한다. 그녀는 여성이기 때문에 폐쇄적이고 규정된 역할에 갇혀 있다고 느낀다. 나아가 자신이 갈망하는 자기 충족과 자아실현을 추구하는 것이 소외와 고립으로 이어지게 되면서, 그녀의 우울감은 더욱 악화된다.

제5절 등장인물

1 Edna Pontellier

소설의 주인공이자, 작품의 제목인 『각성』의 당사자이다. 뉴올리언스의 사업가를 남편으로 둔, 28살 된 아내 Edna는 자신의 결혼 생활과 제한적이고 보수적인 생활 방식에 불만을 갖는다. 점차 자신의 감정과 욕망을 깨달으며, 헌신적인 아내와 어머니라는 틀에서 벗어나 자신만의 정체성을 찾고자 한다. 그녀는 일련의 경험, 즉 각성을 통해 매우 독립적인 여성이 되지만, 동시에 사회와 주변 사람들로부터 고립되어 깊은 고독 속으로 빠져들게 된다.

2 Léonce Pontellier

Edna의 남편으로, 40세의 부유한 사업가이다. 가족에게 애정을 갖고 있지만, 사업과 사회적 활동에 몰두해 가족과 시간을 많이 보내지 못한다. 그는 Edna의 진정한 내면을 이해하지 못하며, 부부 관계는 열정이 부족하다.

3 Mademoiselle Reisz

Edna의 각성에 중요한 영향을 미치는 인물이다. 독신이며 아이가 없고, 자신의 열정인 음악에 전념하며 은둔적인 삶을 살고 있다. 뛰어난 피아니스트인 그녀는 독립과 자유를 상징하며, Edna에게 영감을 주는 뮤즈와 같은 존재다. Edna가 적극적으로 독립을 추구하기 시작했을 때, 그녀는 Edna에게 예술가로서의 삶에는 용기와 도전정신이 필요하다고 조언하며, Edna의 변화와 성장을 격려한다. 또한 그녀는 Edna와 Robert의 관계를 알고 있는 유일한 사람으로, Edna의 진정한 친구 역할을 한다. 19세기 후반의 관습적이고 사회적으로 용인되는 여성상을 대표하는 Adèle과는 대조적인 인물이다.

4 Adèle Ratignolle

Edna의 친한 친구이자, 빅토리아 시대의 여성적 이상을 나타낸다. 그녀는 가정에서의 역할에 중점을 두는 여인으로, 자신의 삶에서 아이들을 돌보고 남편을 존경한다. 그녀의 생활 방식과 태도는 Edna의 변화하는 독립성과 대조되는 반면, Adèle은 자신도 모르게 친구의 변화를 촉진하기도 한다. 이를테면 당시 크레올 여성들의 전형적인 자유로운 담론과 표현 방식은 Edna가 이전의 내성적인 면에서 벗어나는 촉매제로 작용한다.

5 Robert Lebrun

26세의 미혼 남성으로, Edna와 사랑에 빠지는 인물이다. 열정적인 성향의 Robert는 여름휴가 시기에 그랜드 아일에서 특정 여성의 헌신적인 수행자 역할을 한다. Robert는 종종 코믹하고 지나치게 과장된 방식으로 자신의 감정과 애정을 표현하기 때문에 진지하게 보이지 않을 때도 있다. 하지만 Edna와의 관계가 점점 깊어지고 복잡해지면서, 그는 그녀에 대한 진지한 사랑을 깨닫는다. 그는 Edna를 사랑하면서도 당시 여성은 남편의 소유물이라는 사회적 규범 사이에서 갈등한다.

6 Alcée Arobin

매력적이고 유혹적인 인물로, 유부녀들과의 연애를 즐기는 뉴올리언스의 바람둥이다. Edna의 남편이 출장 중일 때 그녀의 연인이 된다. Edna는 그와의 관계에서 감정적 애착을 느끼지 않으며, 단순히 자신의 욕망을 충족시키는 데 그친다.

7 Doctor Mandelet

Léonce와 Edna의 가정의이다. 사회적 관습에 의해 통제당하는 Edna의 불만을 묵묵히 인정하는 인물이다. Léonce가 Edna의 파격적인 행동에 대해 상담을 요청했을 때, Mandelet은 Edna를 통제하려 하면 더 큰 반발을 부를 것이라고 경고하며, 그녀를 자유롭게 두도록 조언한다. 그는 Edna가 다른 남자와 사랑에 빠졌을 가능성을 의심하면서도, 그녀를 돕고자 한다. 또한 그는 그녀를 이해하고자 하며, 그녀의 삶의 방식이 불러일으킬 결과에 대해 걱정한다.

8 Madame Lebrun

Robert와 Victor의 어머니로, 소설의 주요 배경인 그랜드 아일의 별장을 소유하고 관리하는 인물이다.

제6절 작품의 구조와 시점

1 구조

(1) 1~16장 : 그랜드 아일에서의 Edna

(2) 17~38장 : 뉴올리언스 대도시에서의 Edna(가을과 겨울)

(3) 39장 : 다시 그랜드 아일에서의 Edna

2 시점

3인칭 전지적 관찰자 시점으로, 등장인물들의 행동과 대화뿐만 아니라 그들의 내면세계와 감정을 묘사한다.

제7절 작품의 기법

1 문체와 어조

Chopin은 꾸밈없이 있는 그대로의 삶을 포착하기 위해 직설적이고 사실적인 산문을 주로 사용한다. 예를 들면, 2장에서 Edna를 묘사하며 "폰텔리어 부인의 눈은 빠르고 밝았다. 그 눈은 그녀의 머리카락 색깔 정도의 황갈색이었다."라고 표현한다. 이러한 묘사는 독자에게 Edna의 외모를 생생하게 전달해 그녀의 이미지를 즉각적으로 그려낼 수 있도록 한다.

또한 Chopin은 크레올 문화를 사실적으로 그리기 위해 번역되지 않은 프랑스어 대화를 작품에 삽입한다. 예를 들어, 7장에서 Adèle이 Robert더러 Edna에게 추파를 던지지 말라고 경고하자, Robert는 "Voila Que Madame Ratignolle est jalousse"라고 말하며 프랑스어로 반응한다. 이 말에 Adèle은 영어로 대답한다. 이러한 이중 언어(프랑스어와 영어)의 사용은 독자로 하여금 크레올 문화와 삶의 분위기를 더욱 생생히 느끼게 한다.

Edna가 바다와 교감하는 장면에서는 Chopin의 문체가 시적인 분위기를 띤다. 예를 들어, 남편 Léonce에게 면박을 당한 후 Edna가 느끼는 창피함과 억압은 "그림자처럼, 그녀의 영혼의 여름날을 지나가는 안개처럼"이라고 표현된다. 16장에서는 "바다의 목소리는 유혹적이고, 멈추지 않으며, 속삭이고, 투덜거리고, 영혼을 고독의 심연 속에서 방황하도록 초대한다."라고 표현한다. 소리의 이미지를 이용한 단어의 사용으로 음악적인 분위기를 그리면서도, 안개 낀 날씨의 이미지를 통해 Edna의 심리적 상태를 자연에 빗대어 그린다.

Chopin은 인간의 행동과 사회구조의 복잡성에 초점을 두었다는 점에서 자연주의로 분류될 수 있다. 또한 Chopin은 당시 사회적 흐름을 포착하면서도, 주인공 Edna의 감정 변화를 서정적이고 섬세하게 묘사한다.

2 상징

(1) 새

소설은 새장에 갇힌 새로 시작하며, 이는 가정과 사회의 제한적 틀에 갇혀 살아가는 Edna와 빅토리아 시대 여성들의 **구속된 삶**을 상징한다. 새장 속 새는 육체적·정신적으로 갇힌 상태로, 주변 세계와 자유롭게 소통하지 못하는 당대 여성의 현실을 나타낸다. Edna가 사회적 규범과 가족으로부터 탈출하려는 시도를 하더라도, 그녀는 완전히 벗어날 수 없다. Edna의 자살이 개인적 그리고 여성들 모두의 패배를 의미한다고 주장하는 비평가들은 소설의 마지막 장면인 새의 이미지를 그 근거로 제시한다("날개가 부러진 새가 하늘을 날고, 휘청거리고, 펄럭이며, 빙빙 돌며 물로 내려오고 있었다."). 특히 이 부분은 Edna가 자유로워지고자 했지만 결국 한계에 부딪힐 수밖에 없는 결말을 나타내기도 한다.

(2) 바다

Edna에게 바다는 자유와 탈출을 상징하며, 바다는 그녀가 온전히 자신을 느낄 수 있는 공간이다. 바닷물 속에서 Edna는 자신의 심리적·육체적 감각을 일깨운다. 전통적으로 문학에서 물은 정화의 의미를 갖는데, 이 의미는 곧 재탄생을 상징한다. Edna에게 바다는 새로운 자아의 재탄생이 발생하는 장소이다. 또한 그녀는 바다에서 자신의 삶을 끝낸다. 재탄생과 삶의 마감이 이루어지는 바다는 독립의 힘을 주는 동시에 공허함을 나타낸다.

(3) 옷

Chopin은 소설 전반에 걸쳐 옷에 대해 많은 묘사와 언급을 하고 있다. 작가는 이러한 언급을 통해 Edna의 정체성을 드러낸다. 옷은 개인의 정체성을 외부로 드러내는 도구이기도 하다. 소설의 초반에 Edna의 정체성은 남편 Léonce의 아내로서의 역할과 책임을 중심으로 전개된다. 16장에서 Edna는 이러한 삶의 방식을 "더 이상 입을 가치가 없는 것처럼 보이는 퇴색된 옷"으로 비유하며, 아내와 어머니로서의 자신의 정체성에 대한 본심을 그린다. 그녀가 입는 옷은 더 이상 자신에게 맞지 않음을 인정한다. Adèle의 출산을 목격한 후, Edna는 자신의 감정을 "벗기 위해 느슨하게 해야 했던, 침울하고 불편한 옷"에 비유한다. 이는 아내와 어머니로서의 정체성을 유지시키는 쓸모없는 것에서 나아가 벗어 버리는, 다시 말하면 이제는 그 옷을 제거하려는 의지를 드러내는데, 이 부분은 Edna의 정체성의 변화를 상징한다. 마지막 장면에서 Edna는 바다로 걸어가기 전에 옷을 벗는다. 즉, 해방의 마지막 순간에 그녀는 사회가 요구하는 기대와 역할의 무게를 완전히 제거한다. 따라서 Edna의 옷은 그 비유 과정을 추적하면서 그녀의 진정한 자아의 모습을 찾는 데 중요한 상징물이다.

제8절 *The Awakening*의 일부

I

A GREEN AND YELLOW PARROT, which hung in a cage outside the door, kept repeating over and over: "Allez vous-en! Allez vous-en! Sapristi! That's all right!"[1]

He could speak a little Spanish, and also a language which nobody understood, unless it was the mocking-bird[2] that hung on the other side of the door, whistling his fluty notes out upon the breeze with maddening persistence.

Mr. Pontellier, unable to read his newspaper with any degree of comfort, arose with an expression and an

---

1) "Allez vous-en! Allez vous-en! Sapristi! That's all right!" : 가버려! 가버려! 이제 괜찮아!
2) mocking-bird : 흉내지빠귀

exclamation[3] of disgust.

He walked down the gallery and across the narrow "bridges" which connected the Lebrun cottages one with the other. He had been seated before the door of the main house. The parrot and the mockingbird were the property of Madame Lebrun, and they had the right to make all the noise they wished. Mr. Pontellier had the privilege of quitting their society when they ceased to be entertaining.

He stopped before the door of his own cottage, which was the fourth one from the main building and next to the last. Seating himself in a wicker rocker which was there, he once more applied himself to the task of reading the newspaper. The day was Sunday; the paper was a day old. The Sunday papers had not yet reached Grand Isle.[4] He was already acquainted with the market reports, and he glanced restlessly over the editorials and bits of news which he had not had time to read before quitting New Orleans the day before.

Mr. Pontellier wore eye-glasses. He was a man of forty, of medium height and rather slender build; he stooped a little. His hair was brown and straight, parted on one side. His beard was neatly and closely trimmed.

Once in a while he withdrew his glance from the newspaper and looked about him. There was more noise than ever over at the house. The main building was called "the house," to distinguish it from the cottages. The chattering and whistling birds were still at it. Two young girls, the Farival twins, were playing a duet from "Zampa"[5] upon the piano. Madame Lebrun was bustling in and out, giving orders in a high key to a yard-boy whenever she got inside the house, and directions in an equally high voice to a dining-room servant whenever she got outside. She was a fresh, pretty woman, clad always in white with elbow sleeves. Her starched[6] skirts crinkled[7] as she came and went. Farther down, before one of the cottages, a lady in black was walking demurely up and down, telling her beads. A good many persons of the pension had gone over to the Cheniere Caminada in Beaudelet's lugger to hear mass. Some young people were out under the wateroaks playing croquet. Mr. Pontellier's two children were there sturdy little fellows of four and five. A quadroon[8] nurse followed them about with a faraway, meditative air.

Mr. Pontellier finally lit a cigar and began to smoke, letting the paper drag idly from his hand. He fixed his gaze upon a white sunshade that was advancing at snail's pace from the beach. He could see it plainly between the gaunt trunks of the water-oaks and across the stretch of yellow camomile. The gulf looked far away, melting hazily into the blue of the horizon. The sunshade continued to approach slowly. Beneath its pink-lined shelter were his wife, Mrs. Pontellier, and young Robert Lebrun. When they reached the cottage, the two seated themselves with some appearance of fatigue upon the upper step of the porch, facing each other, each leaning against a supporting post.

---

3) exclamation : 외침, 절규
4) Grand Isle : 뉴올리언스에서 남쪽으로 80킬로미터 정도 떨어져 있는 섬
5) Zampa : 프랑스 작곡가 Louis Herold의 낭만적인 오페라로, 연인이 익사하는 장면이 들어 있음
6) starched : 풀을 먹인
7) crinkle : 물결치(게 하)다, 주름잡(히)다, 주춤하다
8) quadroon : 백인과 반백인과의 혼혈아

"What folly! to bathe at such an hour in such heat!" exclaimed Mr. Pontellier. He himself had taken a plunge at daylight. That was why the morning seemed long to him.

"You are burnt beyond recognition,"[9] he added, looking at his wife as one looks at a valuable piece of personal property which has suffered some damage. She held up her hands, strong, shapely hands, and surveyed them critically, drawing up her fawn sleeves above the wrists. Looking at them reminded her of her rings, which she had given to her husband before leaving for the beach. She silently reached out to him, and he, understanding, took the rings from his vest pocket and dropped them into her open palm. She slipped them upon her fingers; then clasping her knees, she looked across at Robert and began to laugh. The rings sparkled upon her fingers. He sent back an answering smile.

"What is it?" asked Pontellier, looking lazily and amused from one to the other. It was some utter nonsense; some adventure out there in the water, and they both tried to relate it at once. It did not seem half so amusing when told. They realized this, and so did Mr. Pontellier. He yawned and stretched himself. Then he got up, saying he had half a mind to go over to Klein's hotel and play a game of billiards.

"Come go along, Lebrun," he proposed to Robert. But Robert admitted quite frankly that he preferred to stay where he was and talk to Mrs. Pontellier.

"Well, send him about his business when he bores you, Edna,"[10] instructed her husband as he prepared to leave.

"Here, take the umbrella," she exclaimed, holding it out to him. He accepted the sunshade, and lifting it over his head descended the steps and walked away.

"Coming back to dinner?" his wife called after him. He halted a moment and shrugged his shoulders. He felt in his vest pocket; there was a ten-dollar bill there. He did not know; perhaps he would return for the early dinner and perhaps he would not. It all depended upon the company which he found over at Klein's and the size of "the game." He did not say this, but she understood it, and laughed, nodding good-by to him.

Both children wanted to follow their father when they saw him starting out. He kissed them and promised to bring them back bonbons and peanuts.

II

MRS. PONTELLIER'S EYES were quick and bright; they were a yellowish brown, about the color of her hair. She had a way of turning them swiftly upon an object and holding them there as if lost in some inward maze of contemplation or thought.

Her eyebrows were a shade darker than her hair. They were thick and almost horizontal, emphasizing the depth of her eyes. She was rather handsome than beautiful. Her face was captivating by reason of a certain

---

9) You are burnt beyond recognition : 알아볼 수도 없이 까맣게 탔군
10) send him about his business when he bores you, Edna : Edna, Robert가 재미없게 하면 가차 없이 보내요

frankness of expression and a contradictory subtle play of features. Her manner was engaging.

Robert rolled a cigarette. He smoked cigarettes because he could not afford cigars, he said. He had a cigar in his pocket which Mr. Pontellier had presented him with, and he was saving it for his after-dinner smoke.

This seemed quite proper and natural on his part. In coloring he was not unlike his companion.[11] A clean-shaved face made the resemblance more pronounced than it would otherwise have been. There rested no shadow of care upon his open countenance. His eyes gathered in and reflected the light and languor of the summer day.

Mrs. Pontellier reached over for a palm-leaf fan that lay on the porch and began to fan herself, while Robert sent between his lips light puffs from his cigarette. They chatted incessantly: about the things around them; their amusing adventure out in the water — it had again assumed its entertaining aspect; about the wind, the trees, the people who had gone to the Chênière; about the children playing croquet under the oaks, and the Farival twins, who were now performing the overture to "The Poet and the Peasant."

Robert talked a good deal about himself. He was very young, and did not know any better. Mrs. Pontellier talked a little about herself for the same reason. Each was interested in what the other said. Robert spoke of his intention to go to Mexico in the autumn, where fortune awaited him. He was always intending to go to Mexico, but some way never got there. Meanwhile he held on to his modest position in a mercantile house in New Orleans, where an equal familiarity with English, French and Spanish gave him no small value as a clerk and correspondent.

He was spending his summer vacation, as he always did, with his mother at Grand Isle. In former times, before Robert could remember, "the house" had been a summer luxury of the Lebruns. Now, flanked by its dozen or more cottages, which were always filled with exclusive visitors from the "Quartier Français," it enabled Madame Lebrun to maintain the easy and comfortable existence which appeared to be her birthright.

Mrs. Pontellier talked about her father's Mississippi plantation and her girlhood home in the old Kentucky bluegrass country. She was an American woman, with a small infusion of French which seemed to have been lost in dilution.[12] She read a letter from her sister, who was away in the East, and who had engaged herself to be married. Robert was interested, and wanted to know what manner of girls the sisters were, what the father was like, and how long the mother had been dead.

When Mrs. Pontellier folded the letter it was time for her to dress for the early dinner.

"I see Leonce isn't coming back," she said, with a glance in the direction whence her husband had disappeared. Robert supposed he was not, as there were a good many New Orleans club men over at Klein's.

When Mrs. Pontellier left him to enter her room, the young man descended the steps and strolled over toward the croquet players, where, during the half-hour before dinner, he amused himself with the little Pontellier children, who were very fond of him.

---

11) In coloring he was not unlike his companion : Edna 못지않게 그도 햇볕에 그을렸다
12) which seemed to have been lost in dilution : 프랑스계 혈통은 거의 흐려진 것 같았다

III

IT WAS ELEVEN O'CLOCK that night when Mr. Pontellier returned from Klein's hotel. He was in an excellent humor, in high spirits, and very talkative. His entrance awoke his wife, who was in bed and fast asleep when he came in. He talked to her while he undressed, telling her anecdotes and bits of news and gossip that he had gathered during the day. From his trousers pockets he took a fistful of crumpled bank notes[13] and a good deal of silver coin, which he piled on the bureau indiscriminately with keys, knife, handkerchief, and whatever else happened to be in his pockets. She was overcome with sleep, and answered him with little half utterances.

He thought it very discouraging that his wife, who was the sole object of his existence, evinced so little interest in things which concerned him, and valued so little his conversation.

Mr. Pontellier had forgotten the bonbons and peanuts for the boys. Notwithstanding he loved them very much, and went into the adjoining room where they slept to take a look at them and make sure that they were resting comfortably. The result of his investigation was far from satisfactory. He turned and shifted the youngsters about in bed. One of them began to kick and talk about a basket full of crabs.

MR. PONTELLIER RETURNED to his wife with the information that Raoul had a high fever and needed looking after. Then he lit a cigar and went and sat near the open door to smoke it.

Mrs. Pontellier was quite sure Raoul had no fever. He had gone to bed perfectly well, she said, and nothing had ailed him all day. Mr. Pontellier was too well acquainted with fever symptoms to be mistaken. He assured her the child was consuming at that moment in the next room.

He reproached[14] his wife with her inattention, her habitual neglect of the children. If it was not a mother's place to look after children, whose on earth was it? He himself had his hands full with his brokerage business. He could not be in two places at once; making a living for his family on the street, and staying at home to see that no harm befell them. He talked in a monotonous, insistent way.

Mrs. Pontellier sprang out of bed and went into the next room. She soon came back and sat on the edge of the bed, leaning her head down on the pillow. She said nothing, and refused to answer her husband when he questioned her. When his cigar was smoked out he went to bed, and in half a minute he was fast asleep.

Mrs. Pontellier was by that time thoroughly awake. She began to cry a little, and wiped her eyes on the sleeve of her peignoir. Blowing out the candle, which her husband had left burning, she slipped her bare feet into a pair of satin mules at the foot of the bed and went out on the porch, where she sat down in the wicker chair and began to rock gently to and fro.

It was then past midnight. The cottages were all dark. A single faint light gleamed out from the hallway of the house. There was no sound abroad except the hooting of an old owl in the top of a water-oak, and the everlasting voice of the sea, that was not uplifted at that soft hour. It broke like a mournful lullaby upon the

---

13) a fistful of crumpled bank notes : 한 줌의 마구 구겨진 지폐
14) reproach : 꾸짖다

night.

The tears came so fast to Mrs. Pontellier's eyes that the damp sleeve of her peignoir no longer served to dry them. She was holding the back of her chair with one hand; her loose sleeve had slipped almost to the shoulder of her uplifted arm. Turning, she thrust her face, steaming and wet, into the bend of her arm, and she went on crying there, not caring any longer to dry her face, her eyes, her arms. She could not have told why she was crying. Such experiences as the foregoing were not uncommon in her married life.[15] They seemed never before to have weighed much against the abundance of her husband's kindness and a uniform devotion which had come to be tacit and self-understood.

An indescribable oppression, which seemed to generate in some unfamiliar part of her consciousness, filled her whole being with a vague anguish. It was like a shadow, like a mist passing across her soul's summer day. It was strange and unfamiliar; it was a mood. She did not sit there inwardly upbraiding her husband, lamenting at Fate,[16] which had directed her footsteps to the path which they had taken. She was just having a good cry all to herself. The mosquitoes made merry over her, biting her firm, round arms and nipping at her bare insteps.

The little stinging, buzzing imps[17] succeeded in dispelling a mood which might have held her there in the darkness half a night longer.

The following morning Mr. Pontellier was up in good time to take the rockaway which was to convey him to the steamer at the wharf. He was returning to the city to his business, and they would not see him again at the Island till the coming Saturday. He had regained his composure, which seemed to have been somewhat impaired the night before. He was eager to be gone, as he looked forward to a lively week in Carondelet[18] Street.

Mr. Pontellier gave his wife half of the money which he had brought away from Klein's hotel the evening before. She liked money as well as most women, and, accepted it with no little satisfaction.

"It will buy a handsome wedding present for Sister Janet!" she exclaimed, smoothing out the bills as she counted them one by one.

"Oh! we'll treat Sister Janet better than that, my dear," he laughed, as he prepared to kiss her good-by.

The boys were tumbling about, clinging to his legs, imploring that numerous things be brought back to them. Mr. Pontellier was a great favorite, and ladies, men, children, even nurses, were always on hand to say goodby to him. His wife stood smiling and waving, the boys shouting, as he disappeared in the old rockaway down the sandy road.

A few days later a box arrived for Mrs. Pontellier from New Orleans. It was from her husband. It was filled with friandises, with luscious and toothsome bits — the finest of fruits, pates, a rare bottle or two, delicious syrups, and bonbons in abundance.

---

15) Such experiences as the foregoing were not uncommon in her married life : 지금과 같은 일들은 결혼 생활에서 흔한 일이었다
16) She did not sit there inwardly upbraiding her husband, lamenting at Fate : 그녀는 거기 앉아서 속으로 남편을 비난하거나 운명을 탓하지 않았다
17) The little stinging, buzzing imps : 윙윙대고 쏘아대는 그 작은 악동들(모기들을 의미함)
18) Carondelet : 카론들레, 뉴올리언스의 월스트리트 같은 곳이며 면화 무역의 중심지

Mrs. Pontellier was always very generous with the contents of such a box; she was quite used to receiving them when away from home. The pates and fruit were brought to the dining-room; the bonbons were passed around. And the ladies, selecting with dainty and discriminating fingers and a little greedily, all declared that Mr. Pontellier was the best husband in the world. Mrs. Pontellier was forced to admit that she knew of none better.

제2편 실전예상문제

제2장 Edgar Allan Poe – "The Cask of Amontillado"

01 다음 중 에드거 앨런 포(Edgar Allan Poe)의 작품에 해당하지 않는 것은?

① 「The Raven」
② "The Murders in the Rue Morgue"
③ "The Gold-Bug"
④ *Moby-Dick*

01 *Moby-Dick*은 Herman Melville의 작품이다.

02 에드거 앨런 포(Edgar Allan Poe)의 "The Cask of Amontillado"에 대한 설명으로 가장 적절하지 않은 것은?

① 기이한 현실과 이상심리의 근원을 탐색하는 작품이다.
② 인간의 무의식의 영역을 그렸다.
③ 복수심으로 인해 주인공은 내면의 상상으로 살인을 한다.
④ 이 작품 외에 Poe의 다른 작품에서도 생매장의 소재가 등장한다.

02 주인공 Montresor가 생매장으로 Fortunato를 죽인 것을 50년 후 회상하는 형식으로 기술된다.

03 에드거 앨런 포(Edgar Allan Poe)의 문학 세계를 문학 이론과 연결시킬 때 가장 가까운 이론은?

① 사실 이론
② 표현 이론
③ 모방 이론
④ 정서 이론

03 Edgar Allan Poe의 문학 세계는 문학적 재현의 대상에 주목하는 모방 이론이나 그 재현 대상을 표현하는 것에 주목하는 표현 이론보다는 문학작품이 독자에게 미치는 정서적·감정적 효과에 주목하는 정서 이론과 가깝다.

정답 01 ④ 02 ③ 03 ④

04 '나'(Montresor)는 친구인 Fortunato에게 집에 아몬틸라도 술이 있으니 한번 감정해 달라고 부탁하며 집으로 초대한다.

04 "The Cask of Amontillado"의 내용과 거리가 가장 먼 것은?

① '나'(Montresor)는 친구인 Fortunato에게 함께 술을 마시자고 하며 집에 초대한다.
② 지하실에 아몬틸라도 술통은 없었다.
③ Fortunato를 지하실로 데려온 것은 원한을 갚기 위해 계획한 것이었다.
④ Montresor는 지하실 밑바닥 동굴 안쪽에 Fortunato를 가둔 채 동굴을 막는다.

05 Fortunato의 모욕적인 태도를 참을 수 없었던 주인공 Montresor는 복수를 위해 치밀하게 계획을 세우고 Fortunato를 죽인다.

05 "The Cask of Amontillado"의 등장인물에 대한 설명으로 가장 적절하지 않은 것은?

① Montresor는 인간의 심리를 잘 파악하고 이용할 줄 아는 인물이다.
② Montresor는 지하실에서 우발적으로 친구를 죽인다.
③ Fortunato는 술에 대해 감정을 잘하며 지식이 풍부하다고 큰소리치는 인물이다.
④ Fortunato는 Montresor에게 심한 말을 하기도 하고 모욕을 주기도 했다.

06 ㉠「Annabel Lee」는 Poe의 시, "The Fall of the House of Usher"는 Poe의 단편소설이다.
㉡ "Young Goodman Brown"은 Nathaniel Hawthorne의 단편소설이다.
㉣ Wessex Tales는 Thomas Hardy의 단편집이다.

06 다음 중 에드거 앨런 포(Edgar Allan Poe)의 작품으로 올바르게 묶인 것은?

㉠「Annabel Lee」
㉡ "Young Goodman Brown"
㉢ "The Fall of the House of Usher"
㉣ Wessex Tales

① ㉠, ㉡
② ㉠, ㉢
③ ㉡, ㉢
④ ㉠, ㉣

정답 04 ① 05 ② 06 ②

07 에드거 앨런 포(Edgar Allan Poe)에 대한 설명으로 가장 적절하지 않은 것은?

① 버지니아 대학에 입학하여 학업 우수상을 받기도 하였다.
② 여동생이 태어난 직후 아버지가 돌아가셨다.
③ Poe의 가족은 어머니가 돌아가신 후 뿔뿔이 흩어졌다.
④ Poe와 양부는 사이가 좋지 않았다.

07 여동생 Rosalie가 태어난 직후인 1810년 12월에 아버지가 가출하였다.

08 "The Cask of Amontillado"에 대한 설명으로 가장 적절하지 않은 것은?

① 지하의 포도주 저장실은 유쾌한 축제의 분위기를 대표한다.
② 지하의 포도주 저장실이 이 작품의 주요 배경이다.
③ Fortunato는 광대와 같은 우스꽝스러운 복장을 하고 있다.
④ 작가는 인간 내면의 이중성을 통찰하며, 분열된 자아를 감추고 지하 깊이 숨겨둔 어두운 내면을 그린다.

08 작품 속 지하 포도주 저장실은 작품의 주요 배경이며, 음산한 이미지를 그린다.

09 에드거 앨런 포(Edgar Allan Poe)의 작품 세계에 대한 설명으로 가장 적절하지 않은 것은?

① 창작이 실패한다면 그것은 이론이 불완전하기 때문이라고 주장했다.
② 정서적 효과를 극대화하기 위하여 언어의 사용을 제한하지 말아야 한다고 주장했다.
③ 시의 목적은 쾌락이기 때문에 과학적인 작품과 반대된다고 주장했다.
④ 단일성과 간결함이 독자에게 더욱 강렬한 인상을 줄 수 있다고 주장했다.

09 정서적 효과를 극대화시키기 위해 주제나 플롯, 문체나 길이 등과 같은 다양한 요소를 모두 연결하는 유기적 문학 이론을 주장하였다. 순간을 포착하기 위해 문학작품의 길이를 제한하거나 소재를 규정하였고, 작품에 사용되는 언어의 사용을 제어하는 등 창작의 범주를 설정하였다.

정답 07 ② 08 ① 09 ②

제3장   Nathaniel Hawthorne - *The Scarlet Letter*

01   "The Custom House"에서 자신의 비참한 심정을 정치에 대한 회의와 함께 적나라하게 토로하였다.

01   나다니엘 호손(Nathaniel Hawthorne)에 대한 설명으로 가장 적절하지 <u>않은</u> 것은?

① 첫 소설은 자비를 들어 익명으로 출판하였다.
② 공산주의 공동체 실험 농장에 참여하였다.
③ "The Custom House"에서 자신의 비참한 심정을 경제에 대한 회의와 함께 적나라하게 토로하였다.
④ 세관 일을 그만두고 *The Scarlet Letter* 집필을 시작하였다.

02   Angel은 주홍 글자 'A'가 의미하는 것 중 하나로, 성스럽게 변모한 Hester의 모습을 나타내지만 작품에 직접 등장하지는 않는다.

02   *The Scarlet Letter*에서 실제로 등장하는 상징이 <u>아닌</u> 것은?

① Angel
② Scaffold
③ Forest
④ Scarlet Letter 'A'

03   Nathaniel Hawthorne이 1846년에 출판한 두 번째 단편집 *Mosses from an Old Manse*에서 "The Old Manse"가 첫 번째로 수록된 단편 작품으로, 그의 자전적 내용이 담긴 에세이다.

03   나다니엘 호손(Nathaniel Hawthorne)의 자전적 내용이 담긴 에세이는?

① "Young Goodman Brown"
② "The Birth-Mark"
③ "Rappaccini's Daughter"
④ "The Old Manse"

정답   01 ③   02 ①   03 ④

04 나다니엘 호손(Nathaniel Hawthorne)의 작품 세계에 대한 설명으로 가장 적절하지 <u>않은</u> 것은?

① 낭만주의적 문학의 흐름만을 쫓았다.
② 실제 삶처럼 모호함을 특징으로 가진다.
③ Hawthorne의 단편소설은 알레고리와 상징, 환상적인 묘사 등이 두드러진다.
④ Hawthorne은 청교도인의 생활과 그들의 종교에 깊은 관심을 가지고 작품을 썼다.

> **04** 낭만주의적 문학의 특성을 살리면서도 인간의 어두운 내면, 무의식의 심리, 본성에 내재한 죄와 악의 문제 등을 집요하게 탐구하는 특성을 보였다.

05 다음 중 *The Scarlet Letter*의 주제와 거리가 가장 <u>먼</u> 것은?

① 죄와 복수의 문제
② 전형적인 영혼 구원의 과정
③ 이성과 감성의 조화
④ 개인의 자유와 사회규범 간의 갈등

> **05** *The Scarlet Letter*는 이성과 감성의 대립 관계, 그리고 이로 인한 정신적 갈등을 그린 작품이다.

06 *The Scarlet Letter*에서 'A'가 의미하는 것이 <u>아닌</u> 것은?

① Adam ② Able
③ Adult ④ Arthur

> **06** 원래는 '간통'이라는 의미의 Adultery이다. Adam의 원죄를 상징하기도 하며, Hester의 능력을 함축하여 Able(능력 있는)을 의미하기도 한다. 또한 Dimmesdale의 이름인 Arthur의 첫 글자이기도 하다.

07 여주인공 Hester에 대한 설명으로 가장 적절하지 <u>않은</u> 것은?

① 사랑과 자유에 대하여 용기 있는 여성이다.
② 간통을 저지른 죄인이다.
③ 페미니스트이다.
④ 지은 죄로 인하여 선행을 하게 되는 즉, 선을 행하기 위한 전 단계로 죄를 지었다.

> **07** 페미니즘(feminism)의 시초로 볼 수도 있으나, 온전한 의미의 페미니스트라고 할 수는 없다.

정답 04 ① 05 ③ 06 ③ 07 ③

08 Pearl은 사랑과 구원을 의미한다.

08 *The Scarlet Letter*에서 상징물과 그 의미가 <u>잘못</u> 연결된 것은?

① Forest : 어두움과 비밀스러움
② Market-Place : 법과 종교가 지배하는 문명 세계이자 공개적인 공간
③ A Wild Rose : 희망과 동정심
④ Pearl : 위선, 은밀한 죄

09 *The Scarlet Letter*에는 크게 세 가지의 형태의 죄가 나타난다. 첫째 Hester의 세상에 드러난 간음의 죄, 둘째 Chillingworth의 용서받지 못할 죄(앙심, 복수, 오만함의 죄), 셋째 Dimmesdale의 숨겨진 죄(자신의 죄를 숨긴 죄)이다. Pearl은 죄악의 결과로서 악마의 자식이라고도 불렸지만, 악마의 죄를 상징하지는 않는다. 오히려 Pearl은 주변 사람들에게 진주(pearl)이자 보물과도 같은 역할을 한다.

09 *The Scarlet Letter*에서 볼 수 있는 '죄'의 의미로 가장 적절하지 <u>않은</u> 것은?

① Hester : 세상에 드러난 죄
② Pearl : 악마의 죄
③ Chillingworth : 앙심, 복수의 죄
④ Dimmesdale : 숨겨진 죄

10 *The Scarlet Letter*는 1640년대 미국 보스턴의 식민지 사회를 배경으로 청교도가 지배하는 식민지 사회에서 억압받는 인간의 모습을 19세기의 시대정신을 통하여 비판하고 있다.

10 *The Scarlet Letter*에 대한 내용으로 가장 적절하지 <u>않은</u> 것은?

① 작품 속 시대에서는 여성의 간통을 금기시하였다.
② 성공회가 지배하는 식민지 사회에서 억압받는 인간의 모습을 비판하고 있다.
③ Chillingworth의 복수심은 용서받지 못할 죄이다.
④ Hester와 Dimmesdale은 처음부터 죄를 범한 불완전한 인간으로 묘사된다.

정답 08 ④ 09 ② 10 ②

제4장 Herman Melville – *Billy Budd, Sailor*

01 다음 중 허먼 멜빌(Herman Melville)의 작품이 아닌 것은?

① *Pierre*
② *Moby-Dick*
③ *White-Jacket*
④ *Washington Square*

02 *Billy Budd, Sailor*의 주제와 거리가 가장 먼 것은?

① 자비와 법을 통한 정의의 실현
② 법의 집행과 인간의 품성
③ 대립적 가치의 수용
④ 아이러니한 비극

03 *Billy Budd, Sailor*에서 상징하는 바가 잘못 연결된 것은?

① Billy : 순진성 및 순수함
② Vere 함장 : 신의 법
③ Claggart : 악마의 속성
④ Billy : 그리스도의 속성

04 *Billy Budd, Sailor*에서 나타나지 않은 것은?

① 인간의 자비와 법에 근거한 정의의 실현
② 원한에 의한 복수의 과정
③ 법에 근거한 판결의 한계
④ 인간 본연의 순수함과 인간의 법에 관한 문제

---

01 *Washington Square*는 Henry James의 소설이다.

02 *Billy Budd, Sailor*는 법을 통한 정의 실현 과정에서 인간 본연의 순수함이 희생되는 대립적 구조를 드러내며, 법과 인간 가치의 한계를 극명하게 보여준다. 대립적 가치의 수용은 이 작품의 주제와는 거리가 있다. 작품은 법과 인간의 가치가 충돌하는 상황을 묘사하며, 이 두 가치를 조화롭게 수용하기보다는 그 사이의 갈등과 한계를 강조한다.

03 Vere 함장은 사회체제와 인간의 법을 상징한다.

04 *Billy Budd, Sailor*는 인간 본연의 순수함과 자비 등을 다루고 있으며, 원한이나 복수는 이야기의 주제와 거리가 있다.

정답 01 ④ 02 ③ 03 ② 04 ②

05 Billy는 타락하기 전의 아담 또는 그리스도의 속성과 연관된다.

05 다음 중 *Billy Budd, Sailor* 속 주인공 Billy의 모습에서 유추할 수 있는 것은?

① 모세
② 뱀
③ 아담
④ 사탄

06 친가와 외가 쪽 선조들이 모두 독립전쟁에서 큰 활약을 한 뉴욕의 명문가에서 태어났기 때문에 아버지의 사업 실패 전까지는 유복한 유년 시절을 보냈다.

06 허먼 멜빌(Herman Melville)에 대한 설명으로 가장 적절하지 않은 것은?

① 초기에 여행기 장르의 작품을 썼다.
② 출생 직후부터 어려운 유년 시절을 보냈다.
③ 일부 작품은 당대 중요한 정치적 이슈에 대한 깊은 관심과 비평적 성찰을 담고 있다.
④ 친지들의 권유로 글쓰기를 시작했다.

07 자신을 교수형에 처한 Vere 함장을 축복하며 죽는다.

07 *Billy Budd, Sailor*의 주인공 Billy Budd에 대한 설명으로 가장 적절하지 않은 것은?

① 순수한 21세의 고아 출신 흑인 해병이다.
② Claggart의 누명에 이성을 잃고 분노하여 그를 사망에 이르게 했다.
③ 자신을 교수형에 처한 Vere 함장을 저주하며 죽는다.
④ 선한 본성을 가졌다.

정답 05 ③ 06 ② 07 ③

제5장 Mark Twain – *The Adventures of Huckleberry Finn*

01 마크 트웨인(Mark Twain)에 대한 설명으로 가장 적절하지 <u>않은</u> 것은?

① 미시시피강은 Mark Twain에게 인생의 여정에서 중요한 상징이 되었다.
② 신문에 사건 기사나 이국적이고 풍자적인 이야기를 실었다.
③ Mark Twain의 본명은 Samuel Langhorne Clemens이다.
④ 그의 작품에는 미국 북부에서의 삶의 경험이 반영되었다고 볼 수 있다.

01 Mark Twain의 작품에는 미국 남서부에서의 다양한 경험과 삶이 녹아 있다.

02 *The Adventures of Huckleberry Finn*에 대한 설명으로 가장 적절하지 <u>않은</u> 것은?

① '검둥이'(nigger)라는 단어를 사용한 것이 인종차별적이라며 논란이 되었다.
② 19세기의 미국 남부에 관한 풍자를 담고 있다.
③ 방언의 묘사도 탁월하고 인종 문제에 얽힌 사회적 편견을 정면으로 제시하고 있다.
④ 심리적 사실주의에 기반하여 의식의 흐름 기법을 사용한다.

02 이야기 문학의 형식으로, 일상에서 일어난 사건을 기술한다.

정답 01 ④ 02 ④

03 소설의 전개상 인과관계가 존재할 수 있으나, 인과응보를 이 작품의 주제로 보기는 어렵다.

03 *The Adventures of Huckleberry Finn*의 주제와 가장 거리가 먼 것은?

① 자유에 대한 갈망과 인간성의 회복에 대해 다룬다.
② 19세기 미국 남부에 대한 풍자를 보여준다.
③ 인과응보의 관계를 다룬다.
④ 소년 Huck이 성인(成人)으로 성장하는 과정을 다룬다.

04 Mark Twain은 19세기 중반의 고전 작가들과 달리 강렬한 상징, 알레고리, 또는 우화적 요소를 줄이고, 구체적인 현실과 자연을 작품에 담아냈다.

04 마크 트웨인(Mark Twain)에 대한 설명과 가장 거리가 먼 것은?

① 강렬한 상징이나 알레고리, 우화적 특징을 작품에 담고 있다.
② 일상생활과 실생활에서 쓰이는 구어와 방언을 작품에 반영하였다.
③ 미시시피강은 Mark Twain에게 중요한 상징으로 작용하였다.
④ *The Adventures of Huckleberry Finn*은 비난을 받기도 하였지만 출판되자마자 큰 성공을 거두었다.

정답 03 ③ 04 ①

05 The Adventures of Huckleberry Finn의 등장인물에 대한 설명으로 가장 적절하지 <u>않은</u> 것은?

① Jim은 노예로 있다가 도망치지만 결국 자유를 얻지 못하고 잡힌다.
② Douglas 부인은 Huck을 보호하면서 교양인으로 만들고 싶어 하는 인물이다.
③ Tom은 흑인 노예 Jim의 탈출을 돕는다.
④ Huck은 주인공이자 Tom의 가장 친한 친구이다.

05 Jim은 Huck과 함께 미시시피강을 따라 내려가며 모험을 하다가, 마침내 Miss Watson의 유언에 따라 자유의 몸이 된다.

06 The Adventures of Huckleberry Finn의 특징으로 가장 적절하지 <u>않은</u> 것은?

① 1인칭 관점을 사용하여 고백적인 글쓰기를 보여준다.
② 주요 등장인물들은 사투리와 일상 언어를 사용한다.
③ 주인공 Huck은 교육과 문명에 대해 거부감을 가지고 있다.
④ 작품에 흑인 방언은 사용하지 않았다.

06 Mark Twain이 흑인을 주인공의 동반자이자 분신으로 설정하고, 문학작품에 흑인 방언을 사용하였다는 점에서 저자의 개척 정신도 돋보인다.

07 The Adventures of Huckleberry Finn의 내용과 <u>무관한</u> 설명은?

① Huck의 아버지 Pap은 Huck을 강제로 납치하여 감금한다.
② Huck은 미망인인 Douglas 부인에게 입양되었다.
③ Huck은 주정뱅이 아버지를 피하기 위해 숨어 지내기 시작한다.
④ Jim과 Huck은 노예 사냥꾼의 눈을 피하기 위해 밤에 이동한다.

07 Huck은 늘 점잖지만 우울한 성격의 미망인인 Douglas 부인에게 맡겨져 예절 교육과 종교적 가르침을 받으며 살게 되었지만, 입양된 것은 아니었다.

정답 05 ① 06 ④ 07 ②

제6장 Henry James - *The Portrait of a Lady*

01 다음 중 헨리 제임스(Henry James)의 작품에 해당하지 <u>않는</u> 것은?

① *Washington Square*
② *The Golden Bowl*
③ *Life on the Mississippi*
④ *The Turn of the Screw*

01 *Life on the Mississippi*는 Mark Twain의 작품이다.

02 헨리 제임스(Henry James)의 작품 세계에 대한 설명으로 가장 적절한 것은?

① 소설, 연극, 평론, 서평, 기행문, 전기 등 다양한 문학작품을 만들어 냈다.
② 다양한 장르에서 활동하면서도 가장 큰 성공을 거둔 것은 서평 분야이다.
③ 소설 미학에 특히 관심을 기울이며 근대 소설 기법의 발전에 많은 공헌을 했다.
④ Henry James의 문장은 직접적이고 명료하다는 특징을 가진다.

02 ② Henry James는 다양한 문학 작품을 내놓았는데 그중 가장 큰 성공을 거둔 것은 소설 분야이다.
③ 소설의 형식과 주제에 대한 실험과 개발, 새로운 서술 방식의 도입 강조 등 소설 미학에 특히 관심을 가지고 실천함으로써 현대 소설 기법의 발전에 많은 공헌을 했다.
④ Henry James의 문장은 다소 장황하고 간접적이며 암시적이어서 그의 작품을 난해하고 애매하게 만들었다.

정답 01 ③ 02 ①

03 헨리 제임스(Henry James)의 작품에서 볼 수 있는 국제적인 주제에 대한 설명으로 가장 적절하지 <u>않은</u> 것은?

① 신세계(미국)와 구세계(유럽)의 상충하는 문화와 가치관이 빚어내는 극적 갈등을 다룬다.
② 유럽 문명의 관점에서 미국 사회의 실상을 비판하며 유럽 문화의 우수함을 드러냈다.
③ 소설에서 표현하는 도덕성은 국제적인 환경과 상황에 처한 미국인의 도덕적 갈등이다.
④ 작품 속에서 흑백논리에 의한 도덕적 교훈의 제시를 거부한다.

03 Henry James는 미국 사회의 현실과 미래의 가능성을 탐구하며, 구세계 유럽의 전통과 신세계 미국의 문명을 넘어서 더 나은 삶과 문명을 모색했다. 어느 한 쪽에 치우친 관점을 드러내지 않았다.

04 *The Portrait of a Lady*에 대한 설명으로 가장 적절한 것은?

① 영국 런던에 살던 Isabel은 부모를 잃고 이모인 Mrs. Touchett를 만나 올버니로 온다.
② Isabel은 젊은 사업가인 Goodwood의 청혼을 수락한다.
③ Isabel은 영국에 살고 있는 미국인 Osmond를 만나게 된다.
④ Osmond의 딸 Pansy는 Merle 부인과 Osmond의 숨겨진 딸이었다.

04 ① 뉴욕주 올버니(Albany)에 살던 Isabel은 부모를 잃고 이모인 Mrs. Touchett의 후견을 받아 이모가 살고 있는 런던으로 건너온다.
② 자유와 독립을 소중히 여기는 Isabel은 Goodwood의 청혼을 거절한다.
③ Isabel은 이탈리아에 살고 있는 미국인 Osmond를 만나 그와 결혼한다.

05 *The Portrait of a Lady*에 대한 설명으로 가장 적절하지 <u>않은</u> 것은?

① 결혼 서사의 연장선에 있으면서도 동시에 결혼 서사의 전통을 깨뜨리는 작품이다.
② Osmond와의 결혼 생활에서 교묘한 억압의 감옥 안에 갇힌 Isabel의 모습을 보여준다.
③ Ralph의 병세 악화 소식을 듣고 Isabel은 가고 싶어 하나 결국 가지 못한다.
④ Gemini 백작 부인은 Osmond와 Merle 부인의 관계를 Isabel에게 알려준다.

05 Osmond의 폭압적인 명령과 반대에도 불구하고 Isabel은 결국 임종을 앞둔 Ralph를 만나기 위해 영국으로 향한다.

정답 03 ② 04 ④ 05 ③

06 The Portrait of a Lady의 등장인물에 대한 설명으로 가장 적절한 것은?

① Isabel Archer : 이모부로부터 유산을 받은 뒤, 이탈리아 피렌체에서 만난 Osmond의 청혼을 수락한다.
② Gilbert Osmond : 이탈리아 피렌체에서 살고 있는 영국 귀족이다.
③ Madame Merle : Isabel을 위하는 마음에서 Osmond와의 결혼을 주선한다.
④ Ralph Touchett : Isabel에게 청혼하는 미국인이다.

07 The Portrait of a Lady의 특징인 심리적 사실주의에 대한 설명으로 가장 거리가 먼 것은?

① Henry James는 심리적 사실주의 기법을 창시한 현대소설의 선구자이다.
② 작중인물들의 행동을 유발하는 내면의 심리 세계를 분석하고 전개한다.
③ '의식의 흐름'(stream of consciousness) 기법을 개척했다.
④ 소설의 전개에서 외부적 사건과 현상에 중점을 두는 기법이다.

08 The Portrait of a Lady 중 소설의 끝부분에서 영국으로 간 Isabel에게 다시 적극적으로 구혼하는 직설적인 인물은 누구인가?

① Lord Warburton
② Caspar Goodwood
③ Ralph Touchett
④ Mr. Touchett

해설

06 ② 이탈리아 피렌체에서 살고 있는 Osmond는 과거 결혼한 아내와 사별한 뒤, Merle 부인과의 사이에서 태어난 딸 Pansy와 함께 지내고 있다.
③ Osmond와의 혼외정사로 태어난 딸 Pansy에게 도움이 되기를 바라며, 재산이 많은 Isabel과 돈 없는 Osmond가 결혼하도록 주선한다.
④ Isabel의 사촌으로, 그녀가 영국으로 건너간 후 가장 가까운 친구가 된다. Isabel에게 사랑의 감정을 품고 있지만 이를 억제한다.

07 소설의 플롯에서 나타나는 외부적인 현상보다는 인물들의 의식 세계 속에 나타나는 심리 상태나 정서에 더 중점을 둔다.

08 ① 영국 귀족으로, 35세의 Lord Warburton은 Isabel에게 호감을 느껴 청혼하지만 그녀는 그가 유명 인사라는 점을 이유로 거절한다.
③ Isabel의 사촌으로, Isabel에게 사랑의 감정을 품고 있지만 이를 억제한다. 대신 아버지가 돌아가시기 직전에 그녀에게 많은 유산을 남기도록 부탁한다.
④ Isabel의 이모부이다.

정답 06 ① 07 ④ 08 ②

제7장　Kate Chopin - *The Awakening*

01 케이트 쇼팽(Kate Chopin)의 작품 세계에 대한 설명으로 가장 적절하지 않은 것은?

① Kate Chopin의 작품은 모두 미국 북부 지역을 배경으로 한다.
② Kate Chopin은 여러 인종이 살아가는 방식을 보았고 그 경험은 작품에 반영되었다.
③ 남북전쟁 후의 혼란스러운 상황에서 자아에 눈을 뜨는 여성들을 다룬다.
④ 인종과 성담론의 관점에서 다양한 각도로 포착한다.

01 Kate Chopin의 작품은 주로 미국 남부의 루이지애나를 배경으로 한다.

02 *The Awakening*에 대한 설명으로 가장 적절한 것은?

① Kate Chopin의 전기 대표작으로 평가받는다.
② 출판 당시부터 작품의 가치를 인정받았다.
③ 여성의 정체성 및 성애에의 모색이 주제이다.
④ 1960~1970년대 페미니스트 비평가들로부터 비난을 받았다.

02 『각성』(*The Awakening*, 1899)은 Kate Chopin의 후기 대표작으로 평가받는다. 이 작품은 1960~1970년대 페미니스트 비평가들에게 재평가되기 전까지 그 가치를 인정받지 못했다. 이 작품은 페미니즘 비평가들이 주목하는 여성해방운동의 중요한 쟁점인 여성의 정체성 및 성애에의 모색이라는 주제를 담고 있다. 여성 문제를 다루는 고전적인 작품으로 읽히게 되면서 그 진정한 가치를 인정받았다.

03 *The Awakening*의 여주인공인 Edna Pontellier에 대한 설명으로 가장 적절하지 않은 것은?

① Edna는 자신의 감정을 제대로 표현하지 못하는 소극적인 여성이었다.
② Adèle과 Mademoiselle 두 여성은 Edna의 적합한 대안이 되는 인물이다.
③ Edna는 크레올 사람들의 솔직한 분위기 등에 자극을 받아 점차 변화를 시작한다.
④ Edna의 첫 각성은 바다라는 자연과의 관계에서 이루어진다.

03 Adèle과 Mademoiselle은 내면의 자아에 눈을 떠가는 Edna의 적절한 롤 모델이 되지 못한다. Adèle은 어머니와 여성의 전형이지만 개인으로서의 자신을 지워버리는 여성이다. Adèle은 어머니와 아내라는 역할에서 자신의 정체성과 자아 존중감을 가질 뿐이다. Mademoiselle 역시 Edna의 롤 모델이 될 수 없는데, Mademoiselle은 자기주장에 몰두한 나머지 누구와도 인간적인 관계를 맺지 못하는 고립적인 삶을 살고 있다.

정답 01 ① 02 ③ 03 ②

04 ① Léonce Pontellier : Edna의 남편이다.
② Robert Lebrun : Edna와 사랑에 빠지는 26세의 미혼 남성이다.
③ Alcée Arobin : 유부녀들과의 연애를 즐기는 뉴올리언스의 바람둥이다.

04 The Awakening에서 Léonce와 Edna의 가정의로, Edna가 다른 남자와 사랑에 빠졌을 가능성을 의심하면서도 Edna에게 도움을 주려 하는 인물은?

① Léonce Pontellier
② Robert Lebrun
③ Alcée Arobin
④ Mandelet

05 The Awakening에서 Edna에게 바다는 자유와 탈출을 상징하며, 바다는 그녀가 온전히 자신을 느낄 수 있는 공간이다. 바닷물 속에서 Edna는 자신의 심리적·육체적 감각을 일깨운다. 전통적으로 문학에서 물은 정화의 의미를 갖는데, 이 의미는 곧 재탄생을 상징한다. Edna에게 바다는 새로운 자아의 재탄생이 발생하는 장소이다. 또한 그녀는 바다에서 자신의 삶을 끝낸다. 재탄생과 삶의 마감이 이루어지는 바다는 독립의 힘을 주는 동시에 공허함을 나타낸다.

05 The Awakening에서 Edna가 온전히 자신을 느낄 수 있는 공간이자, 자신의 심리적·육체적 감각을 일깨우는 것은?

① 새
② 옷
③ 바다
④ 그랜드 아일

06 빅토리아 시대의 여성적 이상을 나타내는 Adèle은 가정에서의 역할에 중점을 두는 여인으로, 자신의 삶에서 아이들을 돌보고 남편을 존경한다. 그녀의 생활 방식과 태도는 Edna의 변화하는 독립성과 대조된다.

06 The Awakening의 Adèle Ratignolle에 대한 설명으로 가장 적절하지 않은 것은?

① Edna의 친한 친구이다.
② 크레올 여성들의 전형적인 자유로운 담론과 표현 방식을 지닌 여성이다.
③ 빅토리아 시대의 여성적 이상을 나타낸다.
④ Adèle의 생활 방식과 태도는 Edna의 변화하는 독립성과 유사하다.

정답 04 ④ 05 ③ 06 ④

부록

최종모의고사

| 최종모의고사 | 제1회 |
| 최종모의고사 | 제2회 |
| 정답 및 해설 |

교육이란 사람이 학교에서 배운 것을 잊어버린 후에 남은 것을 말한다.

− 알버트 아인슈타인 −

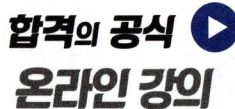

보다 깊이 있는 학습을 원하는 수험생들을 위한
시대에듀의 동영상 강의가 준비되어 있습니다.
www.sdedu.co.kr ➔ 회원가입(로그인) ➔ 강의 살펴보기

제1회 최종모의고사 | 19세기 영미소설

제한시간 : 50분 | 시작 ___시 ___분 – 종료 ___시 ___분

정답 및 해설 287p

01 Jane Austen 작품의 공통 주제에 대한 설명으로 가장 거리가 먼 것은?

① 세대 간의 갈등을 극복하고, 자아와 사회 간의 조화를 이룬다.
② 개인의 올바른 행동 양식이 올바른 사회를 형성한다.
③ 독립적인 여성의 삶이 실현된다.
④ 개인의 사적인 삶과 공적인 삶이 조화를 이룬다.

02 *Pride and Prejudice*의 구조와 시점에 대한 설명으로 가장 적절하지 않은 것은?

① 작품은 시간 순서에 따라 구성되고 전개된다.
② 1인칭 시점으로, 작가의 주관적 개입이 없다.
③ 주요 플롯과 세 개의 부차적인 플롯으로 구성되어 있다.
④ 주요 플롯은 Darcy의 오만함(pride)과 Elizabeth의 편견(prejudice) 사이의 갈등이다.

03 *Jane Eyre*의 내용에 대한 설명으로 가장 적절하지 않은 것은?

① 고아인 Jane은 보육원에서 자라다가 로우드 학교(Lowood School)에 입학한다.
② 로우드 학교에서 의지하던 친구인 Helen이 전염병에 걸려 사망한다.
③ Rochester 가문의 손필드(Thornfield) 저택에서 여자아이 Adèle의 가정교사로 채용된다.
④ 로우드 학교에서 Miss Temple 선생님을 만나 위로를 받으며 성장한다.

04 *Jane Eyre*의 등장인물에 대한 설명으로 가장 적절하지 않은 것은?

① Miss Scatcherd : 로우드 학교의 교사로, 성미가 급하며 Helen을 미워한다.
② Grace Poole : 손필드의 하녀로, Rochester의 부인 Bertha를 보호한다.
③ John Reed : Mrs. Reed의 아들로, Jane을 가엽게 여기고 도와주려는 인물이다.
④ Mrs. Reed : 제인의 숙모로, 어린 Jane을 구박하며 홀대한다.

05 Charles Dickens의 작품 세계에 대한 설명으로 가장 적절하지 <u>않은</u> 것은?

① 산업혁명 등으로 인한 사회 변화를 생생하고 포괄적으로 그린 작가이다.
② 빈민층과 사회적 약자들에게 관심을 기울였고, 이들을 작품의 주요 인물로 등장시켰다.
③ 다양한 계층과 직업의 인물을 작품에 등장시키면서 당대 사회의 총체적 모습을 보여준다.
④ 사회의 전반적인 개혁과 체제의 변화를 작품에서 강하게 강조한다.

06 *Great Expectations*의 등장인물 Pip에 대한 설명으로 가장 적절하지 <u>않은</u> 것은?

① 작품의 화자이자 주인공이다.
② 누나와 매형에 의해 길러지고 있는 어린 고아 소년이었다.
③ 신분 상승을 꿈꾸며 매형 Joe Gargery를 무시하기도 한다.
④ Pip에게 유산을 상속한 인물은 Miss Havisham이었다.

07 *Middlemarch*에 대한 설명으로 가장 적절하지 <u>않은</u> 것은?

① Middlemarch라는 지역에 사는 여러 계층의 사람들의 일상을 사실적으로 묘사한 작품이다.
② 프랑스의 사실주의 소설의 영향을 받아, 프랑스의 문학적 사실주의를 보여주고 있다.
③ 3인칭 전지적 작가 시점으로, 화자가 등장인물이 각각 무엇을 하고 느끼는지에 대해 독자에게 알려준다.
④ 인간의 내면적 성숙에 대한 통찰이 두드러진다.

08 *Middlemarch*의 등장인물 Dorothea Brooke에 대한 설명으로 가장 적절하지 <u>않은</u> 것은?

① 미모와 재산을 갖췄을 뿐 아니라 좋은 가문 출신으로 상류계급의 신붓감이다.
② 순종을 강요하는 종교 서적 읽기나 자수와 같은 일에 몰두한다.
③ 그녀가 바라는 남편의 역할은 정신적 지도자이자 스승의 역할이다.
④ 27세 연상의 목사이자 학자인 Casaubon과 결혼한다.

09 Thomas Hardy의 작품 세계에 대한 설명으로 가장 적절하지 않은 것은?

① Thomas Hardy의 대표작들은 '웨섹스 소설'(Wessex Novels)로 불린다.
② 빅토리아조 당대의 사회와 제도에 대해 과격하고 통렬하게 비판한다.
③ Thomas Hardy의 소설은 주로 영국 도시 빈민의 애환을 그린다.
④ 주인공들을 사회와 주변 환경, 운명의 힘에 의해 희생당하는 인물로 묘사한다.

10 *Tess of the d'Urbervilles*에 대한 설명으로 가장 적절하지 않은 것은?

① 전지적 작가 시점이다.
② Tess의 고향인 Marlott은 척박하고 외로운 곳으로 묘사되고 있다.
③ 인간의 의지와 무관하게 인간의 운명을 결정하는 Immanent Will이 작품에 담겨 있다.
④ 빅토리아 시대의 성에 대한 편견과 가혹하고 부당한 인습을 고발하고 있다.

11 *Alice's Adventures in Wonderland*의 등장인물에 대한 설명으로 가장 적절하지 않은 것은?

① Alice는 영국 가정의 사춘기 소녀로, 예의 바르고 엉뚱한 상상을 좋아하는 여자아이이다.
② Alice의 언니는 마지막에 Alice를 잠에서 깨우는 인물이다.
③ The White Rabbit은 이상한 나라의 다양한 생물체들과 달리 일반적으로 이해할 만한 행동을 한다.
④ The Mad Hatter는 티 파티에서 모자를 팔고 있다.

12 *Alice's Adventures in Wonderland*에 대한 설명으로 가장 적절하지 않은 것은?

① Alice가 겪는 신체 크기의 변화는 정체성 혼란의 문제를 표현하는 것으로도 볼 수 있다.
② Alice가 화자가 되어 서술하는 1인칭 시점으로 전개된다.
③ 철자 바꾸기, 말장난 등과 같은 많은 언어유희들이 나타난다.
④ The Duchess의 도덕은 현실 세계의 관습적인 도덕, 빅토리아 시대의 점잖은 척하는 풍조와 관련된다.

13 "The Cask of Amontillado"에 대한 <u>틀린</u> 설명으로 묶인 것은?

> ㉠ 작품의 화자는 Montresor이다.
> ㉡ Montresor는 사육제 때 광대 복장을 하고 Fortunato와 마주친다.
> ㉢ Montresor는 Fortunato를 교묘하게 자신의 지하 술 창고로 이끈다.
> ㉣ Montresor와 Fortunato는 아몬틸라도 술통에 있는 독한 술을 마신다.

① ㉠, ㉡
② ㉡, ㉢
③ ㉠, ㉢
④ ㉡, ㉣

14 "The Cask of Amontillado"의 등장인물에 대한 설명으로 가장 적절하지 <u>않은</u> 것은?

① Montresor는 Fortunato의 살해 동기를 자세히 설명한다.
② Montresor는 Fortunato를 지하실로 이끌면서 독한 술을 먹인다.
③ Fortunato는 술 감정에 대해 자부하는 인물로, 결국 이로 인해 비참한 최후를 맞이한다.
④ Montresor는 완벽한 범죄를 위해 치밀한 계획을 세운다.

15 *The Scarlet Letter*에 대한 설명으로 가장 적절하지 <u>않은</u> 것은?

① 영국 잉글랜드의 보수적 시대를 배경으로 한다.
② 작품의 시작은 Hester가 딸 Pearl을 안고 처형대에 선 시점부터이다.
③ 엄격한 청교도 규율 아래 인간의 감성이 억제되는 상황을 효과적으로 보여준다.
④ 규범을 어기고 자아 완성과 사랑에 충실한 인간의 모습을 그린다.

16 *The Scarlet Letter*에 대한 <u>틀린</u> 설명으로 묶인 것은?

> ㉠ Hester의 딸 Pearl이 화자로서 작품이 전개된다.
> ㉡ 주홍 글자 'A'는 다양한 의미로 해석된다.
> ㉢ Forest(숲)는 Hester의 활기와 자유로움이 표출되는 비밀스러운 장소이다.
> ㉣ Roger Chillingworth는 악을 상징하는 인물이다.

① ㉠
② ㉡, ㉢
③ ㉠, ㉣
④ ㉠, ㉢, ㉣

17 *Billy Budd, Sailor*의 등장인물에 대한 설명으로 가장 적절하지 <u>않은</u> 것은?

① Billy는 모범적이며 순진한 해병이다.
② Billy는 Claggart의 도움으로 교수형을 면한다.
③ Claggart는 Billy에게 누명을 씌워 그를 파멸시키려 한다.
④ Vere 함장은 H. M. S. 전함의 함장이다.

18 *The Adventures of Huckleberry Finn*의 내용과 가장 거리가 <u>먼</u> 설명은?

① Huck은 미망인 Douglas 부인에게 맡겨져 예절 및 종교적 가르침을 받으며 살게 되었다.
② 주정뱅이 아버지 Pap이 갑자기 나타나 Huck의 양육권과 돈을 요구한다.
③ Huck은 아버지와 함께 카누를 타고 미시시피강을 따라 도망자의 삶을 시작한다.
④ Huck은 흑인 노예 Jim이 잡혀가지 않도록 사람들에게 절대로 알리지 않겠다는 굳은 다짐을 한다.

19 *The Adventures of Huckleberry Finn*의 주인공 Huck에 대한 설명으로 가장 적절하지 <u>않은</u> 것은?

① 미국 사회의 상류층 백인 태생으로, 가벼운 탈선을 하는 소년이다.
② 자유로운 영혼을 지닌 Huck은 Douglas 부인과의 생활을 답답해한다.
③ 소설의 끝에서 Huck은 양자로 입양될 처지가 되자 자유롭게 떠날 결심을 한다.
④ Jim을 추적하는 노예 사냥꾼의 눈을 피해 밤에만 이동하며 모험과 역경을 겪는다.

20 The Adventures of Huckleberry Finn에 대한 설명으로 가장 적절하지 않은 것은?

① 미시시피강은 미국의 다양한 현실과 허상을 알게 해 주는 상징적인 공간이다.
② 작품의 배경이 강(Mississippi River), 섬(Jackson's Island), 마을 등으로 변한다.
③ 흑인을 주인공으로 세우고, 문학작품에 흑인 방언을 사용한 작가의 시도가 돋보인다.
④ 예민한 사회문제 중 하나인 인종차별을 과감히 풍자하면서 유머 있게 표현하였다.

21 The Portrait of a Lady의 등장인물에 대한 옳은 설명으로 묶인 것은?

> ㉠ Osmond는 이탈리아인으로, 피렌체에서 미술품 수집 관련 일을 하고 있다.
> ㉡ Merle 부인은 Osmond와의 사이에서 Pansy를 낳았다.
> ㉢ Isabel의 사촌인 Ralph는 Isabel에게 사랑의 감정을 품고 고백한다.
> ㉣ Goodwood는 Isabel의 결혼 후에도 Isabel에게 여러 번 사랑을 고백한다.

① ㉠, ㉡
② ㉢, ㉣
③ ㉡, ㉣
④ ㉢, ㉣

22 다음 중 The Portrait of a Lady에서 Osmond와 Merle 부인의 비밀스러운 관계를 Isabel에게 알려주는 인물은?

① Mrs. Touchett
② Ralph Touchett
③ Pansy Osmond
④ Countess Gemini

23 *Alice's Adventures in Wonderland*가 전통적인 아동문학의 플롯을 따르는 것과 관련하여 가장 거리가 먼 설명은?

① '집-떠남-모험-집'의 회귀적 이야기 구조이다.
② 주인공은 호기심을 자극하는 존재를 따라가다가 불가사의하고 이상한 곳에 도착한다.
③ 배경은 주로 일상적인 시간과 장소이다.
④ 주인공은 별난 등장인물들을 만난다.

24 *The Awakening*의 작가 Kate Chopin에 대한 설명으로 가장 적절하지 않은 것은?

① 주로 미국 남부의 루이지애나를 배경으로 그린다.
② 가정의 영역 안에서 이상화된 인물을 그리는 데 중점을 둔다.
③ 미국 남부 사회의 현실을 인종과 성담론의 관점에서 다양하게 포착했다.
④ 여성의 정체성 문제를 여성주의적 시각으로 고찰했다.

25 *Tess of the d'Urbervilles*의 내용과 가장 거리가 먼 설명은?

① Tess의 아버지 John은 술을 자주 마시며 가장으로서 무책임하다.
② Alec은 Tess의 삶을 불행으로 이끈다.
③ Tess는 Alec의 아이까지 낳고 Sorrow라는 이름을 지어 준다.
④ Tess는 Angel에게 언니인 Liza-Lu를 부탁하면서 그녀와 결혼하길 권한다.

26 *The Awakening*의 전개 내용과 무관한 설명은?

① Edna는 엄격한 장로교 목사 아버지 밑에서 성장하였다.
② Léonce는 사업과 사회적 활동에 몰두해 가족과 시간을 많이 보내지 못한다.
③ 결국 Edna는 환경에 순응하는 태도로 헌신적인 아내의 삶을 선택한다.
④ Robert는 Edna를 사랑하지만 여성은 남편의 소유물이라는 당대의 사회적 규범 사이에서 갈등한다.

27 *Middlemarch*에 대한 설명으로 가장 적절하지 않은 것은?

① Middlemarch 지방 및 그 주변 사회를 중심으로 전개된다.
② 시대적으로는 제1차 세계대전의 정치사회적 과도기를 그리고 있다.
③ 부제는 "지방 생활의 연구"(A Study of Provincial Life)이다.
④ 중상류층 등장인물들의 삶과 정치사회의 변화가 묘사된다.

28 George Eliot에 대한 설명으로 가장 적절하지 않은 것은?

① 본명은 Mary Ann Evans이며, 필명으로 George Eliot을 사용하였다.
② 영국 고유의 리얼리즘을 보여준 작가로 인정받았다.
③ 전통적인 영국의 농촌공동체 생활을 주로 다루었다.
④ 대표작 *Middlemarch*는 주인공이 Eppie라는 여자아이를 키우게 되는 과정을 그린다.

29 *Middlemarch*의 전개 내용과 무관한 설명은?

① Dorothea는 학문적 고집과 자존심이 강한 Casaubon에게 호감을 갖는다.
② Casaubon은 종교의 역사와 신화의 연구로 수십 년을 보낸 학자이다.
③ Dorothea는 Casaubon의 연구를 완성하도록 도와주기로 마음먹는다.
④ Casaubon은 아내와 사별한 45세의 학자이다.

30 *Great Expectations*와 가장 거리가 먼 설명은?

① 개성을 지닌 다양한 계층의 인물들, 전형적인 악한 및 천사와 같은 주인공들이 등장한다.
② 당대 사회의 신랄한 묘사, 범죄물과 미스터리가 얽힌 복잡한 플롯이 흥미를 일으킨다.
③ 작가는 당대 사회를 관찰자의 입장에서 묘사하고 있다.
④ 진정한 신사의 모습이 무엇인지를 생각하게 한다.

31 Charles Dickens의 문학적 특징으로 가장 적절하지 <u>않은</u> 것은?

① 분할 출판 방식을 효과적으로 사용하였다.
② 사회적 갈등과 투쟁이 요구되는 문제를 개인의 도덕적 선의의 문제로 환원한다.
③ 하층민들의 비참한 생활상과 비인간화를 그린다.
④ 영국 사회에서 귀족계층의 등장으로 인해 발생하는 당대의 사회 문제를 표현한다.

32 *Great Expectations*와 관련하여 괄호 안에 들어갈 말이 올바르게 짝지어진 것은?

- 1인칭 시점으로 서술되며, 화자는 (㉠)이다.
- 총 (㉡)부(Volume)로 구성된 작품이다.
- (㉢)은(는) 노동계급 출신임에도 더 훌륭한 신사가 될 자질이 있음을 보여준다.
- (㉣)은(는) Miss Havisham의 남성에 대한 복수의 도구로 양육된다.

	㉠	㉡	㉢	㉣
①	Pip	3	Joe	Estella
②	Estella	2	Joe	Pip
③	Pip	3	Pip	Estella
④	Estella	2	Pip	Pip

33 *Jane Eyre*의 내용 및 줄거리와 가장 거리가 <u>먼</u> 설명은?

① Jane이 입학한 로우드 학교(Lowood School)는 자선 학교로, 좋은 교육 환경을 갖춘 학교이다.
② Jane은 성실히 공부하여 로우드 학교에서 교사로 일하게 된다.
③ Jane은 Rochester와 대화하면서 서로의 지성과 감성에 끌리게 된다.
④ Rochester는 돈을 위해 아무런 애정 없이 서인도제도의 여성 Bertha와 결혼했었다.

34 *Jane Eyre*를 당대의 성 이데올로기의 재생산으로 볼 수 있는 이유로 가장 적절한 것은?

① 친구 Helen이나 Miss Temple 선생님과의 관계는 여성 간의 우정을 심도 있게 보여준다.
② Rochester와 결혼 후 Jane이 현실적으로 이상화된 아내와 어머니가 된다.
③ Jane이 인습적 역할에 저항하며 겪는 고통을 적나라하게 보여준다.
④ 계급적 억압에 반항하며 스스로 자신의 삶을 개척하는 모습을 볼 수 있다.

35 Jane Austen의 작품 세계에 대한 설명으로 가장 적절하지 <u>않은</u> 것은?

① 정교한 플롯을 설정하여 소설의 형식적 완결성을 이루었다.
② 전형적이면서도 개성적인 인물을 창조하였다.
③ 아이러니와 풍자를 사용하여 서술에 의존한 작품을 썼다.
④ 사실주의적 묘사에 기초하여 진지한 현실 인식을 나타냈다.

36 다음 중 Jane Austen의 작품에 해당하지 <u>않는</u> 것은?

① *The Mill on the Floss*
② *Pride and Prejudice*
③ *Northanger Abbey*
④ *Persuasion*

37 Jane Austen의 작품에서 표현되는 공통 주제인 '결혼'에 대한 설명으로 가장 적절하지 <u>않은</u> 것은?

① Jane Austen의 대부분의 소설은 주인공의 행복한 결혼으로 결말짓는다.
② 여성이 결혼을 통해 사회에서의 올바른 위치와 역할을 얻을 수 있음을 보여준다.
③ 두 개인이 결합하면서 여러 단계를 거쳐 성숙한 인격체가 된다.
④ 결혼이 이상적인 결합으로 제시되며, 부정적인 결혼의 예시들은 묘사되지 않는다.

38 *Pride and Prejudice*의 등장인물에 대한 옳은 설명으로 묶인 것은?

> ㉠ Elizabeth Bennet은 강한 자아와 가치관을 지닌 여성이다.
> ㉡ Charles Bingley는 Darcy의 친구로, Bennet 가(家)의 둘째 딸 Jane과 결혼한다.
> ㉢ George Wickham은 Darcy의 여동생과 사랑에 빠져 결혼한다.
> ㉣ Fitzwilliam Darcy는 당당한 Elizabeth의 모습에 매력을 느낀다.

① ㉠, ㉡
② ㉠, ㉢
③ ㉡, ㉣
④ ㉠, ㉣

39 "The Cask of Amontillado"에 대한 설명으로 가장 적절하지 <u>않은</u> 것은?

① 생매장과 인간의 이중적인 태도를 소재로 한 작품이다.
② 인간의 이상심리의 근원을 탐색하는 작품이다.
③ Montresor는 '더 이상 참을 수 없는 모욕'이 살해 동기라고 말한다.
④ 사건이 발생한 직후 화자의 고백 형식으로 기술된다.

40 "The Cask of Amontillado"에서 표현된 이미지와 상징에 대한 설명으로 가장 적절하지 <u>않은</u> 것은?

① 포도주 저장실은 작품의 주요 배경이며, 음산한 이미지를 그린다.
② 돌을 쌓는 마지막 장면은 죽음을 추모하는 것을 나타낸다.
③ 외부의 활기찬 축제 분위기와 지하 술 창고는 대조를 이룬다.
④ 외부는 carnival로 들떠 있지만 지하에서는 살인이 벌어지는 아이러니한 요소가 있다.

제2회 최종모의고사 | 19세기 영미소설

제한시간 : 50분 | 시작 ___시 ___분 - 종료 ___시 ___분

정답 및 해설 292p

01 *Alice's Adventures in Wonderland*의 등장인물에 대한 설명으로 가장 적절하지 않은 것은?

① The Cheshire Cat은 등장할 때마다 울고 있다.
② The Duchess는 6장에 등장하며, 성질이 고약한 아기를 돌보고 있다.
③ The Mad Hatter는 The March Hare의 집에서 차를 마신다.
④ The Queen of Hearts는 이유도 없이 사람을 사형시키라고 한다.

02 *Alice's Adventures in Wonderland*의 등장인물인 '미치광이 모자 장수'(The Mad Hatter)와 가장 거리가 먼 설명은?

① 모자 장수이지만 모자는 안 팔고 있다.
② The March Hare와 오후 2시로 고정된 다과회에서 차를 끝없이 마신다.
③ Alice에게 그녀의 머리를 자를 필요가 있다고 말한다.
④ 날짜는 표시되지만 시간은 표시되지 않는 시계를 갖고 있다.

03 "The Cask of Amontillado"의 Fortunato에 대한 옳은 설명으로 묶인 것은?

> ㉠ Montresor에게 심한 말을 하기도 하고 모욕을 주기도 하였다.
> ㉡ 심리적으로 교묘히 Montresor를 지하 술 창고로 유인한다.
> ㉢ 술에 대해 감정을 잘하며 지식이 풍부하다고 큰소리치는 인물이다.
> ㉣ Montresor를 죽이고, In pace requiescat!(Rest in Peace)이라는 말을 남겼다.

① ㉠, ㉡
② ㉡, ㉢
③ ㉠, ㉢
④ ㉢, ㉣

04 Edgar Allan Poe의 문학적 특징에 대한 설명으로 가장 적절하지 않은 것은?

① 미국 문학사에 단편소설 장르를 확립한 작가이다.
② 추리소설(detective fiction)의 개척자이다.
③ 단편소설에 대해서도 시와 비슷한 이론을 제시하면서 문학형식에 대한 공헌을 하였다.
④ 문학작품의 길이를 제한하거나 소재를 규정하는 것에 반대하였다.

05 "The Cask of Amontillado"에 대한 설명으로 가장 적절하지 않은 것은?

① 프랑스의 한 도시의 사육제 기간을 배경으로 하고 있다.
② 생매장의 소재가 등장한다.
③ 살인자가 주인공이자 서술자인 1인칭 소설이다.
④ Fortunato가 죽으면서 목이 꺾일 때 나는 방울 소리는 방울의 밝은 이미지와 대조되는 죽음을 나타내는 소리이다.

06 *Tess of the d'Urbervilles*에 대한 설명으로 가장 적절하지 않은 것은?

① 빅토리아 시대에서는 흔한, 비극적인 소설이다.
② Angel을 만난 Talbothays는 비옥한 곳으로 묘사된다.
③ Tess의 고향 Marlott은 온화한 장소로 표현된다.
④ 민담이나 전설, 고전 그리스의 비극풍 등 다양한 서사적 기법으로 전개된다.

07 Thomas Hardy의 작품 세계와 가장 거리가 먼 설명은?

① Thomas Hardy의 소설은 영국의 낙후된 농촌을 적나라하게 묘사하고 있다.
② Thomas Hardy가 자신의 소설 속에서 묘사한 웨섹스는 영국의 실제 장소이다.
③ 평민층의 인물을 문학작품의 주인공으로 등장시켰다.
④ 농촌의 몰락과 붕괴의 변화 과정을 생생히 그렸다.

08 Kate Chopin의 작품 세계 및 주요 배경에 대한 설명으로 가장 적절하지 <u>않은</u> 것은?

① 다양한 인종이 섞여 살았던 미국 남부의 루이지애나를 배경으로 한다.
② 교육받은 크레올이 교양 있는 지주나 상인계급을 형성하였다.
③ 교육받지 못한 가난한 케이준은 어업이나 농업에 종사하거나 부유한 크레올에게 고용되었다.
④ 억압되어 있던 내면의 자아에 눈을 떠가는 흑인들을 다룬다.

09 *The Awakening*의 등장인물인 Edna Pontellier에 대한 설명으로 가장 적절하지 <u>않은</u> 것은?

① 소설의 주인공이자, 작품의 제목인 『각성』의 당사자이다.
② 바다에서 달빛을 받으며 처음으로 수영할 때, Edna는 환희와 자유를 느낀다.
③ Adèle의 삶을 본 후 어머니와 아내의 역할에 대한 정체성과 자아 존중감을 갖는다.
④ 진정한 자신을 찾으려는 그녀의 시도는 주변 사람들의 이해를 얻지는 못한다.

10 *Alice's Adventures in Wonderland*의 내용에 대한 설명과 가장 거리가 <u>먼</u> 것은?

① 정원은 아름다움과 순수함의 목가적인 공간이다.
② 애벌레는 Alice에게 정확한 대답을 주지 않은 채 사라져 버린다.
③ 흰 토끼는 성숙하기 위해 일종의 '죽음'을 거쳐야 하는 창조물이다.
④ 전통적인 아동문학의 플롯으로, 주인공이 별난 등장인물들을 만난다.

11 *Alice's Adventures in Wonderland*에서 볼 수 있는 Pun(언어유희)에 대한 설명으로 가장 적절하지 <u>않은</u> 것은?

① 번역할 때 작품 자체가 담고 있는 언어유희를 미처 다 담지 못하기도 한다.
② 철자 바꾸기, 단어의 재창조, 말장난, 동음이의어의 활용 등을 이용한다.
③ 영어를 모국어로 쓰는 독자의 관점에서 볼 때 재미있다.
④ 명확한 의미를 전달하므로 작가가 의도한 의미를 기발하다는 느낌으로 이해하게 된다.

12 *The Portrait of a Lady*가 시사하는 바가 아닌 것은?

① 적절한 상대와의 결혼이 최종 목적지임을 서술하며 전통적인 결혼 서사와 차이를 지닌다.
② Isabel의 선택과 그 결과를 깨달아 가는 인식의 성장 과정을 보여준다.
③ 억압적인 사회규범과 제도의 모순에 대해서 자각하는 여주인공을 그린다.
④ Isabel을 둘러싼 문제를 간접적으로 비판하면서도 실질적인 탈출구를 제시하지 않는다.

13 Henry James의 작품 세계에 대한 설명으로 가장 적절하지 않은 것은?

① 도덕적 중립의 태도를 고수하기 때문에 그의 작가적 의도에 대한 애매함이 있다.
② 등장인물의 행위를 자신의 기준과 취향에 따라 설명하거나 비평하지 않는다.
③ 유럽을 미화하고 미국인으로서 자기 정체성을 경시하였다.
④ 미국 여성을 주인공으로 내세워 신세계와 구세계 간의 상충하는 문화와 가치관을 묘사하였다.

14 *The Adventures of Huckleberry Finn*의 내용과 가장 거리가 먼 설명은?

① Jim과 Huck은 안개 속에서 기선과 부딪혀 뗏목이 부서지고, 서로 헤어진다.
② 노예 사냥꾼과 마주친 Huck은 두려운 나머지 Jim을 신고한다.
③ Jim과 Huck은 자신들이 왕과 공작 출신이라고 속이는 직업 사기꾼들을 만난다.
④ 사기꾼은 도망 노예 신분인 Jim을 고발하고 잡혀가게 한다.

15 *The Adventures of Huckleberry Finn*의 등장인물에 대한 설명으로 가장 적절하지 않은 것은?

① Judge Thatcher는 Pap으로부터 Huck을 보호하고, Huck의 재산도 관리하는 인물이다.
② Miss Watson은 흑인 노예 Jim의 주인으로, 도망친 Jim을 고발하고 잡아온다.
③ Tom은 Huck의 친구로, 상상력과 꿈이 많은 성격이다.
④ Jim은 Miss Watson으로부터 도망쳐 나온 노예로, 현상금이 걸려 있다.

16 *Billy Budd, Sailor*에 대한 설명으로 가장 적절하지 않은 것은?

① 당대 논쟁의 정점에 있던 사형제도와 법의 모순을 작품화하였다.
② 지배 이데올로기의 횡포를 비판하고, 사회제도에 구속당하는 대중들에게 자신의 삶을 되돌아보게 한다.
③ Billy에게 사형을 판결한 함장의 목소리로 작품이 전개된다.
④ 총 30장으로 구성되어 있으며, 각 장의 길이가 일정하지 않다.

17 Herman Melville의 작품 세계에 대한 설명으로 가장 적절하지 않은 것은?

① 민주주의 국가 건설이라는 건국이념이 무너지는 실상을 보면서 사회를 비판적으로 보려고 했다.
② 작품에서 당대의 이데올로기가 양산해 내는 인종차별, 권력 남용, 기득권층의 횡포를 다룬다.
③ 그의 작품이 갖는 사회성과 정치성으로 인하여 Herman Melville은 당대의 비평가들로부터 호평을 받았다.
④ 항해 활동의 경험을 통해 미국의 제국주의적 팽창주의와 노예제 등의 횡포를 보았다.

18 *Billy Budd, Sailor*의 내용과 가장 거리가 먼 설명은?

① Billy는 원래 상선의 선원이었다.
② Billy는 영국 해군에 자진 입대하였다.
③ 선임 하사관 Claggart는 착한 심성을 가진 Billy를 질투한다.
④ 선임 하사관 Claggart는 Billy가 선상 반란의 음모를 꾸몄다며 누명을 씌운다.

19 *The Scarlet Letter*의 배경 중 하나인 '숲'에 대한 설명으로 가장 적절하지 않은 것은?

① Hester는 숲에 들어서면 평안해지고 활기를 되찾는다.
② Pearl은 숲에서 마냥 즐거워하면서 뛰어다닌다.
③ Dimmesdale 목사는 숲에서 자유로움과 편안함을 느낀다.
④ 숲에서 Hester와 Pearl은 악마에 관한 대화를 한다.

20 *The Scarlet Letter*의 주인공 Hester Prynne과 가장 거리가 먼 설명은?

① Hester는 자신에게 덧씌운 주홍 글자를 담담하게 받아들인다.
② Hester는 사람들을 헌신적으로 도우며 살아간다.
③ 고향인 네덜란드에서 Chillingworth와 결혼했다.
④ Chillingworth보다 먼저 보스턴으로 이주하였다.

21 *The Scarlet Letter*의 내용과 가장 거리가 먼 설명은?

① Chillingworth는 Hester를 협박하여 불륜 상대를 알아낸다.
② Chillingworth는 Hester에게 자신이 그녀의 남편임을 말하지 못하게 한다.
③ Hester는 오두막에 살면서 바느질 일을 하며 살아간다.
④ Chillingworth는 자신이 Hester의 남편임을 숨긴 채 Dimmesdale의 건강 상담을 한다.

22 Edgar Allan Poe의 작품 세계에 대한 설명으로 가장 적절하지 않은 것은?

① 미학과 도덕의 결합을 중시하는 당대 미국 문학의 흐름을 따르지 않았다.
② 독자의 정서적 효과라는 목적을 두고 작품을 썼다.
③ 예술 자체를 위한 예술을 주장하였다.
④ 프랑스 상징주의 미학의 영향을 받았다.

23 "The Cask of Amontillado"의 Montresor에 대한 설명으로 가장 적절하지 않은 것은?

① 인간의 심리를 잘 파악하고 이용할 줄 아는 인물이다.
② 하인을 내보내야 하는 상황에서 일부러 하인에게 심부름을 시킨다.
③ Fortunato의 모욕적인 태도를 참을 수 없어 한다.
④ 아몬틸라도 술의 맛에 대한 감정을 미끼로 Fortunato를 자신의 집 지하실로 유인한다.

24 Jane Austen의 작품 세계에 대한 설명으로 가장 적절하지 않은 것은?

① 영국 시골의 예절과 습관들을 정확하고 세세하게 묘사했다.
② Jane Austen 소설의 중심인물들이 속한 계급은 대부분 귀족층이었다.
③ 출신, 돈, 토지에 의하여 계급이 분명해지는 사회상을 보여준다.
④ 등장인물들은 가족과 사회의 틀 안에서 전통적인 삶의 양식을 선택한다.

25 Jane Austen의 작품에서 드러나는 여성 의식에 대한 설명으로 가장 적절하지 않은 것은?

① 여성의 사회 진출이나 능력 발휘에 있어서 한계를 보여준다.
② 결혼 이외에는 대안이 없는 당시의 사회 현실에 대한 비판이 나타난다.
③ 좌절과 갈등, 실수와 성숙 과정을 거치는 성장 과정을 묘사한다.
④ 진보적인 사회에서 보수적인 여성 의식을 지닌 인물을 등장시킨다.

26 *Pride and Prejudice*에 대한 설명으로 가장 적절하지 않은 것은?

① 사랑과 결혼을 주요 플롯(Plot)으로 하며, 낭만적으로 결혼을 그리고 있다.
② 변화하고 발전된 여성을 주인공으로 등장시킨다.
③ 대화를 통해 인물들의 성격을 선명하게 드러낸다.
④ 사실주의적 묘사에 기초한 진지한 현실 인식을 드러낸다.

27 다음 중 *Pride and Prejudice*에서 나타나는 이상적인 결혼관으로 가장 적절한 것은?

① 결혼을 통한 재정적인 문제 해결
② 비슷한 성격에 의한 결혼
③ 성급한 열정으로 이루어진 결혼
④ 책임감 깊고 성숙한 개인의 결합

28 *Jane Eyre*에 대한 옳은 설명으로 묶인 것은?

> ㉠ 형용사나 부사를 다양하게 사용하여 전개한다.
> ㉡ 독창적이고 박력 있는 문체를 쓰고 있다.
> ㉢ 1인칭 시점으로, Jane의 심리적인 감정 표현이 잘 드러난다.
> ㉣ 배경은 조지 3세(George Ⅲ, 1760~1820 재위) 시대 후반 영국의 남부 지역이다.

① ㉠, ㉡
② ㉡, ㉢
③ ㉢, ㉣
④ ㉡, ㉣

29 *Jane Eyre*에서 Rochester의 부인으로, 손필드에 불을 지르고 추락사하는 인물은?

① Diana Rivers
② Bertha Antoinetta Mason
③ Blanche Ingram
④ Grace Poole

30 Charlotte Brontë의 문학 세계와 작가적 의의에 대한 설명으로 가장 적절하지 <u>않은</u> 것은?

① 여성 주인공의 내면으로 깊이 들어가 성장의 이야기를 담는다.
② 작가 자신의 자서전적 요소를 담고 잘 승화한다.
③ 당대의 여성해방운동에 힘입어 처음부터 작품성을 인정받았다.
④ 계급의 문제, 성의 문제 등에 관심 갖는 비평가들에 의해 그 가치가 새롭게 탐색되고 있다.

31 *Great Expectations*에 대한 설명으로 가장 적절하지 않은 것은?

① 총 3부(Volume)의 구성이다.
② 화자인 Pip은 사춘기 시절의 자신을 '그'라고 언급한다.
③ 서술자의 자기 연민으로 회고하는 형식이다.
④ Joe Gargery를 통해 노동의 가치를 보여준다.

32 *Great Expectations*에서 작가가 드러내는 유산(돈)의 역할과 무관한 설명은?

① Pip이 신사 수업을 받는 데 도움이 되기도 하지만, Pip을 속물로 만들기도 한다.
② Pip을 신사로 만드는 돈은 Magwitch가 불법으로 취득한 돈이다.
③ 도움도 주지만 위험성도 담고 있다.
④ 진정한 신사는 재산이 어느 정도 갖추어진 상황에서 신의와 믿음을 지키는 것이 가능하다고 본다.

33 *Great Expectations*의 내용과 가장 거리가 먼 설명은?

① 런던에 도착한 Pip은 허영을 부리며 속물적인 인간이 되어 간다.
② Estella는 Drummle의 청혼을 거절하고 Pip과 결혼한다.
③ Pip은 자신의 후견인을 Miss Havisham으로 예상한다.
④ Pip에게 유산을 물려준 사람은 죄수 Magwitch였다.

34 Charles Dickens의 작품 세계에 대한 설명으로 가장 적절하지 않은 것은?

① 전형적인 인물과 제한된 지역을 등장시켜 당대 사회의 총체적 모습을 보여준다.
② 중산층의 부상과 변모 과정에서 발생하는 탐욕과 위선, 허위의식을 드러낸다.
③ 19세기 영국 사회의 사회적 계층 이동 상황을 드러낸다.
④ 분할 출판 방식을 효과적으로 사용하여 대중적 성공을 누렸다.

35 George Eliot의 작품 세계에 대한 설명으로 가장 적절하지 <u>않은</u> 것은?

① George Eliot의 첫 장편소설은 낭만주의 작품이다.
② 영국 고유의 사실주의를 보여주는 작가이다.
③ 인간의 내면적 성숙에 대한 통찰을 표현한다.
④ 영국소설에서 개인과 사회의 문제를 본격적인 주제로 등장시켰다.

36 *Middlemarch*의 내용과 가장 거리가 <u>먼</u> 설명은?

① Dorothea는 Casaubon의 연구를 돕지 못하게 하는 그의 거부에 실망한다.
② Dorothea는 Casaubon과 결혼한 후에도 Sir James Chettam과 서로 연인으로서 만남을 유지한다.
③ Dorothea는 똑똑하고 신앙심이 깊은 젊은 여성이다.
④ Casaubon은 Dorothea에게 딱딱하고 어색한 편지로 청혼한다.

37 *Middlemarch*에 등장하는 인물로, 열정적으로 의술을 펼쳐 미들마치와 세상에 봉사하려는 이상을 지녔던 인물은?

① Sir James Chettam
② Mr. Brooke
③ Will Ladislaw
④ Tertius Lydgate

38 *Middlemarch* 속 상징에 대한 <u>틀린</u> 설명으로 묶인 것은?

> ㉠ Rosamond의 목걸이는 Lydgate의 성공적인 결혼 생활을 상징한다.
> ㉡ '뉴 병원'(New Hospital)은 개혁에 대해 회의적이고 진보가 어렵다는 것을 상징한다.
> ㉢ Casaubon의 '모든 신화의 열쇠'는 그의 원대한 야심의 표현이다.
> ㉣ '모든 신화의 열쇠'는 실현 가능한 야망의 성공을 상징한다.

① ㉠, ㉡
② ㉡, ㉢
③ ㉡, ㉣
④ ㉠, ㉣

39 *Tess of the d'Urbervilles*의 내용과 가장 거리가 <u>먼</u> 설명은?

① Joan은 딸 Tess가 부유한 d'Urberville 가(家)와 친해지길 바란다.
② Tess는 Talbothays 낙농장에서 처음 Angel Clare를 보게 되고, 그 순간 사랑에 빠진다.
③ Angel은 Tess와 Alec 간의 일을 받아들이지 못한 채 브라질로 떠난다.
④ Tess는 Alec을 살해한 후 Angel과 도망친다.

40 Thomas Hardy의 작품 세계에 대한 설명으로 가장 적절하지 <u>않은</u> 것은?

① Thomas Hardy는 빅토리아조 당대의 사회와 제도에 대해 작품을 쓴 작가이다.
② 계급의식과 사회제도의 잔인성을 폭로한다.
③ Thomas Hardy의 소설은 농촌 현실을 무대로 낭만주의 문학을 추구하였다.
④ Thomas Hardy의 작품 속 주인공들의 좌절과 실패는 비극적 인상과 절망감을 남긴다.

제1회 정답 및 해설 | 19세기 영미소설

01	02	03	04	05	06	07	08	09	10
③	②	①	③	④	④	②	②	③	②
11	12	13	14	15	16	17	18	19	20
④	②	④	①	①	①	②	③	①	③
21	22	23	24	25	26	27	28	29	30
③	④	③	②	④	③	②	④	④	③
31	32	33	34	35	36	37	38	39	40
④	③	①	②	③	①	④	④	④	②

01 정답 ③

Jane Austen의 대부분의 소설은 주인공의 행복한 결혼으로 끝난다. Austen의 소설에서 점잖은 가문의 여인은 오직 결혼을 통해서만 사회에서의 올바른 위치와 역할을 얻을 수 있었다.

02 정답 ②

*Pride and Prejudice*는 3인칭 전지적 작가 시점이다. 그러나 작품 중간중간에 누구의 말인지가 불분명하게 서술되는 생각이나 서술자의 의견도 포함되어 있어 구분이 모호한 부분도 있다. 등장인물들의 사고 과정과 감정을 탐색할 때는 작가의 주관적 생각이 개입되어 있다.

03 정답 ①

어릴 때 고아가 된 Jane은 삼촌의 가족과 살게 되는데, 삼촌의 죽음 이후 숙모인 Mrs. Reed와 외사촌들로부터 학대를 받으며 자란다. 결국 Jane은 Mr. Brocklehurst 목사가 운영하는 로우드 학교(Lowood School)라는 자선 학교로 쫓겨나다시피 가게 된다.

04 정답 ③

John Reed는 Mrs. Reed의 아들로, Jane을 때리고 욕하는 인물이다. 성인이 되어서 방탕한 생활과 도박으로 재산을 탕진하고 자살한다.

05 정답 ④

Charles Dickens는 사회의 전반적인 개혁과 체제의 변화보다는 양심과 도덕적 각성을 강조하는 온건한 대안을 제시한다. 그는 사회적 갈등과 투쟁이 요구되는 문제를 개인의 도덕적 선의의 문제로 환원한다.

06 정답 ④

Pip은 자신에게 유산을 상속한 인물이 예상했던 Miss Havisham이 아니라 탈옥수 Magwitch임을 알게 되자, 재산 상속자로서의 삶과 환상을 접는다. 그는 Miss Havisham의 유산을 상속받아 신분 상승을 이루겠다는 야망이 있었으나 그 유산이 범죄자의 돈이었음을 알게 되면서 고민과 좌절, 정신적 방황을 경험한다. 그리고 점점 사람들에 대한 진실함과 애정의 깊이를 깨닫는다.

07 정답 ②

*Middlemarch*는 프랑스의 사실주의 소설과 형식 및 정신 면에서 차별화되는 영국 고유의 사실주의를 보여준다. Middlemarch라는 지역을 배경으로 다양한 인물들의 삶을 세밀하게 묘사하며, 그들의 도덕적 성장과 내면적 갈등을 깊이 있게 탐구한다.

08 정답 ②

Dorothea Brooke은 여성으로서 사회 개혁을 돕고자 하는 마음이 강하다. 그러므로 당시의 여성 교육이나 결혼 후 자선 활동, 순종을 강요하는 종교 서적 읽기나 자수와 같은 일에는 만족하지 못한다.

09 정답 ③

Thomas Hardy의 소설은 농촌 소설의 정점을 이룬다. 그는 농촌공동체의 풍습과 전통에 뿌리박은 토박이로서 농촌의 몰락과 붕괴의 변화 과정을 자신의 소설에 생생하게 그리고자 하였다.

10 정답 ②

*Tess of the d'Urbervilles*에서 Tess의 고향인 Marlott은 어머니의 뱃속처럼 따뜻하고 온화한 곳으로 묘사된다.

11 정답 ④

The Mad Hatter는 이상한 나라의 티 파티(다과회)에 등장하는 인물이다. Alice와 처음 만났을 때, 삼월의 토끼와 함께 언제나 오후 6시로 고정된 다과회에서 차를 끝없이 마시고 있었다. 모자 장수이지만 모자는 안 팔고 늘 삼월의 토끼의 집에서 차를 마시고 있다.

12 정답 ②

*Alice's Adventures in Wonderland*는 3인칭 관찰자 시점으로 전개된다.

13 정답 ④

ⓒ Montresor는 사육제 때 광대 복장을 한 Fortunato와 마주친다.
ⓔ 지하실에 아몬틸라도 술통이 있다는 것은 거짓이었다.

14 정답 ①

Montresor는 Fortunato를 살해할 수밖에 없는 이유를 '더 이상 참을 수 없는 모욕' 때문이라고 말한다. 하지만 그 자세한 내막은 밝히지 않고 있다.

15 정답 ①

*The Scarlet Letter*는 미국의 청교도들이 살던 뉴잉글랜드의 한 마을을 배경으로 한다.

16 정답 ①

*The Scarlet Letter*의 서술자는 폐허가 된 세일럼 세관(Salem Custom House)에서 세관 감정관 Jonathan Pue가 200년 전에 썼던 Hester에 관한 글을 발견한 후 이 내용을 바탕으로 글(로맨스)을 쓰기로 한다.

17 정답 ②

Billy는 Claggart의 모함으로 누명을 쓰게 된다. 이에 Billy는 분노한 나머지 Claggart를 때리고 죽게 한다. 이후 Billy는 군법 회의에서 교수형을 당한다.

18 정답 ③

Pap은 Huck을 강제로 납치하여 강 건너 오두막에 감금해 놓고 술에 취할 때마다 Huck에게 거친 매질을 한다. 도저히 이를 견디지 못한 Huck은 자신이 마치 살해된 것처럼 교묘히 위장해 놓고, 전에 우연히 발견하여 몰래 감추어 두었던 카누를 타고 미시시피강의 흐름을 따라 흘러가는, 정처 없는 도망자의 삶을 시작한다.

19 정답 ①

주인공 Huck은 미국 사회의 하류층 백인 태생으로, 그에게는 술주정뱅이 아버지만 있을 뿐이다. Huck은 교양이나 관습과는 거리가 멀고 함부로 담배를 피우며 학교를 결석하는 불량소년이다.

20 정답 ③

*The Adventures of Huckleberry Finn*의 주인공은 Huck이다. 흑인 노예 Jim은 주인공의 동반자이다.

21 정답 ③

㉠ Isabel의 남편인 Osmond는 미국인으로, 유럽으로 건너와 오랜 기간 생활해 온 인물이다.
㉢ Isabel의 사촌인 Ralph는 Isabel에게 사랑의 감정을 품고 있지만 이를 억제한다.

22 정답 ④

Countess Gemini는 Osmond의 누이동생으로, 자신의 감정에 가장 솔직하며 개성적인 인물로 그려진다. 오빠 Osmond와 Isabel의 결혼이 Merle 부인의 계략에 의한 것임을 알아채고 이를 Isabel에게 알려준다. 그녀는 Osmond와 Merle 부인의 비밀스러운 관계를 폭로하며 Isabel의 결혼 생활을 염려하는 모습을 보인다.

23 정답 ③

주인공은 불가사의한 곳, 이상한 나라 등 마법과 관련된 곳에 도착하는데, 이러한 곳은 일상적이지 않은 시간과 장소, 즉 판타지적인 사건들이 일어나는 공상의 세계이다.

24 정답 ②

기존의 19세기 전반의 작가들이 여성을 가정의 영역 안에서 이상화된 인물로 그리는 반면, Kate Chopin은 자아의 성취를 추구하고 자신의 삶을 이끌고자 하는 여성 인물을 창조하였다.

25 정답 ④

Eliza-Louisa Durbeyfield(Liza-Lu)는 Tess보다 4살 어린 Tess의 바로 아래 동생으로, Durbeyfield 가(家)의 둘째 딸이다. Tess는 Angel에게 Liza-Lu를 부탁하면서 그녀와 결혼하길 권한다.

26 정답 ③

Edna는 자신의 삶에 대해 문제의식을 갖는 내면적 심리와 환경에 순응하는 삶의 태도라는 이중적 성격을 지니고 있었으나, 내면의 목소리를 억압해 왔다. 그러나 그녀는 자신이 억누르고 신중하게 행동했던 과거에서 벗어나 점차 자신의 언행에 변화를 주게 된다. 헌신적인 아내와 어머니라는 틀에서 벗어나 자신의 정체성을 발견하고, 감정과 욕망에 대한 인식을 하면서 매우 독립적인 여성이 되려 한다.

27 정답 ②

작품의 배경은 Middlemarch 지방 및 그 주변 사회를 중심으로 영국의 1차 선거법 개정안이 통과되기 직전인 1830년대의 정치사회의 과도기이다.

28 정답 ④

Silas Marner: The Weaver of Raveloe(1861) 역시 George Eliot의 대표작이다. 이 작품은 고향에서 친구에게 배신당한 주인공이 신(God)과 인간에 대한 믿음을 잃고 고독하게 혼자 살던 중, 우연히 다가온 Eppie라는 여자아이를 키우게 되고, 그 아이를 통하여 다시 인간에 대한 사랑을 되찾게 되는 이야기를 그린 작품이다.

29 정답 ④

Casaubon은 45세의 미혼이며, 종교의 역사와 신화의 연구로 수십 년을 보낸 학자이다.

30 정답 ③

Charles Dickens는 당대 사회에 대한 근본적인 비판을 제기함으로써 단순한 관찰자의 수준에서 벗어나 적극적인 참여자의 태도도 보여준다.

31 정답 ④

영국의 중산층은 산업혁명의 시작과 함께 새롭게 등장한 계층으로, 19세기 영국 사회에서 사회적 계층 이동에 큰 역할을 하였다. 그러나 19세기 중반에 이르러 이들 중산층은 당대 사회의 주류를 이루면서 비판과 풍자의 대상이 된다. Charles Dickens는 자신의 소설에서 중산층의 부상과 변모 과정에서 발생하는 다양한 인물들의 탐욕과 위선, 부정과 배신, 허위의식 등을 통해 당대의 영국 사회를 생생하게 표현한다.

32 정답 ③

- 1인칭 시점으로 서술되며, 화자는 (Pip)이다.
- 총 (3)부(Volume)로 구성된 작품이다.
- (Pip)은 노동계급 출신임에도 더 훌륭한 신사가 될 자질이 있음을 보여준다.
- (Estella)는 Miss Havisham의 남성에 대한 복수의 도구로써 양육된다.

33 정답 ①

Jane은 Mr. Brocklehurst 목사가 운영하는 로우드 학교(Lowood School)라는 자선 학교에 입학하는데, 이곳은 엄격하고 잔인한 교육 방식으로도 유명하며 추위와 굶주림이 만연한 열악한 환경이다.

34 정답 ②

Charlotte Brontë는 Jane과 Rochester가 평등한 관계를 이루도록 하고자 Jane이 유산을 상속 받게 해서 사회적·경제적으로 동등하게 하고, Rochester의 부인인 Bertha를 죽게 하며, Rochester를 불구로 만든다. Jane은 스스로 Rochester와 완전한 화합을 이루었다고 말한다. 이 둘의 관계는 Rochester가 Jane을 의지하는 것처럼 보이지만, 그 이면을 보면 Jane이 현실적으로 이상화된 아내와 어머니가 된 것이다. 이러한 결말은 당대의 성 이데올로기의 재생산으로 볼 수 있다.

35 정답 ③

Jane Austen은 서술에만 의존하지 않고 생생한 대화를 통해 인물들의 성격을 선명하게 드러냈다.

36 정답 ①

The Mill on the Floss(1860)는 George Eliot의 작품으로, 가상의 작은 마을 근처 플로스 강변의 물방앗간을 배경으로 이야기가 전개된다.

37 정답 ④

Jane Austen의 소설에서 무조건 긍정적이고 이상적인 결혼의 예만을 보여주지는 않는다. 가령 *Pride and Prejudice*에서 Lydia와 Wickham의 결혼은 성급한 열정으로 이루어진 경솔한 결혼을, Charlotte과 Collins의 결혼은 경제적인 현실에 의해 이루어진 결혼을 보여준다.

38 정답 ④

ⓒ Charles Bingley는 Darcy의 친구로, Bennet 가(家)의 장녀 Jane과 결혼한다.
ⓒ George Wickham은 Darcy의 여동생 Georgiana의 재산을 노리고 그녀와 도망치려고 한 적이 있다. 하지만 Lydia Bennet과 결혼한다.

39 정답 ④

사건이 발생한 지 50년이 지난 후 '나'(Montresor)의 회상 형식으로 기술된다.

40 정답 ②

마지막에 돌을 집어넣고 주변에 해골을 쌓는 장면은 살인에 대해 거리낌이 없는 인간의 사악한 모습을 나타낸다.

제2회 정답 및 해설 | 19세기 영미소설

01	02	03	04	05	06	07	08	09	10
①	②	③	④	①	①	②	④	③	③
11	12	13	14	15	16	17	18	19	20
④	①	③	②	②	③	③	②	③	③
21	22	23	24	25	26	27	28	29	30
①	④	②	②	④	①	④	②	②	③
31	32	33	34	35	36	37	38	39	40
③	④	②	①	①	②	④	④	②	③

01 정답 ①
The Cheshire Cat은 등장할 때마다 입이 귀에 걸리도록 씨익 웃고 있다.

02 정답 ②
'미치광이 모자 장수'(The Mad Hatter)는 이상한 나라의 티 파티(다과회)에 등장하는 인물이다. Alice와 처음 만났을 때, The March Hare와 함께 언제나 오후 6시로 고정된 다과회에서 차를 끝없이 마시고 있었다.

03 정답 ③
ⓒ Montresor는 심리적으로 교묘히 Fortunato를 지하 술 창고로 유인한다.
② Montresor는 Fortunato를 죽이고, *In pace requiescat!*(Rest in Peace)이라는 말을 남겼다.

04 정답 ④
Edgar Allan Poe는 시와 소설의 목적이 강렬하고도 순수한 영혼의 고양에서 비롯된다고 보았다. 그는 그 고양된 순간을 포착하기 위해 문학작품의 길이를 제한하거나 소재를 규정하였고, 작품에 사용되는 언어의 사용을 제어하는 등 창작의 범주를 설정하였다.

05 정답 ①
"The Cask of Amontillado"는 이탈리아의 이름을 알 수 없는 한 도시에서 사육제 기간 동안 벌어지는 사건을 배경으로 하고 있다.

06 정답 ①
*Tess of the d'Urbervilles*는 빅토리아 시대에서는 드물게 비극적인 소설이다.

07 정답 ②
Thomas Hardy는 자신의 소설 속에서 가상의 웨섹스를 설정하고, 고향인 영국의 도싯(Dorset, 잉글랜드의 남서부에 있는 주) 지역을 묘사하였다.

08 정답 ④

Kate Chopin의 작품의 주요 배경이 되는 당대의 미국 사회는 여러 인종이 뒤섞여 살고 있었다. 교육받은 크레올이 교양 있는 지주나 상인계급을 형성하여 불어를 사용했고, 교육받지 못한 가난한 케이준은 어업이나 농업에 종사하거나 부유한 크레올에게 고용되어 어렵게 살아갔다. 이러한 환경을 목격한 Chopin은 작품 안에서 남부 사회의 현실을 인종과 성담론의 관점에서 다양한 각도로 포착한다. 남북전쟁 후의 혼란스러운 상황에서 좋은 결혼 상대자를 만나려는 젊은 남녀들의 노력, 해방 노예들의 생존을 위한 노력, 남부 귀부인의 이상과 현실, 억압되어 있던 내면의 자아에 눈을 떠가는 여성들을 공통으로 다룬다.

09 정답 ③

*The Awakening*에서 어머니와 아내라는 역할에 대해 정체성과 자아 존중감을 갖는 인물은 Adèle이다. Adèle은 사회에서 숭배되는 여성상인 어머니와 여성의 전형으로, 개인으로서의 자신을 지워버리는 여성이다. Edna는 조화롭게 보이는 Adèle 부부의 가정에서 절망적인 권태를 보면서 그러한 결혼 생활에 대한 고뇌 없이 만족감에 젖어 있는 Adèle의 삶에 연민을 느낀다.

10 정답 ③

③은 애벌레에 대한 설명이다. 애벌레는 성장의 의미를 가장 상징적으로 잘 보여주는 존재이며, 성숙하기 위해 일종의 '죽음'을 거쳐야 하는 창조물이다.

11 정답 ④

이중적인 의미를 담고 있어 작가가 의도한 의미를 기발하다는 느낌으로 이해하게 된다.

12 정답 ①

적절한 상대와의 결혼을 목표로 전개되는 것이 아니라는 점이 *The Portrait of a Lady*의 형식 및 내용상의 큰 특징이다. 여주인공이 자신의 선택의 결과를 깨달아 가는 인식의 성장 과정을 다루면서 결혼이 최종 목적지도, 해법도 아니며 오히려 다른 문제의 시작이라는 것을 주인공이 깨닫는다는 점에서 전통적인 결혼 서사와 차이를 지닌다.

13 정답 ③

Henry James는 유럽의 교양과 전통에 젖어 들면서도 유럽을 단순히 미화하지도, 미국인으로서 자신의 정체성을 소홀히 하지도 않았다.

14 정답 ②

노예 사냥꾼과 마주친 Huck은 뗏목에 천연두가 걸린 아버지가 있다는 거짓말로 Jim이 잡혀가지 않도록 도와준다.

15 정답 ②

Miss Watson은 Widow Douglas의 동생으로, 미혼이며 Widow Douglas와 함께 지낸다. Jim의 주인인데, 유서를 통해 Jim을 노예의 신분에서 해방시켜 준다.

16 정답 ③

*Billy Budd, Sailor*의 시점은 3인칭 화자 시점으로, 화자는 50년 전 리버풀(Liverpool)에서 Billy의 상황을 목격한 사람이다.

17 정답 ③

Herman Melville은 자유와 평등에 입각한 민주주의 국가 건설이라는 건국이념이 유명무실해지고, 사회 발전을 위해 개인의 인권이 유린되는 실상을 보면서 미국 사회를 비판적으로 보려고 했다. 그의 작품이 갖는 사회성과 정치성으로 인하여 Melville은 당대의 비평가들로부터 혹평을 받거나 외면당하였다.

18 정답 ②

Billy는 상선의 선원이었지만 영국 해군에 강제로 징집되어 H. M. S. 전함에 배치된 해병이다.

19 정답 ③

Hester와는 대조적으로 Dimmesdale 목사는 숲에서 안절부절못하고 불안해한다.

20 정답 ③

Hester의 고향은 영국이다. Chillingworth와 결혼한 후, 그의 제안으로 남편보다 먼저 암스테르담에서 보스턴으로 이주하였다.

21 정답 ①

젊은 목사 Dimmesdale, 늙은 목사, 총독은 Hester에게 불륜 상대가 누구인지 말하라고 강요하지만 그녀는 누구인지 말하지 않는다.

22 정답 ④

Edgar Allan Poe의 문학은 프랑스 상징주의 미학의 원형이 되었을 뿐 아니라, 20세기 신비평에도 그 영향을 주었다.

23 정답 ②

완벽한 범죄를 위해 하인을 내보내야 하는 상황에서 하인을 내보내려 하지 않고 오히려 집을 잘 지키라고 하며 집을 떠날 상황을 연출한다. 즉, 그는 하인들이 자신이 없는 사이에 집 밖으로 나갈 것을 예상할 만큼 인간의 심리를 잘 꿰뚫어 보고 이를 이용한다.

24 정답 ②

당시는 귀족과 중상류층, 상업에 종사하는 사람들 사이의 경계선이 희미해지던 시기였으며, Jane Austen 소설의 중심인물들이 속한 계급은 대부분 중류층이었다.

25 정답 ④

Jane Austen의 작품에서는 보수적인 사회에서도 진보적인 여성 의식을 지닌 인물을 등장시킨다.

26 정답 ①

*Pride and Prejudice*는 사랑과 결혼이 주요 플롯(Plot)이지만 작가가 낭만적으로 결혼을 그리기보다는 날카로운 현실 인식을 바탕으로 당대 사회를 비판하고 있다.

27 정답 ④

Jane Austen은 결혼에 대해 여러 예를 보여주는데, 그중에서도 책임감 깊고 성숙한 개인이자 사회의 원만한 구성원으로서의 조화로운 결혼이 이상적임을 보여준다.
① 결혼을 통한 재정적인 문제 해결 – Charlotte과 Collins
② 비슷한 성격에 의한 결혼 – Jane과 Bingley
③ 성급한 열정으로 이루어진 결혼 – Lydia와 Wickham
④ 책임감 깊고 성숙한 개인의 결합 – Elizabeth와 Darcy

28 정답 ②

㉠ Charlotte Brontë의 *Jane Eyre*는 장식적인 형용사나 부사의 사용이 없는 평이한 문장과 단어로 소박한 문체를 보여준다.
㉣ *Jane Eyre*의 배경은 조지 3세(George Ⅲ, 1760~1820 재위) 시대 후반 영국의 북부 지역이다.

29 정답 ②

① Diana Rivers는 St. John Rivers 목사의 여동생으로, 손필드에서 나와 쓰러진 Jane을 잘 돌봐 준다.
③ Blanche Ingram은 Rochester의 마음에 들기 위해 노력하는 인물이다. 거만하고 재물 욕심이 많아서 Rochester의 재산을 목적으로 약혼을 하지만 Rochester가 약혼을 취소한다.
④ Grace Poole은 손필드의 하녀로, Bertha를 보호하고 있다.

30 정답 ③

Charlotte Brontë가 작품을 집필하던 당대에는 여성 작가라는 이유로 겪는 불평등이 있었고, 그녀는 그 불평등을 겪고 싶지 않았기 때문에 가명을 사용하여 시집을 출판하기도 하였다. 그러나 1960년대 여성해방운동에 힘입어 Charlotte Brontë의 작품에 대한 평가는 큰 전환점을 맞이한다. 여성 문학에 대한 관점이 크게 변화하면서 그녀에 대한 새로운 평가가 이루어졌다.

31 정답 ③

*Great Expectations*에는 Charles Dickens의 또 다른 1인칭 소설인 *David Copperfield*에서 보이는 서술자의 자기 연민이나 근거 없는 편견 따위가 거의 없다. 화자는 자신의 옛 환상을 되살리며 강한 그리움도 느끼지만, 그 진상을 객관적으로 비판하며 현실을 인정하는 성숙함을 보여준다.

32 정답 ④

Charles Dickens는 돈이라는 주제를 통해 진정한 신사는 재산이 아닌 인간적인 신의를 지키고 타인에 대한 믿음을 지키며 성실하게 사는 모습을 통해 이룰 수 있는 것임을 보여주고 있다.

33 정답 ②

Estella는 어리석은 신사들이 모이는 모임 안에서도 가장 둔한 인물인 Drummle과 결혼한다.

34 정답 ①

Charles Dickens의 소설은 중산층 인물들이 중심이 되긴 하지만, 세습 귀족과 고위 관리를 비롯하여 빈민 부랑자, 고아에 이르기까지 다양한 계층, 다양한 직업의 인물들을 작품 속에 등장시키면서 당대 사회의 총체적 모습을 보여준다.

35 정답 ①

George Eliot의 첫 장편소설은 *Adam Bede*(1859)로, 3권으로 이루어져 있다. 이 작품은 깊은 인간적인 동정과 엄격한 도덕적 판단이 결합된 내용으로 구성되어 있다. Eliot 특유의 시골 배경으로 전개되며, 사실주의 작품이다.

36 정답 ②

Dorothea는 Casaubon과 결혼을 결정한 후에도 Sir James Chettam과 서로 친구로서 우정을 나누며 만난다.

37 정답 ④

① Sir James Chettam은 소설의 초반에 Dorothea에게 사랑하는 마음을 품지만 Dorothea가 Casaubon과 약혼하면서 그녀를 포기하는 인물이다.
② Mr. Brooke은 Dorothea와 Celia의 후견인이자 삼촌으로, 두 자매를 보살핀다.
③ Will Ladislaw는 Casaubon이 그다지 좋아하지 않는 Casaubon의 어린 사촌이다. Casaubon보다 사회적·경제적인 지위가 낮으며, 친절하고 매우 똑똑한 인물이다.

38 정답 ④

㉠ Rosamond의 목걸이는 Lydgate의 결혼 생활과 족쇄를 상징한다.
㉢ Casaubon의 '모든 신화의 열쇠'는 그의 원대한 야심을 드러내지만 소설이 전개될수록 이 연구는 그다지 중요하지 않다는 것이 드러난다. '모든 신화의 열쇠'는 시대에 뒤떨어진 실현되지 않은 야망의 실패를 상징한다.

39 정답 ②

Tess는 봄의 축제에서 maypole을 추며 돌면서 Angel과 서로 호감의 시선을 주고받는다. 그 후 Tess는 Talbothays 낙농장에서 예전 봄 축제 May Day dance에서 마주쳤던 Angel과 다시 만나게 되고, 이 둘은 서로 사랑하게 된다.

40 정답 ③

Thomas Hardy는 19세기 중엽 영국 남부 도싯(Dorset) 지방의 상황을 주변의 자연환경과 유기적으로 결합하여 인물들을 재현하였다. Hardy의 소설이 농촌 현실을 무대로 당대의 사회적 상황을 예리하게 포착하여 형상화시켰다는 점에서 Hardy는 농촌 리얼리즘의 새로운 경지를 개척한 작가이다.

부록

4단계 대비 주관식 문제

출/제/유/형/완/벽/파/악/

우리 인생의 가장 큰 영광은 결코 넘어지지 않는 데 있는 것이 아니라
넘어질 때마다 일어서는 데 있다.

– 넬슨 만델라 –

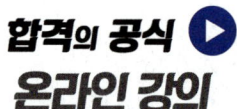

보다 깊이 있는 학습을 원하는 수험생들을 위한
시대에듀의 동영상 강의가 준비되어 있습니다.
www.sdedu.co.kr ➜ 회원가입(로그인) ➜ 강의 살펴보기

부록 | 4단계 대비 주관식 문제

제1편 19세기 영국소설

제2장 Jane Austen – *Pride and Prejudice*

01 다음 설명에서 괄호 안에 들어갈 알맞은 말을 순서대로 쓰시오.

> Jane Austen의 소설은 영국 시골의 예절과 습관들을 정확하고 세세하게 묘사했다는 점에서 (㉠)과 연결된다. 또한 그녀는 자신이 속한 (㉡) 계급의 전형적인 인물들을 등장시키면서 사실적인 묘사에 집중하였다. (㉡) 계급은 영국에서 자영농과 귀족 사이에 존재하는 중산계급으로서 귀족은 아니지만 정치인, 관료, 판사 등의 학력·재력·권력을 갖춘 상류층을 말한다.

01 **정답**
㉠ 풍속소설
㉡ 젠트리(Gentry)

02 정답

*Pride and Prejudice*의 중심 소재는 결혼 상대의 선택이다. 이는 특히 결혼 전에 두 사람(Elizabeth와 Darcy)이 극복해야 하는 난점에 관한 것이다. 이 작품의 주인공인 Elizabeth와 Darcy는 서로에게 알맞은 결혼 상대가 되기 위해서는 그들 자신이 가진 오만과 편견을 이해하고 극복해야 한다. Elizabeth는 처음 Darcy를 보게 된 순간 그에 대해 갖게 된 편견과 오만하다는 첫 인상을 버리고 그의 진면목을 알게 된다. Darcy 역시 자신보다 낮은 신분의 Elizabeth에 대해 가졌던 편견과 오만함을 극복하면서 두 주인공은 결혼하게 된다.

03 정답

Jane Austen의
Pride and Prejudice

해설

상당한 재산을 소유한 독신 남자에게 아내가 꼭 필요하다는 것은 보편적으로 인정되는 진리이다.
그런 남자가 이웃이 되면 그 사람의 감정이나 생각을 거의 모른다고 해도, 이 진리가 동네 사람들의 마음속에 너무나 굳게 자리 잡고 있어서, 그를 자기네 딸들 중 하나가 차지해야 할 소유물로 간주한다.

*Pride and Prejudice*의 도입부는 영문학에서 아이러니의 사례로 자주 인용되는 유명한 대목이다. 그 이유는 이 내용이 보편적인 진리가 아니기도 하지만, 이 소설에서 재산이 있는 남자와 결혼하려는 여성 인물들이 등장하고 소설의 내용 전개의 주요 부분이기 때문이다.

---

02 *Pride and Prejudice*에서 작품의 제목을 등장인물과 연결하여 서술하시오.

03 다음은 어떤 소설의 일부이다. 제시문에 해당하는 작가와 작품의 이름을 쓰시오.

> It is a truth universally acknowledged, that a single man in possession of a good fortune, must be in want of a wife.
> However little known the feelings or views of such a man may be on his first entering a neighbourhood, this truth is so well fixed in the minds of the surrounding families, that he is considered as the rightful property of some one or other of their daughters.

제3장 Charlotte Brontë – *Jane Eyre*

01 *Jane Eyre*의 등장인물 중 다음 내용에 해당하는 인물을 순서대로 쓰시오.

> - (㉠) : Jane이 로우드 학교에서 만난 친구로, 책 읽기를 좋아하고 선량하며 마음이 깨끗한 소녀이다. Jane이 힘들 때마다 위로와 격려를 해 준 친구이지만, 폐결핵으로 13세의 나이에 일찍 죽는다.
> - (㉡) : Rochester의 부인으로, 자메이카 출신이다. 정신병이 심해져 격리되어 있었으며, 손필드 저택에서 Jane이 종종 들었던 이상한 웃음소리의 주인공이다. 나중에 Rochester와 결혼하게 된 Jane의 웨딩 베일을 찢기도 했다. 손필드에 불을 지르고 추락사한다.

01 정답
㉠ Helen Burns
㉡ Bertha Antoinetta Mason

02 *Jane Eyre*의 주제를 간략하게 서술하시오.

02 정답
열악한 환경의 한 여성이 독립적 자아 확립에 대한 열망을 품고, 물질주의적·성차별적·가부장적 사회의 가치관에 저항하며, 자유롭고 독립적인 한 인간으로 성장하는 과정을 담고 있다. 당대의 여성에 관한 인습과 편견에 저항하며 여성에게 할당된 고정화된 역할에 반기를 들고, 그 과정의 고통을 적나라하게 보여주면서 당대의 성 이데올로기를 넘어서는 주체적 여성을 구현한 점에서 큰 의미가 있는 작품이다.

03 정답

Jane이 '붉은 방'(red-room)에 갇힌 것은 저항에 대한 처벌로 볼 수 있으며, 사회에서 허용되지 않은 일을 했을 때 개인에게 가해지는 사회적 제약을 상징하기도 한다. Jane은 이 무서운 방에서 자신에 대해 객관적으로 돌아보고, 무관심과 냉대를 실감하면서 자아의 힘을 길러 더 강해져야 한다고 느끼게 된다. '붉은 방'은 축소된 억압 사회로서 태어나면서부터 정해진 계급과 성별을 극복하는 것이 어렵다는 것을 나타낸다.

해설

고아가 된 Jane은 Reed 부인의 가족과 함께 게이츠헤드(Gateshead)에서 지낸다. Reed 부인은 Jane의 외숙모다. 그러나 Reed 부인과 그녀의 자식들은 Jane을 못살게 굴며 친절하게 대하지 않는다. 특히 Reed 부인의 장남 John은 Reed 부인 다음으로 Jane을 많이 괴롭히는 인물이다. 어느 날, John이 Jane에게 시비를 걸다가 그녀를 향해 책을 던진다. John이 던진 책에 맞은 Jane은 넘어지고, 그녀의 머리에 약간의 상처가 생긴다. 이에 인내심이 폭발한 Jane은 John에게 욕설을 퍼붓는다. John은 다친 Jane에게 달려들고, Jane은 John의 공격을 막아보려고 한다. 둘이 몸싸움하는 소리를 듣고 달려온 Reed 부인은 Jane이 먼저 John을 공격했다고 생각한다. 죄를 뒤집어쓴 Jane은 '붉은 방'에 갇히는 벌을 받는다.

'붉은 방'은 게이츠헤드에 찾아온 손님이 묵는 곳으로 사용하고 있지만, 예전에는 죽은 Jane의 외삼촌이 쓰던 방이었다. 이 방에서 Jane의 외삼촌은 숨을 거두었다. '붉은 방'의 음산한 분위기에 익숙하지 않은 Jane은 방에 외삼촌의 영혼이 있다고 생각한다. 시간이 지날수록 방 내부는 점점 어두워지고, Jane은 방에서 무시무시한 망령이 나올까봐 두려워한다.

03 다음은 *Jane Eyre*의 일부이다. 제시문에서 밑줄 친 장소(red-room)가 작품에서 의미하는 바를 서술하시오.

> Then Mrs. Reed subjoined: —
> "Take her away to the <u>red-room</u>, and lock her in there."
> Four hands were immediately laid upon me, and I was borne up stairs.

제4장 Charles Dickens - *Great Expectations*

01 다음은 *Great Expectations*에 대한 설명이다. 괄호 안에 들어갈 인물의 이름을 순서대로 쓰시오.

> 이 소설에서 두드러지는 주제는 신사(gentleman)의 본질이다. 빅토리아 사회의 신사란 귀족적인 이상(귀족 출신)과 부르주아적 이상(부유함)이 결합된 것으로, 일정한 수입과 더불어 교양과 용기 · 절제 · 이타심 · 책임감 등의 덕목이 요구됐다. 그러나 이 소설에서 묘사되는 신사는 이러한 덕목과 무관하게 이미 존재하는 엘리트 집단에 받아들여지는 것에 따라 결정됨을 보여준다. 이러한 모습을 보여주는 당대의 현실은 신사의 개념이 폐쇄적이고 체제 수호적인 성격임을 드러낸다. 이 소설에서 주인공 (㉠)은 노동계급 출신임에도 더 훌륭한 신사가 될 자질이 있음을 보여준다. 이는 작가가 생각하는 신사가 재력이나 교육만으로 가능한 것이 아님을 나타낸다. 작가는 진정한 신사가 물질적인 풍요, 인위적인 교육, 대외적으로 나타나는 태도로부터 형성되기보다는 인간에게 따뜻한 사랑을 가질 때 비로소 완성됨을 보여주며, (㉠)의 매형인 대장장이 (㉡)가 이상적인 신사임을 시사한다.

01 **정답**
㉠ Pip
㉡ Joe Gargery

해설
Joe Gargery는 Pip의 매형으로, Joe는 도덕과 양심의 중심적 이미지를 제시하는 인물이다. 그는 천성이 선량한 대장장이로, 그의 내면에는 진정한 '신사'의 모습인 온화함이 있다. 그는 Pip의 보호자인데, Pip이 자신을 촌스럽다고 여기며 멀리하고 떠난 후에도 Pip이 런던에서 Magwitch와 Estella, 빚과 열병으로 인해 고생하며 인생의 고비에 있었을 때, 그를 보살피고 빚을 갚아준다. Joe는 Pip에게 위대하고 진실한 인간의 모습을 보여주고, 비로소 Pip은 Joe로부터 참된 인간의 '위대한 유산'을 물려받는다.

02

02 Charles Dickens의 작품 세계를 두 가지 이상으로 나누어 서술하시오.

정답

- Charles Dickens는 빈민층과 사회적 약자들에게 관심을 기울였고, 이들을 작품의 주요 인물로 등장시키면서 당대 사회에 대해 비판하고 고발한다. 그의 소설에는 하층민들의 비참한 생활상, 각종 권력의 남용과 왜곡, 횡포와 비인간화 등에 대한 비판과 고발이 담겨 있다.
- Dickens는 사회의 전반적인 개혁과 체제의 변화보다는 양심과 도덕적 각성을 강조하는 온건한 대안을 제시한다. 그는 사회적 갈등과 투쟁이 요구되는 문제를 개인의 도덕적 선의의 문제로 환원한다.
- Dickens는 자신의 소설에서 중산층의 부상과 변모 과정에서 발생하는 다양한 인물들의 탐욕과 위선, 부정과 배신, 허위의식 등을 통해 당대의 영국 사회를 생생하게 표현한다.
- Dickens의 소설은 중산층 인물들이 중심이 되긴 하지만, 세습 귀족과 고위 관리를 비롯하여 빈민 부랑자, 고아에 이르기까지 다양한 계층의 인물들을 작품 속에 등장시키면서 당대 사회의 총체적 모습을 보여준다.

03

03 *Great Expectations*에서 Pip이 Estella를 만나 신분 상승을 꿈꾸며 신사가 되리라 다짐하게 되는 장소가 어디인지 쓰고, 그 장소가 상징하는 바를 쓰시오.

정답

Satis House이다. 이곳은 Pip에게 현실에 대한 불만을 일으키고 환상의 세계로 가려는 마음을 부추기는 장소이다.

해설

대저택 Satis House의 수양딸인 Estella를 만나게 되면서 Pip은 신분 상승을 꿈꾸며 신사가 되리라 다짐한다. Satis House는 '만족의 집'이라는 뜻인데, 이곳은 Pip에게 자신의 본래 모습에 대한 깊은 불만을 심어 주고, 고향인 대장장이 매형의 집에서 사는 것을 형벌로 느끼도록 만든다. Satis House는 Pip에게 현실에 대한 불만을 일으키고 환상의 세계로 가려는 마음을 부추기는 장소이다.

제5장 George Eliot – *Middlemarch*

01 *Middlemarch*의 등장인물 중 다음 내용에 해당하는 인물을 순서대로 쓰시오.

- (㉠) : 여주인공으로, 그녀가 바라는 남편의 역할은 정신적 지도자이자 스승의 역할이라고 여기며, 27세 연상의 목사이자 학자인 Casaubon과 결혼한다. 그러나 결혼 후 자신의 기대가 환상임을 알게 되고, 남편에 대한 실망만을 느낀다.
- (㉡) : 미들마치의 의사이며, Rosamond와 결혼한다. Rosamond와의 결혼은 완벽한 결합이라고 생각했지만 오히려 재앙이었다. 또한 그는 의사로서 주목할 만한 논문은 쓰지 못하며, 미들마치를 떠나 돈을 버는 세속적인 의사로 성공하지만 스스로는 실패한 인생이라고 여긴다.

01 정답
㉠ Dorothea Brooke
㉡ Dr. Tertius Lydgate

02 **정답**
- 영국 고유의 사실주의를 보여주는 작가로서 전통적인 영국의 농촌공동체 생활을 주로 다루었으며, 그 속에서 살아가는 소박한 인물들의 심리를 사실적으로 심도 있게 묘사하였다.
- 사회를 통한 인간의 내면적 성숙에 대한 통찰이 두드러지는 작품을 썼다. Eliot은 개인의 문제가 얼마나 사회와 밀착되어 있고 개인이 겪는 슬픔과 고통, 성공과 실패가 사회 전체의 변화와 얼마나 긴밀히 연결되어 있는지를 날카롭게 인식한 작가이다. 영국 소설에서 개인과 사회의 문제를 본격적인 주제로 등장시킨 작가이다.

02 George Eliot의 작품 세계를 두 가지로 나누어 서술하시오.

03 **정답**
Casaubon이 수십 년간 헌신한 연구의 명칭은 바로 '모든 신화의 열쇠'이다. 이 제목은 원대한 야심을 드러내지만 소설이 전개될수록 이 연구는 그다지 중요하지 않다는 것이 드러난다. '모든 신화의 열쇠'는 시대에 뒤떨어진 실현되지 않은 야망의 실패를 상징한다. 또한 Casaubon의 자신감과 연결하여 자기 망상의 위험성을 나타내기도 한다.

03 *Middlemarch*에서 Casaubon이 수십 년간 헌신한 연구의 명칭을 쓰고, 이것이 상징하는 바를 간략하게 서술하시오.

제6장 Thomas Hardy – *Tess of the d'Urbervilles*

01 Thomas Hardy는 자신이 태어난 지역을 배경으로 소설을 썼다. 이러한 그의 소설들을 일컫는 명칭을 쓰고, 그 특징을 한 가지 서술하시오.

01 정답

Thomas Hardy는 자신이 태어난 고향인 척박하고 황량한 Dorset 지방을 Wessex로 명명하고, 이를 배경으로 하여 그가 쓴 소설을 '웨섹스 소설'(Wessex Novels)이라고 한다. 내재 의지(Immanent Will)는 웨섹스 소설의 중심 사상이자, Hardy의 인생관이다.

02 Thomas Hardy가 자신의 작품에서 표현한 리얼리즘과 자연주의를 *Tess of the d'Urbervilles*와 연관 지어 서술하시오.

02 정답

리얼리즘 소설의 측면에서 이 소설은 전근대적이고 가부장적인 농촌 공동체가 근대적 자본주의로 변화하는 과정과 이 결과로 인하여 발생하는 시대적 상황을 배경으로 한다. Thomas Hardy는 이를 통해 당대 영국 농촌의 현실을 보여준다. 주인공 Tess는 농촌 중간계급 출신으로서 결혼을 통해 신분 상승을 하지 않는 한 노동자가 되거나 대도시로 이주해 도시의 빈민이 될 수밖에 없다. 그녀는 가족을 위해 어쩔 수 없이 Alec의 정부로 팔려 가다시피 한다. Hardy는 Tess와 그녀 가족의 삶을 통해 당시 농촌 사회 계급의 격차를 드러내면서 개인의 계급이 한 개인의 운명에 얼마나 커다란 영향을 끼치는지 보여준다. 그리고 동시에 당대의 농촌 현실과 계급의 한계를 주어진 환경이나 운명에 의해 희생당하는 인물을 통해 묘사한다.

03 Thomas Hardy의 작품 세계에서 등장하는 내재 의지(Immanent Will)를 간략하게 서술하시오.

03 **정답**
Thomas Hardy는 작품에서 우주의 어떤 힘이 인간의 생활을 통제하고 지배한다고 보고, 그 힘을 벗어나지 못하는 무력한 인간의 삶을 묘사한다. 가령 *Tess of the d'Urbervilles*에서 순결한 여인인 Tess가 태어날 때부터 죽음을 맞이할 때까지 피할 수 없는 어떤 거대한 운명적 힘(Immanent Will)에 의하여 운명적으로 희생당하고 만다.

제7장 Lewis Carroll – *Alice's Adventures in Wonderland*

01 다음은 어떤 작품의 일부이다. 제시문에 해당하는 작가와 작품의 이름을 쓰시오.

> "I couldn't afford to learn it." said the Mock Turtle with a sigh. "I only took the regular course."
> "What was that?" inquired Alice.
> "Reeling and Writhing, of course, to begin with," the Mock Turtle replied; "and then the different branches of Arithmetic – Ambition, Distraction, Uglification, and Derision."

01 정답
Lewis Carroll의
Alice's Adventures in Wonderland

해설

> "나는 그걸 배울 여유가 없어." 가짜 거북이 한숨을 쉬며 말했다. "나는 정규 수업만 받았단다."
> "그게 뭐였어?" 앨리스가 물었다.
> "물론 처음에는 감는 법과 몸부림으로 시작하지." 가짜 거북이가 대답했다. "그리고 산수의 다양한 분야 – 야망, 산만함, 추함, 그리고 조롱"

이 작품에는 상당한 언어적 유희가 있다. 우리말로 번역하면 reeling은 '감는 법', writhing은 '몸부림'으로 번역된다. 이 부분은 각각 reading, writing을 언어유희(pun)로 표현한 것인데, 번역본만 보고 '감는 법'이 '읽기'와 '몸부림'이 '쓰기'와 어떤 관련이 있는지 알기 힘들다. 이러한 부분은 번역을 통해서는 잘 전달되지 않는다는 한계가 있지만 이 작품의 특징을 잘 보여주는 부분이다.

02 정답

*Alice's Adventures in Wonderland*는 이 작품이 쓰인 빅토리아 시대의 사회상을 보여준다. 이 작품이 집필되던 당시를 살펴보면, 이미 당연하게 여겨진 개념들(이를테면 점진적인 성장과 발달, 계층화되고 계급화된 사회 등)이 다윈(Darwin)의 진화론으로 인해 종교적 신념이 혼란스러워지고 사회구조가 급격히 변화하면서 흔들리고 있었다. 즉, 절대적인 진리가 무너지는 당시 상황을 보여준다. Alice가 가졌던 이전의 정체성은 이상한 나라에서는 무의미하며, 영원하고 일관된 정체성이라는 개념은 사라진다.
공작부인의 도덕은 현실 세계의 관습적인 도덕, 빅토리아 시대의 점잖은 척하는 풍조와 관련된다. Alice가 공작부인의 도덕을 받아들이지 못하는 것은 당대의 도덕이 붕괴됨을 암시한다고 볼 수 있다.

02 *Alice's Adventures in Wonderland*의 주제를 빅토리아 시대의 사회상과 연결하여 서술하시오.

03 정답

애벌레는 성장의 의미를 가장 상징적으로 잘 보여주는 존재이며, 성숙하기 위해 일종의 '죽음'을 거쳐야 하는 창조물이다. 애벌레는 마치 인생의 모든 것을 잘 알고 있는 어른처럼 행동하지만, 자연의 세계에서는 아직 변태를 거치지 않은 애벌레일 뿐이고, 성숙한 나비가 되기 이전의 어린 상태이다. 따라서 애벌레가 하는 충고는 Alice에게 도움이 되면서도 동시에 Alice가 방향을 잃게 만든다. 애벌레는 Alice가 혼란스러운 자기 자신을 극복하고 자아 정체성을 찾으려면 타인의 도움이 아니라 스스로의 힘으로 해야 함을 의미한다.

03 *Alice's Adventures in Wonderland*에 등장하는 '애벌레'(The Caterpillar)가 상징하는 바를 서술하시오.

제2편　19세기 미국소설

제1장　19세기 미국소설의 개관

01 초기의 미국 작가들은 영국의 소설을 모방하다가 점점 미국만의 독자적인 특징을 지닌 로맨스(romance) 장르를 등장시켰다. 이 장르의 특징 두 가지를 간략하게 쓰시오.

01 **정답**
- 로맨스는 현실에 대한 구체적인 설명 없이 마치 중세 시대의 문학처럼 자유로운 서사를 보인다.
- 인물의 특성보다는 신비로움 속에서 전개되며, 등장인물 또한 현실적이지 못하고 이상적이다.

제2장 Edgar Allan Poe – "The Cask of Amontillado"

01 다음 설명에서 괄호 안에 들어갈 알맞은 말을 순서대로 쓰시오.

> Edgar Allan Poe의 문학 이론은 모방 이론(imitative theory), 표현 이론(expressive theory), 정서 이론(affective theory) 중 (㉠)에 초점이 맞추어져 있다. Poe는 문학적 재현의 대상이나 그것을 표현하는 것에 초점을 두는 작가의 감정적 표출보다 작품이 독자에게 미치는 정서적·감정적 효과에 주목하였다. 그가 독자에게 미치는 정서적 효과에 집중하는 것은 문학의 목적을 진리가 아닌 (㉡)이라고 보았기 때문이다.

01 정답
㉠ 정서 이론
㉡ 즐거움(또는 쾌락)

02 "The Cask of Amontillado"에서 Montresor는 Fortunato를 자신의 집 지하 포도주 저장실(catacomb)로 데려간다. 음산하고 어두운 포도주 저장실과는 대조적으로 밖은 축제(carnival)로 인해 활기차고 들떠 있다. 이 두 장소의 대조를 인간의 내면과 연관 지어 서술하시오.

02 정답
밖은 축제로 인해 활기차고 들떠 있지만, 지하실은 어둡고 생명력이 없는 분위기이다. 이 둘의 상반된 이미지는 인간의 내면을 암시한다. 밖(outside)은 인간의 의식의 세계이지만 안(inside)은 인간의 무의식의 세계로서, 작가는 인간 내면의 이중성을 통찰하며, 분열된 자아를 감추고 지하 깊이 숨겨둔 어두운 내면을 그린다.

03 "The Cask of Amontillado"에서는 아이러니한 요소(장면)가 자주 등장한다. 그 예를 세 가지 서술하시오.

03 **정답**
- Montresor에 의해 죽임을 당하는 Fortunato는 그의 이름이 이탈리아어로 The Fortunate one(복 받은 자)을 의미하지만 좋은 의미의 이름임에도 불구하고 친구에게 생매장을 당한다.
- 집 외부는 축제(carnival)로 들떠 있지만 아이러니하게도 집안의 지하에서는 살인이 벌어진다.
- Fortunato가 죽으면서 목이 꺾일 때 나는 방울 소리는 방울의 밝은 이미지와 대조되는 죽음을 나타내는 소리이다.

제3장 Nathaniel Hawthorne - *The Scarlet Letter*

01 *The Scarlet Letter*는 청교도가 지배하는 사회에서 억압받는 인간의 모습을 그리며 세 가지 형태의 죄를 제시한다. 이 죄를 작품의 등장인물과 관련지어 서술하시오.

01 정답
- Hester의 세상에 드러난 죄로, 남편이 아닌 남성과 간음을 저지른 죄를 뜻한다.
- Dimmesdale의 숨겨진 죄로, Hester와 간음을 했으나 그 일을 철저히 숨긴 죄를 뜻한다.
- Chillingworth의 용서받지 못할 죄로, Dimmesdale 목사와 자신의 아내인 Hester에 대하여 앙심을 품고 복수를 계획하며 신이 아닌 자신이 이 두 사람을 징벌하려 한 죄를 뜻한다.

02 *The Scarlet Letter*에서 Hester의 딸의 이름을 제시하고, 그 이름이 작품에서 상징하는 바를 쓰시오.

02 정답
Hester의 딸은 Pearl이다. Pearl이라는 이름에서 알 수 있듯이, Pearl은 Hester 자신의 모든 것을 바친 대가로 얻은 귀중한 존재, 즉 그녀의 유일한 보물이다. 그러나 당대의 사회가 바라보는 Pearl의 존재는 인간이 범한 죄의 결과로 태어난 자식일 수밖에 없다. 하지만 Hester에게 Pearl은 그녀가 사랑했던 Dimmesdale과의 사이에서 태어난 '사랑의 결정체'이자 그녀가 세상의 모든 편견을 피해 사랑으로 보살펴 주어야 할 대상이고, 그녀의 삶을 지탱해 주는 존재이다. Pearl의 존재는 죄악의 결과이기 때문에 악마의 자식이라고도 불렸지만, 결국은 주변 인물들에게 진주(pearl)이자 보물과 같은 역할을 한다.

03 *The Scarlet Letter*에서 Scarlet Letter(주홍 글자) 'A'는 다양한 의미로 해석된다. 그 의미를 세 가지 서술하시오.

03 정답
- 봉사를 하고 어려움에 처한 이들을 돕는 성스러운 Hester의 모습에서 Angel을 가리킨다.
- Hester의 능력인 Able을 의미할 수도 있다. 그녀가 근심 가득한 집에 찾아가면 근심이 사라지고 밝은 빛이 났다고 묘사된다. 보스턴 시민들 사이에서 Hester의 가슴에 달린 'A'의 원래 의미인 Adultery(간통)의 의미는 점차 희미해져 간다.
- Hester의 주홍 글자는 마지막 24장에서 다시 angel and apostle(천사와 사도)을 상징한다.

해설
감옥의 문을 통해 사회로 나온 Hester는 지역사회를 위해 봉사하고 어려움에 처한 이들을 돕는다. 그녀는 사회가 자신에게 덧씌운 주홍 글자의 운명을 피하려 하지 않고 담담하게 받아들인다. 소설이 전개됨에 따라 죄인의 모습을 전혀 찾을 수 없는 Hester의 모습을 볼 수 있는데, 사람들은 자연스럽게 그녀가 달고 있는 주홍 글자 'A'를 원래의 뜻으로 받아들이지 않게 된다.

제4장 Herman Melville – *Billy Budd, Sailor*

01 다음 내용에서 괄호 안에 들어갈 작가의 이름을 쓰고, 대표 작품을 세 가지 쓰시오.

> Nathaniel Hawthorne과 더불어 '미국 르네상스'(American Renaissance)라 불리는 시기의 대표적인 작가로 꼽히는 (   )은 미국 문학사에 깊고 굵은 흔적을 남긴 위대한 소설가이다. 그는 10여 년간의 짧은 작가 생활 중에 아홉 권의 장편소설과 한 권의 단편집을 발표하는 창작열을 보였다. 그의 유년 시절은 유복한 편이었으나, 아버지의 사업 실패로 생활고를 겪으며 뉴욕과 영국의 리버풀(Liverpool)을 왕래하는 상선 St. Lawrence의 선원으로 취직하였고, 그의 소설 무대가 될 바다로 첫발을 내딛었다. 그는 태평양으로 출어하는 고래잡이배 Acushnet에 승선하여 3년 10개월의 여정을 떠난다. 그의 남태평양에서의 여정은 언어와 관습, 제도와 사고방식이 상이한 낯선 문화를 접하면서 지식을 넓히고 세계를 보는 눈을 기른 작가 수업의 길이 되었다. 그는 낯선 문화를 겪으며 자신의 감수성을 한층 예리하게 갈고닦았으며, 낯선 세계와의 대비를 통해 자신이 떠나온 사회를 보다 냉철한 시선으로 이해할 수 있는 비판적 안목을 길렀다.

01 정답

Herman Melville에 대한 설명이다. 대표 작품으로는 *Typee : A Peep at Polynesian Life*, *Moby-Dick ; or, The Whale*, *Billy Budd, Sailor*를 들 수 있다.

02 *Billy Budd, Sailor*에서 주인공 Billy와 대립을 이루며 작품 속에서 악마의 속성을 지닌 인물로 묘사되는 등장인물은 누구인지 쓰고, Billy와 대립을 이루게 된 이유를 간략하게 쓰시오.

02 **정답**
John Claggart이다. 악한 본성을 타고난 그는 자신과는 달리 악한 경험 없이 인생을 살아가는 Billy의 순수함, 그리고 인기와 외모를 질투한다. 질투에 눈이 먼 Claggart는 Billy에게 반란을 일으키려 한다는 누명을 씌워 그를 파멸시키려 한다. 그러나 오히려 Billy에게 일격당하여 죽게 된다.

03 선과 악의 대립이라는 관점에서 *Billy Budd, Sailor*의 주제를 서술하시오.

03 **정답**
Herman Melville은 이 작품에서 타락하기 전의 아담(Adam) 또는 그리스도(Christ)의 속성과 연관된 Billy와 마치 뱀처럼 사악한 사탄(Satan)의 속성과 연관된 Claggart 사이에 벌어지는 일을 그리고 있다. 이 둘 간의 대립과 갈등을 통해 선과 악, 순진무구함과 사악함 사이의 갈등 관계를 보여준다. 작가는 이러한 전개 과정을 통해 공정하지 못한 삶, 모순으로 가득 찬 사회, 그리고 선과 악이 대립하는 인간 존재의 양면성과 부조리함에 대해 묘사한다.

제5장 Mark Twain
- The Adventures of Huckleberry Finn

01 *The Adventures of Huckleberry Finn*의 배경으로 등장하는 미시시피강이 이 작품에서 갖는 의미를 서술하시오.

01 정답

Huck과 Jim이 뗏목을 타고 내려가는 미시시피강은 미국의 다양한 현실의 한복판, 미국의 꿈과 허상을 알게 해 주는 상징적인 공간이다. 그리고 Huck과 Jim의 도주 과정을 보여주는 미시시피강의 뗏목 여행을 통해 다양한 삶의 양태를 스쳐 지나는 것뿐만 아니라, 그 공간 자체가 Huck과 Jim, 그리고 그들의 문화와 정서가 만나는 생생한 현실적 공간으로 살아 있다는 점에서 큰 의미가 있다.

02 *The Adventures of Huckleberry Finn*에서 볼 수 있는 19세기 미국 남부에 대한 풍자를 예를 들어 서술하시오.

02 정답

노예제도와 인종차별 등 19세기 미국 남부 사회에 관한 모순과 위선을 적나라하게 드러낸다. 예를 들어, 흑인을 온전한 인간으로 여기지 않는 남부 사회의 편견을 지닌 Huck이 흑인도 고유하고 고귀한 인간성을 가지고 있음을 깨닫게 되는 장면이 있다. Jim과 함께 떠돌아다니는 동안 흑인 노예 Jim의 진실함과 미덕을 본 Huck은 Jim이 오히려 자신보다 더 고귀한 정신과 인품의 소유자라는 것을 알게 된다. 그러나 당시 남부 사회의 형법과 관습법에 따르면 도망친 노예를 돕는 것은 불법행위이자 악인이 되는 길이었다. 따라서 Jim을 노예에서 벗어나 자유롭게 하는 데 도움을 주겠다는 Huck의 결심은 스스로 범법자가 되는 길이었다. Huck은 Jim을 돕기로 결심하고 "그래, 좋아. 그렇다면 나는 지옥으로 가야겠다."라며 비장하게 Jim을 돕는 자신의 결정의 의미를 되새긴다. Mark Twain은 이 장면을 통해 노예제를 당연시하는 남부인들의 모순과 위선을 적나라하게 드러낸다. Huck이 고민하는 상황은 역설적으로 미국 남부인 이야말로 그 실상은 근본적인 인권 개념이 없는 위법행위를 저지르는 이들임을 부각시킨다.

03 **정답**
　㉠ 악한소설(picaresque novel)
　㉡ Huck

03 다음 설명에서 괄호 안에 들어갈 알맞은 말을 순서대로 쓰시오.

> (㉠)은 스페인어의 picaro(악한, 악당)에서 유래하였는데, 악당의 이야기를 다루면서 상류층의 이상주의적 문학에 맞서는 하류층을 등장시킨다. 이들은 기존의 관습에 대립하는 태도를 취한다. 부도덕한 현실 사회에 맞서 재치 있는 임기응변과 가벼운 탈선을 하는, 사회적인 모험담의 특징을 지닌 소설 장르이다.
> *The Adventures of Huckleberry Finn*에서 (㉡)은 미국 사회의 하류층 백인 태생으로, 그에게는 술주정뱅이 아버지만 있을 뿐이다. 그는 교양이나 관습과는 거리가 멀고, 함부로 담배를 피우며 학교를 결석하는 불량소년이다. 그러나 그는 신선하고 현실적이며 생동감 있는 성격을 지닌 인물이다. 물질주의 사회에 끌려가는 인물이라기보다는 비록 사회와 문화로부터 격리되었지만 보다 깊은 진실을 찾아가는 인물이다.

제6장 Henry James – *The Portrait of a Lady*

01 Henry James의 작품에서 볼 수 있는 국제적인 주제(International Theme)에 대해 서술하시오.

01 정답
Henry James는 자신의 작품에서 유럽 문명이라는 잣대로 미국 사회의 현실과 미래의 가능성을 탐구하며, 구세계 유럽의 전통과 신세계 미국의 문명을 넘어서 더 나은 삶과 문명을 모색했다. 그는 젊고 순진한 미국 여성을 주인공으로 내세워 신세계와 구세계 간의 상충하는 문화와 가치관이 만들어내는 극적 갈등을 묘사하면서 국제적인 주제를 다루었다. 그는 자신의 소설에서 미국과 유럽, 그리고 미국인과 유럽인 사이의 복잡하고 미묘한 관계를 대비시키면서 이러한 갈등 상황에 처한 미국인의 심리적 갈등을 제시하였다.

02 *The Portrait of a Lady*는 열린 결말로 소설이 끝난다. 이러한 결말에 대한 작가의 의도에 대해 서술하시오.

02 정답
이 작품은 19세기 중·후반 당시 흔히 제시되지 않았던 열린 결말로 작품이 마무리된다. 이 작품의 열린 결말은 Isabel이 로마로 돌아간다는 사실을 통해 그녀의 결혼 생활에 대한 현실 수용인지, 아니면 도덕적 의무감에 의한 선택인지를 독자에게 질문하게 만든다. 불행으로부터의 탈출을 직접 제시하지 않은 작가의 열린 결말은 19세기 여성에게 허락되지 않은 손쉬운 탈출구와 닫힌 현실을 동시에 보여줌으로써, 작가가 사회적 한계를 재현하면서도 이를 묵인하지 않으려는 태도를 드러낸다고 볼 수 있다.

03 **정답**
여주인공이 자신의 선택의 결과를 깨달아 가는 인식의 성장 과정을 다루면서 결혼이 최종 목적지도, 해법도 아니며 오히려 다른 문제의 시작이라는 것을 주인공이 깨닫는다는 점에서 전통적인 결혼 서사와 차이를 지닌다.

03 *The Portrait of a Lady*의 주제를 간략하게 서술하시오.

제7장 Kate Chopin – *The Awakening*

01 Kate Chopin의 작품 세계를 그녀의 작품에서 주로 등장하는 루이지애나와 인종적 배경을 중심으로 서술하시오.

01 **정답**

Kate Chopin의 작품은 주로 미국 남부의 루이지애나를 배경으로 한다. 그녀가 살았던 시대의 루이지애나는 여러 인종이 뒤섞여 살고 있었다. 교육받은 크레올(Creole, 미국 식민지에 거주하던 스페인인들과 아메리카 원주민들 간의 혼혈)은 교양 있는 지주나 상인계급을 형성하여 불어를 사용하고 유럽 문화를 향유하였다. 반면 교육받지 못한 가난한 케이준(Cajun, 프랑스계 캐나다 이주민들)은 어업이나 농업에 종사하거나 부유한 크레올에게 고용되어 어렵게 생계를 이어 나갔다. 이러한 환경을 목격한 Chopin은 작품 안에서 남부 사회의 현실을 인종과 성담론의 관점에서 다양한 각도로 표현하였다. Chopin은 루이지애나를 배경으로 남북전쟁 후의 혼란스러운 상황에서 좋은 결혼 상대자를 만나려는 젊은 남녀들의 노력, 해방 노예들의 생존을 위한 노력, 남부 귀부인의 이상과 현실, 억압되어 있던 내면의 자아에 눈을 떠가는 여성들을 공통으로 다룬다.

02 **정답**

소설은 새장에 갇힌 새로 시작하며, 이는 가정과 사회의 제한적 틀에 갇혀 살아가는 Edna와 빅토리아 시대 여성들의 구속된 삶을 상징한다. 새장 속 새는 육체적·정신적으로 갇힌 상태로, 주변 세계와 자유롭게 소통하지 못하는 당대 여성의 현실을 나타낸다. Edna가 사회적 규범과 가족으로부터 탈출하려는 시도를 하더라도, 그녀는 완전히 벗어날 수 없다. 작품 끝부분의 "날개가 부러진 새가 하늘을 날고, 휘청거리고, 펄럭이며, 빙빙 돌며 물로 내려오고 있었다."는 Edna가 자유로워지고자 했지만 결국 한계에 부딪힐 수밖에 없는 결말을 나타낸다.

02 *The Awakening*의 시작과 끝에는 '새'가 등장한다. 이 '새'가 작품에서 상징하는 바를 서술하시오.

독학학위제 2단계 전공기초과정인정시험 답안지(객관식)

컴퓨터용 사인펜만 사용

★ 수험생은 수험번호와 응시과목 코드번호를 표기(마킹)한 후 일치여부를 반드시 확인할 것.

전공분야

성명

수험번호

※ 감독관 확인란 (인)

교시코드 ① ② ③ ④

과목코드	응시과목				
① ① ① ①	1	①	②	③	④
② ② ② ②	2	①	②	③	④
③ ③ ③ ③	3	①	②	③	④
④ ④ ④ ④	4	①	②	③	④
⑤ ⑤ ⑤ ⑤	5	①	②	③	④
⑥ ⑥ ⑥ ⑥	6	①	②	③	④
⑦ ⑦ ⑦ ⑦	7	①	②	③	④
⑧ ⑧ ⑧ ⑧	8	①	②	③	④
⑨ ⑨ ⑨ ⑨	9	①	②	③	④
⓪ ⓪ ⓪ ⓪	10	①	②	③	④
	11	①	②	③	④
	12	①	②	③	④
	13	①	②	③	④
	14	①	②	③	④
	15	①	②	③	④
	16	①	②	③	④
	17	①	②	③	④
	18	①	②	③	④
	19	①	②	③	④
	20	①	②	③	④

(응시과목 21~40번 동일 구조)

답안지 작성시 유의사항

1. 답안지는 반드시 컴퓨터용 사인펜을 사용하여 다음 보기와 같이 표기할 것.
   보기) 잘된 표기: ● 잘못된 표기: ⊘ ⊗ ① ◐ ○ ◯ ●
2. 수험번호 (1)에는 아라비아 숫자로 쓰고, (2)에는 "●"와 같이 표기할 것.
3. 과목코드는 뒷면 "과목코드번호"를 보고 해당과목의 코드번호를 찾아 표기하고, 응시과목란에는 응시과목명을 한글로 기재할 것.
4. 교시코드는 문제지 전면의 교시를 해당란에 "●"와 같이 표기할 것.
5. 한번 표기한 답은 긁거나 수정액 및 스티커 등 어떠한 방법으로도 고치지 아니되고, 고친 문항은 "0"점 처리함.

[이 답안지는 마킹연습용 모의답안지입니다.]

독학학위제 2단계 전공기초과정인정시험 답안지(객관식)

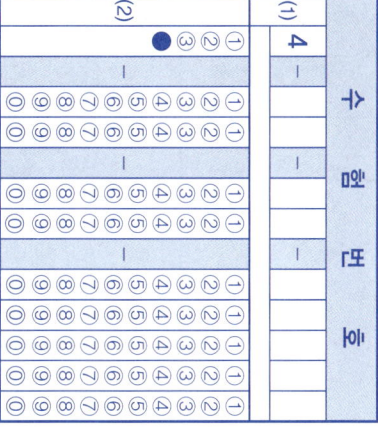

년도 학위취득 종합시험 답안지(주관식)

전공분야

성명

※ 답안지 작성시 유의사항

1. ※란은 표기하지 말 것.
2. 수험번호 (2)란, 과목코드, 교시코드 표기는 반드시 컴퓨터용 싸인펜으로 표기할 것
3. 교시코드는 문제지 전면의 교시를 해당란에 컴퓨터용 싸인펜으로 표기할 것.
4. 답안은 반드시 흑·청색 볼펜 또는 만년필을 사용할 것. (연필 또는 적색 필기구 사용불가)
5. 답안을 수정할 때에는 두줄(=)을 긋고 수정할 것.
6. 답란이 부족하면 해당답란에 "뒷면기재"라고 쓰고 뒷면 추가답란에 문제번호를 기재한 후 답안을 작성할 것.
7. 기타 유의사항은 객관식 답안지의 유의사항과 동일함.

※ 감독관 확인란

[이 답안지는 마킹연습용 모의답안지입니다.]

참고문헌

- 김보원·윤미선, 『영국소설의 이해』, 한국방송통신대학교출판문화원.
- 신현욱·강우성, 『미국문학사』, 한국방송통신대학교출판문화원.
- 영미문학연구회, 『영미문학의 길잡이 1(영국문학)』, 창비.
- 영미문학연구회, 『영미문학의 길잡이 2(미국문학과 비평이론)』, 창비.
- 정진농·정해룡, 『영문학이란 무엇인가』, 한신문화사.
- 한국근대영미소설학회, 『19세기 영국 소설 강의』, 신아사.
- 한국근대영미소설학회, 『19세기 미국 소설 강의』, 신아사.
- 한국영어영문학회, 『미국 근현대소설』, 한국문화사.
- Jamse T. Callow, 박영의·현영민 옮김, 『미국문학개관 1, 2』, 한신문화사.
- Robert Barnard, 김용수 옮김, 『영문학사』, 한신문화사.

얼마나 많은 사람들이 책 한 권을 읽음으로써
인생에 새로운 전기를 맞이했던가.

– 헨리 데이비드 소로 –

시대에듀 독학사 영어영문학과 2·4단계 19세기 영미소설

개정1판1쇄 발행	2025년 04월 15일 (인쇄 2025년 02월 21일)
초 판 발 행	2023년 01월 25일 (인쇄 2022년 10월 14일)
발 행 인	박영일
책 임 편 집	이해욱
편 저	서지윤
편 집 진 행	송영진 · 양희정
표지디자인	박종우
편집디자인	신지연 · 고현준
발 행 처	(주)시대고시기획
출 판 등 록	제10-1521호
주 소	서울시 마포구 큰우물로 75 [도화동 538 성지 B/D] 9F
전 화	1600-3600
팩 스	02-701-8823
홈 페 이 지	www.sdedu.co.kr
I S B N	979-11-383-8193-2 (13840)
정 가	25,000원

※ 이 책은 저작권법의 보호를 받는 저작물이므로 동영상 제작 및 무단전재와 배포를 금합니다.
※ 잘못된 책은 구입하신 서점에서 바꾸어 드립니다.